铁路工程建设指导性工艺工法手册

盾构隧道

中国国家铁路集团有限公司工程管理中心　编著

中国铁道出版社有限公司

2025年·北　京

图书在版编目(CIP)数据

铁路工程建设指导性工艺工法手册. 盾构隧道 / 中国国家铁路集团有限公司工程管理中心编著. -- 北京 : 中国铁道出版社有限公司，2025. 6. -- ISBN 978-7-113-32404-9

Ⅰ. U215-62

中国国家版本馆 CIP 数据核字第 20252UB108 号

书　　名：铁路工程建设指导性工艺工法手册——盾构隧道
作　　者：中国国家铁路集团有限公司工程管理中心

责任编辑：王　健　　　　**编辑部电话：**(010)51873065
封面设计：高博越
责任校对：苗　丹
责任印制：赵星辰

出版发行：中国铁道出版社有限公司（100054，北京市西城区右安门西街 8 号）
网　　址：https://www.tdpress.com
印　　刷：河北宝昌佳彩印刷有限公司
版　　次：2025 年 6 月第 1 版　2025 年 6 月第 1 次印刷
开　　本：787 mm×1 092 mm 1/16　**印张：**20.5　**字数：**451 千
书　　号：ISBN 978-7-113-32404-9
定　　价：95.00 元

国铁集团工程管理中心关于印发《铁路工程建设指导性工艺工法手册——盾构隧道》的通知

工管站前函〔2025〕55 号

各铁路局集团公司、各铁路公司：

为贯彻落实国铁集团关于加大铁路建设工艺工法总结推广力度的要求，促进铁路建设创新成果转化应用，推进铁路工程建设高质量发展，国铁集团工程管理中心组织相关单位编写了《铁路工程建设指导性工艺工法手册——盾构隧道》，现予印发。请各单位在铁路工程建设过程中，结合工程实际参考使用，如有改进意见或建议，及时反馈国铁集团工程管理中心。

希望各单位发挥各自优势和力量，重视铁路盾构隧道技术总结，持续推进技术创新，做好工艺工法管理及成果转化工作，进一步提升铁路工程施工水平。

本手册由中国铁道出版社有限公司出版发行。

中国国家铁路集团有限公司工程管理中心

2025 年 6 月 13 日

编　委　会

序　言

铁路作为国家战略性、先导性、关键性重大基础设施，是国民经济大动脉、重大民生工程和综合交通运输体系骨干，是中国式现代化建设的重要支撑。党的二十大以来，铁路建设在服务大局中彰显担当、捷报频传。截至2024年底，全国铁路营业里程16.2万公里，其中高铁里程4.8万公里，高铁运营里程再创新纪录。

铁路建设的高质量发展离不开隧道建造技术的更新迭代。其中盾构法作为高度机械化的隧道施工方法，相较其他施工方法具有安全、优质、高效的特点，正逐渐成为隧道修建的主要工法。此外，随着人工智能、云计算、大数据等新一代信息技术与传统行业的深度融合，铁路隧道建造技术正逐步向数字化、智能化跨越。盾构法也凭借其机械化、集成化的先天优势，成为隧道智能建造的核心技术突破口。

我国盾构技术历经自主摸索、国外引进、消化吸收、集成创新、自主创新等阶段，实现了飞跃式发展，现已位于世界前列。2007年盾构法首次在铁路工程北京地下直径线前三门隧道得到应用。截至2024年底，已建成铁路盾构隧道22座，在建25座。随着诸多铁路盾构隧道项目的成功建设，我国在盾构始发和到达、复杂地质适应性、近距离穿越建(构)筑物等方面积累了丰富的经验，有力推动了铁路隧道建造技术发展。

为加大铁路盾构隧道先进成熟工艺工法推广力度，促进铁路建设创新成果转化应用，推动铁路智能建造高质量发展，中国国家铁路集团有限公司工程管理中心组织相关单位编撰了《铁路工程建设指导性工艺工法手册——盾构隧道》。本手册共收录18项盾构隧道工艺工法，涵盖盾构施工准备、盾构始发、盾构掘进、盾构施工关键工序工艺以及盾构施工安全等五部分，内容丰富，技术先进，实用性强，可为铁路盾构隧道建设提供参考和借鉴。例如，明挖逆筑盾构工作井开挖施工工法采用机械开挖与爆破开挖相结合方式实现了深基坑安全快速施工；铁路盾构隧道利用吊装洞室洞内组装始发施工工法解决了大直径盾构机在狭小空间内组装和始发难题；泥水平衡盾构铁路隧道正常掘进施工工法可减小盾构掘进对周边环境影响；土压平衡盾构铁路隧道正常掘进施工工法地层适应性强，可有效控制地面沉降；铁路盾构隧道轨下整体箱涵预制生产及洞内安装施工工法实现了大型构件的预制化和箱涵的同步施工；同步注双液浆施工工法通过动态配比优化注浆技术，降低了管片错台、渗漏风险，提高了盾构施工安全性；铁路盾构隧道侧穿建（构）筑物隔离桩防护施工工法可有效控制盾构掘进引起的地层变形，并有效阻断盾构掘进引起的附近构（建）筑物局部沉降和不均匀沉降；铁路盾构隧道下穿高铁路基注浆加固防护施工工法通过改进注浆材料配比，解决了传统两侧注浆场地受限以及材料与工程需求不适应的难题，保证了盾构下穿的安全施工。

本手册编委会对工艺工法进行了认真的编制、校核和修正。中铁隧道局集团有限公司、中铁十一局集团有限公司、中铁十四局集团有限公司等单位具体参与了相关工艺工法的编制工作。本次编写还得到了沪杭铁路客运专线股份有限公司、厦深铁路广东有限公司、渝黔铁路有限责任公司、京滨城际铁路有限公司、中铁上海局合肥枢纽工程建设指挥部、中铁广州局广州工程建设指挥部等单位的大力支持。

希望铁路隧道建设各参与方，在铁路盾构隧道建造过程中发挥各自的优势，共同推进铁路盾构隧道科技创新，提升盾构施工标准化、智能化水平，为进一步提升我国铁路盾构隧道建设水平贡献智慧和力量。

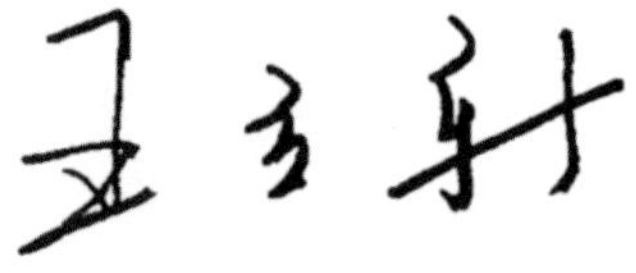

2025 年 6 月

目　录

一、明挖逆筑盾构工作井开挖施工工法

1 概　　述

在铁路盾构法隧道施工中，工作井常作为盾构机装拆机的进出通道以及施工期间的材料运输口、人员上下通道、通风排风口，为盾构机始发或吊出提供空间。工作井主要施工工序包括围护结构、支护结构、防水层、主体结构等，根据地质条件、周边环境不同可采用不同工法，常见的工作井施工方法有明挖顺作法、明挖逆筑法、盖挖法。选择合适的工法可有效解决施工可能引起的围护结构变形、基底变形等质量安全问题，降低地下施工的噪声、气候影响，达到结构可靠、安全可控、质量优秀、效益优良的效果。本工法为明挖逆筑施工工法。

2 工法特点

(1)地质条件要求高。明挖逆筑法工作井对地质条件要求较高，一般应用在岩石类基坑当中。

(2)安全可控。逆筑法需在工作井开挖阶段同步施作主体结构，在下层工作井开挖前已在周边土体形成有效支撑，确保了后续施工安全性。

(3)经济性效益高。与地下连续墙、钻孔灌注桩、SMW 工法桩、拉森钢板桩等传统的围护结构类型不同(具体做法详见铁路盾构隧道明挖基坑施工工法)，明挖逆筑法多采用型钢 + 锚杆 + 喷混联合支护形式，有效节省围护结构施工工期与建设成本。

(4)节能环保。通过优化围护结构形式，减少钢材、水泥等材料的消耗，实现资源的高效利用。

3 适用范围

本工法尤其适用于工期紧迫，工作井周边地质条件较好的情况，通过优化围护结构设计可有效节约成本。

4 工艺原理

结合甬舟铁路三工区施工现场实际情况，研究了工作井明挖逆筑施工工法，本工法主要技术原理如下:

(1)结合地质环境条件,围护结构采用型钢 + 锚杆 + 喷混联合支护形式等。

(2)根据工作井地层情况,对工作井开挖进行分层,每 3 m 为一层,开挖完成后立即组织围护结构施工,本层围护结构施工完成后开始下一层工作井开挖。

(3)顶部填土层及强风化岩层采用机械法进行开挖,弱风化岩层采用爆破法开挖。

(4)开挖至主体结构处时,优先进行主体结构施工,确保下层开挖期间结构整体性和稳定性,结构接缝处理尤为重要。

5 施工工艺流程及操作要点

以甬舟铁路三工区明挖逆作工作井施工为例进行阐述。

5.1 施工工艺流程

明挖逆筑工作井施工工艺流程如图 1 所示。

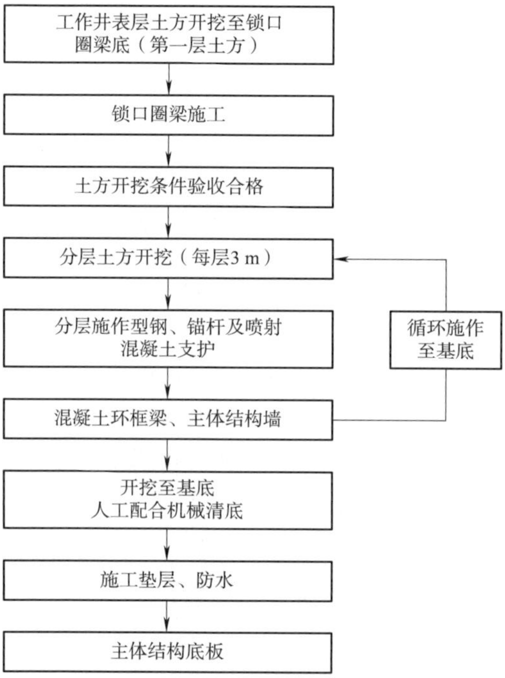

图 1 明挖逆筑工作井施工工艺流程图

5.2 施工步骤及操作要点

5.2.1 施工准备

(1)对工作井进行开挖分层整体规划。

(2)解决现场的临时施工用电、用水问题。

(3)根据施工顺序确定现场材料摆放位置。

(4)规划现场道路,确定钢支撑、钢筋、脚手架、模板等大型材料倒运的线路。

(5)清除现场障碍,做好场地平整,围闭施工场地,加强安全文明施工管理、保持市容整洁。

(6)完成施工现场井内外抽排水措施,工作井开挖期间及时将井内积水抽排至井外。

(7)编制专项施工方案,经专家论证通过,呈报监理、业主,批复后根据施工进度安排,提前进料并准备各种施工机具。

(8)施工中所需材料委托有资质的试验单位进行检验,确保只有合格产品才能进入工程。

(9)开工前进行精密导线控制测量及施工放样测量,工作井边线放样时要考虑外放值以确保结构不侵限。

(10)制定控制地层变形和工作井支护结构支撑的施工顺序及管理指标,落实弃、存土场地并勘察运输路线。

5.2.2 机械开挖

(1)第一步:测量放线。根据设计图纸放样工作井边线、标高控制点,设置永久测量控制网。

(2)第二步:工作井开挖。沿线路方向从一侧向另一侧,使用挖掘机/破碎锤对工作井内土石方进行破除开挖。并配置一台挖掘机在后方转运已开挖土石方,使用码头吊配合网兜将开挖土石方吊运至地面渣土车内。

(3)第三步:渣土外运。工作井边缘 2 m 范围内严禁堆载,渣土车按照既定运输路线将渣土运输至指定弃土场,出场前需做好车身冲洗工作,渣土顶部使用防尘布覆盖,防止造成地面污染和土石方遗撒。

(4)第四步:分层验槽。根据既定开挖分层情况(图 2),复核开挖标高,确认无误后,联系参建各方到场对本层地质情况进行确认,确认无误后完善基底验槽手续。

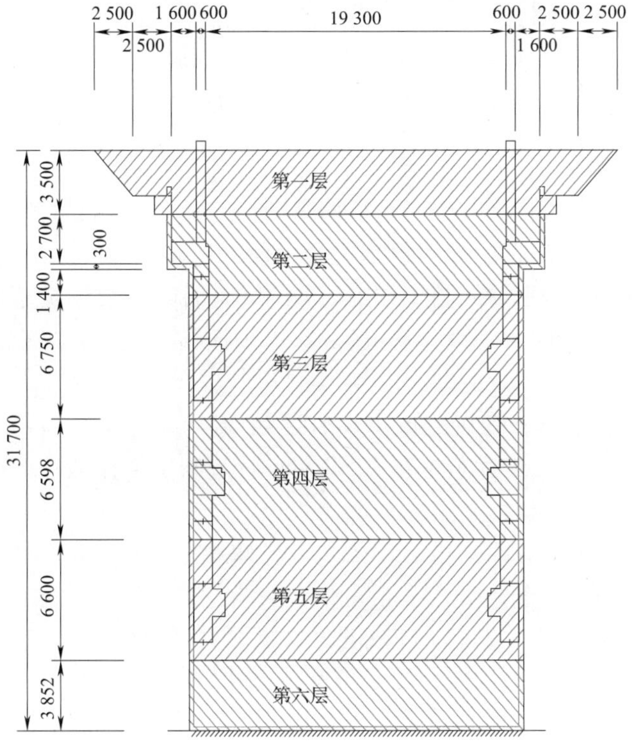

图 2　工作井分层示意图(单位:mm)

5.2.3 爆破开挖

(1)第一步:爆破设计。根据单次计划爆破深度和爆破范围设计炸药总量和爆破孔数,并进行安全校核,确保飞石不会遗撒至路面。爆破平面分区及推进方向如图3所示。

(2)第二步:预裂孔打设。结合工作井尺寸,沿工作井周边使用潜孔钻钻孔,控制光面爆破边界及超挖量,同时可以减小爆破对周边的扰动。

(3)第三步:爆破孔打设。根据爆破设计使用潜孔钻在工作井内打孔,打设完成后对炮孔间距、数量、深度进行检验,确保炸药可以安装到位。

(4)第四步:炸药装填。依据爆破设计的炸药数量逐孔装填炸药和电子雷管。并设置起爆时间,通过延时爆破将待爆破区域区分为掏槽孔、切割槽、主爆破区,防止井内岩体无法爆开。

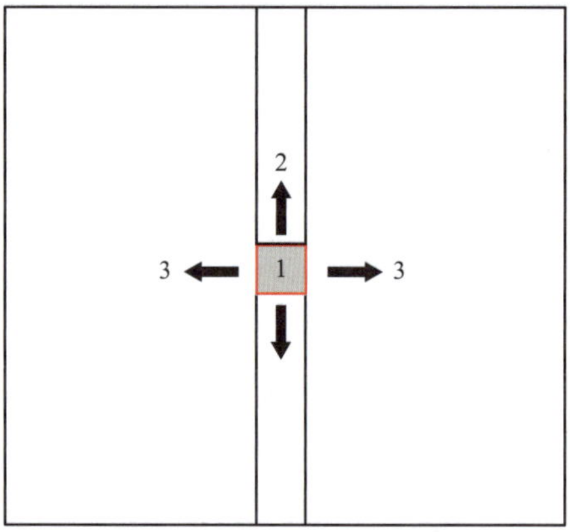

1—掏槽孔;2—切割槽;3—主体开挖。

图3 爆破平面分区及推进方向

(5)第五步:线路检查。使用起爆器对爆破线路进行检测,检测前要求井内作业人员全部撤离,导线全部引送至地面,由安全员确认后方可进行检测,检测无异常后方可进行下一步作业,如存在异常根据起爆器提示及时处理问题。

(6)第六步:爆破安全防护。在开挖面上方满铺钢板,每块钢板下方垫设2根型钢,方便爆破完成后吊出,同时周边设置警戒区域,无关人员禁止进入爆破作业面,由爆破安全员确认满足起爆条件后开始起爆。

(7)第七步:爆后检查。起爆完成后爆破区域30 min内禁止任何人员进入,同时在起爆器上检查是否有盲炮,如无盲炮可在30 min后开始出渣作业;如存在盲炮需及时上报由专业人士进行处理。

(8)第八步:工作井开挖。后续开挖流程与机械开挖流程一致。

5.2.4 围护结构施工

(1)第一步:材料验收。对锚杆材质进行校核,确认锚杆材质符合设计要求,锚杆杆体应设置船形定位支架,使用前需核验定位支架安装情况。

(2)第二步:锚孔打设。潜孔钻无水干钻成孔,以确保锚杆施工中不至于恶化边坡岩体的工程地质条件和保证孔壁的粘结性能。如遇地层松散、破碎时,则采用套管跟进钻孔技术。

(3)第三步：锚杆注浆。采用单管注浆工艺，直接将注浆管插入锚杆孔底，开始注浆后反复将注浆管向孔底送，使砂浆将孔内多余的水挤压出孔外，随后边注浆边拔出注浆管，准备插杆，浆液施工配合比应通过试验确认。

(4)第四步：锚杆安装。注浆后应及时放置锚杆，锚杆放入后视实际需要补注浆。锚杆孔注满浆后，将锚杆钢筋插入锚杆孔内，同时用水泥袋或塑料布封住孔口，当感到锚杆撞击孔底时，孔口要求填满砂浆，插好锚杆后用孔口用块石或木楔临时居中固定，杆体外露部分避免敲击碰撞。锚杆安装后，不得随意敲击，3 d 内不得悬挂重物。锚杆结构如图 4 所示。

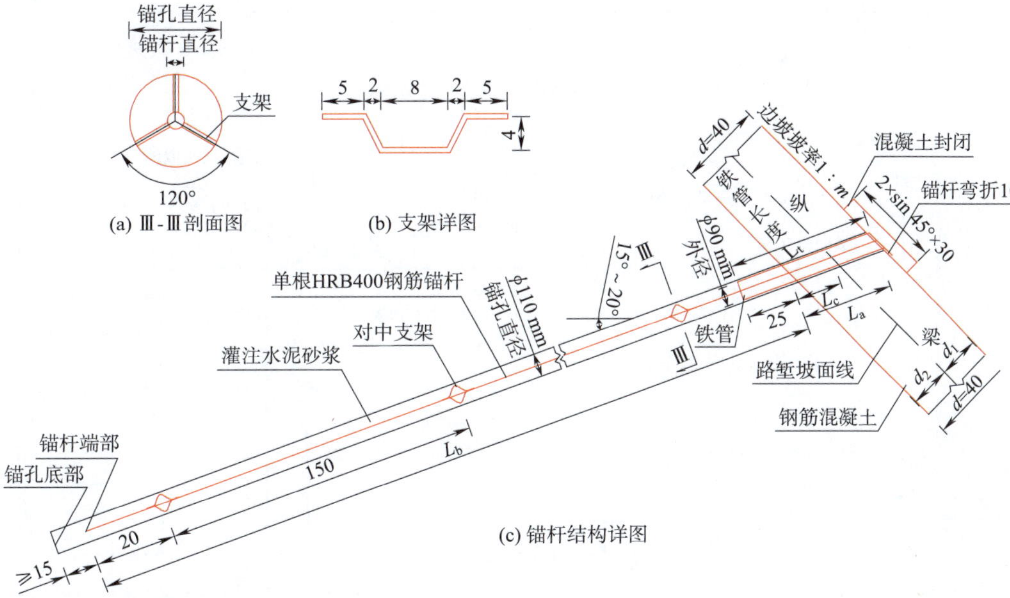

图 4　锚杆结构示意图(单位：cm)

(5)第五步：锚杆检测。锚杆在施工完毕后，抽取锚杆总数中的5% 进行抗拔实验，确认锚杆抗拔力不小于设计要求。

(6)第六步：型钢安装。锚杆强度达到要求后开始型钢安装，要求型钢连接钢板密贴。

(7)第七步：喷混施工。与隧道喷射混凝土施工工艺相同，采用湿喷机将开挖面封闭保护，需注意喷混不得侵入主体结构厚度，喷射完成后需对表面平整度及净空进行复核。确认无误后进行后续作业。

5.2.5　主体结构施工

(1)第一步：防水施工。对初支面平整度进行校核，确认满足要求后按设计要求铺设防水卷材；防水细部节点做法如图 5 所示。

(2)第二步：钢筋施工。按设计要求绑扎钢筋，绑扎前需检查钢筋规格型号是否与设计要求相符，绑扎期间注意钢筋连接形式，如焊接、机械连接、绑扎搭接等，按要求做好工

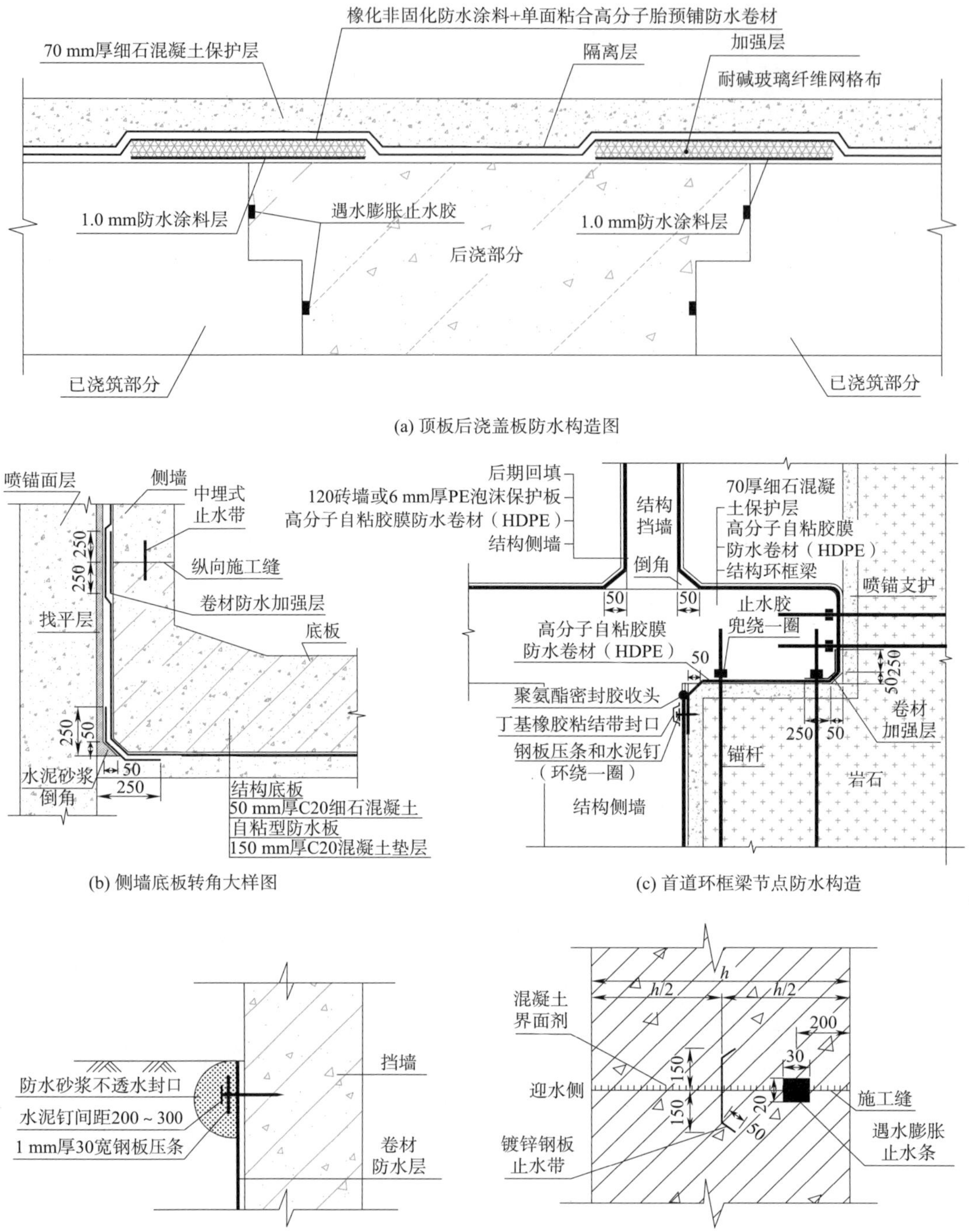

图 5　防水细部节点做法(单位:mm)

艺试验。钢筋绑扎完成后对钢筋间距、保护层厚度、钢筋数量进行检查,确认无误后安装施工缝止水带及注浆管钢筋施工完成后需经验收合格方可开始下步施工。

(3)第三步:模板施工。选用合适的模板加固方式和面板材质,确保混凝土浇筑期间面板安全、稳定、可靠,混凝土拆模后表面光滑平整。模板加固完成后需经验收合格方可开始下步施工。模板支架布置如图6所示。

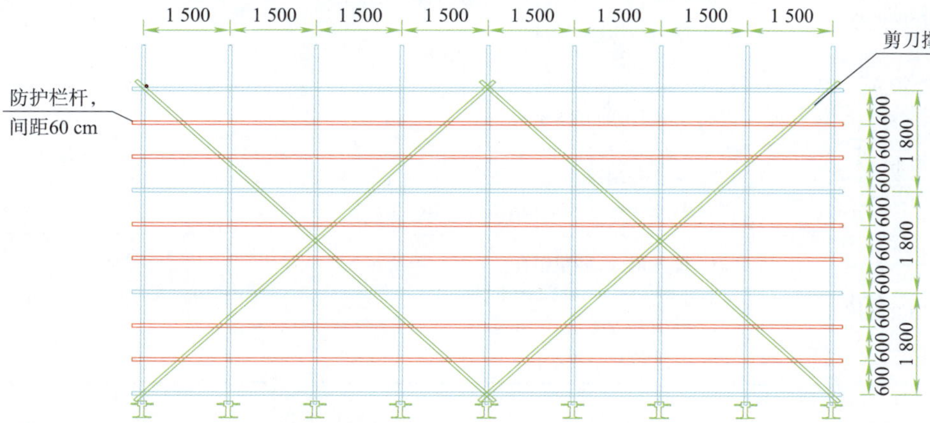

图6　模板支架布置示意图(单位:mm)

(4)第四步:混凝土浇筑及养护。混凝土分层浇筑,浇筑期间加强振捣,做到快插慢拔,同时做好材料组织,确保浇筑连续性。浇筑完成后及时进行养护,确保混凝土成型质量。待该层混凝土强度达到设计要求后方可进行下层开挖。

6　材料与设备

主要结构材料清单见表1,主要设备清单见表2。

表1　主要结构材料清单

序号	材料名称	主要参数	单位	数　量
1	锚孔灌注水泥浆	1. 部位:锚杆、锚索 2. 水泥浆强度等级:M30 3. 其他按设计图示要求综合考虑	项	1
2	现浇混凝土挡土墙	1. 部位:环框梁上挡土墙 2. 混凝土强度等级:无 3. 其他按设计图示要求综合考虑	m^3	272. 580
3	井口锁扣圈梁	1. 部位:井口 2. 混凝土强度等级:C30 3. 其他按设计图示要求综合考虑	m^3	146. 440
4	井口锁扣圈梁垫层	1. 混凝土强度等级:C20 2. 其他按设计图示要求综合考虑	m^3	23. 012
5	喷射混凝土	1. 支护厚度:300 mm 2. 混凝土强度等级:综合考虑 3. 其他按设计图示要求综合考虑	m^3	740. 430

续上表

序号	材料名称	主要参数	单位	数　量
6	钢筋网片	1. 部位:工作井侧壁地面以下 12 m 2. 材质、规格:Ⅰ级钢综合 ϕ8 mm@200×200 3. 接头费用综合考虑 4. 其他按设计图示要求综合考虑	t	8.084
7	型钢	1. 部位:工作井侧壁 2. 材质、规格:I22a 3. 接头费用综合考虑 4. 其他按设计图示要求综合考虑	t	162.895
8	锚杆支护	1. 锚杆形式:砂浆锚杆 2. 材质、规格:ϕ22 mm 钢筋 3. 砂浆强度等级:综合考虑 4. 其他按设计图示要求综合考虑	m	15 740

表 2　主要设备清单

序号	设备名称	规格型号	单位	数　量
1	挖机	PC120	台	1
2	自卸汽车		辆	4
3	挖机	PC400	台	1
4	50 t 汽车吊		台	1
5	湿喷机	GHP25-Ⅲ	台	1
6	混凝土泵车	46 m	套	1
7	空压机	132SCFT-8	台	1
8	潜孔钻机		台	3
9	挖机	PC120	台	1

7　质量控制

7.1　施工质量控制标准

(1)《建筑施工场界环境噪声排放标准》(GB 12523—2011);

(2)《城市区域环境振动标准》(GB 10070—1988);

(3)《岩土锚杆与喷射混凝土支护工程技术规范》(GB 50086—2015);

(4)《地下工程防水技术规范》(GB 50108—2008);

(5)《爆破安全规程》(GB 6722—2014);

(6)《土方与爆破工程施工及验收规范》(GB 50201—2012);

(7)《爆破作业单位资质条件和管理要求》(GA 990—2012);

(8)《爆破作业项目管理要求》(GA 991—2012);

(9)《铁路隧道锚杆》(TB/T 3356—2021);

（10）《铁路混凝土工程施工质量验收标准》（TB 10424—2018）；

（11）《高速铁路隧道工程施工质量验收标准》（TB 10753—2018）；

（12）《铁路隧道锚杆》（TB/T 3356—2021）；

（13）《铁路工程施工组织设计规范》（Q/CR 9004—2018）；

（14）《铁路隧道工程施工安全技术规程》（TB 10304—2020）；

（15）《铁路隧道盾构法技术规程》（TB 10181—2017）；

（16）《铁路隧道工程风险管理技术规范》（Q/CR 9247—2016）；

（17）《铁路隧道监控量测技术规程》（Q/CR 9218—2024）；

（18）《铁路隧道锚杆支护技术规范》（Q/CR 9248—2020）；

（19）《铁路安全管理条例》（国务院令第639号）；

（20）《铁路隧道超前地质预报技术规程》（Q/CR 9217—2015）；

（21）《铁路混凝土工程施工技术规程》（Q/CR 9207—2017）；

（22）《铁路隧道防排水补充规定》（铁总建设〔2016〕274号）；

（23）《爆破振动监测技术规范》（T/CSEB 0008—2019）。

7.2 质量保证措施

（1）施工前组织有关人员熟悉图纸，方案以及进行技术交底。

（2）爆破设计应根据计算结果对被保护对象进行安全校核。在实际施工中，必须精心设计，在设计前必须对爆破区的地形、地质资料及周围环境做详细的实地勘察核实，做到情况明了。

（3）爆破装药前要认真复核孔距、排距、孔深等。如不符合要求，应在爆破工程师指导下根据实际情况采取补救措施，严禁私自修改装药量。

（4）选择合适的监测方法，监测内容需包含测斜、水位、结构水平位移与沉降、地表沉降及公路沉降等；监测点的数量，在确保安全的前提下，合理利用监测点之间联系，减少测点数量，提高工作效率。

（5）初期支护完成后进行喷混层表面裂缝及其发展、渗水、变形观察和记录。

（6）开挖至设计标高后及时对基底标高进行复核，并邀请参建各方对地质情况现场确认，留具验槽记录。

8 安全措施

8.1 检测标准

（1）《建筑施工高处作业安全技术规范》（JGJ 80—2016）；

（2）《建筑施工安全检查标准》（JGJ 59—2011）；

（3）《爆破安全规程》（GB 6722—2014）。

8.2 现场安全管理

（1）建立健全安全生产规章制度和安全生产责任制度，贯彻管生产必须管安全的原则，牢固树立安全第一的观念，把安全生产责任落实到人。使安全生产有章可循，有法可依，形成制度。

(2)实行安全生产三级管理,即:一级管理由项目经理负责,二级管理由专职安全员负责,三级管理由施工队长(班组长)负责。

(3)落实各级管理人员和操作人员的安全生产责任制,做到纵向到底,横向到边,各自做好本岗位的安全工作。

(4)实行逐级安全技术交底制,由安全部组织有关人员进行详细安全技术交底,凡参加安全技术交底的人员要履行签字手续,并保存资料。项目部安全员对安全技术措施的执行情况进行监督检查,并作好记录。

(5)机械操作员等特殊工种人员必须经专门培训,经考试合格取得操作证,方可上岗作业。

(6)实行逐级安全技术交底制,由安全部组织有关人员进行详细安全技术交底,凡参加安全技术交底的人员要履行签字手续,并保存资料。项目部安全员对安全技术措施的执行情况进行监督检查,并做好记录。

(7)在工程施工中,对安全有影响的重要环节,如开挖与支护施工,易燃、易爆物品的配送、仓储、使用和运输等,在施工前,施工方案中进一步制定具体可行的安全防护措施和实施细则,方可进行施工。开工前由工点安全负责人进行书面技术安全交底,施工中严格执行安全规则,关键工序技术人员、安全员跟班作业,现场监督。

(8)认真落实安全风险分级管控和隐患排查治理双重预防机制,开展定期与不定期的隐患排查治理活动,对检查中发现的安全问题制定整改措施,定人限期进行整改,保证“管生产必须管安全”的原则真正落实。

(9)加强施工安全监测,监测边坡治理施工过程中坡体的变形状况;边坡防治效果监测,监测坡体治理后的变形状况及防治工程措施的应力应变情况。

(10)加强工作井监测,工作井变形速率或变形量达到预警值立即向上级部门反馈,并做好临时支护措施。

(11)在爆破周边道路布置安全警戒点,每个安全警戒点配备不少于2名警戒人员,爆破期间实行交通管制,按照《爆破安全规程》要求落实人员警戒距离。

(12)机械设备操作期间需设置硬性警戒隔离,严禁操作期间进入设备操作半径。

(13)进入现场的所有人员必须戴好安全防护装备。

9　环境保护措施

9.1　环保管理机制

(1)严格执行设计文件要求和国家当地有关环境保护的规定,认真贯彻《中华人民共和国环境保护法》,执行“预防为主、全面规划、综合防治、加强管理、注重效益”的方针,抓好环境保护工作。确保工程所处的环境不受污染和破坏。

(2)制定施工过程中环境保护工作的规章制度和具体措施,加强对员工的教育和管理,使参建员工明确环保工作的重要意义,积极主动参与环保工作,自觉遵守环保的各项规章制度。

(3)对施工场地准确定位,合理布置施工场地,尽量不破坏原有的植被,保护自然环境，选择适当的围挡方式，尽可能与周边环境相协调，并符合业主及相关规定。

（4）工程竣工后做好地面恢复，恢复原有植被，防止水土流失，保证城市原有环境风貌的完整和美观。

9.2 施工噪声污染防治措施

（1）合理安排施工作业、重型运输车辆的运行时间，避开噪声敏感时段；较高噪声、较高振动的施工作业尽量安排在环境噪声承受值较高的白天施工；禁止施工人员在居民区附近和夜间施工时高声喧哗，避免人为噪声扰民。施工噪声遵守《建筑施工场界环境噪声排放标准》（GB 12523—2011），施工振动对环境的影响遵守《城市区域环境振动标准》（GB 10070—1988）。

（2）在设备选型时，选择低噪声设备型号，降低声源噪声。对运土机械、运输车辆加强维修保养，安装消声器；严格遵守《建筑施工场界环境噪声排放标准》（GB 12523—2011）的有关规定，对使用的施工设备进行详细的建筑声影响评估，并使用隔声材料、护板等措施，最大限度地降低噪声。

9.3 粉尘污染防治措施

（1）对可能造成粉尘污染的设备安装污染控制系统。

（2）在运输或存放砂、石、水泥、黏土等容易产生扬尘的散装建筑材料时应加盖篷布密封。

（3）对土石方作业区及汽车运输道路要经常洒水，防止尘土飞扬，污染空气。

（4）必要时，搅拌场和弃渣场四周设隔挡建筑，防止扬尘的扩散。

（5）施工场地及道路进行硬化，设置洗车槽，确保施工车辆不污染城市道路，减轻扬尘污染，土、石、砂、水泥等材料运输和堆放进行遮盖，减少污染。

9.4 污水防治措施

（1）做好施工驻地及施工场地的布置和排水系统设施，保证生活污水、生产废水不污染水源。

（2）施工前对施工地段既有排水设施进行覆盖或改建等保护措施。

（3）施工期间场地内应设三级沉淀池，对废水进行沉淀处理，并检测出水池 pH 值等参数，确保达到排放标准后外排。

9.5 固体废物的处理

（1）生活垃圾定点堆放，掩埋覆盖，严禁四处乱扔；建筑垃圾及时清运。加强废旧料、报废材料的回收和管理，减少污染，保护环境。

（2）施工场地采用硬式围挡，施工区的材料堆放、材料加工、出料口等场地均设置围挡封闭。施工现场以外的公用场地禁止堆放材料、工具、建筑垃圾等，保持整洁、美观。

（3）现场安排固定的保洁人员进行日常保洁。

10 效益分析

10.1 经济效益

相较于地下连续墙、钻孔灌注桩等围护结构形式，本工法结构形式稳定、混凝土及钢筋等主材消耗量小、配套设施简便、投入人工成本低、施作循环周期短、施工过程相对灵活。锚杆工字钢喷混围护结构施工可实现显著的费用节约。在人力方面，由于施工流程相对简化，锚杆安装仅需少量技术工人配合起重机进行吊运固定，采用锚杆工字钢喷混围护结构可减少 60% 的人工投入。工期上，本工法施作循环周期短，锚杆施工与工字钢安装可同步交叉作业，且喷射混凝土施工速度快，工期缩短40%。锚杆工字钢喷混围护结构仅需起重机、锚杆钻机、混凝土喷射机等常规设备，无需大型成槽机、履带吊等高价设备，经济效益显著。

10.2 社会效益

有效减少钢材、水泥等建筑材料的消耗，有助于节约自然资源，实现资源的高效利用。施工速度快，减少了施工过程中产生的噪声、粉尘等污染物的排放时间，对周边环境和居民生活的影响较小。同时，使用电动抓斗设备等节能环保措施，也符合当今社会对绿色施工的要求，有助于减少碳排放，保护环境。该施工工艺获得参建各方的一致认可。

11 应用实例

本工法主要在 2022 年 11 月至 2023 年 2 月期间提出并进行研究，并于 2023 年 3 月应用于甬舟铁路 YZSG-3 工区金塘工作井。金塘工作井布置紧靠公路，开挖尺寸 23 m × 21.5 m（长 × 宽），深度 31.7 m，地下四层结构，工作井下部设置废水泵房。工作井的安全等级为一级，工作井侧壁地层主要为强 ~ 弱风化凝灰岩，节理裂隙发育，自稳能力相对较差。金塘侧工作井工作井底部为强 ~ 弱风化凝灰岩，承载力较好。工作井采用明挖逆筑法施工，工作井采用 I22a 型钢钢架与 300 mm 厚的锚喷联合支护形式，通过采用本工法妥善解决了工期紧迫、场地作业面积小的问题，施工安全可靠，缩短围护结构施工时间。

参编单位：沪杭铁路客运专线股份有限公司、中铁第四勘察设计院集团有限公司、中铁二院工程集团有限责任公司、中铁十一局集团有限公司

参编人员：金武、潘成杰、杨永宏、陈小军、韩浩、毛升、纪伟、夏国松、聂承庆、匡新雨

评审人员：黄鸿键、马伟斌、吕刚、赵西民、孟庆余

二、铁路盾构隧道明挖基坑施工工法

1 概　述

明挖法是根据构件设计要求的尺寸和高程，通过开挖地表形成露天基坑，在基坑内完成地下结构施工后回填恢复地面的工法。其核心步骤包括开挖基坑、修筑主体结构（含防水）、回填覆土。该方法施工技术简单、效率高，是浅埋隧道（如地铁车站、地下商场等）最常用的施工方式。明挖法通常分为无支护放坡开挖和基坑支护开挖两种形式。铁路盾构隧道明挖基坑施工是在地面直接向下开挖，形成一个有一定空间的基坑，用于后续盾构隧道的始发、接收或者作为区间联络通道等相关结构施工的基础。

2 工法特点

（1）因地制宜。本工法基于不同地段的地质条件、周边环境、开挖深度等因素，选择最适合的围护结构工法。在复杂地质条件和周边环境下，分段采用放坡开挖 + SMW 工法桩 + 钻孔灌注桩 + 地连墙等多种围护结构组合方式能实现精准适配，既保证施工效率又降低对周边的影响，极大提升了工程对复杂环境与地质条件的适应性。

（2）节约成本。本工法在保证安全的前提下对明挖期间分段采用不同的围护结构形式，通过合理安排施工工序并研究各工艺施工顺序。施工过程中，利用不同工法的施工特性，实现多段并行施工，缩短整体工期，减少机械设备租赁和人工费用支出，有效控制施工成本。

（3）施工高效。多种围护结构工法分段应用，充分发挥各工法特长，实现优势互补。各段围护结构可根据自身特点独立施工，互不干扰，实现多段并行作业，相比单一工法顺序施工，显著提高施工效率，加快工程进度。

（4）经济性好。通过合理分段采用不同围护结构，避免了在整个狭长基坑中都采用造价较高的围护结构形式，从而降低了工程成本。比如，在基坑较浅的部位采用造价相对较低的重力式挡土墙，而在较深部位采用桩锚支护结构，在保证基坑安全的前提下，实现了经济效益的最大化。

3 适用范围

本工法尤其适用于不同地质条件、不同周边环境、不同基坑深度、不同功能需求的明挖法基坑。

4 工艺原理

结合施工现场情况以及现有基坑开挖方式,研究了隧道明挖基坑施工工法,主要技术原理如下:

(1)施作U型槽基底抗拔桩及承载桩。

(2)分幅跳序施作地下连续墙、SMW工法桩等作为基坑围护结构。

(3)基坑开挖,根据开挖分仓及开挖深度及时施工支护结构,如冠梁、支撑等。开挖完成后开始进行结构施工。

(4)采用模板支架体系,及时施作底板及侧墙。

5 施工工艺流程及操作要点

以深江铁路7标隧道明挖基坑施工为例进行阐述。

5.1 施工工艺流程

5.1.1 钻孔灌注桩施工工艺流程如图1所示。

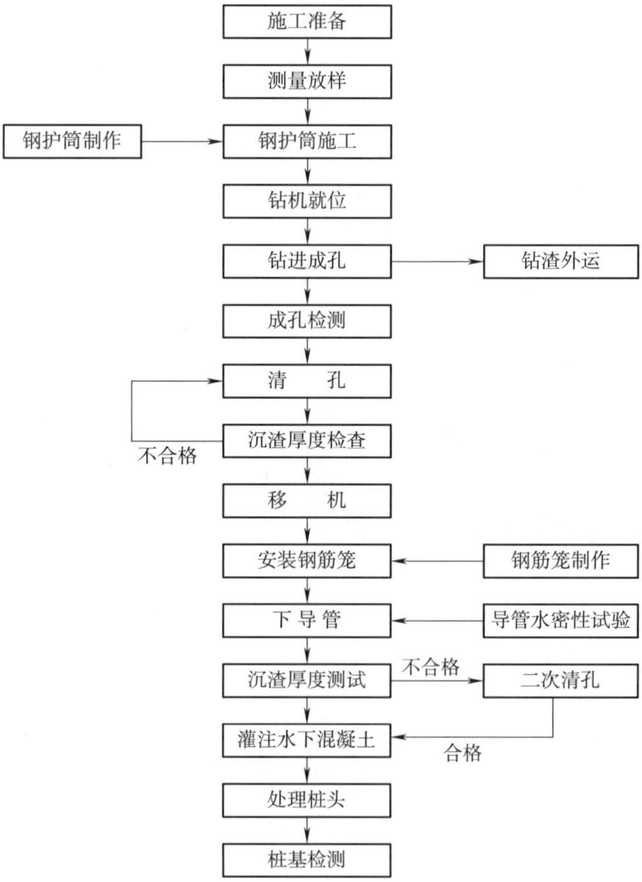

图1　钻孔灌注桩工艺流程图

5.1.2 地下连续墙施工工艺流程如图 2 所示。

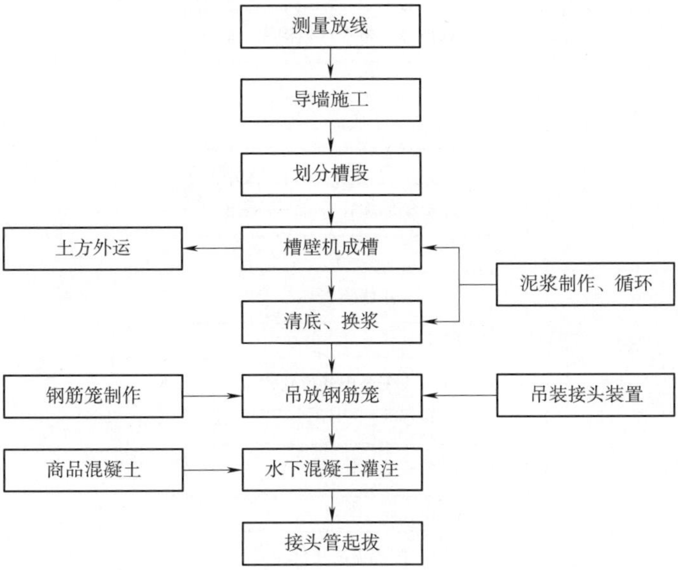

图 2 地下连续墙工艺流程图

5.1.3 SMW 工法桩施工工艺流程如图 3 所示。

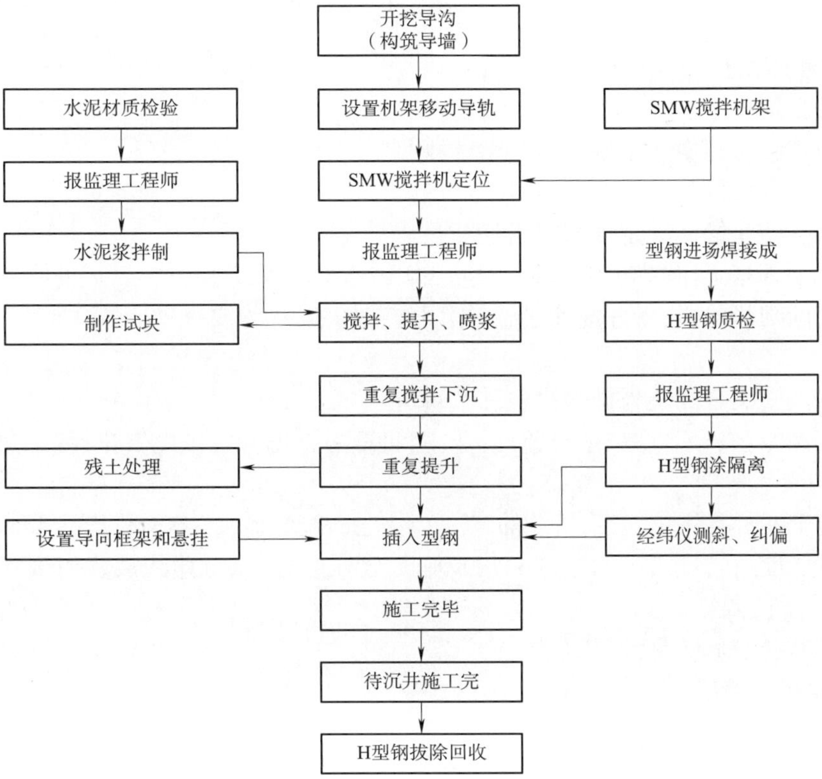

图 3 SMW 工法桩工艺流程图

5.1.4 U型槽施工工艺流程如图4所示。

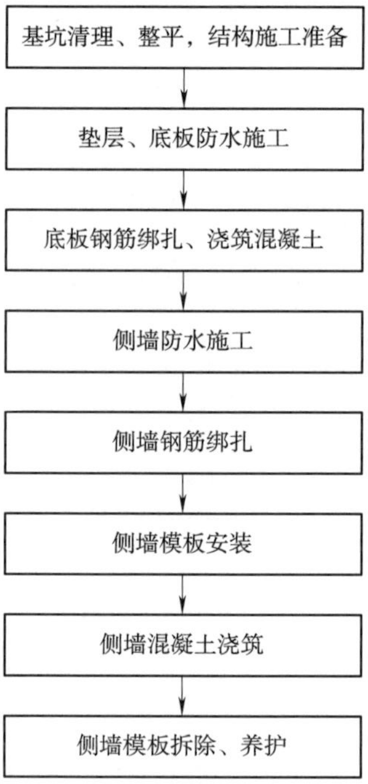

图4　U型槽施工工艺流程图

5.2　施工步骤及操作要点

5.2.1　施工准备

(1)对现场进行主体结构施工的整体规划。

(2)解决现场的临时施工用电、用水问题。

(3)根据施工顺序确定现场材料摆放位置。

(4)规划现场道路,确定钢支撑、钢筋、脚手架、模板等大型材料倒运的线路。

(5)清除现场障碍,做好场地平整,围闭施工场地,加强安全文明施工管理、保持市容整洁。

(6)完成施工现场坑外排水措施。

(7)编制专项施工方案,呈报监理、业主,批复后根据施工进度安排,提前进料并准备各种施工机具。

(8)施工中所需材料委托有资质的试验单位进行检验,确保只有合格产品才能进入工程。

(9)开工前进行精密导线控制测量及施工放样测量,基坑边线放样时要考虑外放值以确保结构不侵限。

(10)制定控制地层变形和基坑支护结构支撑的施工顺序及管理指标,落实弃、存土场地并勘察运输路线。

5.2.2　施工步骤

5.2.2.1　钻孔灌注桩

(1)第一步:泥浆制备。该项目钻孔灌注桩主要在淤泥质粉质黏土层,地层松散易坍塌,孔壁不稳定,采用静态泥浆护壁钻进工艺。现场设泥浆池(含回浆用沉淀池及泥浆储备池),一般为钻孔容积的1.5~2.0倍,泥浆池的底部和四周应铺设塑料布等封闭措施,防止泥浆外流。使用地层黏土自造浆,泥浆比重控制在1.1~1.25,泥浆黏度控制在不大于28 s,含沙率不得高于8%。

(2)第二步:钻进。桩位由测量人员测定后做好保护,然后挖埋钢护筒,护筒中心和桩位中心的偏差不得超过20 mm,护筒面高于地面50 cm且高于地下水位不小于1 m。在护筒外侧使用4根钢筋作为十字护桩,用于校核钻孔期间桩位是否偏差,如图5所示。

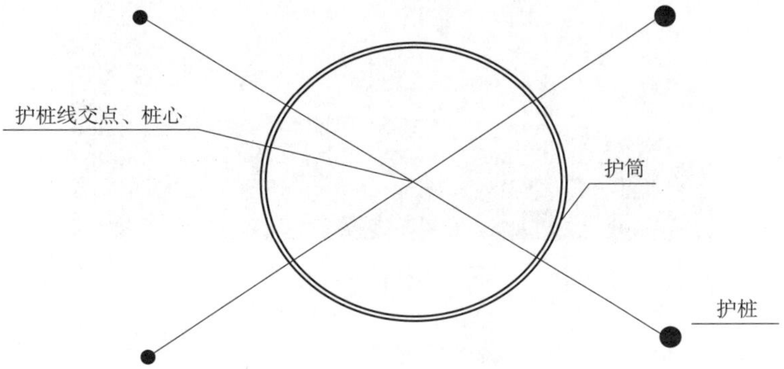

图5　十字护桩

(3)第三步:终孔。钻孔达到设计深度后,核实地质情况。通过钻渣与地质柱状图对照,以验证地质情况是否满足设计要求。如满足设计要求,立即对孔深、孔径、孔型进行检查。孔深及沉渣厚度检测:成孔后,根据旋挖钻显示界面的钻孔深度 L_1 及利用测绳测量孔深 L_2,两者对比,如果 L_2 小于 L_1,更换清底钻头,进行清底,并重新测定孔深。确认满足设计和验收标准要求后,进行清孔。

(4)第四步:清孔及检测。采用换浆法清孔,清孔时注意保持孔内水位。清孔的目的是清除钻渣和沉淀层,尽量减少孔底沉淀厚度,防止桩底存留过厚沉渣而降低桩的承载力。清孔分两次进行,第一次清孔在钻孔深度达到设计深度后进行,第一次清孔就应满足规范要求,否则不应下放钢筋笼。待钢筋笼安装到位后下放导管再进行第二次清孔,灌注混凝土前清孔必须达到以下标准:孔内排出或抽出的泥浆手摸无颗粒感觉,泥浆比重≤1.25,含砂率≤8%,黏度≤28 s;浇筑水下混凝土前孔底沉渣厚度不大于5 cm。孔底沉渣的测量:采用前端悬挂吊锤的测绳在孔壁周围测量孔深,先测得沉渣面深度,再抖动吊锤测得沉渣底部深度,两者标高之差即为沉渣厚度,测点不少于4个,每次测量前必须采用钢尺对测量绳进行校核,严禁采用加深钻孔深度方法代替清孔作业。

(5)第五步:钢筋笼的运输及安装。分段钢筋笼制作完成后,经自检合格后报监理工程师检查认可,然后在钢筋加工场内用25 t吊车吊至平板式运输车上,分段运送至工地。钢筋笼安装前应清除粘附的泥土和油渍,保证钢筋与混凝土紧密黏结。现场钢筋笼的起吊直接利用25 t吊机进行接高及下放,吊点设置在每节钢筋笼最上一层加劲箍处,对称布置,共计四个,吊耳采用圆钢制作并与相应主筋焊接。钢筋笼下放到位后将吊筋与扁担、扁担与护筒焊接固定,防止浇筑混凝土时钢筋笼的上浮和下沉。固定时,要根据钢护筒的偏位情况将钢筋笼中心反方向调整，以使钢筋笼中与桩中心重合。钢筋笼吊装如图6所示。

图6　钢筋笼吊装

（6）第六步：导管安装。导管安装时应逐节量取导管实际长度并按序编号，做好记录以便混凝土灌注过程中控制埋管深度。并应注意橡皮圈是否安置并检查每个导管两头丝扣有无破丝等现象，以免灌注过程中出现导管进水等问题。

（7）第七步：二次清孔。导管下放到位后，应立即进行孔底沉渣检测，若沉渣厚度不满足设计要求时，采用气举反循环二次清孔，循环时应注意保持泥浆水头并补充优质泥浆防止塌空。清孔结束经监理工程师现场检验合格后，立即拆除吸泥弯头，开始浇筑水下混凝土。浇筑混凝土前孔底沉渣厚度不大于5 cm，孔内沉渣厚度采用前端悬挂吊锤测绳测量，测出的差值即为沉渣厚度。

（8）第八步：水下混凝土灌注。灌注混凝土前需对混凝土输送管路及容器洒水润湿，然后在填充导管内安装隔水设施，待储料斗储满混凝土后，开始灌注水下混凝土。首批灌注混凝土的数量需能满足导管首次埋置深度不得小于1 m和填充导管底部高度的需要，封底时导管埋入混凝土中的深度不得小于1 m，首批混凝土方量是根据桩径和导管埋深及导管内混凝土的方量而定，拌制好的混凝土用混凝土运输车运至桩基口处，注入钻机提升的料斗内，车内混凝土方量约8 m^3，由一人统一指挥，双方都准备好后将隔水栓和阀门同时打开进行封底，隔离栓采用钢板，钢板用细钢丝绳牵引，由钻机起吊。

①首批混凝土下落后，混凝土应连续灌注。在灌注过程中，导管埋置深度宜控制在2 ~6 m。

②灌注混凝土过程中要采用测锤经常量测孔内混凝土面的上升高度，导管到达一定埋深后，逐级快速拆卸导管，并在每次起升导管前，探测一次孔内混凝土面高度。测量用的测绳在每根桩灌注前后用钢尺校核各一次，避免发生错误。

③控制灌注的桩顶标高比设计标高高出1 m左右，以保证混凝土强度，多余部分桩头必须凿除，确保桩头无松散层。

④灌注完混凝土后，应及时将导管、漏斗等进行清理和检查，以备下一孔使用。

⑤在灌注水下混凝土前，应填写检查钻孔桩和钢筋笼情况的相关检测表格，在浇筑水下混凝土的过程中，及时填写"水下混凝土浇筑记录"。

5.2.2.2 地下连续墙

施工工艺与钻孔灌注桩基本相同。

5.2.2.3 SMW 工法桩

(1)第一步：测量放线。将工法桩中心线外放 5 cm。由现场技术员根据设计图纸和测量控制点放出桩位，桩位平面偏差不大于 20 mm。在两侧定位架上以设计间距，用红色油漆做好标记，保证搅拌桩每次准确定位。

(2)第二步：导沟开挖(图 7)。开挖导沟过程中，根据基坑端头井围护外边控制线，用挖机开挖，清除地下障碍物。调整桩架垂直度，桩机移位由当班机长统一指挥，移动前必须仔细观察现场情况，移位要做到平稳、安全。桩机定位后，由当班机长负责对桩位进行复核，偏差不得大于 20 mm。在桩架上焊接一半径为 5 cm 的铁圈，10 m 高处悬挂一铅锤，利用全站仪校直钻杆垂直度，使铅锤正好通过铁圈中心。每次施工前必须适当调节钻杆，使铅锤位于铁圈内，即把钻杆垂直度误差控制在 1/200 内。施工前应在钻杆上做好标记，控制搅拌桩桩长不得小于设计桩长。

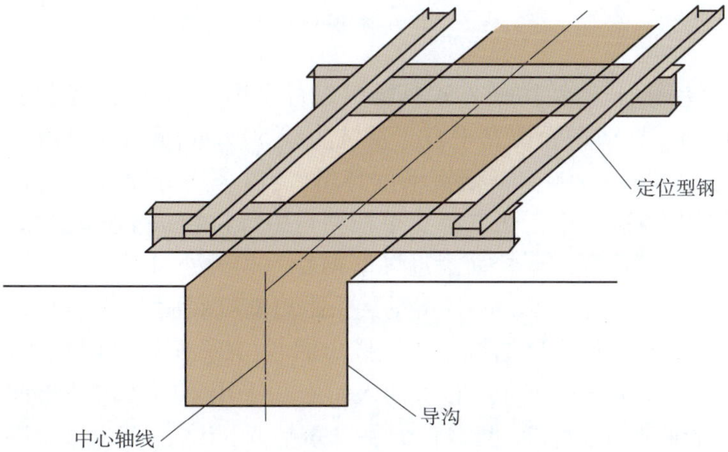

图 7　导沟开挖

(3)第三步：水泥浆液拌制及压浆。施工前搭建好可存放水泥的拌浆平台，对相关人员技术交底。水泥浆配制好后，停滞时间不得超过 2 h，否则作为废浆处理。注浆时通过 2 台注浆泵 2 条管路与三轴搅拌桩机转杆连接，注浆压力为 0.6～0.8 MPa，注浆流量为 119 L/(min·台)。第一次搅拌喷浆：下沉搅拌喷浆，喷浆量为设计单桩总量的 66.6%；一个循环的施工流程为启动电动机，放松钢丝绳，使桩机沿导向架自上而下搅拌土体下沉，确认搅拌已经到桩底时在桩底持续喷浆搅拌 30 s 以上，以保证桩底均匀密实。第二次搅拌喷浆：提升喷浆搅拌，喷浆量为设计单桩总量的 33.3%。钻头提升至桩顶设计标高后，在原位转动喷浆 30 s，以保证桩头均匀密实；三轴水泥搅拌桩桩身在下沉和提升过程中均应注入水泥浆液，同时严格控制下沉和提升速度。根据设计要求和有关技术资料规定，加固区下沉速度不大于0.5 m/min,提升速度不大于1 m/min,在桩底部分适当持续搅拌喷浆,做好每次成桩的原始记录。搅拌桩施工期间每幅桩至少进行两次流量计读数(下钻一次,提钻一次),严格控制注浆流量,保证成桩质量。在每天施工完毕后,向集料斗中注入适量清水,开启灰浆泵,清洗全部管路中残存的水泥浆,直至基本干净。并将粘附在搅拌头的软土清洗干净。三轴搅拌桩施工如图8所示。

图8　三轴搅拌桩施工

(4)第四步:型钢插拔。使用振入式打桩机进行型钢安插,严格控制型钢插入偏差,型钢底标高±30 mm,型钢平面位置平行于基坑边线50 mm,垂直于基坑边线50 mm,形心转角3°,型钢垂直度≤1/200。型钢宜采用整材,当需采用分段焊接时,应采用坡口焊等强焊接。焊缝质量等级不应低于二级。单根型钢中焊接接头不宜超过2个,焊接接头的位置应避免设在支撑位置或开挖面附近等型钢受力较大处,相邻型钢的接头竖向位置宜相互错开,错开距离不宜小于1 m,且型钢接头距离基坑底面不宜小于2 m。H型钢插入前,表面须涂减摩剂,以便主体结构完成后拔出回收,其孔隙须及时用水泥浆填实。型钢宜在搅拌桩施工结束后30 min内插入,插入时必须采用牢圈的定位导向架,在插入过程中应采取措施保证型钢垂直度,型钢宜依靠自重插入,当沉入有困难时可采用辅助措施下沉,严禁采用多次起吊型钢并松钩下落的插入方法。型钢拔除前水泥土与地下主体结构之间必须回填密实。型钢安插、拔除施工如图9、图10所示。

5.2.2.4　基坑开挖

(1)第一阶段为表层土方开挖及冠梁、混凝土支撑施工阶段。

(2)第二阶段为基坑主体土方开挖阶段,在冠梁及混凝土支撑达到设计强度、基坑降水达到设计要求后进行,开设两个工作面进行土方开挖,由两端向中间组织施工。为保证土方开挖与支撑架设、结构施工间的“时空效应”,基坑开挖应分层、分段开挖。抽条分层分段分块开挖土方,尽量减小无支撑暴露时间,严格控制土方开挖坡度与坡高,单层土坡坡度不得大于1:1,土坡高度不得大于2.0 m,各级边坡平台宽度不应小于3.0 m,土体开挖后及时运出基坑,严格在坑内随意堆放积留土体,每次土方开挖严格控制开挖深度,防止超挖土体,在土方开挖完成后及时施作底板,确保基底及时封闭。

图9 型钢安插施工

图10 型钢拔除施工

①地连墙段基坑开挖

为防止梁板混凝土开裂，控制混凝土温度引起的干缩和收缩，结构节段一次浇筑长度不宜过长，一般在20～30 m之间。考虑到以上的分段要求，该项目基坑主体结构可分为11段，自东向西开挖，如图11所示。根据基坑深度分为5～6层开挖，如图12所示。冠梁与第一道混凝土支撑强度达到100%后，进行第二层土方的开挖。开挖时，采用放坡开挖和分层后退开挖相结合，其中第二层开挖高程为6.6～4.6 m，开挖深度为2 m，第三层开挖高程为4.6～3.3 m，开挖深度为1.3 m，即开挖至第二道钢管支撑底面下0.5 m的位置，第四层开挖高程为3.3～1.3 m，开挖深度为2 m，第五层开挖高程为1.3 m至0.04～-0.16 m，开挖深度为1.26～1.46 m，第六层开挖为东端头井开挖，开挖深度为0.915～1.06 m，表层土开挖可用PC220大挖机直接开挖，基坑北侧的土方采用小挖机倒运至基坑边，再装车运出；在开挖时纵向静态坡度控制在1∶1，保证首层土开挖稳定性，坡顶严禁堆载或停留机械设备。区间钢筋混凝土支撑平均间距为9 m，开挖时沿车站方向依次于两道支撑间分别布置两台小挖机，相互配合逐层放坡开挖并掏挖混凝土支撑下土方，最终沿纵向形成开挖坡面。待开挖出相应层段水平工作平台4～6 m后施作钢管支撑。小挖机及镐头机配合开挖距基底0.3 m左右后，采用人工配合PC60小挖机进行清底，边角土方同样采用人工配合机械实施，基坑内配备2台0.3 m^3小型挖掘机清土（石）、转运，地面上配备1台PC220挖机运装车。边角土方施工机械无法作业，只能采用人工按要求将其归拢，小型挖机转运至PC220挖机能够作业的地方，用PC220挖机装运至地面。

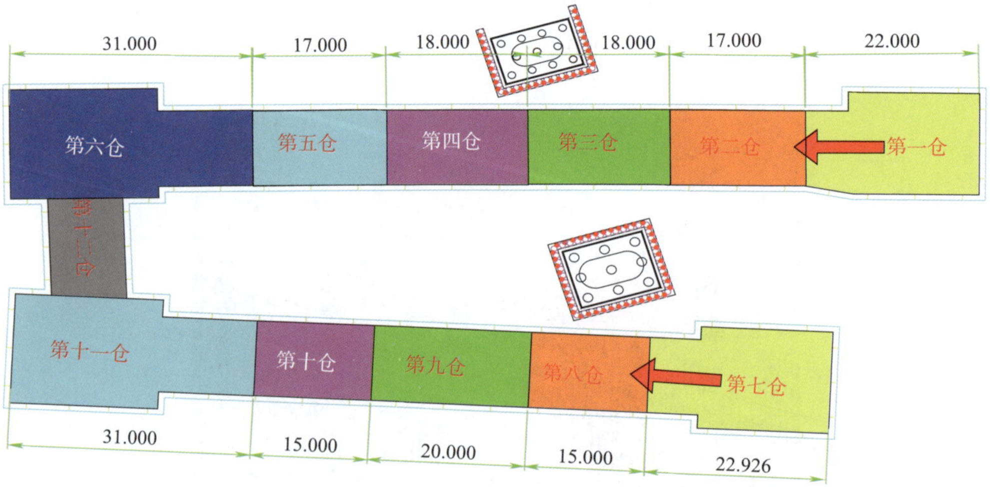

图11　地连墙段土方开挖平面示意图（单位：m）

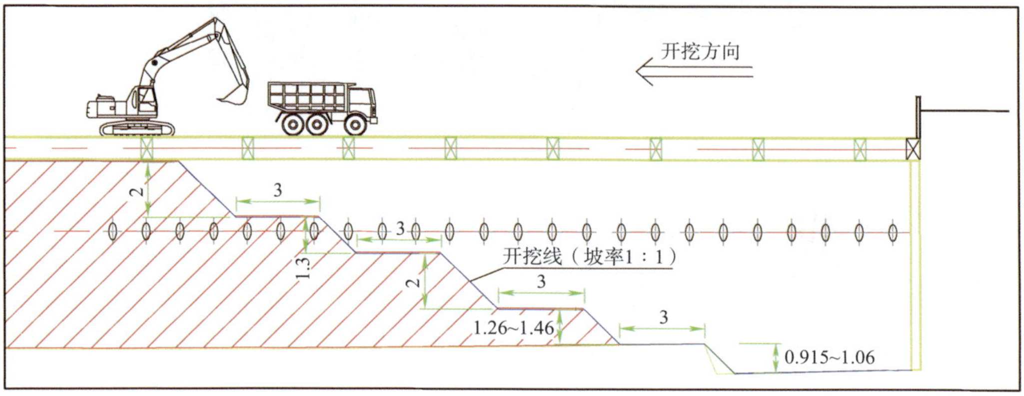

图12　地连墙段土方开挖立面示意图（单位：m）

②工法桩段开挖

工法桩段整体采用东西两侧同时向中间开挖的施工方式。

SMW 工法桩段基坑开挖深度较浅，基坑深度为 1.983 ~2.537 m，因此本段未设置钢支撑，采用纵向放坡开挖（坡度不大于 1∶1），开挖时采用 PC120 挖机进行开挖，基坑土方采用小挖机倒运至基坑边，再装车运出。其余段开挖方式与地连墙段基本相同，由于基坑较浅，因此只设置一道钢支撑，本段分为 3 层开挖，第一层开挖标高由 6.0 ~4.6 m（冠梁底 10 cm），开挖深度为 1.4 m。待冠梁及钢支撑施工完成后继续向下开挖，第二层开挖深度为 1.137 ~2 m，第三层开挖深度为 0 ~0.467 m，开挖至距基底 30 cm 处，采用人工配合小挖机进行收底。工法桩段开挖平、立面如图 13、图 14 所示。

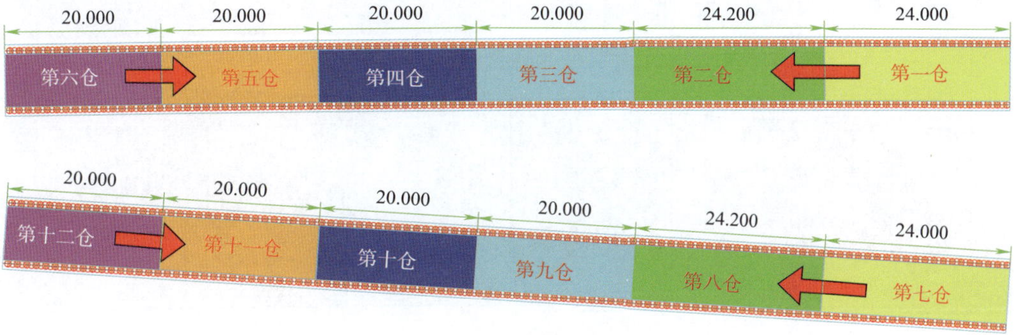

图 13　工法桩段开挖平面示意图（单位：m）

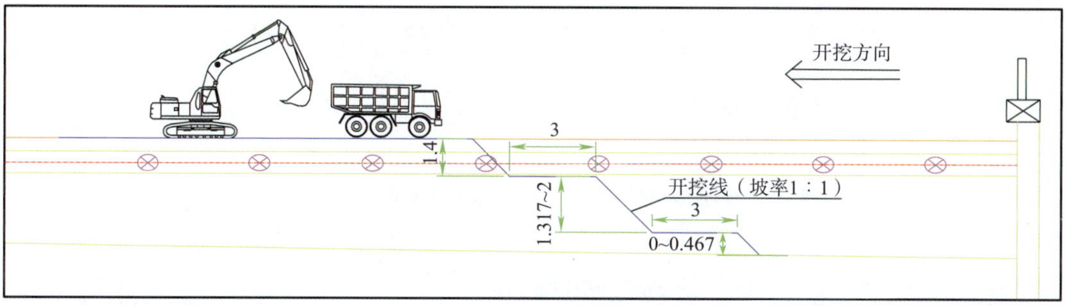

图 14　工法桩段开挖立面示意图（单位：m）

③放坡开挖段开挖

放坡开挖段区域采用 PC120 挖机进行开挖，基坑深度为 0.800 ~1.983 m，首先按放坡开挖边线对基坑进行开挖，放坡坡度为 1∶1（纵向、横向均为该坡率），开挖完成后，横向边坡采用 A8@150×150 钢筋网片 +10 cm C20 喷射早强混凝土进行支护。开挖至距基底 0.3 m 处采用人工 +PC60 挖机进行收底。为防止地面水灌入基坑，因此在横向坡顶设置截水沟。放坡开挖段平、立面如图 15、图 16 所示。

5.2.2.5　U 型槽施工

待抗拔桩及承载桩施工完毕，基坑开挖到位后，清除表层松土及超标高桩头，施工混凝土垫层，再行放样涵槽结构边线开始钢筋绑扎，施工涵槽底板，第一次浇筑至底板以上 30 cm，再施工墙身，如图 17 所示。施工重点与主体结构相同。

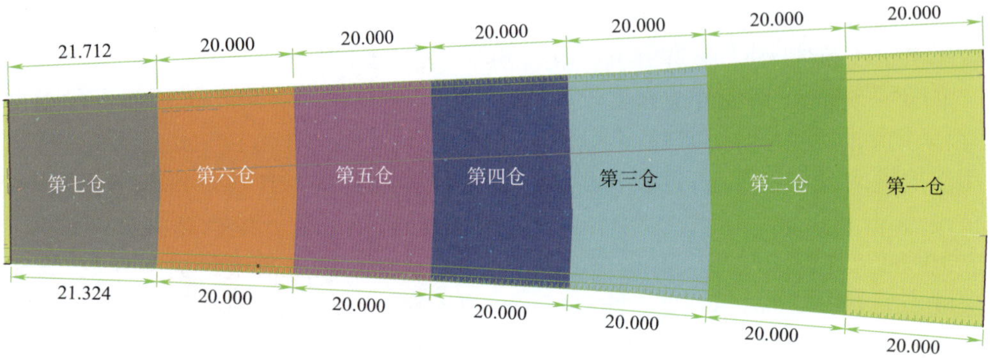

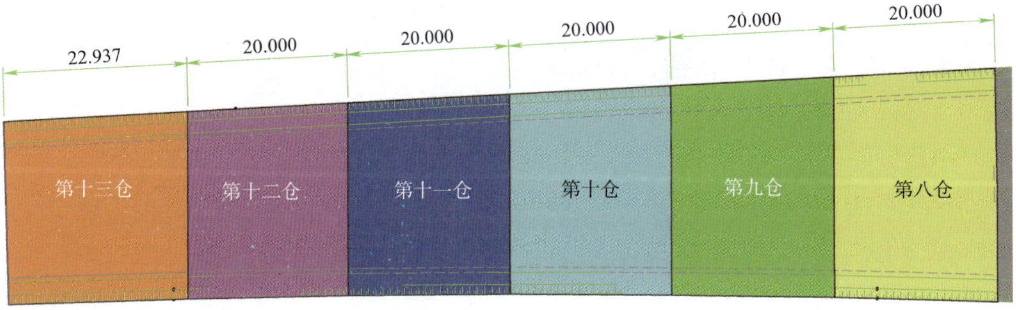

图 15　放坡开挖段开挖平面示意图(单位:m)

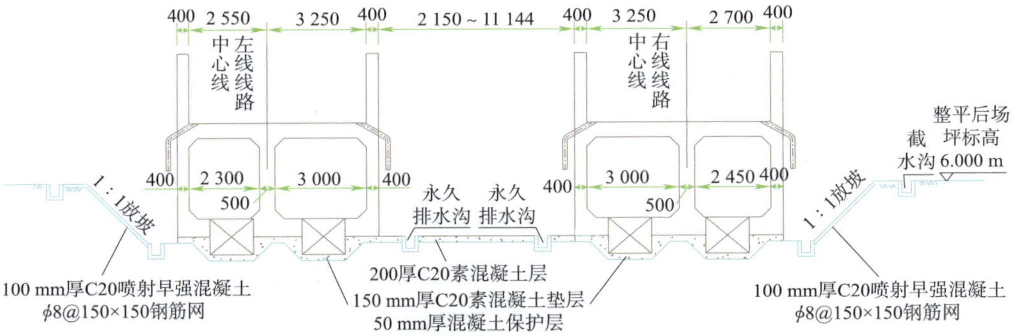

图 16　放坡开挖段纵断面示意图(单位:mm)

图 17　U 型槽施工

6 材料与设备

主要施工材料见表1,施工机械设备见表2。

表1 施工主要材料清单

序号	材料名称	规格型号	单位	数 量
1	冠梁	C30	m^3	1 220
2	混凝土支撑	C30	m^3	1 070
3	钢支撑、钢腰梁	56a钢围檩、800壁厚20 mm钢支撑、800壁厚16 mm钢支撑、609壁厚16 mm钢支撑	t	3 200
4	木模板	15 mm	m^2	2 000
5	钢管	ϕ48	m	2 000
6	方木	5 cm×10 cm	m^3	10
7	止水钢板	300 mm宽	m	1 800
8	止水钢板	300 mm宽	m	1 800

表2 施工机械设备清单

序号	机械名称	规格型号	单位	数 量
1	三轴搅拌桩机		台	1
2	型钢打桩机		台	1
3	汽车吊	25 t	台	1
4	注浆设备		套	1
5	挖机	PC120	台	1
6	自卸汽车		辆	4
7	挖机	PC400	台	1
8	50 t汽车吊		台	1
9	湿喷机	GHP25-Ⅲ	台	1
10	混凝土泵车	46 m	套	1
11	空压机	132SCFT-8	台	1
12	旋挖钻机	300	台	1

7 质量控制

7.1 施工质量控制标准

(1)《建筑桩基技术规范》(JGJ 94—2008);
(2)《钢筋机械连接技术规程》(JGJ 107—2016);
(3)《建筑地基处理技术规范》(JGJ 79—2012);

(4)《混凝土结构工程施工质量验收规范》(GB 50204—2015);

(5)《软土地基深层搅拌技术规程》(YBJ 225—1991);

(6)《钢筋焊接及验收规程》(JGJ 18—2012);

(7)《钢结构工程施工质量验收标准》(GB 50205—2020);

(8)《建筑结构荷载规范》(GB 50009—2012)。

7.2 质量保证措施

(1)施工前组织有关人员进行熟悉图纸、方案并进行技术交底。

(2)钻孔桩施工首先要确保定位准确,并且保证钻具的垂直度和稳定性,其次合理调整成孔速度,以及调整泥浆参数,确保在整个成孔过程中,泥浆具有良好的护壁功能。

(3)钻孔桩施工时混凝土的初存量应保证首次填充的混凝土入孔后,使导管埋入混凝土的深度大于1 m,在灌注过程中,埋入深度应该保持在2～3 m。每灌注一车混凝土后,用测锤测量混凝土面的上升高度,并作好记录,绘制单桩柱状图,根据此数据,换算该桩的桩径各段的扩孔率。

(4)SMW工法桩施工成桩过程中,必须严格控制搅拌机的提升速度和搅拌次数,搅拌次数以二次喷浆二次搅拌为宜,且最后一次提升搅拌宜采用慢速提升,桩底应进行复喷。在成桩过程中必须有专人进行详细的施工记录,包括测量定位、浆液配比、喷浆压力、浆液流量、搅拌机下沉和提升速度、成桩深度、复喷及复搅等。

(5)H型钢插入前,表面须涂减摩剂,以便主体结构完成后拔出回收,其孔隙须及时用水泥浆填实。型钢宜在搅拌桩施工结束后30 min内插入,插入时必须采用牢固的定位导向架,在插入过程中应采取措施保证型钢垂直度,型钢宜依靠自重插入,当振入有困难时可采用辅助措施下沉,严禁采用多次复起吊型钢并松钩下落的插入方法。

(6)土方开挖时,应先由测量人员做好场地高程的测放工作,保证冠梁、水平支撑等位置标高准确,地连墙超灌部分破除时,应采用人工破除,避免破坏下部地连墙;地连墙顶部新旧混凝土交界处应清理干净,并用水冲洗,露出新鲜石子。

(7)钢管横撑按每节6 m的标准长度进行分节,同时配备部分长度不同的短节钢管,以适应基坑断面的变化。管节间用法兰、高强螺栓栓接,同时每根横撑两端分别配活动端和固定端。对支撑施加压力的千斤顶应有可靠、准确的计量装置,千斤顶压力的合力点应与支撑轴线重合,千斤顶应在支撑轴线两侧对称、等距放置,且应同步施加压力。千斤顶的压力应分级施加,施加每级压力后应保持压力稳定10 min后方可施加下一级压力,预压力加至设计规定值后,应在压力稳定10 min后,方可按设计预压力值进行锁定。钢管支撑、格构柱拉杆等钢构件一定要确保焊缝质量,支撑施加压力过程中,当出现焊点开裂、局部压曲等异常情况时应卸除压力,在对支撑的薄弱处进行加固后,方可继续施工压力。

(8)当监测的支撑压力出现损失时,应再次施加预压力。

(9)支撑拆除应在替换支撑的结构构件达到换撑要求的承载力后进行。

(10)基坑严格按设计分层位置进行施工,及时施加支撑及斜撑等加强措施,确保基坑坑壁稳定。施工过程中,密切与施工监测配合,加强信息化管理,若存在不稳定因素,及时报工程师和设计人员调整施工方案,将基坑开挖对周围环境的影响减至最低程度,确保基坑成型;基坑开挖应把基坑侧壁的稳定成型放在首位,已开挖的基坑侧壁不稳定时应及时处理,不许再向下开挖。

(11)材料员应认真把好原材料关,不合格材料不得使用,原材料到现场应提供质保书,并通知质量技术科和试验室按规定进行原材料复试工作。

(12)试验室试验员要做好试块及养护工作,试块的编号及制作日期应标写清楚。

(13)现场钢筋制作施工应按规范进行,同一类型焊接接头每 300 只焊接接头做一组主筋焊件试样,并及时由试验员取样试验。原材料每 60 t 取一组试件。

(14)现场机组及有关人员认真做好原始资料的记录。

(15)加强施工过程中的指导和检查,使施工过程完全受控。

8 安全措施

8.1 检测标准

(1)《建筑施工高处作业安全技术规范》(JGJ 80—2016);

(2)《建筑施工安全检查标准》(JGJ 59—2011)。

8.2 现场安全管理

(1)建立健全安全生产规章制度和安全生产责任制度,贯彻管生产必须管安全的原则,牢固树立安全第一的观念,把安全生产责任落实到人。使安全生产有章可循,有法可依,形成制度。

(2)实行安全生产三级管理,即:一级管理由项目经理负责,二级管理由专职安全员负责,三级管理由施工队长(班组长)负责。

(3)落实各级管理人员和操作人员的安全生产责任制,做到纵向到底,横向到边,各自做好本岗位的安全工作。

(4)实行逐级安全技术交底制,由安全部组织有关人员进行详细安全技术交底,凡参加安全技术交底的人员要履行签字手续,并保存资料。项目部安全员对安全技术措施的执行情况进行监督检查,并作好记录。

(5)机械操作员等特殊工种人员必须经专门培训,经考试合格取得操作证,方可上岗作业。

(6)钻孔桩在进行作业时,严格按照机械技术操作规程进行作业;做到管理人员不违章指挥,作业人员不违章操作。

(7)钻机作业中,电缆应有专人负责收放;如遇停电,应将各控制器放置零位,切断电源;如遇卡钻,应立即切断电源,停止下钻,未查明原因前,不得强行启动;严禁用手清除钻杆上的泥土,发现紧固螺栓松动时,应立即停机重新紧固后方可继续作业。

(8)检查重点:吊点的稳固程度,钢丝绳、吊钩、缆风绳、临时用电、动火作业、临边防护、起重设备的安全性,操作人员上岗教育和交底情况,安全措施的落实情况等。

(9)进入现场的所有人员必须戴好安全帽。

9 环境保护措施

9.1 环保管理机制

(1)严格执行设计文件要求和国家当地有关环境保护的规定,认真贯彻《中华人民共和国环境保护法》,执行"预防为主、全面规划、综合防治、加强管理、注重效益"的方针,抓好环境保护工作。确保工程所处的环境不受污染和破坏。

(2)制定施工过程中环境保护工作的规章制度和具体措施,加强对员工的教育和管理,使参建员工明确环保工作的重要意义,积极主动参与环保工作,自觉遵守环保的各项规章制度。

9.2 施工噪声污染防治措施

在设备选型时,选择低噪声设备型号,降低声源噪声。对运土机械、运输车辆加强维修保养,安装消声器;严格遵守《建筑施工场界环境噪声排放标准》(GB 12523)的有关规定,对使用的施工设备进行详细的建筑声影响评估,并采用隔声材料及安装护板等措施,最大限度地降低噪声。

9.3 粉尘污染防治措施

(1)对可能造成粉尘污染的设备安装污染控制系统。

(2)在运输或存放砂、石、水泥、黏土等容易产生扬尘的散装建筑材料时应加盖篷布密封。

(3)对土石方作业区及汽车运输道路要经常洒水,防止尘土飞扬,污染空气。

(4)必要时,搅拌场和弃渣场四周设隔挡建筑,防止扬尘的扩散。

9.4 污水防治措施

(1)做好施工驻地及施工场地的布置和排水系统设施,保证生活污水、生产废水不污染水源。

(2)施工前对施工地段既有排水设施进行覆盖或改建等保护措施。

9.5 固体废物的处理

生活垃圾定点堆放,掩埋覆盖,严禁四处乱扔;建筑垃圾及时清运。加强废旧料、报废材料的回收和管理,减少污染,保护环境。

10 效益分析

10.1 经济效益

本工法提供的明挖基坑施作方法,可同时打开多个工作面,各类围护结构施工作业同时进行,互不干扰,互不耽误;在工期紧张的情况下,大大缩短施工时间,降低施工成本,确保盾构接收的顺利进行。

10.2 社会效益

采用地连墙+钻孔灌注桩+SMW工法桩组合施工工艺,有效提高了施工速度,保证了围护结构的施工质量,为整个工程竣工工期和盾构接收工期提供了极大的保障,整个工期提前了 6 个月,赢得了业内人士的高度认可。

11 应用实例

中铁十一局集团承建的广南联络线 2 标出口明挖段开挖长度 660 m,开挖宽度:端头井 24 m,标准段 12. 2 m,泵房段 19. 5 m;三山竖井长 26. 0 m,宽 25. 85 m,工作井采用明挖逆筑法施工,非基岩段采用 1 m 厚地下连续墙,基岩地段采用型钢钢架与喷锚联合支护形式。场地主要分布有民房、厂房、基本农田及灌溉河道。根据围护结构形式分为放坡开挖段、SMW 工法桩段、地连墙段。通过采用多种工艺组合,保证了周边建构筑物在施工期间的变形稳定,实现了支护结构的高效施工,大幅缩短了基坑施工时间;同时,通过采用本工法的成套施工技术,确保了支护结构质量,提升了基坑开挖施工安全性,综合效益显著。

参编单位:沪杭铁路客运专线股份有限公司、中铁十一局集团有限公司
参编人员:梁耀新、刘德峰、夏锦花、李孝林、刘铮、黄冉、殷鹏程、朱殿君、王策、吕阳
评审人员:黄鸿键、马伟斌、吕刚、赵西民、孟庆余

三、铁路盾构隧道盾构机吊装下井施工工法

1 概　述

1.1　工法概况

本工法借助地面预组装与分段吊装、多点吊装与平衡控制、井下组装与定位及实时监控调整等关键技术，实现盾构机由地面安全、高效吊装至井下。其历经多年研究实践，结合多个项目盾构机吊装经验，融合国内外先进技术与管理经验后逐步成型，并经持续优化完善，已在多个重大工程成功应用，经济与社会效益显著。

1.2　关键技术的成熟性与可靠性说明

(1)地面预组装与分段吊装

将盾构机分成多个模块在地面进行预组装，再分段吊装到井下。这种方法不仅减少了井下作业的时间和难度，还提高了施工效率和安全性。

(2)多吊点装与平衡控制

在吊装过程中，通过设置多个吊点，确保盾构机模块在吊装过程中的平衡和稳定。这种方法有效防止了吊装过程中可能出现的倾斜和晃动，保证了吊装安全性。

(3)井下组装与精确定位

在井下搭建临时组装平台，使用测量仪器和定位工具，确保各模块在井下的精确定位。这种方法确保了盾构机各模块之间的无缝对接，提高了组装精度。

(4)实时监控与及时调整

在吊装和组装过程中，安排专人进行实时监控，记录吊装数据，及时调整吊装参数，确保吊装过程的安全和顺利。该方法通过实时数据反馈，及时发现和解决问题，提高了施工可靠性和安全性。

1.3　鉴定和获奖情况

本工法经过多次技术鉴定，得到了业内专家的高度评价，被认为是一项技术先进、安全可靠、经济合理的施工工法。

2 工法特点

地面预组装及分段吊装：将盾构机分成多个模块在地面进行预组装，再分块吊装到井下，大大减少了井下作业的时间和难度，提高了施工效率。

(1)施工机械化：使用大吨位的履带式起重机、卷扬机等设备，提高了施工速度，缩短了施工周期。

(2)高精度测量与定位:使用激光测量仪等高精度测量工具,确保各模块在井下的精确定位,提高组装精度。

(3)组装质量控制:在地面进行初步组装时,严格控制组装质量,确保各部件连接牢固可靠。

(4)系统调试:完成组装后,对盾构机的各个系统进行调试,确保各系统的正常运行。

(5)科学的吊装方案:制定了详细的吊装方案,包括吊装顺序、吊装路径、吊装设备布置等,确保吊装过程的安全性。

(6)通过科学合理的施工方案和严格的现场管理,确保各环节的协调配合,提高施工效率和安全性。

3 适用范围

铁路盾构隧道盾构机吊装下井施工工法适用于多种不同的施工环境条件。无论是对工期、质量、环保、造价有严格要求的项目,还是在不同地质条件和施工环境下的项目,本工法都能提供可靠的技术支持和保障。

4 工艺原理

(1)通过地面预组装、分段吊装、井下组装的方式,确保盾构机安全、准确地吊装到井下并完成组装。

(2)地面预组装与分段吊装:将盾构机分成多个模块在地面进行预组装,然后分段吊装到井下。这样可以减少井下作业的复杂性和风险,提高施工效率。

(3)多点吊装与平衡控制:在吊装过程中,通过设置多个吊点,确保盾构机模块在吊装过程中的平衡和稳定。使用先进的吊装设备和工具,如履带式起重机、卷扬机等,确保吊装过程的安全性和精确性。

(4)井下组装与定位:在井下搭建临时组装平台,使用测量仪器和定位工具,确保各模块在井下的精确定位。通过螺栓连接、焊接等方式,将各模块牢固固定在一起,确保盾构机的整体结构稳定。

(5)实时监控与调整:在吊装和组装过程中,安排专人进行实时监控,记录吊装数据,及时调整吊装参数,确保吊装过程的安全和顺利。使用先进的测量工具和控制系统,确保组装精度和质量。

(6)综合管理与协调:通过科学合理的施工方案和严格的现场管理,确保各环节的协调配合,提高施工效率和安全性。

5 施工工艺流程及操作要点

以甬舟铁路三工区盾构机吊装下井为例进行阐述。

5.1 盾构机下井工艺流程

盾构机吊装下井工艺流程如图1所示。

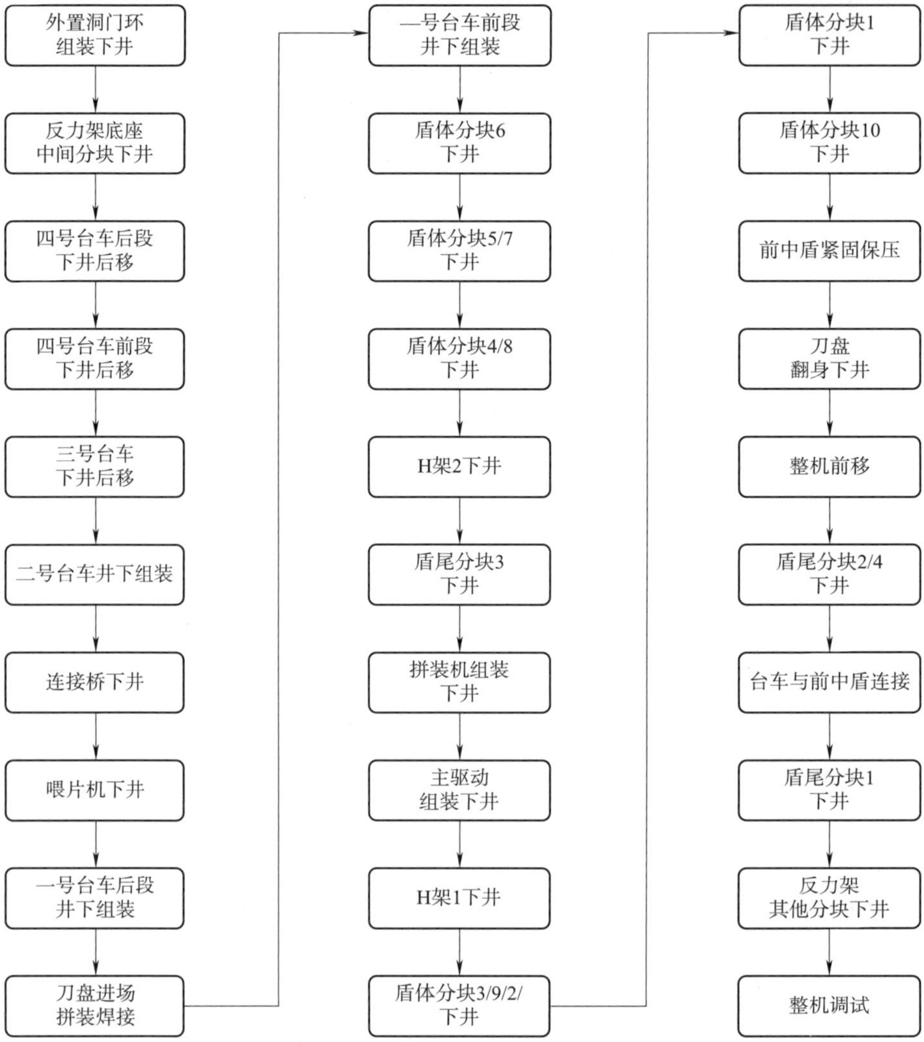

图 1　盾构机吊装下井流程图

5.2　施工准备

(1)盾构机吊装的前期准备工作,施作盾构机始发基座。

(2)后配套拖车行走的弧形槽施工,四号拖车停放点至始发井轨道的铺设。

(3)在暗挖段隧道内吊装拖车行走工装。

(4)后配套拖车轨道铺设,沿始发井铺设到四号拖车停放点,连接桥支撑架准备。

(5)施工卷扬机安装基座并安装拖拽拖车的卷扬机。

5.3　施工步骤

5.3.1　第一步:四号拖车吊装。

在地面进行预组装,用 12 根 1 m 钢支撑将四号拖车分两节及尾架支起,然后吊装 8 个拖车轮,受井口长度影响,四号拖车分两节下井组装,尾架单独下井。用 400 t 履带吊吊装下井后,用卷扬机往暗挖段内部方向移动,到达预定位置后在轮子前方焊接挡板,防止轮子移动,在拖车尾部用手拉葫芦把拖车固定在轨道上。四号台车下井平面如图 2 所示。

图 2　四号台车下井平面示意图

5.3.2　第二步:三号拖车吊装。

在地面进行预组装,用 4 根直径 1 000 mm(t = 16 mm)钢支撑将三号拖车支起,使整个三号拖车平稳支撑,然后吊装 4 个临时坦克轮。用 400 t 履带吊吊装下井后,用卷扬机往暗挖段小里程方向移动至四号拖车前,与四号拖车临时连接,防止向前滑动。三号台车下井平面如图 3 所示。

5.3.3　第三步:二号拖车吊装。

首先将二号拖车左块、右块分别焊接 2 根 20 cm × 20 cm 的 H 型钢支撑,位置为掘进方向的前部、后部位置,另在支撑梁下部安装临时轮对,使支撑与临时轮对水平,然后将两边块进行吊装下井,并井下定位,临时轮对落于行走轨道上。二号拖车二层在井上进行拼装,二层平台整体进行组装,然后吊装上部通风管及泥浆管等部件。使用卷扬机将二号拖车整体前移至桥架尾部并与之相连,二号拖车向前拖拽时,其后侧设置防滑卷扬机,另其轮对前方设置防滑块。完成二号拖车与连接桥连接处之间的管路连接。二号台车下井平面如图 4 所示。

5.3.4　第四步:连接桥吊装。

连接桥结构分为前中后三部分吊装下井。连接桥下井前,需提前铺设移动轨排。轨排逐个下井,由小车将其带至吊装位置铺设。地面进行连接桥预组装,用 12 根 1 m 钢支撑将连接桥分三节支起,每节形成一个整体平稳支撑,然后吊装 12 个拖车轮。用 400 t 履带吊吊装下井后,用卷扬机向暗挖段内部移动,待三节连接桥全部下井后,进行连接桥

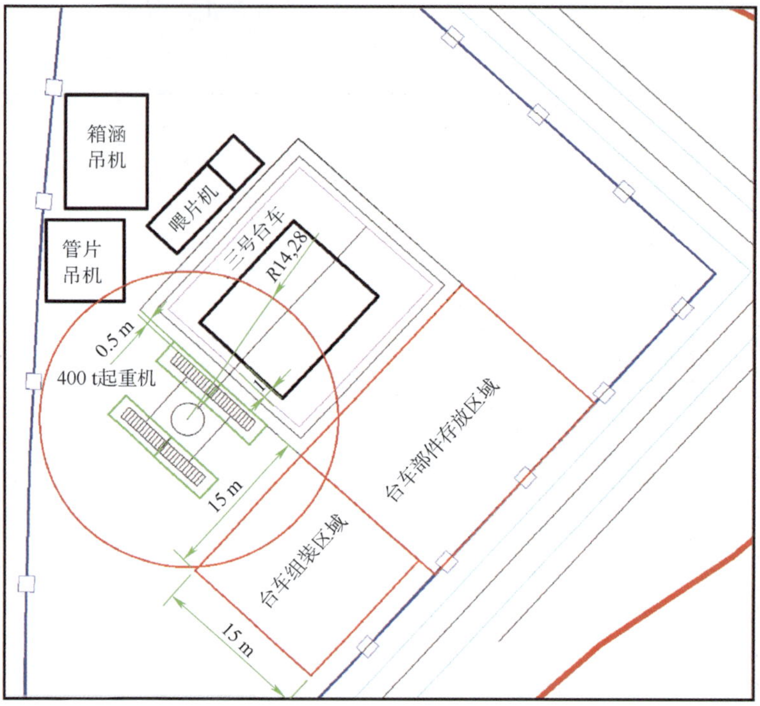

图3　三号台车下井平面示意图

图4　二号台车下井平面示意图

整体连接，连接完成后用卷扬机整机拉到二号拖车前，与二号拖车临时连接，防止向前滑动。连接桥前移之前一定将各部分上的设备全部吊装完毕。在连接桥前段下井前要将管片转运吊机行走轨道吊装在连接桥上。将管片吊机的行走轨道通过连接桥组装小车运送到连接桥上，进行连接，通过吊装井口将管片转运吊机吊入井后续段，在行走轨道上进行吊装。在吊装连接桥之前，先将箱涵吊机吊入隧道并前移，用3个手拉葫芦分前、中、后将其吊装到轨道上。连接桥吊装施工现场如图5～图7所示，连接桥下井平面如图8所示。

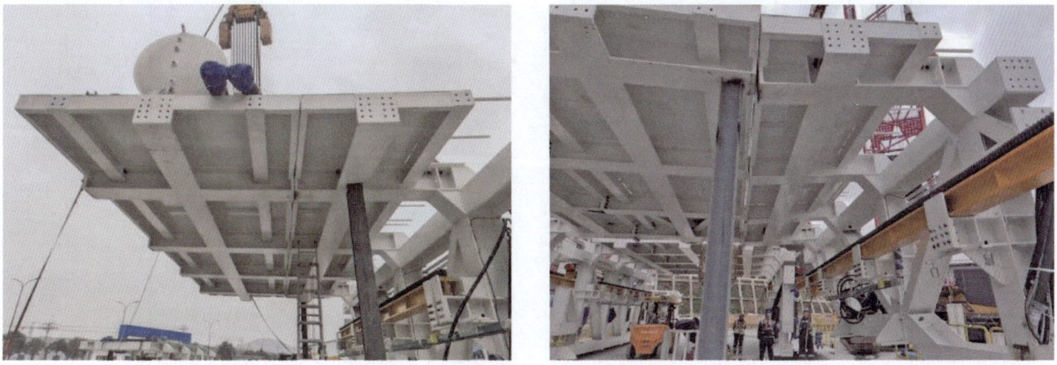

图5　连接桥框架拼接现场照片

图6　管片吊机吊装现场照片

图7　连接桥吊装现场照片

图 8　连接桥下井平面示意图

5.3.5　第五步：一号拖车吊装。

吊装一号拖车后半部分，先将支撑等物资吊入隧道，将轮对吊装下井，安放在组装拖车的位置，提前量好位置。一号拖车各节需在地面组装后逐层在井下拼接，在组装完第一层后要注意将一层上所有的设备全部吊装上去。一号拖车下井现场如图 9 所示。

图 9　一号拖车下井现场照片

5.3.6　第六步：盾构机盾体分块 6 吊装下井（图 10）。

盾体分块 6 约 135 t，使用 4 根 $\phi 90 \times 12$ m 钢丝绳，40 m 长尼龙绳 2 根，拴在盾体分块 6 块两侧，人工拉住防止摆动。然后下井吊装，放至始发基座设计位置，距离始发井侧墙外缘水平距离约 4.1 m 位置。放置到位满足要求后，需在左右两侧焊接挡板固定分块 6，放到始发基座上后，现场测量人员协助组装人员调整盾体姿态，使盾体分块 6 的左右方向和隧道轴线方向一致(即盾体块接缝与中间始发基座边线基本保持平行)。位置调整完毕后将盾体与基座焊接(防止吊装盾体分块5/7时左右转动),焊接完成后拆除吊耳。

图10　盾体分块6吊装现场照片

5.3.7　第七步:盾体分块5、分块7吊装。

将盾体分块5用四个吊点吊至宽阔地带,一侧钩挂钢丝绳,另外一侧钩挂吊耳时,采用1 m绳套和75 t电葫芦调整盾体角度,由测量班人员协助使其与下部相连接的盾体表面大致相平,然后缓慢下井,与下部的盾体分块6对接,大致接触后使用手拉葫芦调整盾体分块5,使两块盾体面完全接触后,最后吊装螺栓并用气动扳手紧固。盾体吊装完成后用事先准备好的4块200工字钢,分别在盾体分块5侧紧贴始发托架焊两块,在盾体分块7侧各焊两块,使盾体在以后的吊装过程中不至左右转动。螺栓紧固过程中不得松开钢丝绳,结束后再松开钢丝绳。盾体分块7与盾体分块5吊装方法相同,吊装到位,连接定位销和螺栓后,分块5、分块7外侧需焊接支撑稳固。吊装完毕后,恢复压力仓内的管路、爬梯,特别是压力平衡管,必须在后续盾体块吊装前全部恢复。当3块盾体放到始发基座以后,应有现场测量人员协助组装人员调整盾体姿态,调整时使用30 t手拉葫芦和50 t千斤顶,使这3块盾体的轴线方向和隧道轴线方向一致(即盾体块接缝与中间始发基座两侧边线基本保持平行)。调整完毕后拆除临时重型吊耳。当这3块盾体姿态调整好后,用事先准备好的8块定位钢板,在盾体分块6两侧紧贴中间始发基座两侧竖直面焊四块,在盾体分块5/7外侧各焊两块(此钢板要求紧贴外侧始发基座的水平面),使盾体在以后的吊装过程中不至左右转动。盾体下井后,立即开始恢复盾体及压力仓内的操作平台及其上的管路、设备等。分块5、分块7吊装下井现场如图11所示。

5.3.8　第八步:盾体分块4、分块8吊装(图12、图13)。

将盾体分块4用四个吊点吊至宽阔地带,一侧钩挂钢丝绳,另外一侧钩挂吊耳时,采用75 t电葫芦调整盾体角度,由测量班人员协助使其与下部相连接的盾体表面大致相平,然后缓慢下井,与下部的盾体分块5对接,大致接触后使用手拉葫芦调整盾体分块4,致使两块盾体面完全接触后,最后吊装螺栓并用气动扳手紧固。盾体吊装完成后用事先

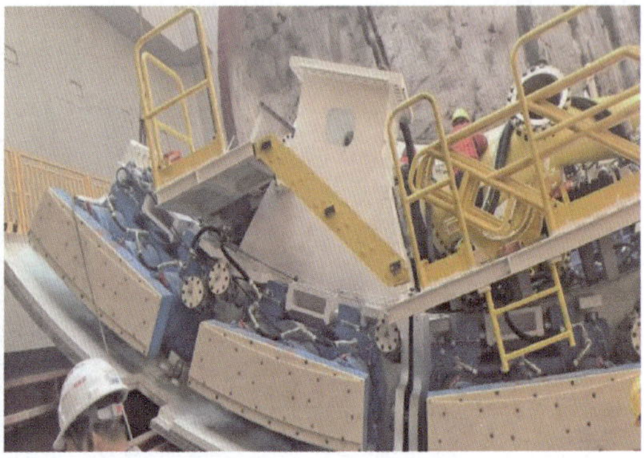

图 11　分块 5、分块 7 吊装下井现场照片

准备好的 4 块 200 工字钢，分别在盾体分块 4 侧紧贴始发托架焊两块，在盾体分块 8 侧各焊两块，使盾体在以后的吊装过程中不至左右转动。螺栓紧固过程中不得松开钢丝绳，然后再松开钢丝绳。盾体分块 8 与盾体分块 4 吊装方法相同。

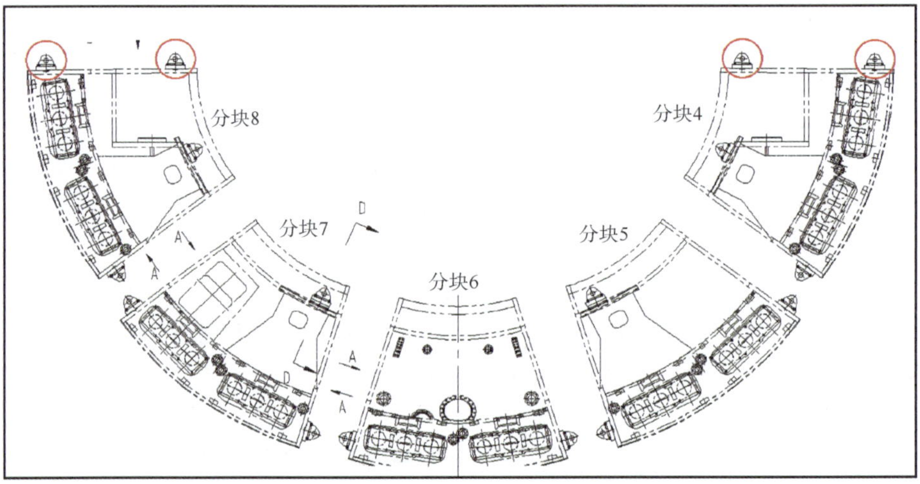

图 12　盾体分块 4、8 吊装示意图

图 13　分块 4、分块 8 吊装现场照片

5.3.9 第九步:H 架 2 吊装(图 14)。

先对 H 架 2 与盾体连接面进行清理除锈、清除油污,并将 H 架的连接螺栓用气动扳手全部紧固。H 架下井前先进行翻身,H 架翻身以前吊装伸缩油缸销轴,然后 H 架主吊耳挂于一个吊车,辅助吊车挂于另一个吊耳,首先把 H 架抬起然后主吊钩慢慢抬升,辅助吊车慢慢落下,H 架处于竖直状态时拆除辅助吊车吊钩。H 架翻身完成后,使用缆风绳拉动 H 架,使 H 架转动到如图 14 所示位置。

图 14 H 架 2 现场吊装下井现场照片

5.3.10 第十步:盾尾分块 3 吊装(图 15)。

把第一块盾尾(盾尾分块 3)起吊平移就位,利用与盾体间的凸凹榫槽与盾体相连接,用千斤顶在盾尾的后部顶住盾尾,使得盾尾与盾体密切接触,拼装时自中间向两侧进行,保持盾尾内表面始终高于盾壳内表面 75 mm,圆度不对的点采用调圆千斤顶调整圆度,边调边焊接。

图 15 盾尾分块 3 吊装现场照片

5.3.11 第十一步:主驱动吊装。

主驱动运达工地后需进行水平支撑放置,在地面完成防锈油漆清理、减速机、驱动电机、中心仓、伸缩环等的组装工作,并在盾体 3 个下部分块组装完成后进行翻身、吊装下井工作。驱动主体卸车在预定位置,然后预组装。准备 6 ~ 8 个 1 m 高的钢支墩将主驱动减速箱水平架起来，将伸缩环整体套在减速箱外侧，然后将减速箱、驱动电机依次吊装。断开吊装翻转架及吊装架位置的各种管线，并将各种软管固定，不妨碍起吊位置；拆除该位置主轴承固定螺栓保护套；断开吊装翻转架及吊装架位置的各种管线，并将各种软管固定在不妨碍起吊的位置；拆除该位置主轴承固定螺栓保护套。吊装翻转架及吊装架和紧固螺栓，将拼装机进行翻转，反转完成后拆除下端翻转架，缓慢移动主驱动至井口下放位置，确认主驱动位于设计轴线正上方位置，缓慢下降，继续下放至吊装高度，然后缓慢靠向连接位置定位，所有连接螺栓全部吊装后利用气动扳手进行预紧，预紧完毕后拆除起吊架并移除吊具。主驱动现场翻身如图 16 所示，主驱动吊装下井现场如图 17 所示。

图 16　主驱动现场翻身照片

图 17　主驱动吊装下井现场照片

5.3.12　第十二步。

拼装机吊装（图 18、图 19）。采用 800 t 和 400 t 履带吊共同组装，先将4 个临时支撑放置预设位置，每个临时支撑为 2 个 1.6 m 支撑墩和 1 m 支撑墩连接，先用紧固螺栓连接，再将临时支墩点焊在一起，再用两个 5 t 手拉葫芦与地面固定，将行走梁水平吊起放置在高 4.2 m 临时支撑上，行走梁后端与临时支撑点焊，400 t 履带吊吊装行走梁，不摘钩,保持行走梁一定的稳定性;用800 t起重机将拼装机旋转架吊起吊装真空吸盘,吊装完成后将拼装机旋转架竖直吊起放置在行走横梁上并用手拉葫芦向前移动至不能移动为止;在行走梁的最后端用两个钢支撑重新支撑好,拆除中部两组钢支撑和两只手拉葫芦,并把两只手拉葫芦移到后面的吊耳对横梁进行固定;继续前移拼装机到行走横梁的最前端,吊装拼装机行走油缸。组装完成后,用800 t起重机将拼装机吊起脱离地面,清理连接法兰,拼装机与井字架连接法兰面对接并用螺栓连接紧固,行走横梁的尾部仍然用两根钢支撑进行支撑。

图18　拼装机组装现场照片

图19　现场拼装机吊装下井现场照片

5.3.13　第十三步:H架1吊装(图20)。

吊装之前对H架1与盾体的连接面进行清理(除锈、清除油污),并将H架的连接螺栓用气动扳手紧固,紧固完成后使用800 t起重机的一个主吊钩吊H架上端横梁两个吊耳,在另一端放置方木,吊钩始终与地面垂直,直到竖直吊起脱离地面,在H架两侧拴2根40 m的尼龙绳,人工拉住防止空中摆动,然后缓慢下井,用定位销穿孔定位,连接螺栓,用气动扳手紧固,最后拆除起重机吊钩。

5.3.14　第十四步:盾体分块3、9吊装(图21、图22)。

盾体分块3首先使用四点起吊,将盾体放置在宽阔的地区,然后拆除与已下吊相邻盾体接触的两个临时吊耳,并在盾体下面放置枕木,使用两点吊起然后缓慢提升吊钩(需要注意的是由于前段带有压力仓重量相对重些,后端吊点必须加绳套来保证吊起时盾体的平衡),始终保持吊钩与地面垂直。钩挂另外两根钢丝绳 ϕ64 mm×8 m 吊装上端(靠近盾尾一侧可加装一个或两个卸扣用于平衡前后),下端钩挂 75 t 电葫芦用于调整与已下吊相邻盾体接触面的角度,调整与已下吊相邻盾体连接面大致平行后下井。盾体缓慢提升脱离地面后,在盾体前后两端拴两根 40 m 尼龙绳,然后下井,与已下吊相邻盾体接触后使用手拉葫芦定位销和 ϕ30 mm 撬棍定位,缓慢与已下吊相邻盾体块对接,定位时必须注意拼装机 H 架与盾体中心支撑的对接,两块盾体面完全接触后吊装螺栓并紧固,同时吊装盾体与主轴承的连接螺栓。盾体分块 9 与盾体分块 3 块下吊方法相同。

图 20　H 架 1 吊装现场照片

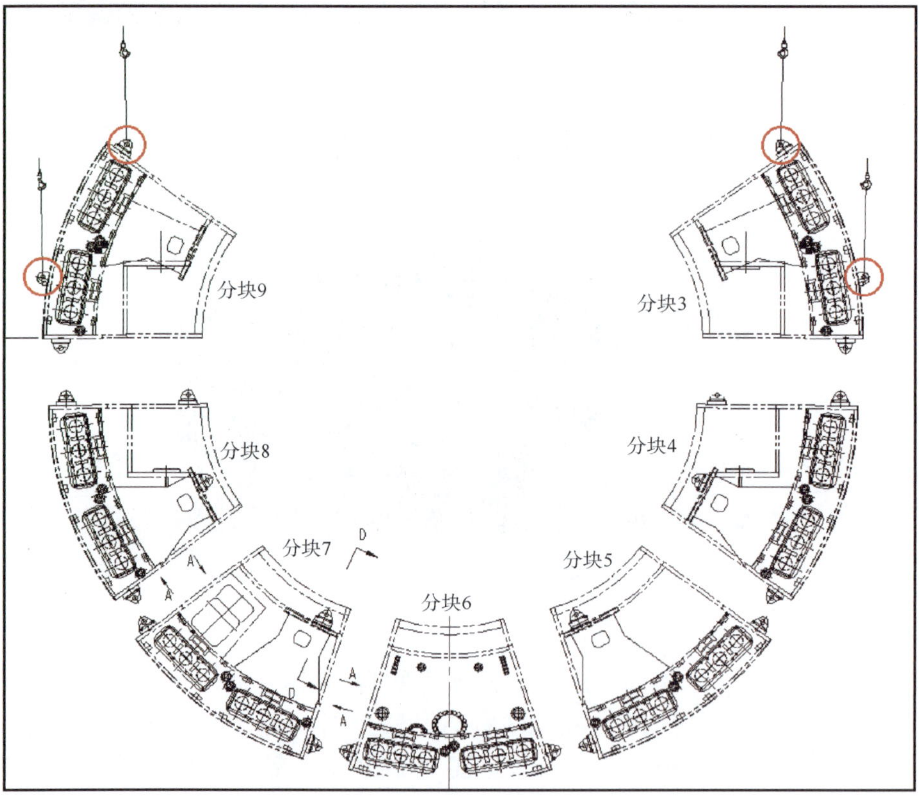

图 21　盾体分块 3、9 吊装示意图

图 22　分块 3、分块 9 现场下井现场照片

5.3.15　第十五步:盾体分块 2 吊装(图 23)。

首先在地面上用 800 t 起重机,盾体分块 2 翻转,将盾体分块 2 与盾体分块 3 连接面与地面相平,并放到地面的枕木上,翻转时利用固定于另一面下侧的两个临时吊耳两点起吊;平放后将手拉葫芦固定在吊钩上,改用四点起吊。用电葫芦调整角度,用数字水平仪来测量,使其与下部相连接的盾体表面相平,然后再下吊,利用定位销和 ϕ30 mm 撬棍定位,缓慢与盾体分块 3 对接,定位时必须注意与盾体中心支撑的对接,吊装螺栓并紧固,同时吊装盾体与主轴承的连接螺栓。

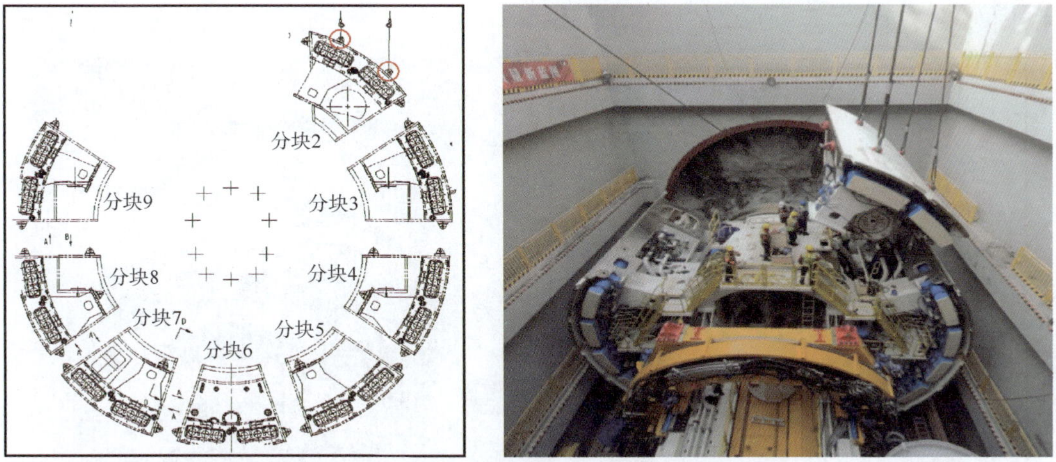

图 23　盾体分块 2 吊装照片

5.3.16　第十六步:盾体分块 1 吊装(图 24)。

吊装之前将盾体连接面上的 4 个临时吊耳全部拆除,通过盾体外部 4 个吊耳吊起盾体,然后缓慢提升,在盾体左右两侧拴两根 40 m 的尼龙绳,人工拉住防止空中发生转动。然后利用定位销和 ϕ30 mm 撬棍定位,缓慢与 2 号块和 10 号盾体对接,吊装螺栓并紧固,同时吊装盾体与主轴承的连接螺栓,最后拆除吊耳。

5.3.17　第十七步:盾体分块 10 吊装(图 25、图 26)。

首先在地面上用 800 t 起重机,盾体分块 10 翻转,将盾体分块 10 与盾体分块 9 连接

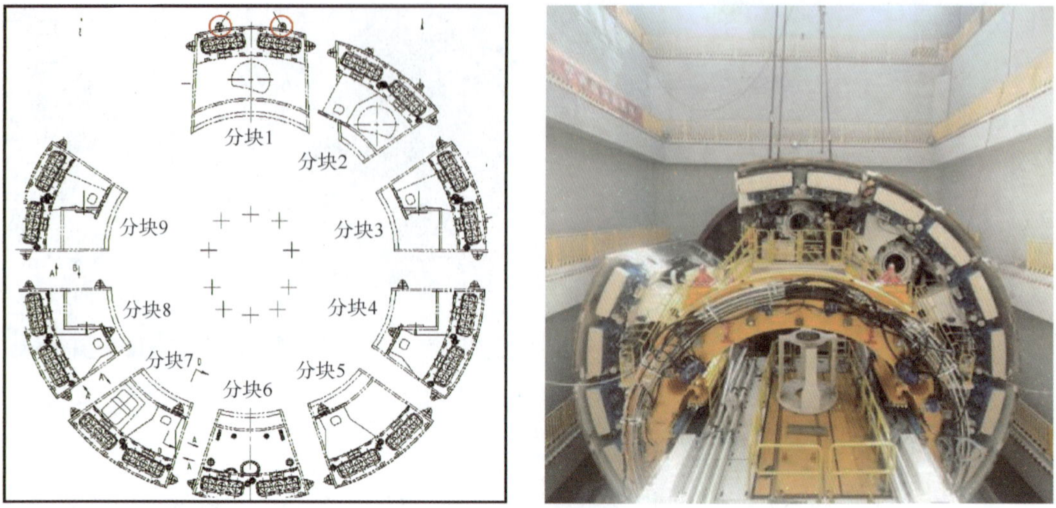

图 24　盾体分块 1 吊装照片

面与地面相平，并放到地面的枕木上，翻转时利用固定于另一面下侧的两个临时吊耳两点起吊；平放后将手拉葫芦固定在吊钩上，改用四点起吊，用电葫芦调整角度，用数字水平仪来测量，使其与下部相连接的盾体表面相平，然后再下吊，利用定位销和 $\phi30$ mm 撬棍定位，缓慢与盾体分块 9 对接，定位时必须注意与盾体中心支撑的对接，吊装螺栓并紧固，同时吊装盾体与主轴承的连接螺栓。

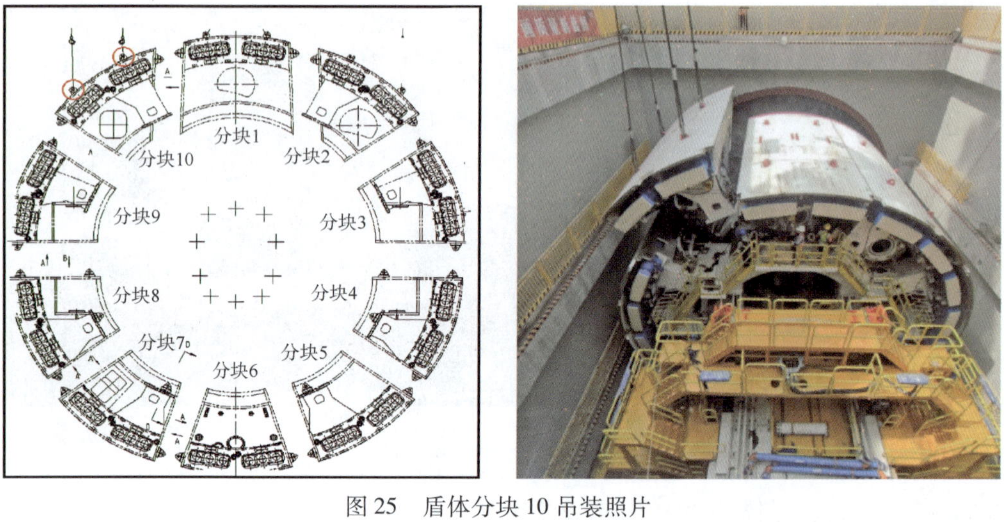

图 25　盾体分块 10 吊装照片

5.3.18　第十八步：刀盘焊接及吊装。

刀盘先在地面进行预组装，在规划场地上铺设 30 mm 钢板 7 张，以防地面在刀盘重压下局部下沉。使用预制的 1 m 钢支撑 4 组，将刀盘中心体支撑在钢板上，钢支撑上固定 50 t 机械千斤顶，对刀盘进行调平，吊装防雨棚，按照规范要求对刀盘进行焊接，焊接完成后进行探伤检测，使用两台起重机配合将刀盘整体翻转吊装（图 27），翻转完成后摘除辅助吊机及溜尾吊点的吊索具，试吊检查，结束后 800 t 起重机缓慢回转，并移动至吊

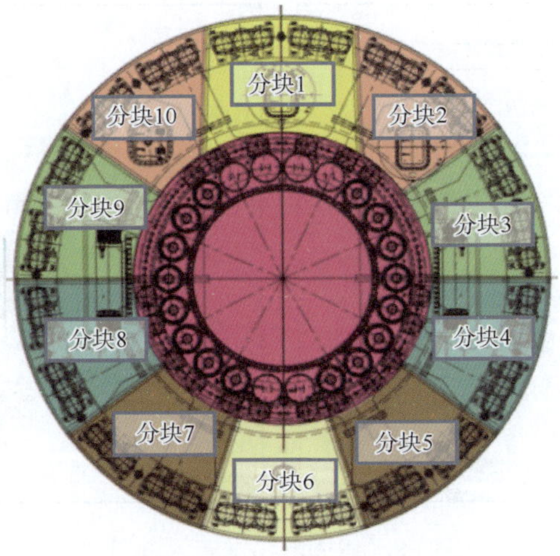

图 26 盾体吊装完成示意图

装站位位置后吊装刀盘下井，刀盘下落到接近就位位置时悬停一段时间，检查各就位装置，确认完好，在确保刀盘下面作业人员的安全下，待刀盘对好位后，适当调整位置，使用两个 10 t 的手拉葫芦配合将刀盘吊装固定。

图 27 刀盘翻转立面现场照片

5.3.19 第十九步：盾体前移。

首先将两对钢柱焊在反力架上（位置和推进油缸的撑靴相对），两侧对称布置，并焊肋板固定。用加压站给推进油缸加压，推进油缸的撑靴顶住钢柱推进盾体前移。当超出行程时，加钢柱并与已固定的钢柱焊成一体，继续给推进油缸加压推动盾体前移，直至盾体与盾尾连接点恰好位于预留焊接通道中部。盾体前移空间如图 28 所示。

5.3.20 第二十步：其他盾尾吊装（图 29）。

吊装 4 号盾尾时，在吊钩上挂电动葫芦调整盾尾的角度，使盾尾竖直，使其和下部盾尾的接触面相平，然后下吊。用螺栓与第一块盾尾连接，保证两盾尾块对接部位紧密接

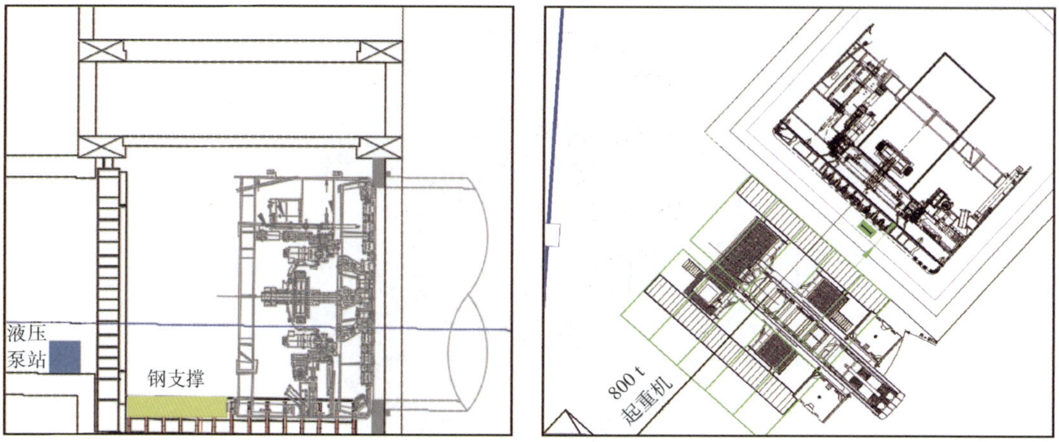

图 28　盾体前移空间示意图

触，拼装时以盾尾与盾体连接面对齐为基准，用千斤顶在盾尾的后部顶住盾尾，使得盾尾与盾体密切接触，用手拉葫芦固定 4 号盾尾后，吊装 2 号盾尾方法和 4 号盾尾相同。

图 29　其他盾尾吊装现场照片

6　材料与设备

主要工具与施工材料见表 1，施工机械设备见表 2。

表 1　工具与材料清单

序号	设备名称	规格型号	单位	数　量
1	卸扣	S-BX150	个	2
2	卸扣	S-BX120	个	6
3	卸扣	S-BX85	个	6
4	卸扣	S-BX55	个	6

续上表

序号	设备名称	规格型号	单位	数　量
5	卸扣	S-BX35	个	4
6	卸扣	S-BX25	个	4
7	卸扣	S-BX17/12/9.5	个	4
8	无接头绳圈	WJT120	根	4
9	钢丝绳	6×61-$\phi90\times12$ m	根	4
10	钢丝绳	6×61-$\phi64\times12$ m	根	4
11	钢丝绳	6×37-FC$\phi40\times12$ m	根	4
12	电葫芦	75 t	台	1
13	连接板	400 t	片	2
14	平衡梁	600 t	根	1
15	主驱动吊装架	专用	个	1
16	拉伸预紧扳手		把	1
17	液压扭力扳手		把	2
18	气动扳手		把	2
19	手动式电锯		把	1
20	对讲机		部	10
21	台式砂轮机		台	1
22	吊篮		个	1
23	沙袋		袋	30

表 2　施工机械设备清单

序号	设备名称	规格型号	单位	数　量
1	起重机	800 t	台	1
2	起重机	400 t	台	1
3	汽车吊	80 t	台	1
4	汽车吊	50 t	台	1
5	空压机	1.2 m^3/min	台	2
6	液压泵站		套	1
7	卷扬机	16 t	台	1
8	气保焊机	630	台	10
9	气刨机		台	2
10	角磨机	120 mm	台	5
11	角磨机	150 mm	台	5
12	加油机	电动	台	1
13	加油机	手动	台	2

续上表

序号	设备名称	规格型号	单位	数量
14	钻铣床		台	1
15	老虎车	5 t	台	1
16	叉车	5 t	台	1
17	带砧台虎钳	QT-200 mm	台	1
18	切割机(钢锯片)	590 L	台	1
19	切割机(砂轮锯)	XC02-400	台	1
20	电动切管套丝机	ZT-N100B,750 W	台	1
21	工业电热毯	800 W	条	2

7 质量控制

7.1 盾构吊装下井质量控制标准

(1)《建筑起重机械安全监督管理规定》(建设部令第166号);

(2)《危险性较大的分部分项工程安全管理办法》(建质〔2009〕87号);

(3)《机械设备安装工程施工及验收通用规范》(GB 50231—2009);

(4)《盾构机组装、调试及验收技术标准》(T/DGGC 015—2022);

(5)《盾构法隧道施工及验收规范》(GB 50446—2017);

(6)《高速铁路隧道工程施工质量验收标准》(TB 10753—2018);

(7)《高速铁路隧道工程施工技术规程》(Q/CR 9604—2015);

(8)《铁路隧道盾构法技术规程》(TB 10181—2017)。

7.2 质量保证措施

(1)施工前组织有关人员熟悉图纸、方案并进行技术交底。

(2)刀盘焊接前需搭设焊接棚,需根据厂家提供数据进行焊接,保证在一定的温度和湿度条件下进行焊接。

(3)刀盘、吊耳及盾体焊接的部分要对其进行焊缝检测,根据图纸的焊接质量要求进行探伤,焊接质量满足吊装要求方可进行吊装。

(4)机械机具使用前应重新检查其机械性能,确保符合使用要求。

(5)盾构机各部件在吊装过程中,吊点应按规定不得随意改动。

(6)盾构机各部件运输过程中,运输的支承点应按规定摆放。

8 安全措施

8.1 盾构吊装下井安全措施标准

(1)《中华人民共和国安全生产法》;

(2)《铁路工程基本作业施工安全技术规程》(TB 10301—2020);

(3)《铁路隧道工程施工安全技术规程》(TB 10304—2020);

(4)《起重机械安全规程　第1部分:总则》(GB/T 6067.1—2010);

(5)《起重机械安全规程　第5部分:桥式和门式起重机》(GB/T 6067.5—2014);

(6)《建筑机械使用安全技术规程》(JGJ 33—2012);

(7)《起重机　手势信号》(GB/T 5082—2019)。

8.2 现场安全管理

(1)建立和健全各种规章制度及安全组织,编印并贯彻安全手册。

(2)依托项目部安全生产管理机构,以项目经理为组长的安全生产领导小组,全面负责并领导盾构机吊装下井工程的安全生产工作。

(3)落实各级管理人员和操作人员的安全生产责任,做到纵向到底,横向到边,各自做好本岗位的安全工作。

(4)实行逐级安全技术交底制,由安全部组织有关人员进行详细安全技术交底,凡参加安全技术交底的人员要履行签字手续,并保存资料。项目部安全员对安全技术措施的执行情况进行监督检查,并作好记录。

(5)加强施工现场人员的安全教育:针对盾构机吊装下井工程特点,对所有从事管理和生产的人员进行全面的安全教育,重点对班组长,从事特种作业的起重工、电工、焊接工、机械工、机动车辆驾驶指挥等进行培训教育。未经安全教育的施工管理人员和生产人员,不准上岗。特种作业人员的安全教育、考核、复核,严格按照《特种作业人员安全技术考核管理规定》执行,经过培训考核合格,获取操作证方能持证上岗。对已取得上岗证的特种作业人员进行登记存档,对上岗证按期复审,并由安质部管理。

(6)通过安全教育,增强职工安全意识,树立"安全第一、预防为主"的思想,并提高职工遵守施工安全纪律的自觉性,认真执行安全操作规程,做到不违章指挥、不违章操作、不伤害自己、不伤害他人、不被他人伤害,提高职工整体安全防护意识和自我防护能力。

(7)检查的重点:吊点的稳固程度,钢丝绳、吊钩、缆风绳、临时用电、动火作业、起重设备的安全性,操作人员上岗教育和交底情况,安全措施的落实情况等。

(8)认真执行安全检查制度,保证各项安全管理制度的落实,每天进行巡查、定期进行检查,对检查中发现的安全问题制定整改措施,定人限期进行整改,保证"三管三必须"的原则真正落实。

9　环境保护措施

9.1 环保措施

(1)对施工场地准确定位,合理布置施工场地,尽量不破坏原有的植被,保护自然环境,选择适当的围挡方式,尽可能与周边环境相协调。

(2)施工场地采用硬式围挡,施工区的材料堆放、材料加工、出料口等场地均设置围挡封闭。施工现场以外的公用场地禁止堆放材料、工具、建筑垃圾等。

(3)较高振动的施工作业尽量安排在环境噪声承受值较高的白天施工;禁止施工人员在居民区附近和夜间施工时高声喧哗,避免人为噪声扰民。施工噪声遵守《建筑施工场界环境噪声排放标准》(GB 12523—2011),施工振动对环境的影响遵守《城市区域环境振动标准》(GB 10070—1988)。

(4)施工场地及道路进行硬化,适时洒水,减轻扬尘污染。土、石、砂、水泥等材料运输和堆放进行遮盖,减少污染。

(5)工程竣工后搞好地面恢复,恢复原有植被,防止水土流失,保持城市原有环境风貌的完整和美观。

9.2 节能措施

(1)严格按照施工机械设备管理制度,开展用电、用油计量,做好设备工作状态检测,使机械设备保持安全、低耗、高效的状态。

(2)合理安排工序,做好工序衔接工作,提高各种机械的使用率和满载率,降低各种设备的单位耗能。

10 效益分析

10.1 经济效益

本工法通过进行地面预组装与分段吊装,可以大幅减少施工时间和降低作业难度,确保盾构吊装下井施工可以在计划时间内完成,提高了施工效率,节约工期 2 个月,节约成本 1 050 万元(其中人工费 500 万元,租赁费 200 万元,材料费 350 万元)。

10.2 社会效益

采用盾构机吊装下井施工工艺,为盾构始发和整个隧道施工工期提供了极大的保障,整个工期提前了 1 个月,赢得了业内人士的高度认可。

11 应用实例

本工法主要在 2023 年 6 月至 2023 年 10 月期间提出并进行研究,并于2024 年 1 月应用于甬舟铁路 2/3 工区。通过采用本工法妥善完成了铁路隧道的盾构机吊装下井工作,安全可靠,并且能够缩短盾构吊装下井时间。本工法在机械设备上不仅表现优良,最重要的是缩短盾构吊装下井工期近 1 个月,使整个项目的节点工期得到极大的保障。

参编单位:沪杭铁路客运专线股份有限公司、中铁十一局集团有限公司
参编人员:金武、潘成杰、杨永宏、陈小军、韩浩、王建国、王双、杨威、张金涛、王衎
评审人员:黄鸿键、马伟斌、吕刚、赵西民、孟庆余

四、集约化深竖井+暗挖回拖组装洞盾构机组装施工工法

1 概 述

随着城市建设进一步向地下空间发展,超大直径盾构机作为地下工程建设的关键设备,越来越多地应用于工程建设。超大直径泥水平衡盾构常规施工需较大的施工场地用于组装盾构机配套设备及部件,同时采用多井口同步吊装作业的方式缩短盾构机组装工期。但对于地表空间受限,仅可设置单井口且需洞内长距离回拖的盾构法隧道施工,如何通过洞内快速组装技术,保障施工工期成为亟待解决的问题。

2 工法特点

本工法采用吊装系统,超深工作井垂直吊装后,后配套台车水平回拖,进行洞内部拼装施工,主要有以下特点:

(1)首创性:与传统盾构机吊装工艺不同,此次创新研发并应用了盾构机快速运输与装配施工工艺。该工艺技术在两个方面进行了改进:一方面,重点研究单井口施工工艺,解决施工场地受限、作业周期长等问题;另一方面,针对新型超大直径盾构机,开发了专门的快速运输与装配施工技术,突破了传统地面组装盾构机的工法限制。该技术通过吊装设备将盾构机模块逐个放入工作井内,并在配套的台车洞体内充分利用回拖平台,完成盾构台车与盾构机的高效拼装施工。

(2)集约化:创新性地将矿山法与盾构机拼装工艺相结合,充分利用矿山隧道的空间条件进行盾构机的分段组装和始发作业。这不仅突破了传统盾构施工对作业空间的高度依赖,还通过优化空间布局实现了施工资源的集约化利用,大幅缩短了工期,降低了工程成本,极大地提升了在复杂、狭小空间中的施工适应性和高效性。

(3)模块化:将盾构机设计分解为多个模块,采用分段吊装和分步组装的方式,在明暗结合的工作井和暗挖回拖洞内进行组装,大大提升盾构机组装效率和操作灵活性。

(4)组装技术要求高:利用工作井及矿山始发段狭小空间组装盾构机始发段工序交叉多影响大,对组装技术要求较高根据组装顺序部件进场的物流运输组织要求高。

(5)环保性:施工力求做到对环境破坏最小,占用场地最少。采用监控量测措施和信息反馈系统指导施工,确保施工安全、环境安全及周边建筑物安全。

3 适用范围

本工法专为地下隧道工程中大直径盾构机的吊装与组装施工设计,尤其适用于施工空间受限、工期紧张的环境。本工法通过优化吊装与模块化组装技术,能够在狭小的作业空间内实现盾构机的安全、稳定、高效拼装,显著提高了施工效率与精度,确保盾构机顺利推进,从而满足复杂地下空间环境下的施工需求。

4 工艺原理

在狭小的施工井中,结合矿山法隧道内部狭小空间的快速拼装工艺,实现超大直径盾构机的快速运输装配。在配套的矿山法洞内,充分利用台车回拖平台,进行盾构机的拼装施工。

5 施工工艺流程及操作要点

以金塘海底隧道宁波侧盾构隧道为例介绍施工工艺流程及操作要点。

5.1 施工工艺流程

盾构机后配套台车依次吊装下井,回拖至矿山隧道洞内后,利用工作井组装盾构机。吊装、组装流程如图 1 所示。

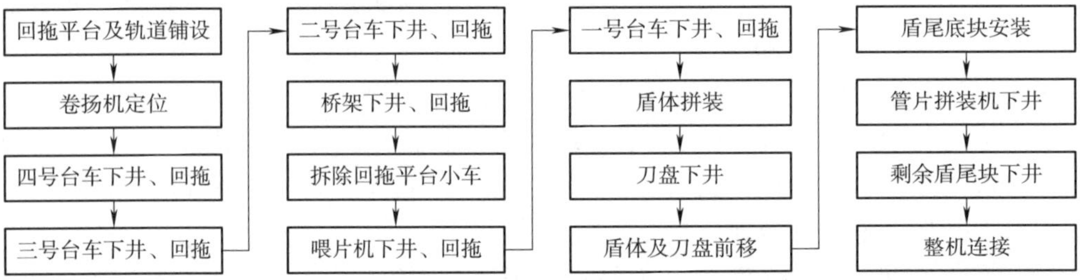

图 1 盾构机组装流程图

5.2 操作要点

5.2.1 后配套台车回拖平台及轨道铺设

在四号台车下井前,需要在矿山隧道弧形段铺设一号台车的大仰拱块,共 23 块,总长约 43 680 mm,铺设范围从弧形段后方延伸至工作井反力架底座上方。同时,为便于盾构机台车回拖效率及成本控制,专项研制回拖平台小车,较常规的轨道平台节约大量钢材及平台搭设时间。通过根据回拖平台小车的长度,制作延伸轨道,轨道长约 16 m,采用 300 型钢和 100 mm×100 mm 方钢。回拖平台小车高度约 2 160 mm,与矿山段现浇箱涵上表面齐平,并在平台上方左右设置回拖轨道,轨道可与箱涵上方轨道连接,便于将台车回拖至矿山组装段。注意临时制作轨道与大仰拱块轨道需保持一致,台车轮距满足一号台车行走要求,且与大仰拱块连接处不得出现较大错台。台车回拖轨道及平台如图 2 所示。

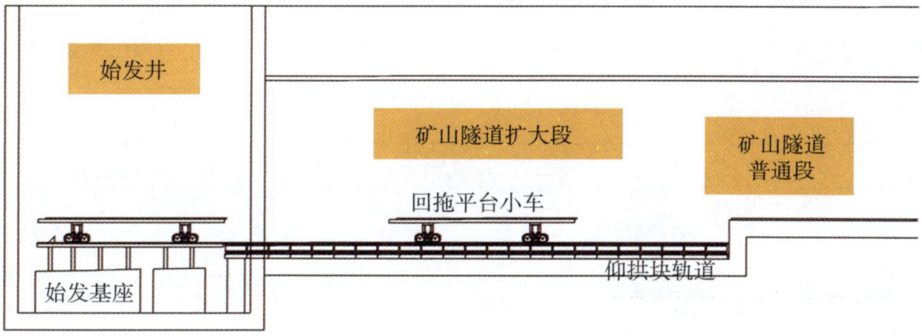

图2　台车回拖轨道及平台示意图

5.2.2　卷扬机定位

根据回拖平台小车的移动轨迹和移动距离，设置三组卷扬系统对于实现盾构机台车的快速运输至关重要。首先，在矿山隧道正洞进行长距离回拖时，通过设置两组卷扬机可以有效缩短卷扬机的收放绳时间，从而提高工作效率。两组卷扬机的设置不仅优化了工作流程，还能避免钢丝绳悬空过长带来的问题，减少了钢丝绳自重和下垂对施工的影响，进一步保障了平台小车的稳定高效运转。

三组卷扬系统的协调配合，能够有效平衡回拖平台小车的牵引负载和回拖速度，提高了台车在隧道内的组装效率。第一组卷扬系统位于始发井内，主要负责将洞内回拖平台小车回拖至盾构始发井内，提供主牵引力；同时在台车回拖过程中提供拉力，与第二、三组卷扬机协调统一，防止牵引速度过快，为小车回拖提供安全保障。第二组卷扬系统位于矿山隧道箱涵段，负责将始发井处的回拖平台小车牵引至箱涵与矿山隧道对接位置，起到第一次主牵引作用。第三组卷扬系统则位于矿山隧道尾部，主要用于将一次回拖后的盾构机后配套台车继续回拖至矿山隧道内指定组装位置，起到接力回拖过程中主牵引作用；卷扬机布置如图3所示。

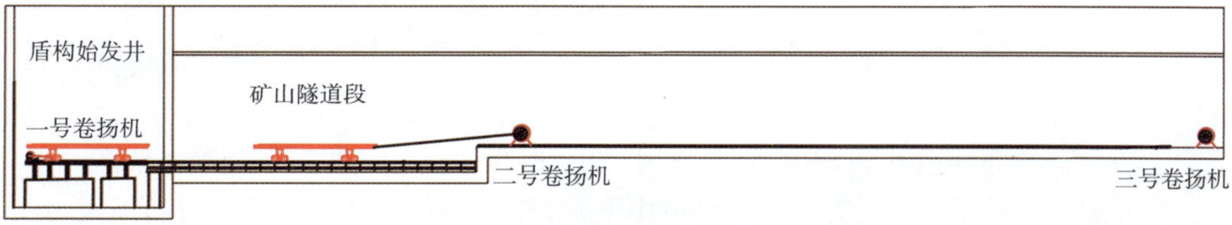

图3　卷扬机布置示意图

5.2.3　四号台车

四号台车各部件运输到场后，首先用400 t履带吊在地面组装场地进行预组装，台车整体分为前段、后段和尾架共3节，组装完成后进行分段吊装下井。

四号台车尾架首先在地面进行整体预组装，组装完成后用400 t履带吊整体吊起下井，放置在基坑内回拖平台小车轨道上固定。下落到位后，矿山隧道内设置的二号卷扬机（16 t）延伸钢丝绳至回拖平台尾部并连接。400 t吊机钢丝绳摘钩后，收紧卷扬机钢丝绳将尾架平台平稳拖拽至矿山隧道内，让出始发井基坑内的吊装作业空间。平台小车回拖至与矿山隧道对接位置后，三号卷扬机延伸钢丝绳至盾构机台车尾部、连接，通过矿山隧道内铺设的台车行走钢轨继续回拖至隧道内指定组装位置,尾架钢结构回拖如图 4 所示。钢丝绳拆除前采用 2 cm 厚钢板将台车轮对、临时轮对等与下方轨焊接固定,防止溜车。

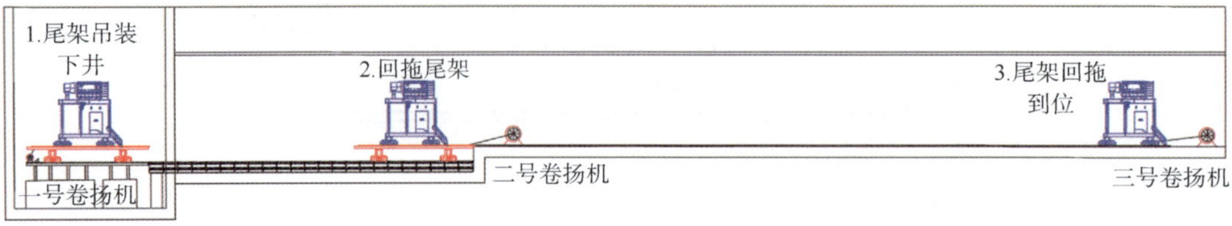

图 4　尾架回拖示意图

四号台车后段钢结构在地面将左、中、右钢结构进行预组装。完成预组装后吊起整体下井,放置在基坑内回拖平台小车轨道上,焊接固定。延伸卷扬机钢丝绳至回拖平台尾部连接,与四号台车后段进行连接,焊接固定台车,松开卷扬机钢丝绳、摘钩。

尾架脱离回拖平台小车后,通过一号卷扬机提供牵引力返回始发井内,继续进行后续吊装作业。

将四号台车后段、前段钢结构分别在地面进行预组装。完成预组装后分别依次吊起、整体下井,放置在基坑内回拖平台小车轨道上,焊接固定。延伸二号卷扬机钢丝绳至回拖平台小车尾部连接并回拖,与矿山隧道内台车进行连接、固定,并采取必要的防溜措施。四号台车回拖后段如图 5 所示。

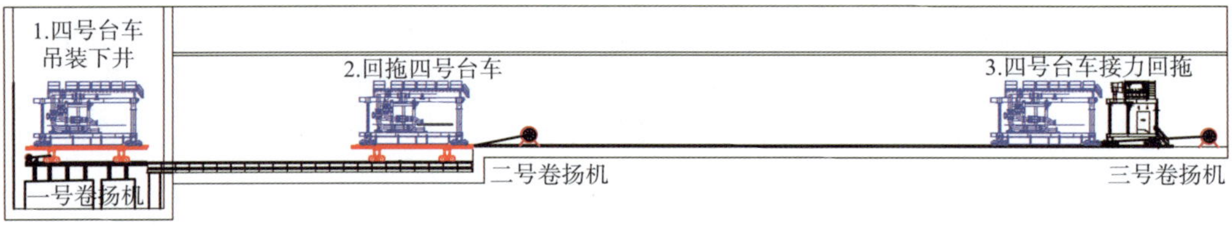

图 5　四号台车后段回拖示意图(前段同样方式)

5.2.4　三号台车

三号台车各部件运输到场后,首先使用 400 t 履带吊在地面进行预组装。

完成预组装后用 400 t 履带吊吊起整体下井,放置在基坑内回拖平台小车轨道上固定。将三号台车回拖至矿山隧道内,与四号台车前段进行连接。连接完成后,焊接固定台车并摘除卷扬机钢丝绳挂钩。三号台车回拖如图 6 所示。

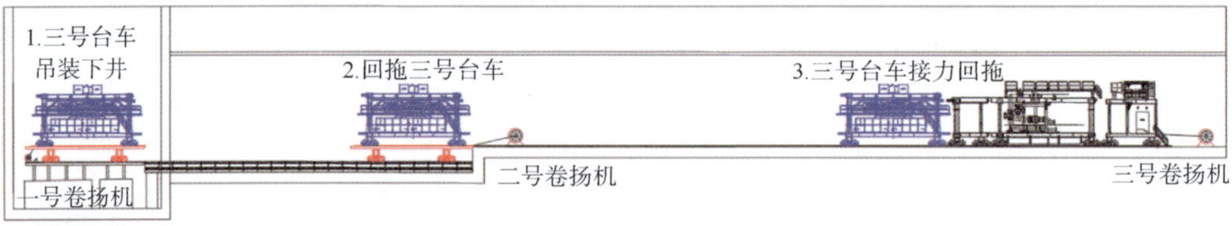

图 6　三号台车回拖示意图

5.2.5 二号台车

二号台车各部件运输到场后，首先使用400 t履带吊在地面进行预组装，组装完成后由400 t履带吊整体吊装下井。将二号台车回拖至矿山隧道内与三号台车进行连接。连接完成后，焊接固定台车并摘除卷扬机钢丝绳挂钩。二号台车回拖如图7所示。

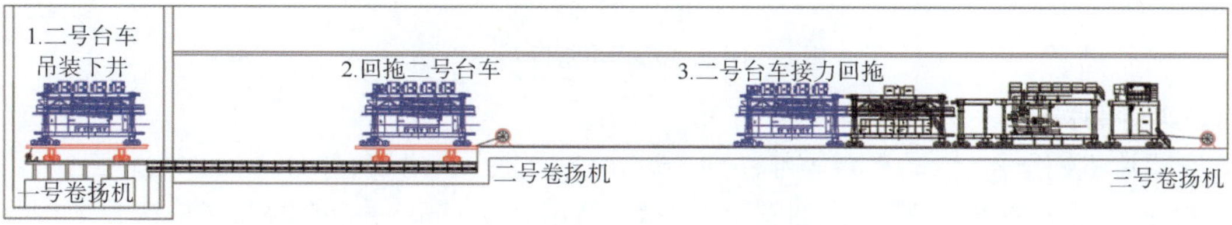

图7 二号台车回拖示意图

5.2.6 桥架

桥架各部件运输到场后，首先用400 t履带吊在地面组装场地进行预组装，组装完成后，将桥架分为前、中、后3段，由400 t履带吊分节吊装下井。

桥架钢结构地面预组装完成后，按后段、中段、前段的顺序依次分节吊装下井，通过回拖平台小车、二号卷扬机、三号卷扬机回拖至矿山隧道内与二号台车进行连接和整体连接。连接完成后，焊接固定台车并摘除卷扬机钢丝绳挂钩。桥架的下井、回拖如图8所示。

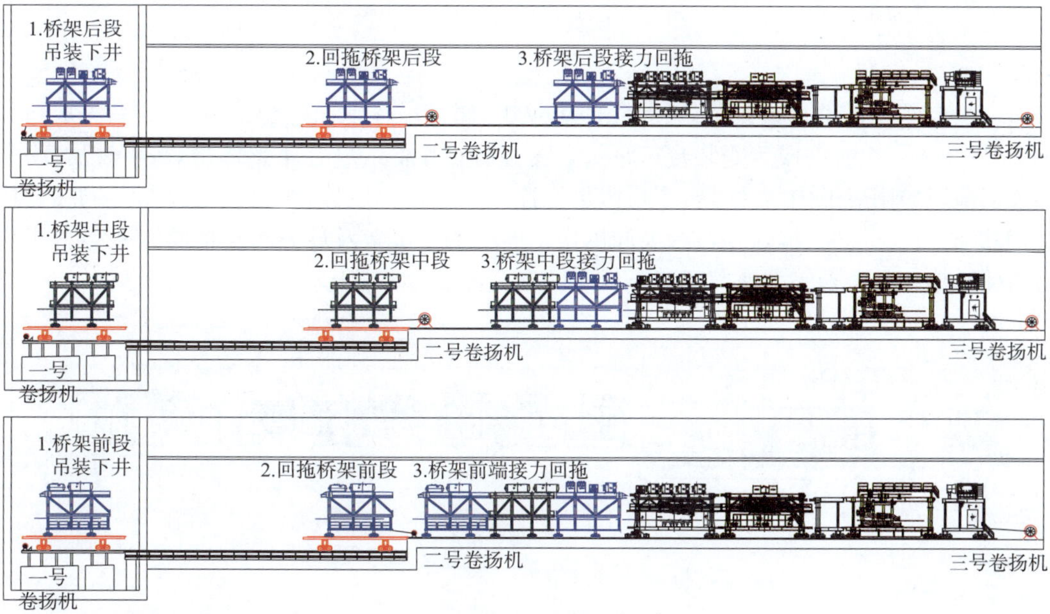

图8 桥架下井、回拖示意图

5.2.7 拆除回拖平台小车

桥架回拖至矿山隧道洞内与二号台车连接后，一号台车下井前，首先将回拖平台小车移动至工作井基坑内，采用800 t履带吊将回拖平台小车整体吊至地面。根据场地情况，可将回拖小车转运至指定位置存放，也可对回拖平台小车进行切割、拆解。回拖平台小车拆除后如图9所示。

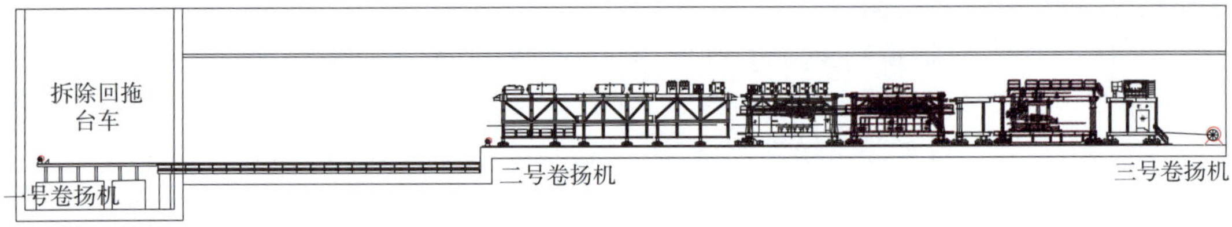

图 9　回拖平台小车拆除后示意图

5.2.8　喂片机

喂片机钢结构、滑动平台等部件到场后在地面进行预组装，并分为前、中、后三节，由400 t履带吊吊装下井，喂片机如图10所示。将喂片机按后、中、前的顺序依次分节回拖至矿山隧道扩大段内大仰拱块的合适位置，并进行连接、固定。

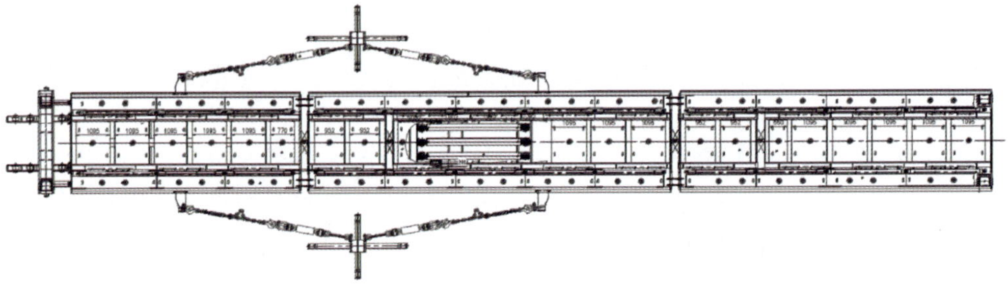

图 10　喂片机整机组装示意图

5.2.9　一号台车

一号台车各部件运输到货后，首先使用400 t履带吊在地面进行预组装，组装完成后分为前、后两节。组装完成后安装台车底部支腿、钢轮，并将一号台车整体吊装、下井后，将其前段回拖至矿山隧道内与一号台车后段进行连接。连接完成后，焊接固定台车并摘除卷扬机钢丝绳挂钩。同时，拆除基坑内大仰拱块延伸轨道。桥架及后方台车前移与一号台车进行整体连接。一号台车整体前段回拖示意图和后配套台车整体连接如图11所示。

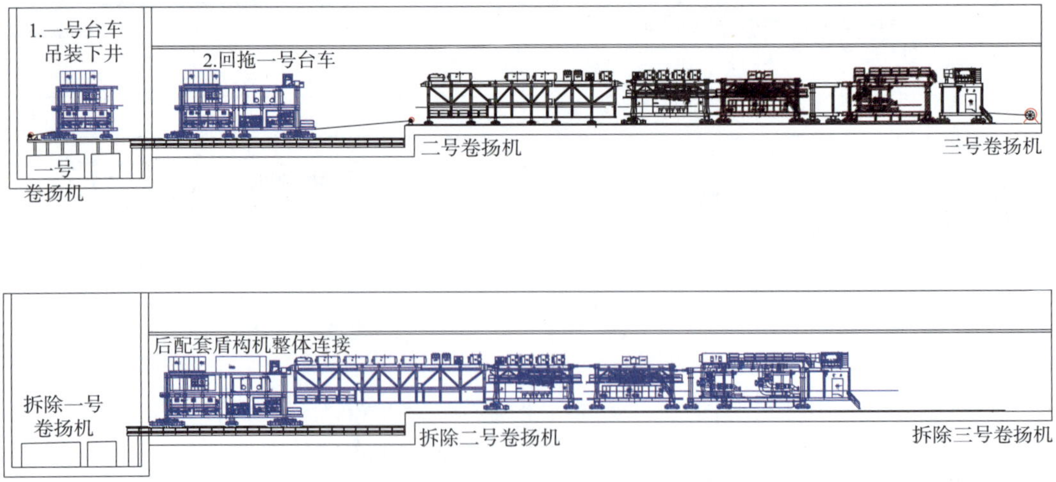

图 11　一号台车整体前段回拖示意图和后配套台车整体连接示意图

5.2.10　盾体块拼装

六号盾体块下井前需拆除始发井内基座上设置的后配套台车回拖轨道及支架,将轨道合理切割并使用吊机吊至地面。盾体始发基座上敷设焊接盾体轨道方钢,轨道方钢每隔10~15 cm焊接加肋板与始发基座预埋型钢进行焊接固定。

(1)六号盾体块为盾体主机首块吊装下井部件,如图12所示。

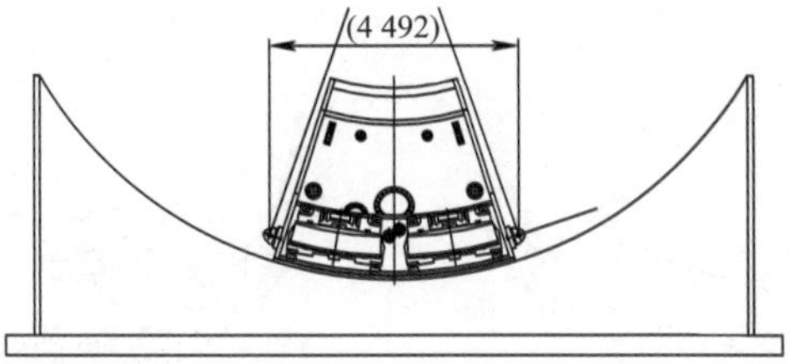

图12　六号盾体块吊装下机(单位:mm)

(2)在安装完六号盾体块之后,吊装五号和七号盾体块缓慢下井,如图13所示。

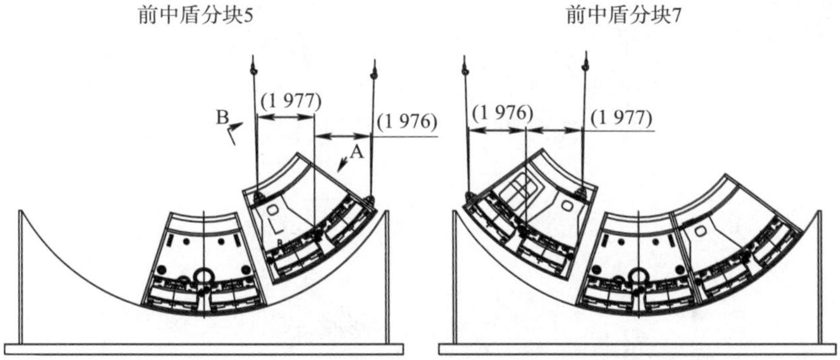

图13　五号和七号盾体块吊装下井(单位:mm)

(3)在完成五号和七号盾体邻接块的对接之后,继续吊装四号和八号盾体块使其分别与五号和七号盾体块连接,如图14所示。

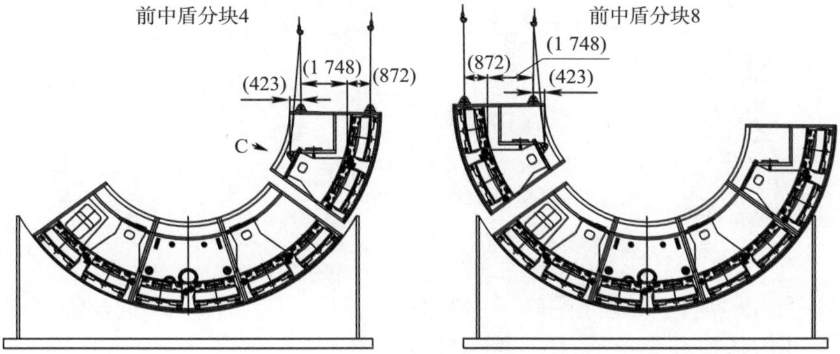

图14　四号和八号盾体块吊装下井(单位:mm)

(4)井字架整体分为上、下两节,首先清理井字架分块间及井字架分块与盾体块对应连接面间的铁锈和油污，使用 800 t 履带吊按下段、上段的顺序分段吊起井字架分块并平稳吊装下井，使其与盾体块之间完全接触，安装螺栓完成连接，如图 15 所示。

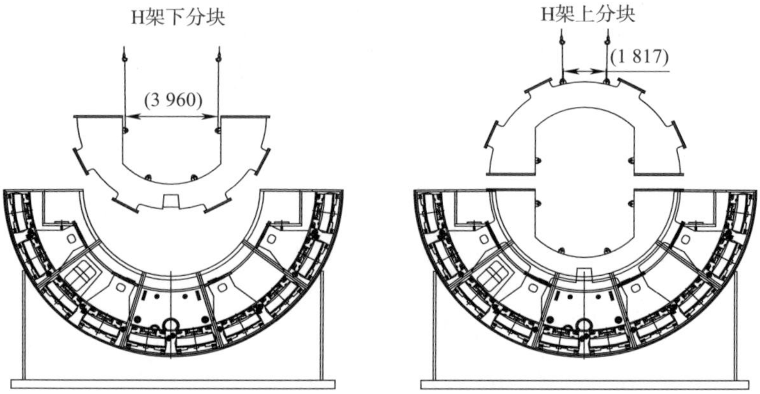

图 15　井字架吊装下井（单位：mm）

（5）主驱动运达工地后需进行水平支撑放置，在地面完成防锈油漆清理及减速机、驱动电机、伸缩环、防扭油缸、吊装工装等的组装工作。地面组装完成后，由 800 t 履带吊与 400 t 履带吊配合进行主驱动进面翻身，如图 16 所示。主驱动翻身完成后，由 800 t 履带吊机进行整体吊装下井，与始发井内盾体下方分块进行螺栓连接、固定。

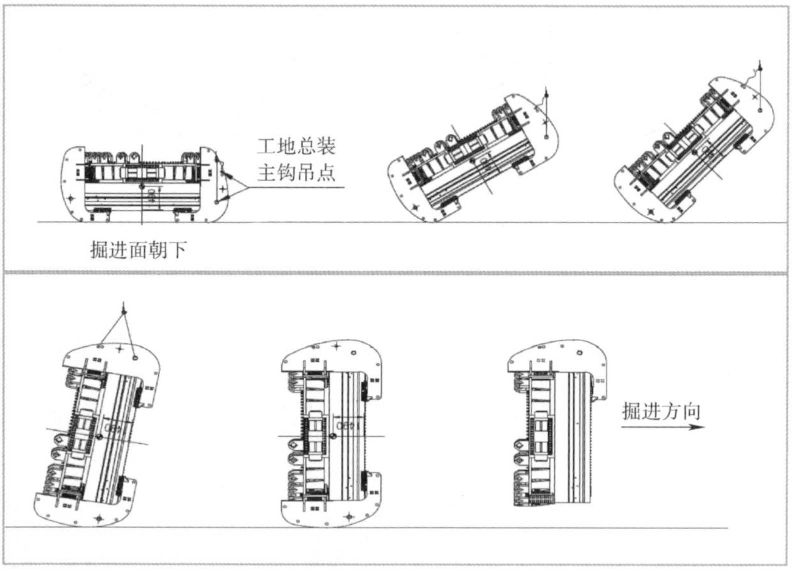

图 16　主驱动翻身

（6）三号与九号盾体块地面翻转后由 800 t 履带吊机起吊，采用钢丝绳和电动葫芦进行角度调整，使盾体块与先前盾体块的接触面平行，缓慢吊装下井，通过手拉葫芦、定位销和撬棍等辅助进行精准对接，安装盾体螺栓及主驱动螺栓等进行连接、固定，如图 17 所示。

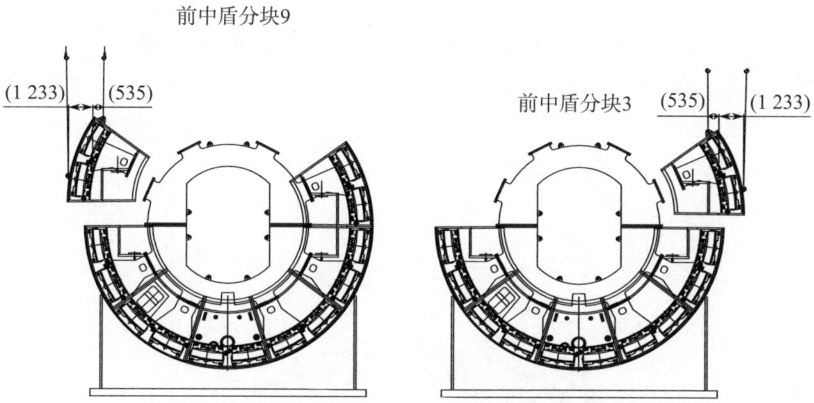

图 17　三号与九号盾体翻转与吊装(单位:mm)

(7)二号盾体吊装前,需清理并打磨三号与二号盾体块的连接面、通孔和螺纹孔,安装定位销、密封条,并确认临时吊耳已拆除。二号盾体块地面翻转后,采用钢丝绳和电动葫芦进行角度调整,使二号盾体块与三号盾体块的接触面平行。由 800 t 履带吊机平稳吊装下井,两盾体块连接面完全接触后,通过手拉葫芦、定位销和撬棍等辅助进行精准对接,安装盾体螺栓及主驱动螺栓等进行连接、固定,如图 18 所示。

(8)一号盾体吊装前,需清理并打磨一号盾体与二号、十号盾体块之间的连接面、通孔和螺纹孔,安装定位销、密封条,并确认临时吊耳已拆除。吊装一号盾体块时,通过盾体块顶部四个吊耳和钢丝绳起吊,采用钢丝绳和电动葫芦进行角度调整,使一号盾体块与二号盾体块接触面平行。缓慢提升并用尼龙绳固定盾体,防止其空中转动。通过手拉葫芦、定位销和撬棍等辅助进行盾体块精准对接,安装盾体螺栓及主驱动螺栓等进行连接、固定,如图 19 所示。

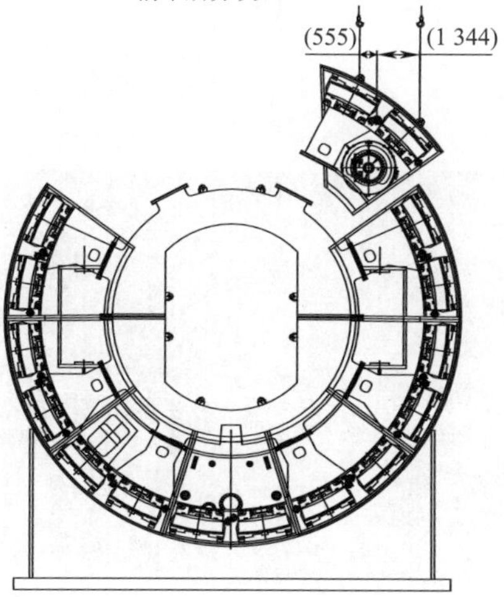

图 18　二号盾体块吊装下井(单位:mm)

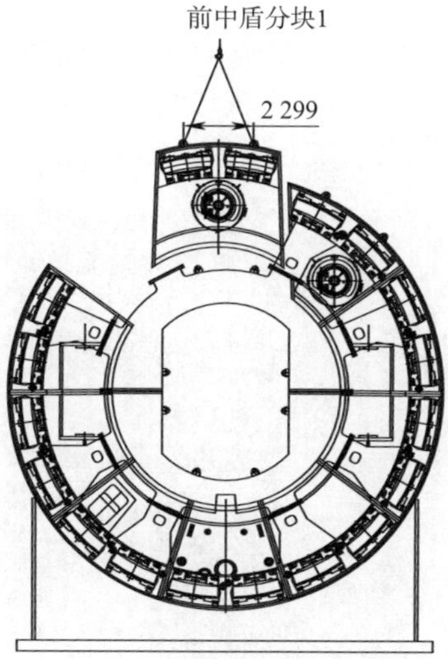

图 19　一号盾体块吊装下井(单位:mm)

(9)十号盾体吊装前,需清理并打磨一号与九号盾体块的连接面、通孔和螺纹孔,安装定位销、密封条,并确认临时吊耳已拆除,且盾体与主轴承接触面干净。十号盾体块地面翻转后,采用钢丝绳和电动葫芦进行角度调整,使十号盾体块与九号盾体块及一号盾体块的接触面平行。由 800 t 履带吊机平稳吊装下井,盾体块连接面完全接触后,通过手拉葫芦、定位销和撬棍等辅助进行精准对接,安装盾体螺栓及主驱动螺栓等进行连接、固定,如图 20 所示。

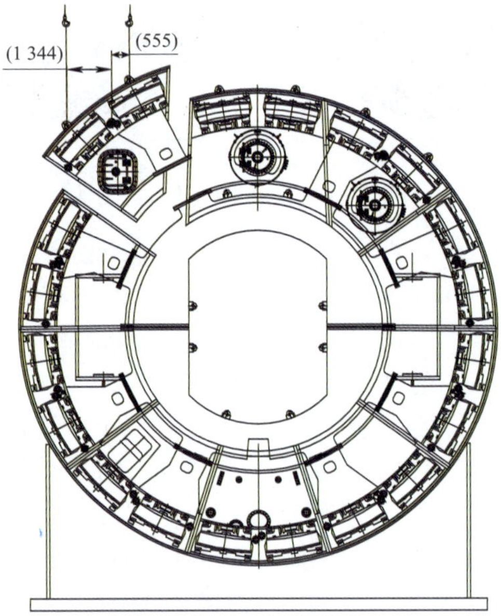

图 20　十号盾体块吊装与下井(单位:mm)

5.2.11　刀盘下井

刀盘吊装下井前,首先在地面完成组装焊接。为了方便运输,在工厂将刀盘拆解为 5 部分,1 块中心块、4 块边块。在现场进行焊接组装,按照图纸要求进行刀盘中心块的就位和调平,如图 21 所示。

图 21　刀盘中心块与边块的对接、调平

在刀盘焊接完成后，使用履带吊将刀盘整体吊装。刀盘组装完成后，定位吊车位置、吊车就位、刀盘位置、溜尾起吊位置，初始位置平面如图22所示。

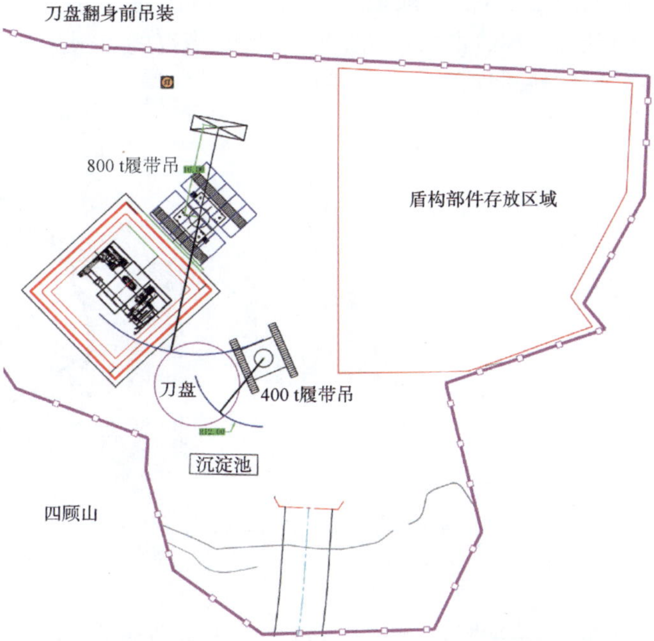

图22　刀盘双机抬吊初始位置平面示意图

刀盘地面组装焊接完成后，采用履带吊机与400 t履带吊机辅助进行地面翻身。刀盘地面翻身过程中，采用800 t履带吊作为主吊机，400 t履带吊作为辅助吊机，用于溜尾。两台吊机配合将刀盘由0°翻转到90°，然后由800 t履带吊机将刀盘回转吊运至始发井上方，独立完成刀盘的吊装下井，并与主驱动轴承完成连接。盾构吊装区域地基经动力触探测得地基承载力540 kPa。800 t履带吊吊装过程中，下方铺设长6 m，宽3 m，高0.25 m路基箱，路基箱采用1.5 cm厚钢材进行制作，内部填充C25混凝土，可使履带吊及吊物的重量均匀分布到下方地基土上。

5.2.12　盾体及刀盘前移

刀盘安装完毕后，为方便盾尾和管片拼装机吊装，盾体和刀盘需要整体前移至距离始发井侧墙1 300 mm处。使用外接液压泵站和油缸分多次将盾体向前移动。

采用盾体下方左右对称的两组推进油缸，通过外接液压泵站及控制系统，在油缸撑靴与始发井侧墙基座间设置钢支撑，以提供盾体前移的反作用力。盾体前移前，需在盾体两侧焊接防扭转支撑，防止盾体前移过程中盾体出现扭转。同时根据需要前移的距离在盾体两侧引轨或基座上设置标记，防止盾体前移过多，盾体前移示意如图23所示。

图23　盾体前移

5.2.13　盾尾底块安装

盾尾共由四块组成，首先采用 800 t 吊机将盾尾底块放置在始发基座上，利用与盾体间的凹凸榫槽与盾体相连接，用千斤顶在盾尾的后部顶住盾尾，使得盾尾与盾体密切接触，保持盾尾外表面与盾体外表面在同一面上，对圆度不符的点采用千斤顶调整，边调边焊接，进行初步固定，盾尾底块安装如图 24 所示。

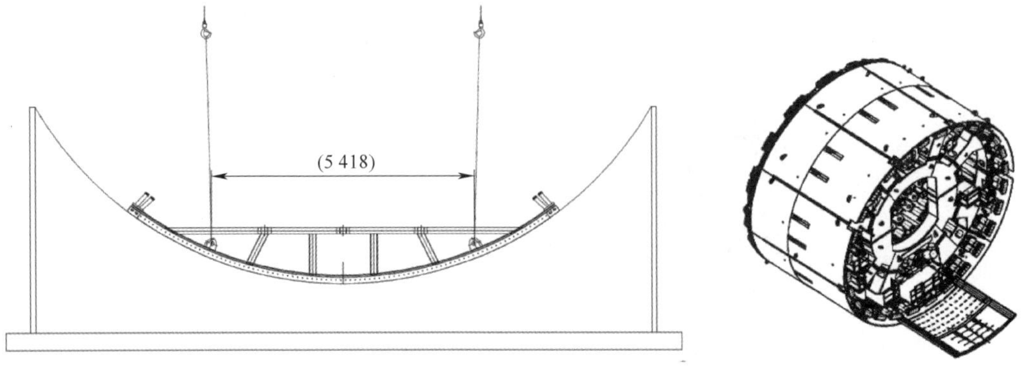

图 24　盾尾地块安装示意图(单位:mm)

5.2.14　管片拼装机下井

拼装机主要组成部分为拼装机行走梁、旋转架、拼装机轴承、真空吸盘等；拼装机由 400 t 履带吊和 800 t 履带吊配合在地面进行整体预组装，组装完成后由 800 t 履带吊进行整体吊装下井。

5.2.15　剩余盾尾分块

盾尾侧块与刀盘相同，需采用 800 t 履带吊和 400 t 履带吊辅助进行翻转 90°。盾尾侧块吊装与底块吊装基本相同，2 号、4 号侧块吊装过程中使用钢丝绳及电动葫芦进行盾尾角度调节，使其和下部盾尾底块的接触面相平。用千斤顶在盾尾的后部顶住盾尾，使得盾尾与盾体密切接触，并进行初步固定。盾尾侧块吊装方式如图 25 所示。

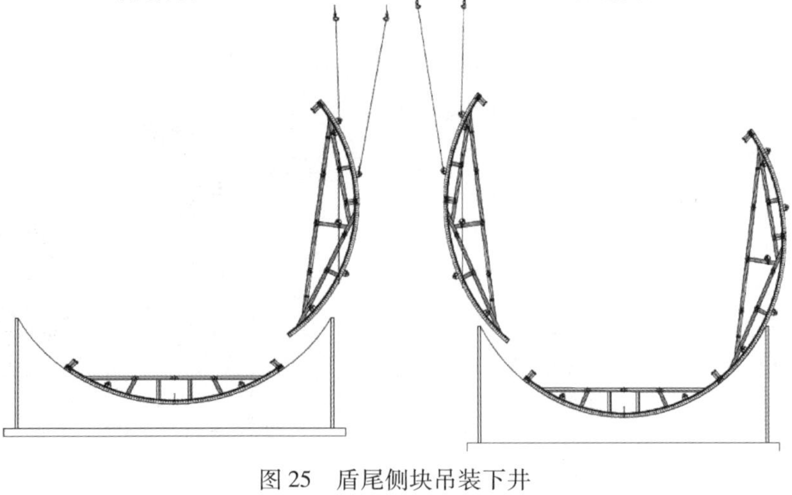

图 25　盾尾侧块吊装下井

1号盾尾分块吊耳对称分布，使用四根钢丝绳和电动葫芦进行吊装作业及角度调整，安装要求与其他盾尾块相同。盾尾分块组装完成后进行整体调整，测量盾尾的圆度和与盾体间的同轴度，调整满足要求后进行整体焊接固定。1号盾尾分块吊装如图26所示。

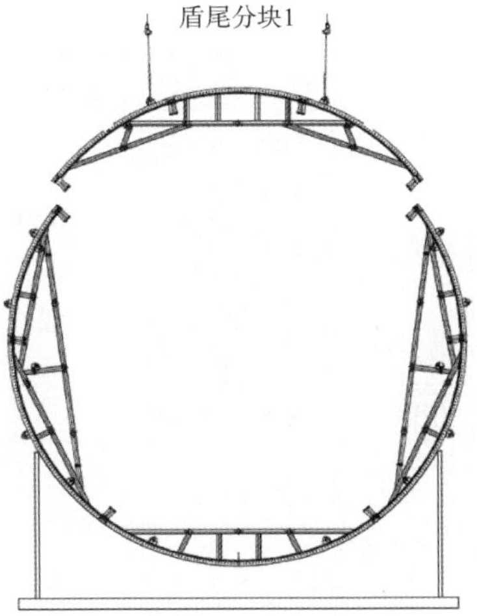

图26　盾尾顶块吊装下井

5.2.16　剩余盾尾分块整机连接

盾体主机部分下井组装完成后，后配套台车整体前移与主机部分进行机械连接，同时进行管路、线缆等铺设。线路走向严格按照工厂组装时设计的线路走向进行布置。连接完成后由现场技术人员进行检查，检查有无错接、漏接的情况，之后由现场电气工程师进行复检及设备电气调试。

5.3　劳动力组织

根据现场实际情况，为加强施工领导，确保施工安全，各参建单位分别成立施工领导协调小组，并根据各自施工内容配备劳务人员。人员配置情况见表1。

表1　人员配置情况表

编号	名　　称	人数	任务安排
1	管理人员	10	现场组织、指挥、协调
2	盾构机厂家技术人员	13	在盾构机吊装、组装阶段指导工作
3	盾构技术管理队	72	主要负责盾构机的机械、液压、电气、焊接、吊装五个方向
4	盾构吊装队	14	分为地面组人员和井下组人员负责履带吊的工作及作业安全
5	盾构组装队	28	盾构机的焊接与拼装

6　材料与设备

主要材料及机械设备配置见表2。

表2　主要材料及机械设备配置表

序号	名　　称	单　　位	数量	备　　注
1	履带吊	台	2	800 t 和 400 t
2	汽车吊	台	2	80 t 和 25 t
3	空压机	台	4	1.2 m^3/min
4	液压泵站	套	1	
5	卷扬机	台	1	16 t
6	气保焊机	台	10	ZX-630 和 ZX5-500K
7	气刨机	台	2	
8	角磨机	台	5	120/150 mm

续上表

序号	名　称	单　位	数量	备　注
9	加油机	台	3	
10	钻铣床	台	1	
11	老虎车	台	3	3 t
12	叉车	台	2	10 t 和 3 t
13	切割机(钢锯片)	台	1	590 L
14	切割机(砂轮锯)	台	1	XC02-400

7　质量控制

(1)现场实施前编制专项施工方案,并经内部审核、监理审批、专家会审通过后方可实施,并对卷扬机能力、钢丝绳承载力、卸扣、吊耳、钢丝绳余量、地基承载力、结构侧压力等进行验算。

(2)盾构机吊装条件核查通过后方可进行吊组装施工。

(3)应有针对性地制定设备进场检验要求、检验程序和检验方法,明确各环节具体负责人,对履带吊站位区域、起重机、吊索具、起重人员、盾构机设备、吊耳等按照验收标准进行验收。

(4)盾构机组装时的各项技术指标应达到总装时的精度标准,配套系统应符合规定。

(5)原材料、焊接材料、外购件、外协件必须经检验合格后领用,如需代用材料,必须执行"材料代用管理制度"。

(6)基础应符合设计和相关标准的规定,压实度、检测频率应符合设计和标准规定。另需进行基础承载力检测,包括盾构机吊装区域及履带吊行走区域,检测完成需提供合格的地基承载力报告。

(7)盾构机组装所有环向及纵向螺栓需全部穿入,连接后复核螺栓预紧力,避免因松动导致结构失稳。

(8)电器元件安装不得存在遗漏导致影响调试;拼装过程中加强核心部件安装保护,不得存在变形、渗漏等。

(9)回拖台车进行受力验算,并严格按照设计图纸进行施工,回拖前对轨道高差、平顺度、连接等进行检查,确保台车体系的强度、刚度、稳定性。

8　安全措施

(1)施工现场的布置应按总平面布置图进行统一布置,吊装前检查所需工具及机具,确保齐全性能处于良好状态。

(2)在盾构机开始吊装之前制定周密的工作计划,向工作人员细致讲解盾构吊装和吊装方案并进行详细的安全、技术交底。

(3)盾构机台车下井后需向工作井后方矿山隧道始发段回拖,到达预定位置为防止台车溜车、脱轨等安全风险,在台车轮对下方铺设防滑器(铁鞋),并将铁鞋点焊至轨道上,回拖至洞内预定地点,增加挡块和手拉葫芦,挡块增加前严禁解开卷扬机钢丝绳;回拖轨道安装顺直、平缓,回拖过程平稳,严禁忽快忽慢,轮对经过轨道接缝处时适当放缓回拖速度。

(4)焊接作业时要注意防火,在多人作业场所或交叉作业场所要设置防护遮板,安拆过程中高处焊接作业时,必须系好安全带,穿戴好防护用品,被焊接物件必须焊缝饱满,堆焊时不允许出现气泡焊渣残留,采取对角施焊,避免局部焊接过热变形。

(5)盾构机吊装作业涉及地面、井下多工种、多工作面协同作业,安全防护工作十分重要,需对照经专家评审、报批的施工方案相关安全设施、设备、防护用品等关键参数进行检查验收和条件核查,每次吊装前,对照吊索具检查要求及报废标准对吊索具进行检查,经现场检查无误后开具吊装令。

(6)大型吊装作业必须配备符合要求、经验丰富的司索工,设专人专职进行指挥,确保吊装作业有序进行。挂钩、起重、安装等人员必须服从司索指挥,严格遵守吊装作业规范。配置信号强、通话清晰的对讲机,并经现场测试有效,吊装过程中保持通信。

(7)在吊装区域设置硬质围栏,安装报警设备,并设置警示标识,配备专项安全管理人员旁站监督,防止非作业人员进入吊装作业区域。

(8)盾构机部件起吊前,需先将盾构机内的油、水等物品清空,并做好检查,利用液压千斤顶调整盾构机的重心,确保吊装平稳。

(9)对吊装区域的地基进行处理,如垫钢板、路基板等,确保其承载能力和稳定性满足方案要求。由于吊装位置移动会显著影响吊装能力,对比正式吊装方案,如出现起重机荷载(含盾构机部件重量)、起重机及盾构机部件位置、路基箱数量、面积及位置等发生变化而影响地面荷载的情况,应立即暂停吊装工作,若整个吊装过程中出现与正式吊装方案不符之处时也应立即暂停吊装工作。必要时,可采用加固措施提高地基承载力。吊装施工过程中应严格按照各级部门评审通过的吊装方案进行基坑监控量测。

9 环境保护措施

(1)吊装和组装施工可能产生建筑垃圾和金属碎屑,分类收集和处理,确保不随意堆放。

(2)现场噪声排放不得超过国家标准《建筑施工场界环境噪声排放标准》(GB 12523—2011)的规定。使用低噪声、低振动的设备,无法避免的高噪声设备采取隔声与隔振措施,避免或减少施工噪声和振动。

(3)非必要情况下,避免夜间吊装,降低夜间噪声影响。

(4)运送设备及建筑材料,不污损场外道路,保证车辆清洁。施工现场出口设置洗车槽。

(5)在作业过程中,可能会因吊装设备运转而产生废气,需定期对吊装设备进行检修和维护,刀盘、辅助平台等焊接施工产生废气,通过在施工区域设置移动式废气处理设备,以保证排放达到环保标准。

(6)施工现场非作业区达到目测无扬尘的要求,对现场易飞扬物质采取有效措施,如洒水、地面硬化、围挡、密网覆盖、封闭等,防止扬尘产生。

(7)对现场的污水进行废水处理,排放前进行 pH 值检测,检测合格后方可排放。

10 效益分析

10.1 经济效益

本工法机械化程度高,施工速度快,施工效率提高 50% 以上,盾构下井到施工的时间大幅缩短,时间效益显著,缩短盾构机组装工期 30 d,减少施工过程中机械设备无效等待时间,有效控制成本,节约成本约 160 万元。

10.2 社会效益

本工法解决了在深基坑、大直径盾构隧道工程需大场地、长周期的问题,保证了盾构工程的安全高效掘进,促进了社会稳定,对区域经济和社会发展具有积极的推动作用,同时拓宽了盾构法的应用范围,有力地促进了行业发展和技术进步,顺利始发新闻被人民日报、新华社、央视、省市级等多家媒体、平台报道,创立"世界最长海底高铁隧道"词条,得到广泛认可。

11 应用实例

金塘海底隧道全长 16.18 km,盾构段长 11.21 km。中铁十四局承建的甬舟铁路 YZSG-2 工区金塘海底隧道宁波侧,主要包含矿山法隧道正洞 3 617 m、盾构隧道 4 940 m,工作井 1 座(宽 20 m、深 58 m)。

2024 年 3 月 1 日至 2024 年 5 月 16 日,甬舟铁路金塘海底隧道首次使用本工法进行盾构机井洞内组装始发施工(盾构始发工作井如图 27 所示),高效、安全地完成了盾构机组装,为盾构始发奠定了良好的基础,赢得了业主、监理单位的一致好评,也获得了社会的广泛支持,合理利用施工区域,减少碳排放及噪声振动污染,为盾构工作井洞内组装始发施工提供了宝贵的经验。

图 27 盾构始发工作井场地图

参编单位：中铁十四局集团有限公司、沪杭铁路客运专线股份有限公司

参编人员：胡浩、韩凤启、管仁太、陈建福、白彦昆、祁玉石、邵泳翔、娄瑞、金武、潘成杰、杨永宏、韩浩

评审人员：黄鸿键、马伟斌、吕刚、赵西民、孟庆余

五、铁路盾构隧道利用吊装洞室洞内组装始发施工工法

1 概 述

近年来,由于城市化进程的不断加速,地下空间利用越来越广泛,地下隧道的建设也越来越普遍,而根据地理环境的变化,施工区域的限制,盾构机洞内组装工法也逐渐成为一种常见的地下隧道施工工法。

2 工法特点

(1)首创性,首次研发使用大直径盾构机洞内组装始发方案。

(2)适应性强,此工法对地面影响小,可以适应各种围岩质量高的空间狭小工况。

(3)安全性高,采用全自动机械化设备,减少人力投入,运用机械化手段,降低安全风险。

(4)集约化,盾构机在洞内完成整体组装、调试,减少以往分体始发所带来的工期紧张及组装质量把控难等问题。

3 适用范围

本工法适用于空间狭小,城市、山区等无明挖条件及施工场地受限环境。

4 工艺原理

利用扩大洞室设计进行盾构机洞内组装作业,洞内采用组装洞侧墙作为桥吊轨道梁。

5 施工工艺流程及操作要点

以重黔铁路某盾构隧道为例介绍本工法施工工艺流程及操作要点。

5.1 施工工艺流程

本工法施工工艺流程如图 1 所示。

5.2 施工操作要点

现场具备盾构机进场条件,前期场地隧道清理,水箱、防撞岛清除。地面铺设沥青增

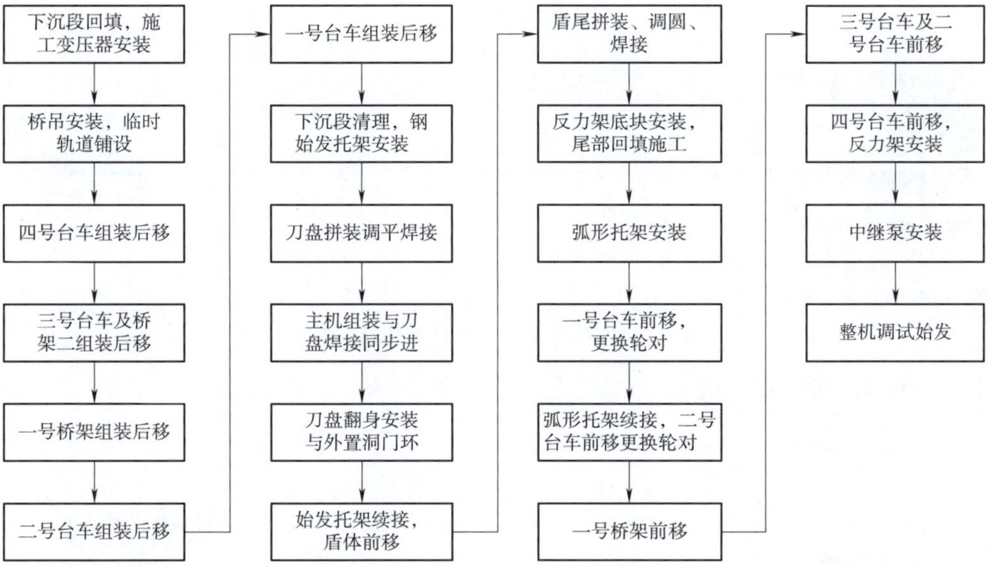

图1　施工工艺流程图

加摩擦力，为大件进场提供足够的空间与安全性。下沉段使用碎渣进行填平，在表面铺设4 cm厚钢板，承载汽车吊进行桥吊组装及后配套台车组装作业。

根据始发洞室结构以及盾构机刀盘、台车尺寸结构重量核算，为满足盾构机组装及台车部件安装，需要在组装洞室顶部安装360 t(180 t＋180 t)及160 t(80 t＋80 t)跨度为18.2 m的两台桥吊。在后配套段直接贴地敷设两道轨距为5 680 mm的临时轨道，其中在组装洞后70 m位置设置长15 m、高0.9 m的斜坡，便于三、四号台车后移。组装洞及后部28 m位置为活动安装拆卸段，车辆运输时拆除，盾构牵引时安装，如图2所示。

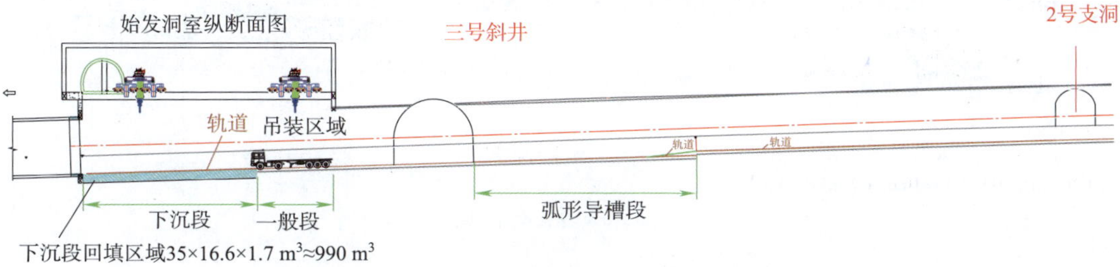

图2　活动安装拆卸段

四号台车组装后移，如图3所示。

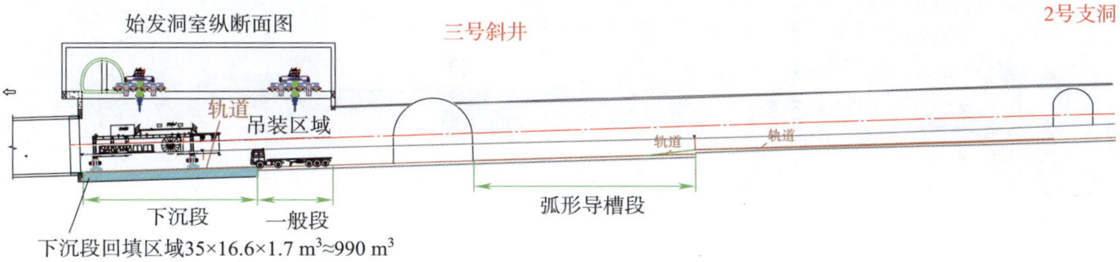

图3　四号台车组装后移

三号台车及二号桥架组装后移，如图 4 所示。

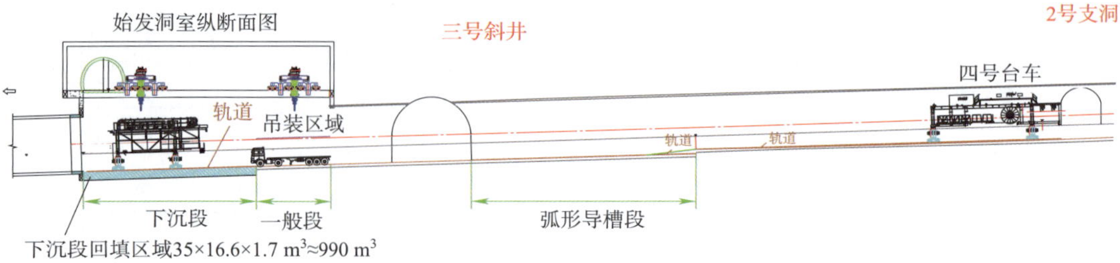

图 4　三号台车及二号桥架组装后移

一号桥架组装后移，如图 5 所示。

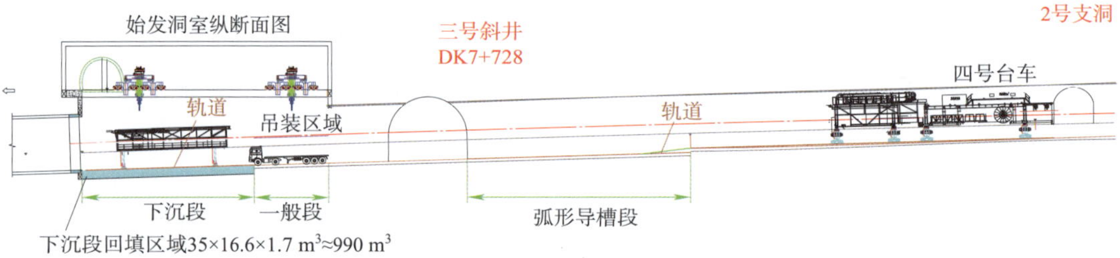

图 5　一号桥架组装后移

二号台车组装完成后，铺设运输段临时轨道，牵引二号台车后移，并提前拆除组装洞后 70 m 位置斜坡轨道。二号台车后移完成后，拆除运输段临时轨道，如图 6 所示。

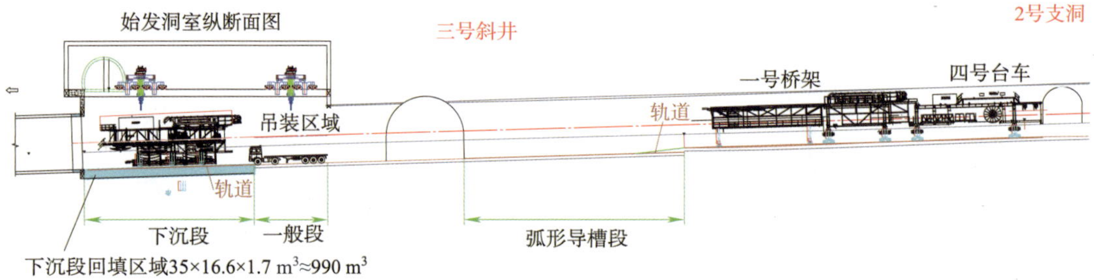

图 6　二号台车后移

一号台车组装完成后，铺设运输段临时轨道，牵引一号台车后移，一号台车后移完成后，拆除运输段临时轨道。清理下沉段，安装主机部分，如图 7 所示。

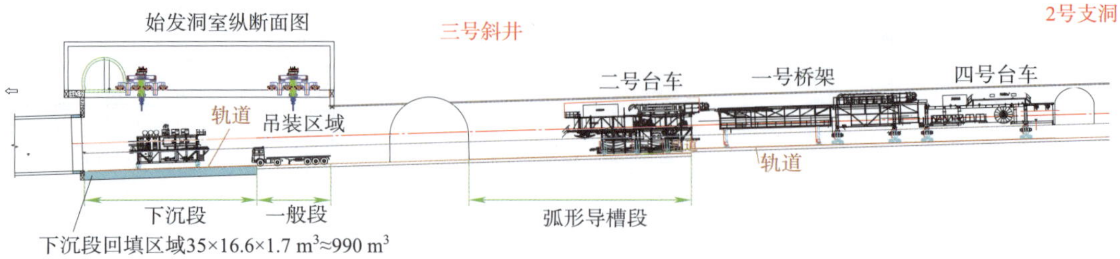

图 7　一号台车后移

清理下沉段回填区,浇筑 30 cm 高的始发托架混凝土找平层。待强度达标,距离洞门 2 m 为刀盘拼装焊接区域,区域面积 13 m×13 m,如图 8 所示。

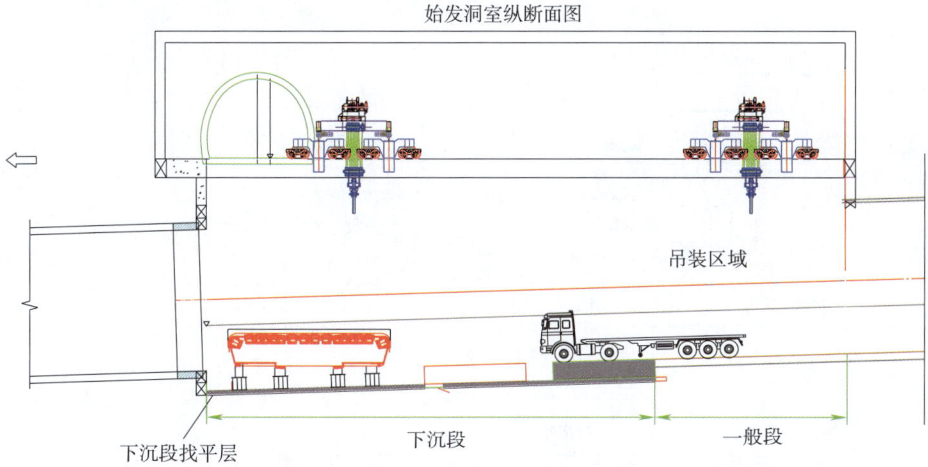

图 8　刀盘拼装焊接区域

待找平层强度达标,安装 8 m 始发托架,焊接刀盘的同时,在一号始发托架上组装盾体、主驱动、井字架、行走梁、拼装机梁,使用液压扳手复紧盾体、行走梁螺栓。刀盘焊接完毕后,连接刀盘与主驱动,使用拉拔器复紧刀盘、主驱动螺栓,如图 9 所示。

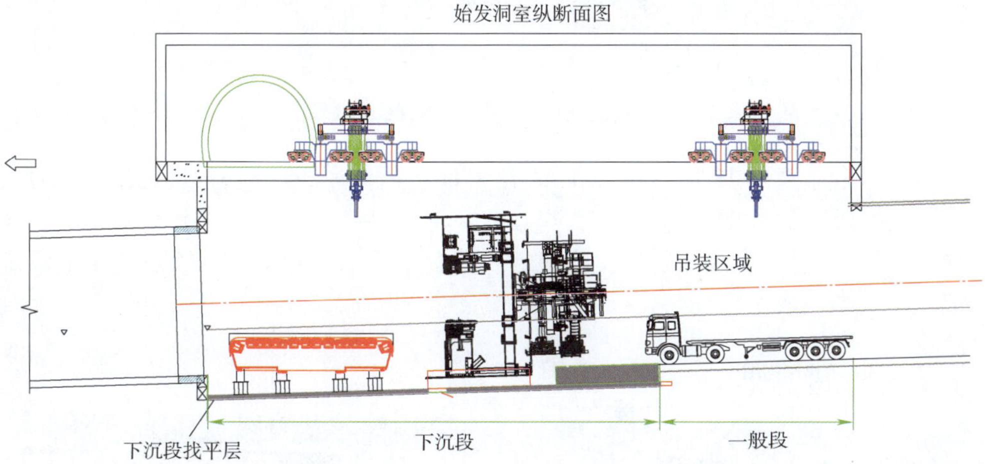

图 9　一号始发托架上组装

刀盘焊接完成后,利用桥吊刀盘翻身,与盾体连接,刀盘安装完毕后在一般段组装外置洞门环,并进行外置洞门环安装固定,盾体前移、反力架安装,在下沉段回填区域距离反力架 10 cm 位置安装弧形导槽托架,铺设运输段轨道,如图 10 所示。

牵引一号台车前移,运输至一般段,在一般段使用两台桥吊配合吊装起一号台车(所有连接螺栓全部安装复紧完毕),底部放置钢支撑后,拆除一号台车临时轮,把八字轮固定在弧形托架对应位置,重新吊装一号台车至弧形导槽托架存放并连接八字轮,如图 11 所示。

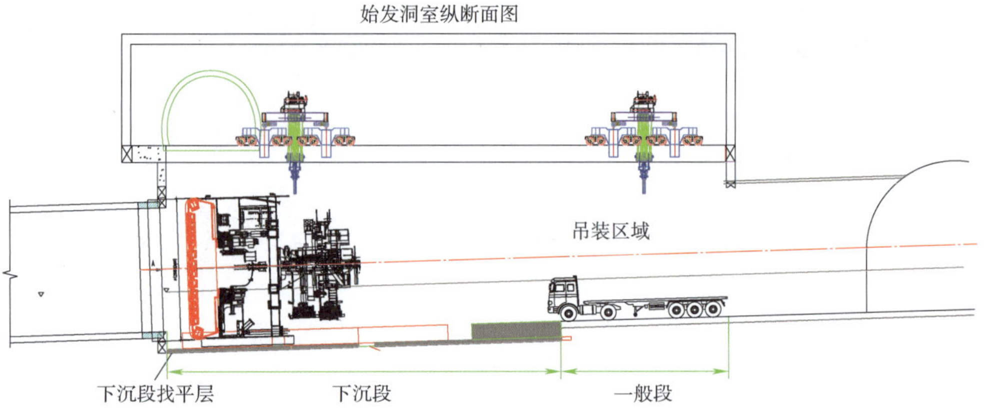

图 10　盾体前移

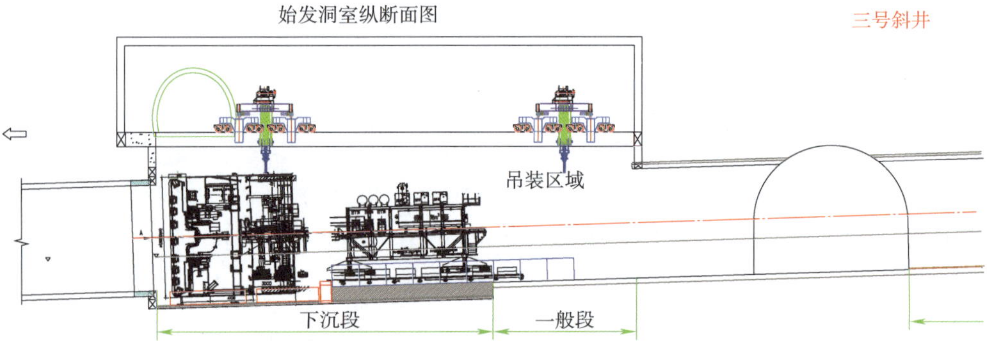

图 11　一号台车前移

牵引二号台车至图 12 所示位置，距离托架 80 cm，使用 360 t 桥吊单钩吊装二号台车前部，摆放支撑后，拆除前部临时轮对，安装八字轮，使用桥吊，辅助吊装牵引二号台车至弧形导槽，并与一号台车连接。连接完成后二号台车第二个轮对距离弧形托架的距离为 3.2 m。

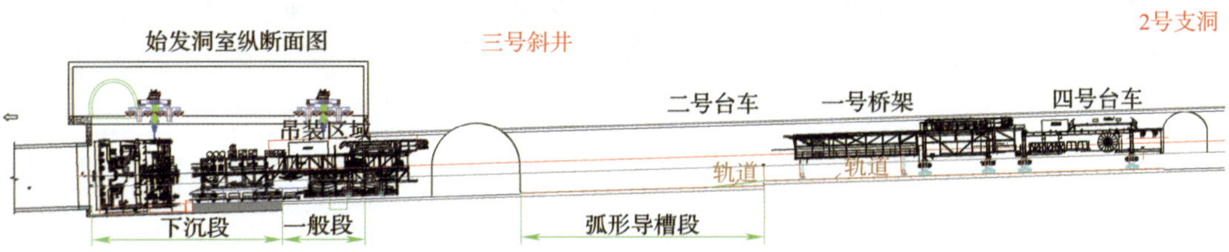

图 12　二号台车前移

安装 DK7 + 733 段轨道斜坡，一号桥架前移，在桥架快接近二号台车尾部时，通过手压泵调整液压千斤顶的行程来调整销轴位置，确保一号桥架能够与二号台车顺利穿插销轴，完成连接，如图 13 所示。

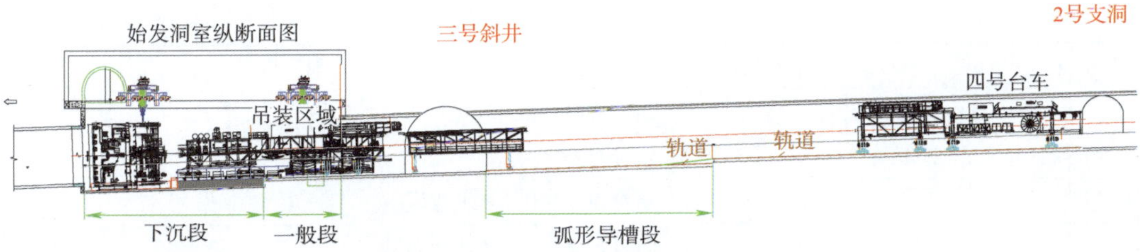

图 13　桥架一前移

三号台车架前移，在三号台车快接近一号桥架尾部时，通过手压泵调整液压千斤顶的行程来调整销轴位置，确保一号桥架能够与三号台车顺利穿插销轴，完成连接，如图 14 所示。

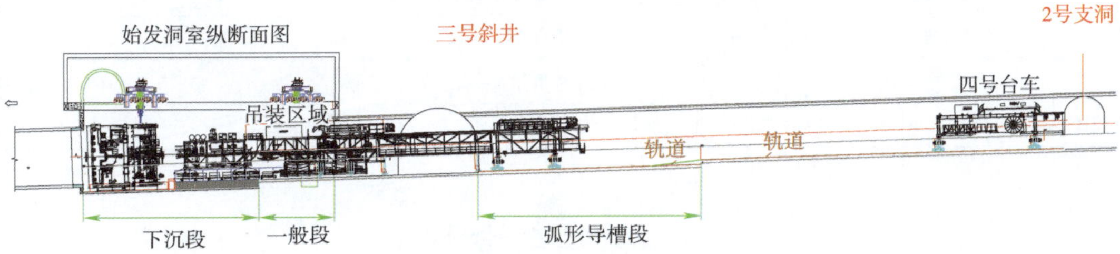

图 14　三号台车前移

后配套台车前移，一号台车与行走梁连接，盾构机全部连接完成；安装反力架及中继泵，如图 15 所示。

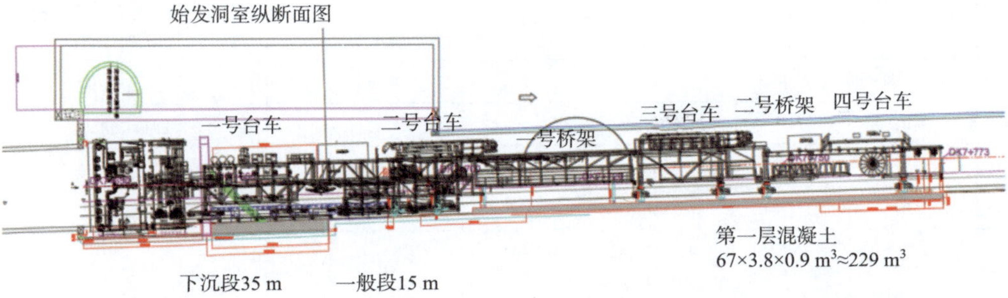

图 15　四号台车前移

整机组装、连接完成，各液压电气管路逐步连接，盾构机分部、整体联调联试。

5.3　劳动力组织

劳动力组织见表 1。

表 1　劳动力组织表

序号	工　种	数量	备　注
1	技术负责人	3	负责洞内组装技术指导工作
2	施工负责人	3	负责洞内组装协调工作
3	盾构维保工	6	负责盾构机组装配合工作

续上表

序号	工　　种	数量	备　　注
4	盾构电气工	6	负责盾构机线路连接及调试工作
5	测量员	6	负责测量检测
6	安全员	6	负责现场安装生产监督
7	技术员	6	负责各片区施工组织协调
8	装机班组	45	负责盾构机洞内组装相关事宜
9	焊接班组	24	负责盾构机刀盘、盾尾等焊接工装
10	电气班组	12	负责盾构机管线连接
11	运输班组	12	负责盾构机大坡度斜井运输
12	司索工	6	负责起重吊装指挥
13	普工	60	辅助现场施工
14	桥吊司机	6	负责洞内桥吊操作吊装
15	叉车司机	6	负责叉车作业

6　材料与设备

主要材料见表2。

表2　主要材料表

序号	名　　称	规格型号	主要质量指标	备　　注
1	H型钢	300号	刚度强度	托架加固
2	H型钢	200号	刚度强度	托架加固
3	轨道	QU80	承载能力	临时轨道
4	钢板	40 mm	承载能力	刀盘找平
5	钢板	20 mm	承载能力	地面找平
6	耐磨焊丝	INEFIL 600BR 1.2 mm，CEWELD MA 600 1.2 mm	耐磨性	耐磨焊接
7	焊丝	ATLANTIC-CHW-50C6SM 直径1.2 mm	强度	刀盘、盾尾钢结构焊接
8	钢丝绳	ϕ120 mm 周长4.4 m 无接头环形	强度、承载能力	刀盘吊装
9	钢丝绳	ϕ36 mm 单根4.5 m	强度、承载能力	
10	钢丝绳	ϕ36 mm 单根6 m	强度、承载能力	
11	钢丝绳	ϕ100 mm 单根4.5 m	强度、承载能力	
12	钢丝绳	ϕ72 mm 单根3 m	强度、承载能力	
13	钢丝绳	ϕ18 mm 单根2 m	强度、承载能力	
14	角钢	5	强度	
15	工字钢	12	强度	
16	槽钢	10	强度	

主要机具设备见3。

表3 主要机具设备表

序号	名　称	规格型号	单位	数量	备　注
1	360 t桥吊		台	1	主吊
2	160 t桥吊		台	1	配合主吊
3	卸扣	销轴直径小于ϕ180 mm,200 t	个	2	刀盘主驱动吊装
4	卸扣	120 t、55 t、35 t	个	各4个	辅助刀盘吊装,盾体吊装,台车牵引
5	气动扳手	500 kg·m	套	1	紧固螺栓
6	扭力扳手	6-30 kg·m	套	1	紧固螺栓
7	开口扳手	32、36、41、46、55 mm	套	各3套	紧固螺栓
8	活动扳手	各种常用规格	套	各2套	紧固螺栓
9	电焊机	B×3-500	台	3	其他部位焊接
10	气保焊机	KA-500	台	8	刀盘、盾尾焊接
11	液压泵站		套	1	千斤顶动力源
12	液压千斤顶	100 t	台	2	
13	手动葫芦	10 t	个	1	
14	手动葫芦	1.5 t	个	10	
15	液压千斤顶	70 MPa,10 t	套	4	
16	液压千斤顶	70 MP 25 t(带靴)	套	4	
17	液压千斤顶	70 MP,50 t	套	4	
18	机械式千斤顶	5 t	个	4	
19	机械式千斤顶	10 t	个	4	
20	机械式千斤顶	20 t	个	4	
21	机械式千斤顶	50 t	个	4	
22	机械式千斤顶	100 t	个	4	
23	气动扳手	英格索兰 1″头 扭矩2 500 kN·m	套	3	
24	气动扳手	英格索兰 1″头,扭矩1 100 kN·m	套	3	
25	高压胶管	气动扳手连接用	m	200	
26	快装接头	气动扳手与胶管连接用	套	20	

7 质量控制

(1)加强盾构施工重大节点安全质量预控管理,有效避免和减少安全质量事故的发生,制订盾构施工关键节点条件验收制度。

(2)盾构施工关键节点施工前条件验收是指涉及影响盾构施工安全质量的关键节点施工前,由项目部对技术、环境、人员、设备等质量、安全生产相关条件进行自控自检;公司盾构(掘进)管理中心组织公司工程部、安全部及内部专家对相关条件进行验收。

(3)明确需进行盾构接收条件验收的关键节点、验收条件、内容和要点。项目部可根据工程实际对相关内容进行调整。项目部应根据工程的实施情况和《盾构施工关键节点施工前条件验收计划》所确定的项目内容逐项自检。自检合格的,向公司盾构(掘进)管理中心提出关键节点施工前条件验收申请。盾构(掘进)管理中心收到项目部验收申请后,应对施工前条件验收项目进行预审,预审符合要求的,按要求组织验收。

8 安全措施

(1)吊机支腿承力处路基箱应平置、居中、接触良好。

(2)索具保险系数略微增大;使用前必须检查无误方可使用。

(3)在吊装前应对卷扬钢丝绳重新进行编排。

(4)夜间施工照明良好。

(5)设立施工区域;红白带隔离。

(6)操作人员持证上岗,施工前应向施工人员进行安全技术交底。

(7)吊起的物件不得长时间在空中停留。

(8)行车或吊车司机、指挥人员和所吊物件三者之间应保持视线清晰。如有障碍物,应增设指挥点或设专人传递信号。

9 环境保护措施

9.1 大气污染防治

(1)水泥等粉细散装材料,采取室内(或封闭)存放或严密遮盖,卸运时采取有效措施,减少扬尘。

(2)在现场设置搅拌设备时,安设挡尘装置。

9.2 水污染防治

(1)不得将油和废弃材料倒入邻近河中,以免造成污染。

(2)控制施工产生的污水流向,防止蔓延,并在合理的位置设置沉淀池,经沉淀后再排放,防止污染环境。

(3)现场存放油料的库房进行防渗漏处理,储存和使用都采取措施,防止跑、冒、滴、漏,污染水体。

9.3 噪声污染防治

(1)场地及机械设备进行合理布置,采用低噪声的新型机械设备。施工场地照明灯光布置尽量背离居民区。

(2)不断与周边的机关、居委会等单位进行联系沟通。并与当地居委会做好精神文明共建工作,在力所能及的范围内为当地居民无偿服务。支持并积极参加当地社区公共事业活动。

(3)成立公关协调部门,加强与社区居委会、村委会及公安机关的合作。

(4)对工程可能发生的扰民及纠纷问题承担管理职责,全面负责协调各方面工作。

(5)在施工前,和当地社区政府、村委会(居委会)取得联系,通过邀请周边单位及居民代表定期参加座谈会、新闻发布会等形式,通报工程的概况、性质及建设意义,并积极听取周边单位及居民的意见及建议,尽量采用合理的施工方案减少对周边环境的影响。并就工程影响求得周边单位及居民的支持与谅解。

(6)施工现场遵照《中华人民共和国建筑施工场界噪声限值》制定降噪的相应制度和措施。对受噪声、强光、灰尘等影响的单位及居民给与相应的必要的补偿。同时采取行之有效的预防措施减少这些危害,以尽可能地保护周边单位及居民的利益。

(7)建立文明施工协调领导小组。文明施工领导小组设专人处理扰民及纠纷问题,做到及时发现问题、解决问题。

(8)如因特殊工艺超过环保规定连续施工和夜间施工时,提前 24 小时提请有关主管部门进行审核批准。并配合当地政府做好当地居民协调工作。

10 效益分析

10.1 经济效益

与传统开挖竖井吊装始发相比,采用洞内始发技术,有效减少了竖井的数量和大型吊装设备的使用。累计节约工期 70 d,节省吊装设备及人工等施工成本 170 万元,节约混凝土、钢筋、型钢等建筑材料成本合计 300 万元,累计节约碳排放核算 56 t。

10.2 社会效益

本工法在重黔铁路盾构施工中成功应用,洞内组装始发新闻被央视 CCTV1、CCTV2、CCTV13、国资委网站、铁建报等 70 多家媒体、平台报道,企业知名度和美誉度大大提升。

11 应用实例

2023 年 3 月 1 日至 2023 年 7 月 15 日,完成重黔铁路大直径盾构机洞内组装始发工作,该工法工艺安全可行,质量过关,经济效益显著,且减少了地面土地的占用,受地面环境影响小,节约盾构组装工期。赢得了业主、监理单位的一致好评,也得到了社会的广泛支持,为以后的类似工程施工提供了宝贵的经验。

参编单位:中铁十四局集团有限公司、渝黔铁路有限责任公司

参编人员:和棒棒、杨帆、于鑫洋、陈建福、谢文强、杨贺、朱晓天、鲁军良、张勇、周伟天、薛燕飞、张军

评审人员:黄鸿键、马伟斌、吕刚、赵西民、孟庆余

六、铁路盾构隧道利用工作井及明挖基坑组装始发施工工法

1 概 述

铁路盾构隧道利用工作井及明挖基坑组装始发施工工法通过结合工作井和明挖基坑的优势,充分利用现有施工条件,解决了盾构始发空间不足的问题,同时提高了施工效率,降低了施工成本。

以京滨铁路工程实践介绍铁路盾构隧道工作井及明挖基坑组装始发施工工法,为相关工程提供有益的参考。

2 工法特点

(1)施工灵活性强:能够适应多种地质条件和复杂环境,特别是在城市密集区域或既有线路附近施工时,能够有效减少对周边环境的影响。通过模块化设计和施工,能够灵活调整施工流程,适应不同的工程需求。

(2)施工效率高:盾构机的组装和始发采用机械化施工,提高了施工效率,减少了人工操作。同时,盾构机在工作井内组装和调试完成后,可以直接从基坑始发,减少了盾构机的运输和吊装时间。

(3)工程质量好:在工作井和明挖基坑的施工过程中,采用桩基结构对土体进行加固和支护,有效提高土体稳定性和承载能力,从而保证了盾构隧道的施工质量。

(4)安全性高:该工法通过合理的支护和加固措施,能够有效控制土体的变形和位移,减少施工过程中的安全风险。同时,在盾构机始发前,可以对盾构机进行全面的检查和调试,确保盾构机的安全运行。

3 适用范围

本工法适用于存在铁路盾构隧道工作井和明挖基坑的工程,地质条件复杂、地下水位高、周边环境复杂及对施工效率和工程质量要求较高的项目。

4 工艺原理

铁路盾构隧道工作井及明挖基坑组装始发施工是利用未封顶的工作井衬砌及相连的

明挖基坑衬砌内的空间作为盾构机组装场地。通常在明挖基坑始发段尾部增设副井口,通过工作井井口及明挖段副井口作为吊装口,实现盾构机在隧道内的吊装、组装及始发。

5 施工工艺流程及操作要点

以京滨铁路某隧道施工为例介绍本工法施工工艺流程及操作要点。

5.1 施工工艺流程

本工法施工工工艺流程如图1所示。

工作井衬砌结构 → 后配套明挖衬砌施工 → 盾构机组装调试 → 盾构始发

图1 施工工艺流程图

5.2 操作要点

工作井衬砌、明挖始发段衬砌及明挖段副井口结构完成后,利用工作井井口及明挖段副井口作为吊装口,为大件进场提供足够的存放及吊装组装空间,具备盾构机进场组装条件。

5.2.1 盾构机组装

(1)刀盘预组装

在规划场地15.68 m×15.68 m范围内铺设40 mm厚钢板。

中心块放置:使用预制的1 m钢支撑5组,将刀盘中心块支撑在钢支撑上,调水平后点焊固定。

边块组装:使用300 t起重机逐个将刀盘边块与中心块对接,通过定位销连接。边块下方竖1.2 m钢支撑,钢支撑上固定50 t机械千斤顶,用以调平边块。

安装焊接棚:刀盘焊接区域风速要求小于2 m/s,需要搭建焊接棚进行遮挡。

焊接工作:先在内部把整个焊缝焊一层,然后再在刀盘内部铺加热板加热焊缝,再对刀盘外部进行焊接,外部的焊接同内部一样把整个焊缝焊一层,如此内、外反复焊接几次直至把刀盘块的焊缝全部焊满为止。

焊接完成后,使用400 t履带吊和300 t履带吊协同将刀盘整体吊装下井。

刀盘焊接检验标准:根据《钢结构设计标准》(GB 50017—2017),刀盘焊缝为一级焊缝,使用一级焊缝质量验收标准。

刀盘如图2所示。

(2)工作井后配套台车组装及下井

一号台车、二号台车从始发井口吊装下井,其他部分后配套台车需从副井口吊装下井,并由卷扬机拖运到预定位置。

(3)连接桥

连接桥各部件到货后,首先在预组装场地进行预组装,组装完成后,分前、中、后三节由副井口吊装下井,连接桥吊装前,喂片机已由工作井吊装下井。

①连接桥前段(35 t,含单管片吊机)

地面进行连接桥预组装,用12根1 m钢支撑将连接桥分三节支起,每节形成一个整

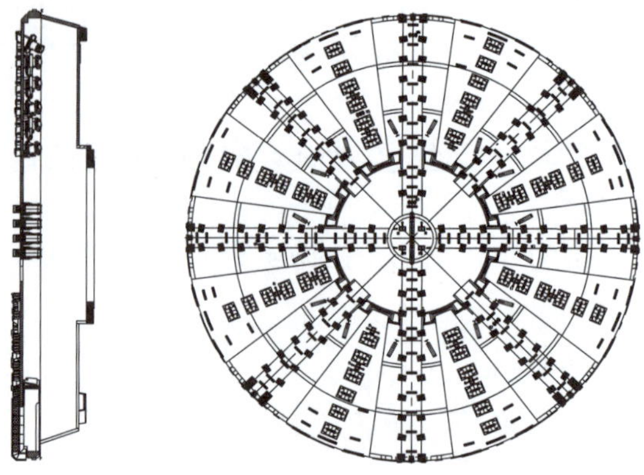

图 2　刀盘示意图

体平稳支撑,然后安装 12 个台车轮。用 300 t 履带吊吊装下井后,用卷扬机往明挖段内部掘进方向移动,待三节连接桥全部下井后,进行连接桥整体连接,连接完成后用卷扬机整机拉到预定位置,采取防滑措施,防止向前滑动。

安装连接桥顶层风管、护栏等,连接桥架内部管线。

②连接桥中段(32 t)及连接桥后段(44 t)

用 4 个钢支撑将顶层连接块四角支起,用吊车吊起第二层两侧连接块与顶层相连接,并用气动扳手紧固。连接桥中、后半段安装左、右两侧行走平台及吊装使用的 4 个吊耳,然后用 300 t 履带吊将其整体下井,在下端前部及后部各安装一组临时轮。

安装连接桥顶层风管、护栏等配件,随后在行走轨道上前移,前端与连接桥中段对接,紧固螺栓并连接桥架内部管线。

(4)二号台车(前节 157 t、后节 128 t)

二号台车各部件到货后,首先用 400 t 履带吊进行预组装,组装完成后,分 2 节下井。

①地面预组装:在地面对二号台车进行预组装,用 8 个 1 m 钢支撑把一号台车前后两段分别平稳支撑。并用 10 t 叉车分别安装二号台车后段行走轮对、二号台车前段行走轮对。

②用 400 t 履带吊将二号台车后段从 6 号始发井口下井,下井前做好钢丝绳的配比,在地面进行试吊,使其平稳下井。二号台车后段下井如图 3 所示。

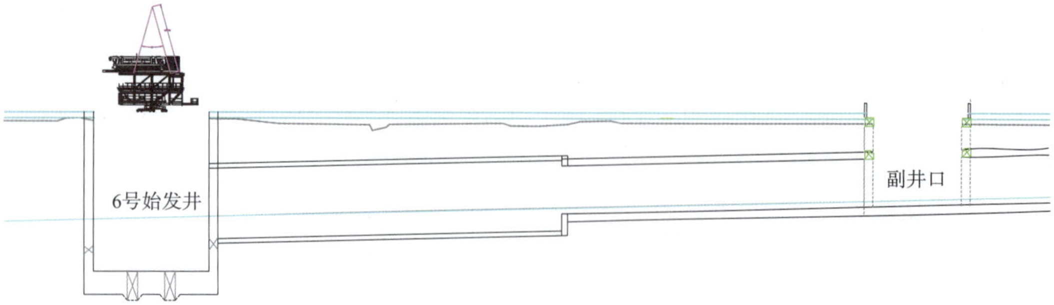

图 3　二号台车后段下井示意图

③后移并临时支撑:因二号台车后半段有四个橡胶轮,四个橡胶轮可以支撑整个二号台车后半段,故二号台车后半段下井后,用卷扬机缓慢向后拉动二号台车后半段,移动 10 m(二号台车前半段总长)后台车后半段前端做临时支撑加固。

④第二段吊装下井:用 400 t 履带吊将二号台车前半段从 6 号始发井口下井,下井前做好钢丝绳的配比,在地面进行试吊,使其平稳下井。二号台车前段下井如图 4 所示。

⑤对接:二号台车前半段与后半段对接,连接桥及三号台车整体前移与二号车后半段连接,用气动扳手紧固,拆除后半段临时支撑。

⑥管路连接:完成二号台车前半段与后半段之间,二号台车与连接桥之间的管路连接。

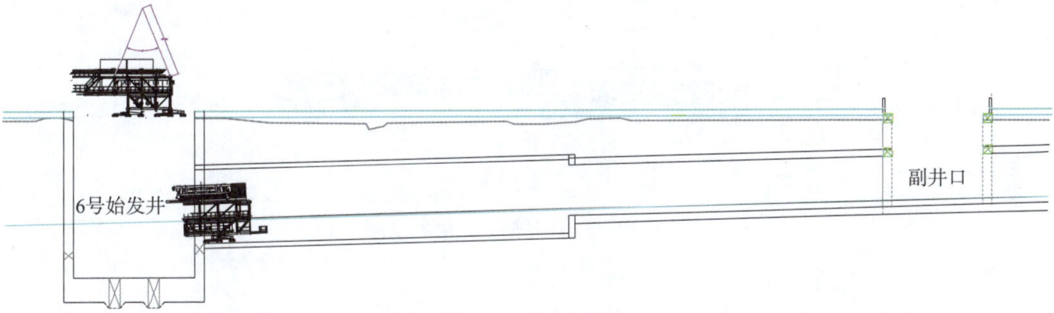

图 4　二号台车前段下井示意图

(5)三号台车(130 t)

三号台车各部件到货后,首先在 300 t 履带吊下方进行预组装,组装完成后下井如图 5 所示。

①地面预组装:首先第一节顶层在地面将左、中、右钢结构进行预组装。组装完成后吊起安装下端左右侧行走机构、两侧走道板、双管片吊机、污水罐及休息室。

②吊装下井:完成预组装后用 300 t 履带吊吊起整体下井,放置在副井口内。

③前移对接:用卷扬机牵引前移,与连接桥连接。

④连接三号台车与连接桥之间的管线。

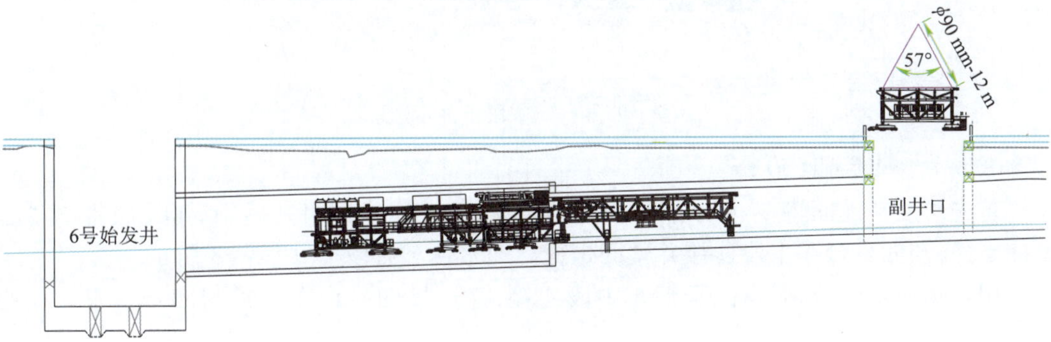

图 5　三号台车下井示意图

(6)四号台车(分 3 段吊装下井)

①四号台车前段(150 t)

首先顶层在地面将左、中、右钢结构进行预组装。组装完成后吊起安装下端左右侧行走机构、两侧走道板、水气管卷盘、75 kW 废水泵、换管吊机、换管小车。完成预组装后用 400 t 履带吊吊起整体下井,放置在副井口内。四号台车前段下井如图 6 所示。

用卷扬机牵引前移,与三号台车连接,并连接四号台车前段与三号台车间的管线。

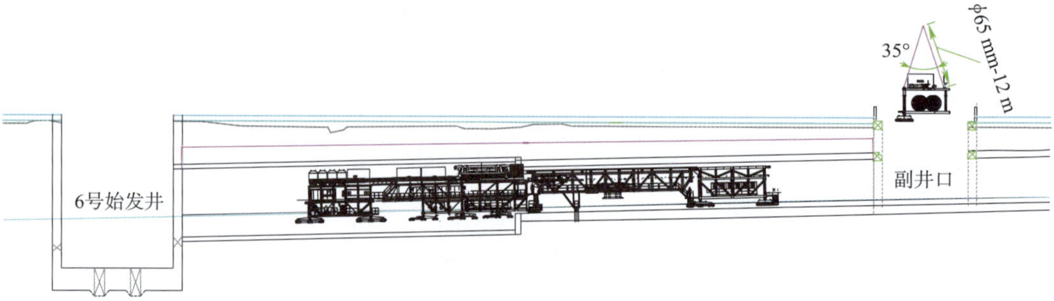

图 6　四号台车前段下井示意图

②四号台车中段(20 t)

首先顶层在地面将左、中、右钢结构进行预组装。组装完成后吊起安装下端左右侧行走机构、两侧走道板。完成预组装后用 300 t 履带吊吊起整体下井,放置在副井口内。四号台车中段下井如图 7 所示。

用卷扬机牵引前移,与四号台车前段连接,并连接四号台车前段与四号台车中段的管线。

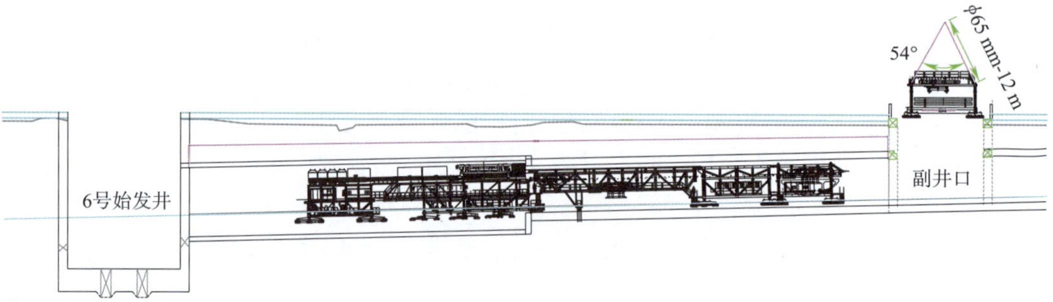

图 7　四号台车中段下井示意图

③四号台车后段(50 t)

首先顶层在地面将左、中、右钢结构进行预组装。完成预组装后用 300 t 履带吊吊起整体下井,与四号台车中段连接并紧固螺栓。四号台车后段下井如图 8 所示。

用卷扬机牵引前移,与四号台车中段连接,并连接四号台车中段与四号台车后段的管线。

④台车整体前移与三号台车对接,如图 9 所示。

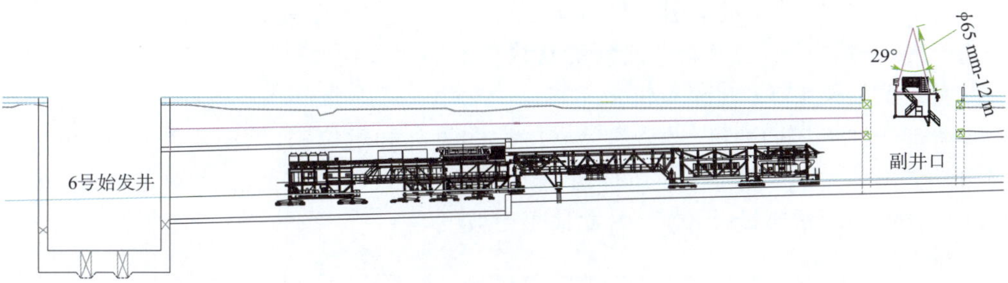

图 8　四号台车后段下井示意图

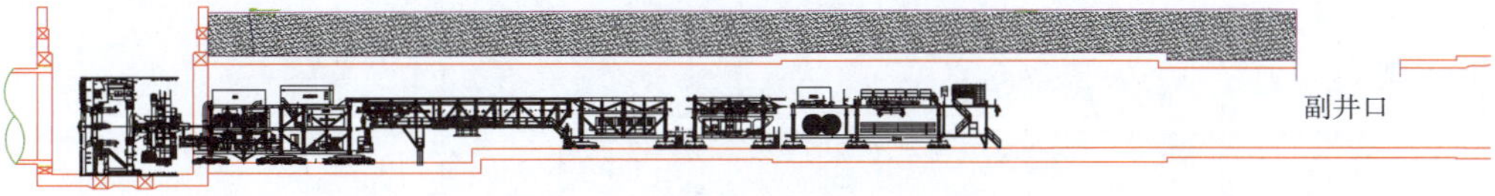

图 9　台车整体前移与主机连接

(7)喂片机

将喂片机分为3段分别从工作井井口下井,下井后用手拉葫芦牵引至弧形槽后部,连接拼装。

(8)一号台车(206 t)

一号台车各部件到货后,首先使用400 t履带吊进行预组装,组装完成后下井。

①面预组装:首先顶层在地面将左、中、右钢结构进行预组装。组装完成后吊起安装下端左、右侧行走机构、两侧走道板、工业水罐。

②吊装下井:完成预组装后用400 t履带吊吊起整体下井,放置在副井口下,下井时应平稳,使用牵引绳辅助,防止接触井口结构。一号台车下井如图10所示。

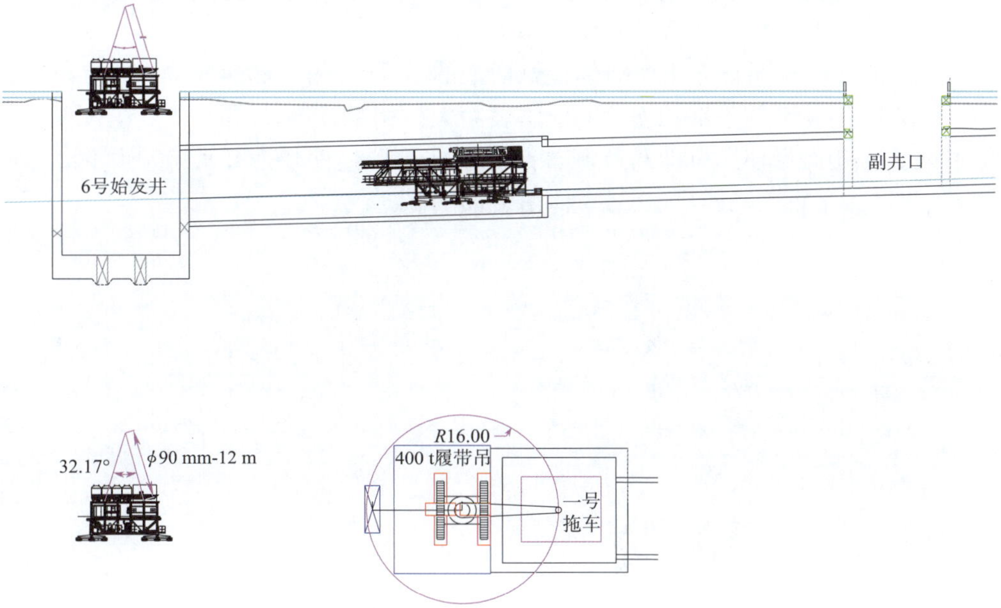

图 10　一号台车下井示意图

③后移对接：用卷扬机牵引一号台车后移，与二号台车连接。

④连接一号台车与二号台车之间的管线。

(9)五号盾体(155 t 含碎石机)

①清理盾体连接面油污，然后安装盾体专用吊耳和定位销，使用 4 根ϕ65 mm-9 m 钢丝绳，30 m 长尼龙绳 2 根，拴在盾体分块 5 块两侧，人工拉住防止摆动，然后下井吊装(图 11)，放置始发基座设计位置，始发基座无坡度。

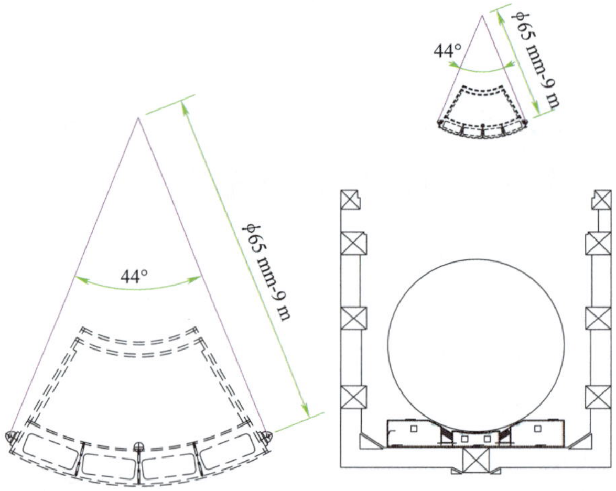

图 11　五号盾体的吊装

②吊装下井：当五号盾体块放到始发基座后，现场测量人员协助组装人员调整盾体姿态，使五号盾体块的左右方向和隧道轴线方向一致。位置调整完毕后将盾体与基座焊接，焊接完成后拆除吊耳。

(10)四号盾体(108 t)与六号盾体(108 t)

①装前准备工作：拆除与五号盾体接触面上的吊耳，在另一侧换成单侧四点吊装。

②吊装下井：使其与下部相连接的盾体表面大致相平，然后缓慢下井，与下部的五号盾体对接，大致接触后使用电动葫芦调整四号盾体位置使两块盾体面完全接触后，安装螺栓并用气动扳手紧固。四号、六号盾体吊装如图 12 所示。

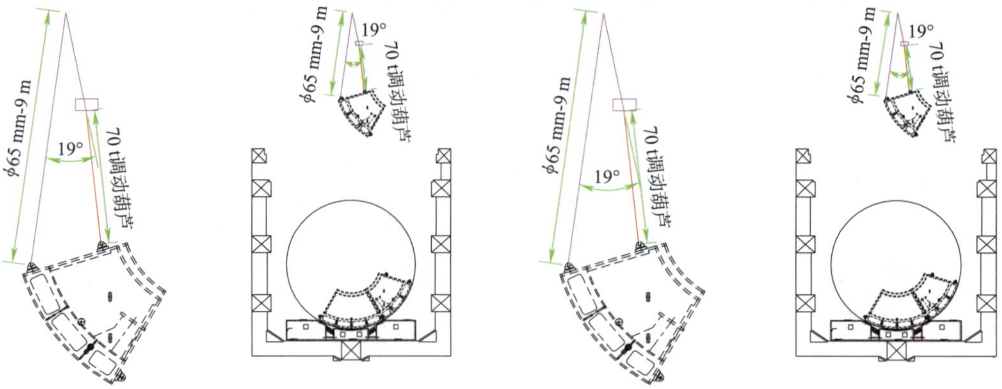

图 12　四号、六号盾体吊装示意图

③焊接支撑：螺栓完全紧固完成后，在四号盾体外侧焊接 2 支工字钢支撑，然后再松开钢丝绳。

④六号盾体与四号盾体安装方法相同。

(11)H 架(40 t)

安装前对 H 架与盾体连接面进行清理除锈、清除油污，并将连接螺栓全部用气动扳手紧固，在地面完成 H 架的拼接后，整体下井。前中盾分块 4/5/6 组装完成后，H 架吊装下井与前中盾分块 4/5/6 支撑法兰面进行连接。用定位销螺栓穿孔定位，穿连接螺栓，气动扳手紧固，最后拆除履带吊吊钩。拼装机 H 架安装如图 13 所示。

(12)主驱动(223 t，含驱动电机、减速箱)

主驱动运达后需进行水平支撑放置，在地面完成防锈油漆清理及减速机、驱动电机等的组装工作，并在前中盾 3 个下部分块组装完成后，进行翻身、吊装下井工作。

①准备 6～8 个 1 m 高的钢支墩将主驱动减速箱水平架起来，将减速箱、驱动电机依次安装。

②断开安装翻转架及吊装架位置的各种管线，并将各种软管固定，不妨碍起吊位置；拆除该位置主轴承固定螺栓保护套。

③安装翻转架及吊装架：安装翻转架位置板块利用主驱动原有的螺栓孔及定位销孔定位固定，自下而上进行安装。

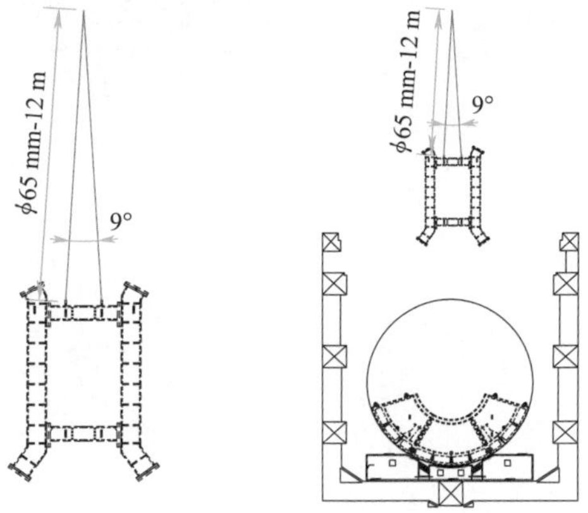

图 13　拼装机 H 架安装

④主驱动翻转：首先将主驱动移动到起重机的吊装区域，在翻转区域必须铺设 40 mm 厚的钢板，翻转在钢板上完成。使用 4 根 ϕ102 mm-8 m 钢丝绳圈和 175 t 卸扣吊装主驱动放置在钢板上，一端使用翻转架着陆，另一端放置到 30 mm×30 mm 的方木上，完全着陆后起吊。提升起重机，使下部两吊点钢丝绳均匀持力，在轴承中下部适当位置拴两根尼龙绳，缓慢提升吊钩，在提升的同时移动行车向前，确保翻转架不滑动，直至提升至垂直为止，将下部翻转架拆除。利用长尼龙绳在地面上人工将主轴承旋转至安装方位，使主驱动与盾构机轴线保持平行。

⑤主驱动吊装下井：提升吊具使得主驱动缓慢移动至井口下放位置，确认主驱动位于设计轴线位置，缓慢下降，继续下放至安装高度，然后缓慢靠向连接位置，穿螺栓定位，所有连接螺栓全部安装后利用气动扳手进行预紧。主驱动下井如图 14 所示。

(13)三号盾体(105 t)与七号盾体(105 t)

拆除与四号盾体接触面上的吊耳，在另一侧换成单侧四点吊装(4 根 ϕ65 mm-9 m 钢丝绳)。使其与下部相连接的盾体表面大致相平，然后使用 400 t 履带吊缓慢吊装下井，与下部的四号盾体对接。螺栓完全紧固完成后，在三号盾体外侧焊接 2 支工字钢支撑，然后再松开钢丝绳。

七号盾体与三号盾体安装方法相同，三号、七号盾构安装如图 15 所示。

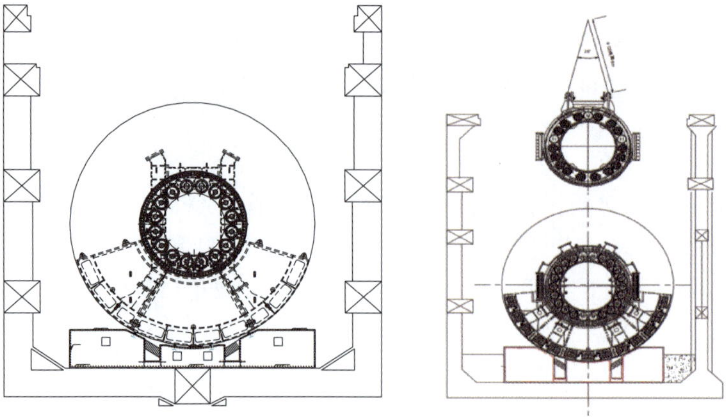

图 14 主驱动下井

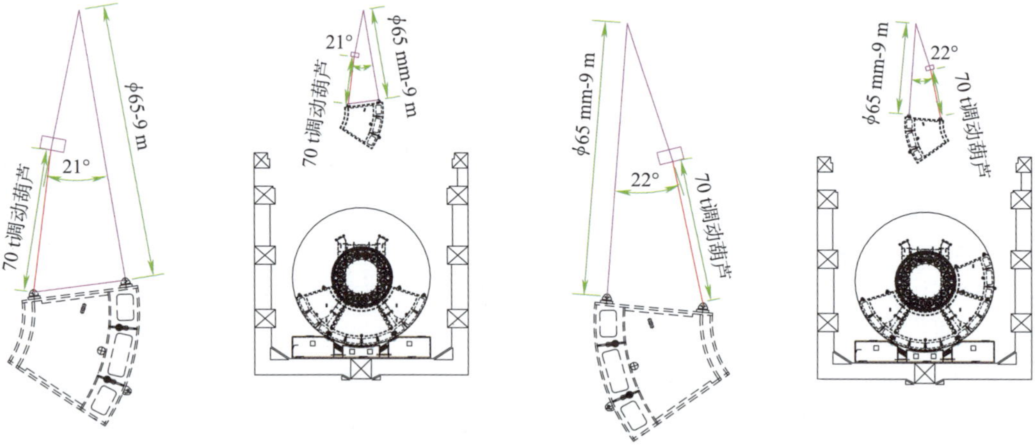

图 15 三号、七号盾体安装示意图

(14)二号盾体与八号盾体

二号盾体地面翻转:首先使用四点起吊,将二号盾体放置在宽阔的地区,然后拆除与三号盾体接触的两个临时吊耳,并在盾体下面放置枕木,使用两点吊起然后缓慢提升吊钩。

提升的同时移动吊车,始终保持吊钩与地面垂直。使二号盾体块与三号盾体块的接触面与地面相平,放到枕木上,然后在盾体的外表面使用两根ϕ65 mm-9 m 钢丝绳,下端安装 70 t 电动葫芦,用于调整与三号盾体接触面的角度,上端使用 ϕ65 mm-9 m 钢丝绳,调整与三号盾体连接面大致平行后使用400 t 履带吊吊装下井。

二号盾体下井安装:二号盾体缓慢提升脱离地面后,在盾体前后两端拴两根 30 m 尼龙绳,然后下井,与三号盾体接触后使用手拉葫芦定位销和ϕ30 mm 撬棍定位,缓慢与三号块对接,定位时必须注意 H 架与盾体中心支撑的对接,两块盾体面完全接触后安装螺栓并紧固,同时安装盾体与主轴承的连接螺栓。

八号盾体安装工艺与二号盾体相同。二号、八号盾体吊装如图 16 所示。

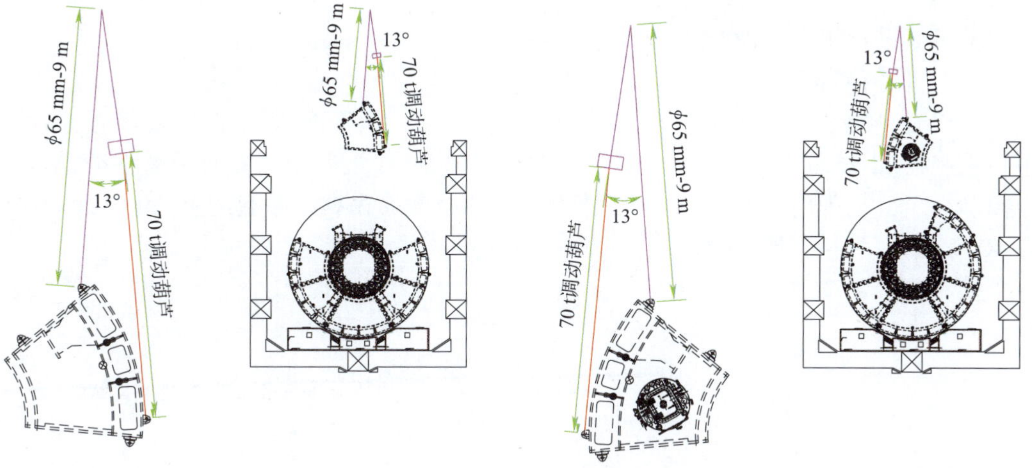

图 16　二号、八号盾体吊装示意图

(15)一号盾体(重 116 t)

吊装之前将盾体连接面上的 4 个临时吊耳全部拆除，通过盾体外部 4 个吊耳吊起盾体(4 根 ϕ65 mm-9 m 钢丝绳)，然后缓慢提升，在盾体左右两侧拴两根 30 m 的尼龙绳，人工拉住防止空中转动，使用 400 t 履带吊吊装下井，如图 17 所示。

然后下吊利用定位销和 ϕ30 mm 撬棍定位，缓慢与二号和八号盾体对接，安装螺栓并紧固，同时安装盾体与主轴承的连接螺栓，最后拆除吊耳。

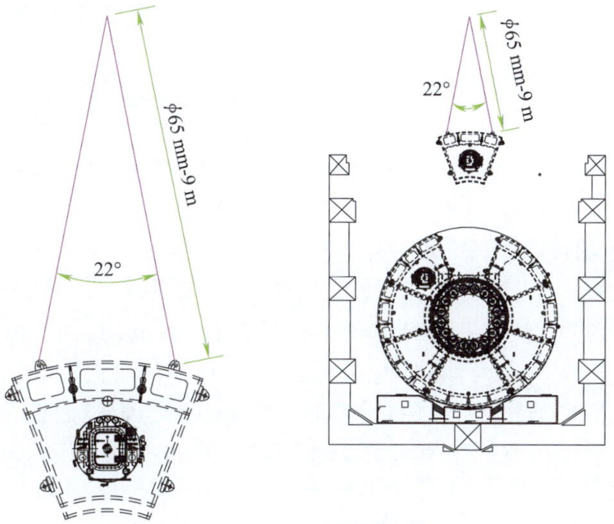

图 17　一号盾体的吊装

(16)刀盘

刀盘及吊具总重量约 290 t。

①试吊前准备及检查

在刀盘两侧位置连接 2 根直径 32 mm 长 30 m 风绳，确保刀盘离开地面后能有效控制其转动。指挥2台起重机同时起升,使刀盘离开地面200 mm后,悬停5 min后,对主、辅起重机等进行相应的检查。

②刀盘平移

平移时,400 t履带吊向井口方向缓慢移动,移动一段距离后,逆时针旋转臂杆,吊装半径控制在11 m范围内,300 t履带吊顺时针旋转,并缓慢向围挡方向水平移动,吊装半径控制在8 m范围内,直到图18所示位置后,400 t履带吊钩挂超起配重,300 t履带吊配合400 t履带吊进行翻身工作。

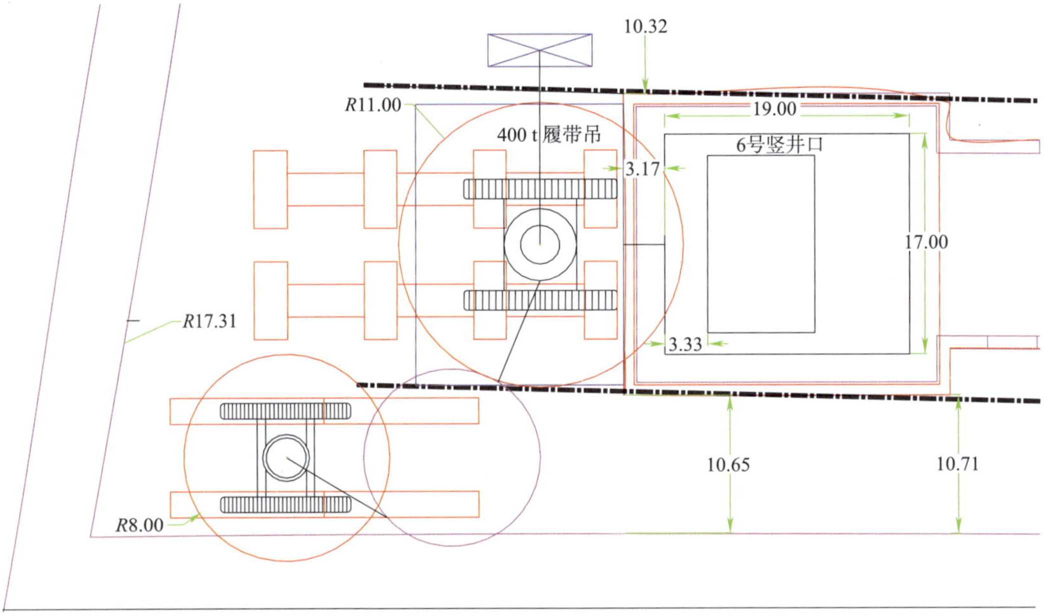

图18　刀盘平移后位置示意图(单位:m)

③刀盘翻身

刀盘翻身前完成试吊后,同时指挥2台吊车缓慢起钩,使刀盘水平状态下离地0.2～0.5 m后,开始进行翻转。指挥300 t起重机松开回转制动,400 t主吊缓慢起钩,300 t履带缓慢扬杆、落钩、回转,然后400 t起重机起钩,并开始扬杆,扬杆过程中超起配重始终处于静止状态,翻转过程中主起重机作业半径保持在11 m内,而300 t辅助吊车在溜尾过程中作业半径保持在8 m内,必要时指挥其适当起、落钩,向刀盘方向移动,同时注意指挥两边拉风绳人员控制拉力,以保证刀盘离开地面后稳定。刀盘翻转呈垂直状态后,摘除辅助起重机及溜尾吊点的吊索具。刀盘翻身平面如图19所示。

④刀盘吊装下井

刀盘经翻转呈垂直状态后,保持刀盘下部离地500 mm后,摘除300 t起重机的吊具,将400 t起重机工作半径控制在11 m后,试吊检查5 min。

试吊检验符合要求后,再指挥400 t起重机缓慢回转,并移动至吊装站位位置,使刀盘位于吊装孔正上方,然后进行扬杆,半径达到10 m,吊装下井。

⑤刀盘就位

刀盘下落到接近就位位置时悬停一段时间,检查各就位装置,确认完好,在确保刀盘

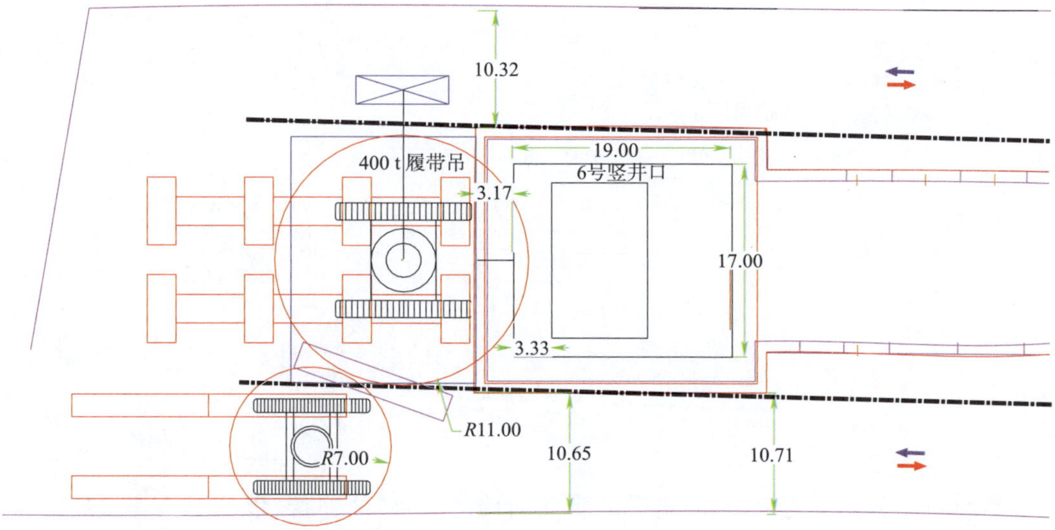

图19　刀盘翻身平面示意图(单位:m)

下面作业人员的安全下,待刀盘对好位后,适当调整位置。

刀盘在始发井内试就位、就位及二次提升,按要求指挥400 t起重机,刀盘接近对接装置后由安装单位指挥400 t起重机,吊装单位配合指挥。

⑥刀盘下井安装

刀盘与主轴承基本对正后,在刀盘最下面的辐臂上挂两个10 t的手拉葫芦,葫芦固定在前中盾分隔舱板上的吊耳上。使刀盘继续向主轴承靠近,在刀盘前端安装两组千斤顶顶住刀盘下端左右两侧,使其向主驱动靠近,同时手拉葫芦拉动刀盘下部向主轴承靠近,刀盘上事先装有5个定位销,慢慢调整刀盘使定位销全部插入主轴承的定位销孔,再用手拉葫芦向里拉动刀盘,使两法兰面完全接触,装上双头连接螺栓。使用扭矩扳手将刀盘螺栓紧固至少三次后,缓慢松开起重机吊钩,完成刀盘安装。

(17)盾体刀盘前移

刀盘安装完毕后,为方便盾体与盾尾连接处焊接,使用外接液压泵站和油缸将盾体向前移动2.2 m,使刀盘边缘距离吊装孔1.8 m。

(18)三号盾尾(40 t)

盾尾共由四块组成,通过盾尾内部4个吊耳吊起盾尾(4根ϕ65 mm-9 m钢丝绳),然后使用400 t履带吊将底部盾尾放置在始发基座上,利用与盾体间的凸凹榫槽与盾体相连接,用千斤顶在盾尾的后部顶住盾尾,使得盾尾与盾体密切接触,保持盾尾外表面与盾体外表面在同一面上,对圆度不符的点采用千斤顶调整,边调边焊接,做到初步固定。三号盾尾分块下井如图20所示。

(19)管片拼装机(150 t)

拼装机主要组成部分为拼装机行走梁、旋转架、拼装机轴承、真空吸盘等;此拼装机需要在地面预组装好后整体下井。

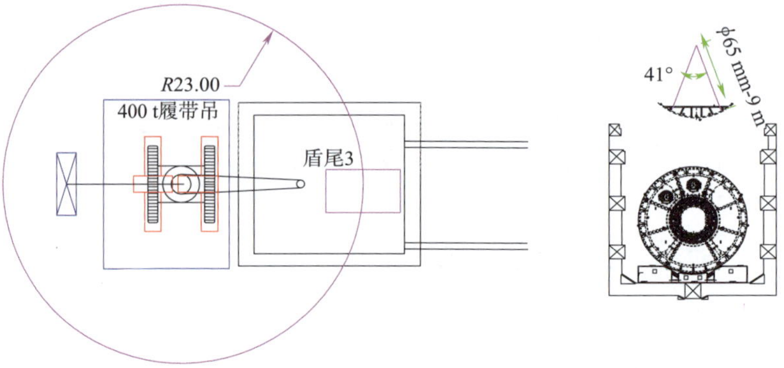

图 20　三号盾尾分块下井

(20)后配套前移

拼装机安装完毕之后,立即将后配套向前移动,与盾体连接,以便尽快连接后配套、主机之间管线。

(21)盾尾剩余部分安装

拼装机组装完成后安装内部设备楼梯等,然后安装左、右两块盾尾。通过盾尾内部 2 个吊耳(通过钢丝绳与电动葫芦连接)、外部 2 个吊耳吊起盾尾(4 根 ϕ65 mm-9 m 钢丝绳),使用 400 t 履带吊缓慢下井,使用电动葫芦调节盾尾角度与下端盾尾及前段盾体对接后,点焊连接,螺栓连接并紧固。吊装第四块时采用四点起吊(4 根 ϕ65 mm-9 m 钢丝绳),吊点在顶部中心对称布置。使用 400 t 履带吊缓慢下井放置顶部与二、三号盾尾及前段盾尾连接,点焊固定。

二号盾尾与四号盾尾各重 40、43 t。

二号、四号盾尾安装如图 21 所示。

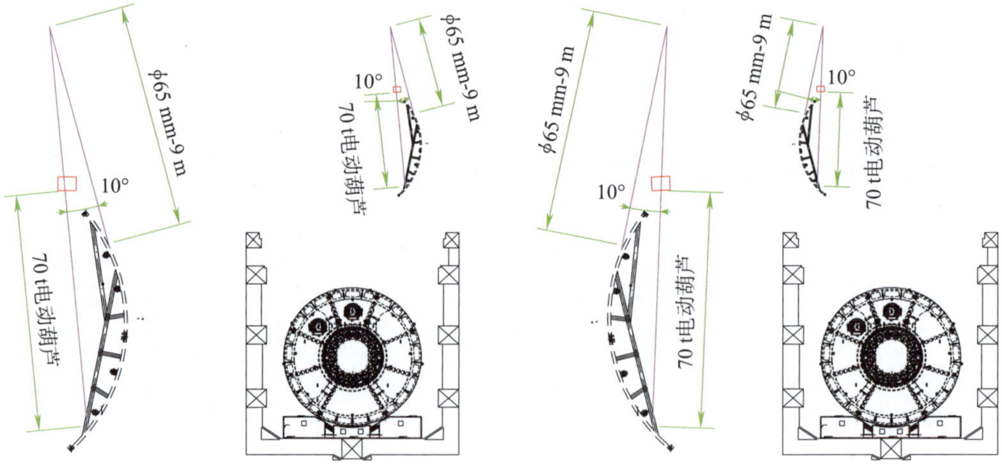

图 21　二号(左一、左二)、四号(右一、右二)盾尾吊装示意图

一号盾尾(50 t)吊装如图 22 所示。

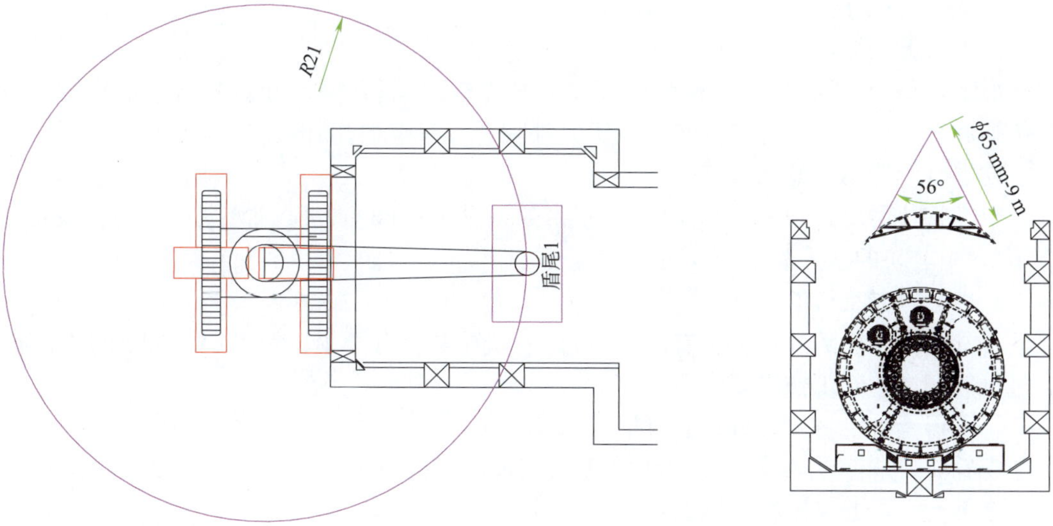

图 22　一号盾尾吊装示意图

(22)安装盾尾密封刷

安装盾尾刷,前 2 道尾刷采用螺栓固定。安装之前用扩孔钻将各个螺栓根部打磨平,防止安装时盾尾刷不能与盾尾完全接触影响密封效果。然后由下至上依次安装。第四道尾刷采用焊接固定。

安装钢板束,安装之前用扩孔钻将各个螺栓根部打磨平,防止安装时钢板束不能与盾尾完全接触影响密封效果。钢板束需沿同一方向临边相搭接。

(23)连接主机与后配套管线

主机与后配套之间管线连接是制约调试工作的关键节点。

(24)封堵盾体外周孔洞

盾体组装完成之后,使用盾尾密封油脂填充盾体外周观察孔、超前钻孔、各种注入孔的空腔,防止掘进过程中被泥沙淤塞。

(25)检查各处油脂加注情况

盾构机组装完成之后,初装油料由铁建重工提供并加注。为确保油料添加的正确无误,必须对油料添加工作进行双重复核。

(26)调试

①进行推进系统的调试

调节液压系统的压力与流量,使推进油缸伸出时间保持在 50 min 以内,拼装模式下推进油缸缩回时间保持在 50 s 以内,观察推进油缸缩回时定位油缸的工作情况。

②进行拼装系统的调试

调节拼装机液压马达的压力与流量,达到空载转一圈 40 s 的设计要求,拼装机吸盘可以正负旋转 200°,拼装机吸盘 K 块伸缩 180 mm,真空测试20 mim,真空度保证在 95% 以上。

③进行注浆系统的调试

观察注浆泵以及注浆管路连接是否完好,启动注浆泵控制面板观看注浆泵的工作频率,调节液压系统的压力达到设计要求。

④进行泥浆循环系统的调试

泥浆管路加水,测试泥浆管路连接部分是否有泄漏,复紧螺栓。测试气泡仓内的液位传感器是否完好,观察泥浆闸阀、电机的外观是否有破损,测试各个球阀动作。

⑤进行管片吊机的调试

观察管片吊机外观是否有碰撞,观察密封条是否有破损,进行管片吊装试验,观察真空箱、各个分块的压力表是否满足工作需要。

⑥进行箱涵吊机的调试

观看箱涵吊机的外观是否有碰撞,检查钢丝绳是否有磨损,进行空载情况下的操作,通过电气调试达到工作需要。

⑦进行铺管机、换管吊机的调试

观看外观是否有碰撞,进行空载情况下的操作,进行液压、电器的调试达到工作需要。

⑧进行二次通风系统的调试

查看二次通风风机是否是 55 kW,启动风机测试风速,保证进洞后的通风情况。

⑨进行砂浆转运系统的调试

观看泥浆管路连接处是否紧固,测试砂浆转运泵动作是否完成,调节液压系统,注浆泵的工作流量满足实际需求。

⑩进行工业水循环系统的调试

循环水泵通电调试,保证水泵是正转,观察外观是否有破损,观看压力表数值,保证压力满足施工需要。

⑪进行工业气系统的调试

气泡仓加压,检测气泡仓泄漏点,进行泄漏点的处理,保证气泡仓压力的稳定,满足盾构机处于隧道最低点的承压要求。

5.2.2 盾构机始发

5.2.2.1 始发前准备工作

(1)泥浆检查

①制浆

整个始发试掘进段地层分布比较均匀,始发试掘进段穿越地质主要为黏土、粉土、粉质黏土地层,试掘进段泥浆指标要保证稳定。

制浆设备:在始发前提前使用制浆设备配置好始发需要的初始泥浆。

制浆材料:采用膨润土浆液、NSHS-1、NSHS-3 型盾构制浆剂,NSHS-1、NSHS-3 型盾构制浆剂用于配制初始基础浆液,储存到新浆池待用。

初始新浆配制及指标:在盾构始发前,使用 NSHS-1、NSHS-3 型盾构制浆剂配置初始新浆,NSHS-1 型盾构制浆剂一般占泥水总量的 3‰ ~ 7‰(重量体积比),NSHS-3 型盾构制浆剂一般占泥水总量的 1‰ ~ 3‰(重量体积比)。

始发时调浆池泥浆指标要达到:漏斗黏度 19 ~ 22 s,比重 1.08 ~ 1.12 之间,其流变性和护壁性就能满足掌子面的稳定。

②管路布设

泥浆管地面铺设范围为从始发副井口开始，延伸至泥水场，管道为DN500螺旋钢管。盾构进排泥浆管从主体结构副井口处引入隧道中。支架在隧道内间距4 m布设，与管片螺栓连接。

(2)洞门密封及橡胶帘布安装

①洞门环设计

密封钢环由封板、加劲板、圆环板、两道翻板及弹簧板、两道帘布橡胶组成。密封环环面与盾构机设计轴线垂直，内侧设置加劲板。外置洞门钢环通过封板、加劲板焊接在内置洞门环环面。外置洞门环平面图及剖面如图23所示。

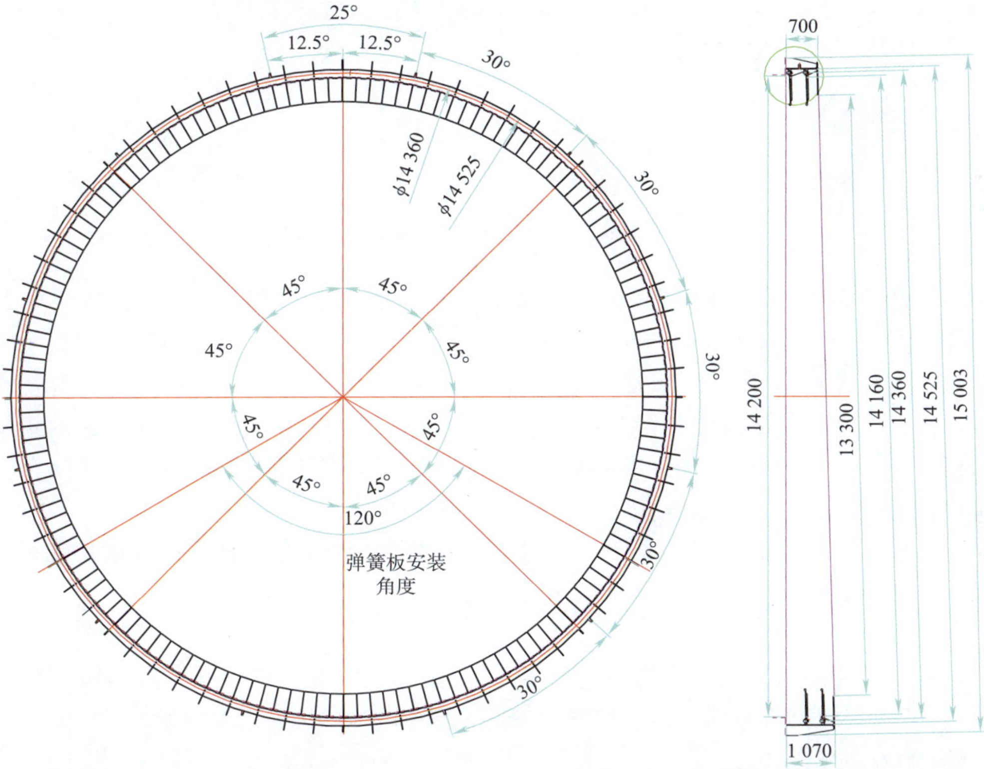

图23 外置洞门环平面图及剖面图(单位:mm)

内置洞门钢环竖直埋设于主体结构内，钢环外侧设置锚筋埋入主体结构中。内置洞门钢环和外置密封钢环分别设计1道注浆管用于洞门内侧土体加固注浆及橡胶帘布堵漏；注浆管(内置洞门 $\phi50$ mm、外置洞门 $\phi50$ mm)沿圆环均匀布置，环向布置角度为30°。

②洞门密封环安装

外置洞门密封环分为8块，分块运输至现场后，按照分块顺序对钢环进行地面拼装成环、测圆、焊接、内支撑加固。地面组装完成后，采用400 t履带吊作为外置洞门环整体吊装下井的主吊，300 t履带吊辅助洞门环翻身，密封钢环按照设计线路洞门位置进行安装，钢环下井就位后进行人工焊接，将外置洞门密封环焊接在内置洞门环外露的环面上。

③橡胶帘布、压板安装

在密封钢环圆环板以上设置螺栓孔，孔径为24 mm，环间距2°，每环共180个。密封钢环内外两道橡胶帘布，采用M20螺栓将帘布橡胶板固定于圆环板和密封环钢板之间，外置洞门环翻板、螺栓孔布置构造如图24所示。折页式翻板采用20 mm厚钢板制成，通过转销连接到圆环板二上，共两道。

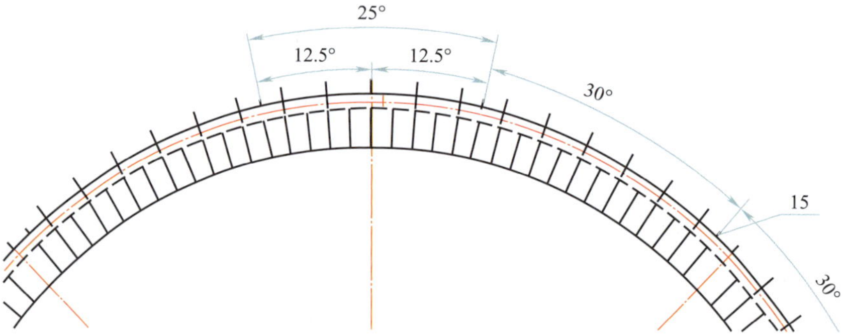

图24　外置洞门环翻板、螺栓孔布置构造图

在安装之前，首先对橡胶帘布及密封钢环预留螺栓孔进行标号，密封环最高点为1号，顺时针排序，共计180个点位，以便于安装施工，并对橡胶帘布进行质量检查。帘布如有较大面积破损，立即与厂家联系进行处理；破损较小可按照厂家提供的材料及方法进行修补。由于密封钢环安装过程中，存在一定的偏差，检查每块钢环拼接处预留螺栓孔间距是否符合设计要求，统计缩小量，将该量均分到一定数量的螺栓孔上，在帘布上重新打孔，重新开孔后，帘布螺栓孔间距约为2°布设一个。

首先安装内部靠近洞门混凝土一侧的橡胶帘布，也就是第二道橡胶帘布。帘布安装采用从上到下的顺序。从上部螺栓孔开始安装，采用M22×180的螺栓。

④弹簧钢板安装

在洞门环底部1/3范围内的两道帘布内层，安装一层弹簧钢板用于支顶帘布位于直立状态，第一道橡胶帘布的安装和第二道帘布安装基本相同。

(3)始发基座施工

始发基座采用钢结构形式，分为盾尾基座和盾体基座两部分，基座纵向平行盾构中心线，大样如图25所示。基座上设置两条导轨，用于盾构机在始发基座上推进。

(4)反力架安装

该反力架采用门架式方框形结构，门架由箱形结构的两根上横梁、四根竖梁、四根弧形斜梁组、两根底梁焊成门形结构，总厚度为1 100 mm，如图26所示。

反力架外轮廓为方形，内轮廓为圆环形，内径12. 2 m，纵向宽度1. 1 m。在-8环安装完毕后，-8环与反力架之间空隙使用ϕ400 mm壁厚20 mm钢管进行连接。主要为盾构始发提供牢固的受力支撑，使盾构千斤顶有足够的反向力推动盾构机前进。

(5)水位、沉降观测

盾构始发前在盾构加固范围内布置降水井，降水井为备用，一旦出现洞口涌水等险

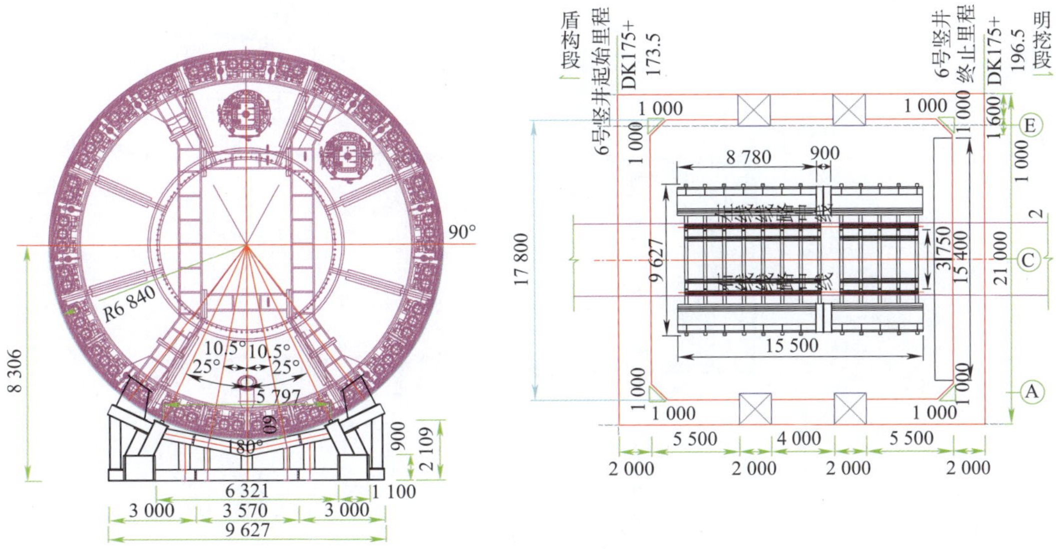

图25　始发基座大样图(单位:mm)

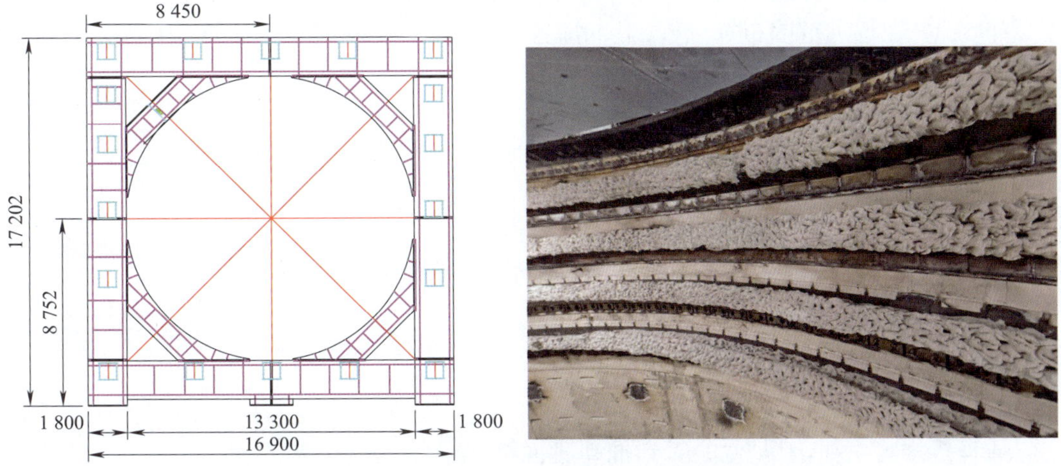

图26　反力架示意图(单位:mm)

情,应启动降水,降水应能保证水位降至洞口以下 1 m,同时做好地表沉降的监测工作,要求地表沉降日变量:隆沉 ±3 mm,累积量:隆起 +10 mm,沉降 −15 mm。

5.2.2.2　盾构始发

(1)始发轴线确定

盾构始发区域为25‰的坡度,为确保实际隧道轴线与设计轴线之间偏差不大于设计偏差要求,对洞门环及始发托架进行调整,使盾构机始发角度及始发轴线满足设计要求。

(2)负环管片拼装

考虑盾构始发井主体结构的纵向长度及反力架位置等综合因素,本工程考虑始发时从反力架到正环管片共需要 8 环负环(不包含 0 环),排序为 −8 环 ~ −1 环,如图 27 所示。

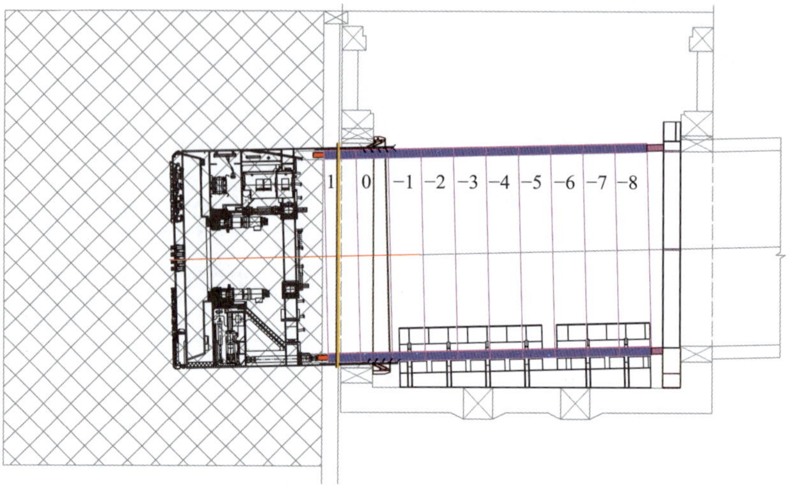

图 27　负环管片排布图

(3)洞门破除

洞门破除前需进行水平探孔,要求部分探孔仅有滴水,水中无流沙,且 24 h 内渗水量不大于 5 L。在掘进范围布置三排,上下排各三个探孔,中间一排设置四个探孔,共计 10 个,如图 28 所示。水平探孔长度不小于 6 m。

洞门范围内地下连续墙配筋采用外侧(背土面)钢筋 + 内侧(临土面)玻璃纤维筋设计(图 29),洞门破除只需破除外侧钢筋即可,后续由盾构机直接切削。

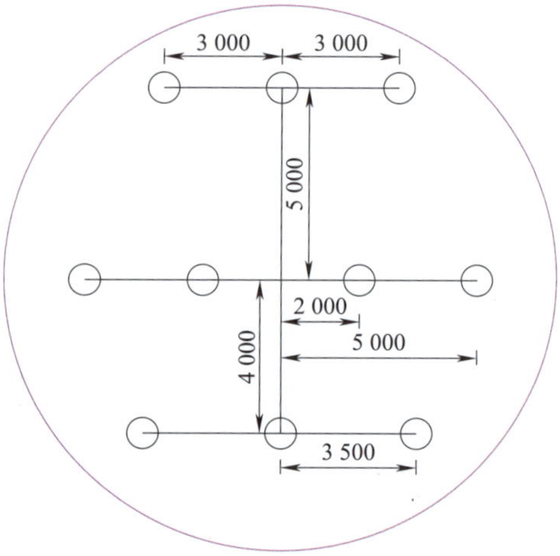

图 28　洞门水平探孔位置示意图(单位:mm)

(4)盾构机前移

当 -8、-7 环管片推到设计位置并与反力架之间型钢加固完成后,盾构机需要前移拼装 -6 环管片。

盾构机推力由 0 慢慢增加,直到推动盾构机为止,保持盾构机缓慢前进。盾构机前移时注意观察已拼装完成管片的姿态情况和连接情况。最短千斤顶行程达到 2 650 mm 时盾构机停止前移,拼装 -6 环管片。

盾构机两侧有防止盾构机扭转的防扭块,在防扭块拖出始发基座的时候,及时割除,连接点要割除干净,防止防扭块对洞门造成损害。

当盾构机推进 -5 环时,盾构机刀盘将会缓慢进入洞门圈密封帘布,洞门圈四周必须保证有 6 个位置进行观察,并与盾构机内部保持联系畅通。 -5 环推进油缸行程 1 343 mm 时,刀盘接触洞门密封翻板, -4 环开始推进前观察密封板与盾构机外壳的相对尺寸与设计偏差是否在可承受范围内,确认完毕后开始推进。千斤顶行程达到 2 650 mm 时盾构

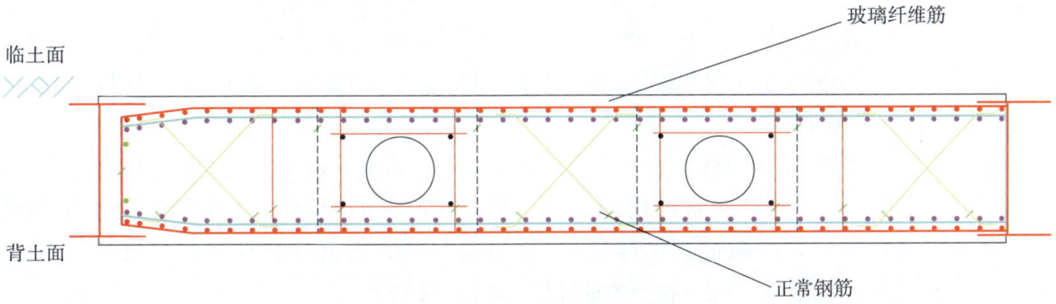

图 29　地连墙玻璃纤维筋设计范围钢筋排布示意图

机停止前移，拼装 -4 环管片，刀盘在 -4 环拼装停机位置上沿距离掌子面 40 mm，此时盾体已进入第二道帘布，此时停机、建仓。在洞门密封里注密封油脂和堵漏材料，注浆、注脂后继续推进。密封油脂技术参数见表 1。

表 1　密封油脂技术参数表

性能指标	测试方法	指标范围
外观		均值膏体
颜色		白色
密度	ASTM B 1289	1. 30 ±0. 05(g/cm^3)
锥入度	ASTM D 217	190 ~250(0. 1 mm)
水密封性	修改的 MATSUMURA 方法	合格
泵送性	NF T 60-139	15 ~45

+2 环推进 962 mm 时，油缸行程为 1 612 mm，盾尾止浆板进入外置洞门密封环，此时 0 环预埋钢板位置全部露出盾尾，进行二次密封焊接，完成后继续推进停机拼装 +2 环管片。

盾构机前移过程中要不断检查盾构机的姿态发生变化情况，及时采取措施，控制姿态。在管片脱出盾尾时要及时焊接钢件加固，底部填塞钢楔形块支撑。

(5)始发建仓

-4 环拼装完成，刀盘接触到掌子面停机、建仓。在洞门密封里注堵漏材料，注浆后继续推进。建仓时分三步进行：

①开挖仓注泥浆

将泥浆场制备好的浆液打入开挖面中，打浆前先打开气垫仓和开挖仓之间的平衡阀，确保隔板两侧气压平衡，另还要打开内置洞门环上预埋的注浆孔阀门，开挖仓泥浆液面加注到中线以上 3 m，并保持液面稳定后，关闭开挖仓和气垫仓之间的平衡阀。

②气垫仓加压

对气垫仓进行缓慢加压，每次加压不高于 0. 1 bar，将洞门密封环上的注浆孔打开排掉空气，同时盾构机内注意查看前后仓内的液位显示。当最上方的注浆孔开始喷出泥浆并保持浆流稳定均匀时，将该注浆孔的阀门关闭，确保开挖仓内的气体全部排出。此时，检查气垫仓内液位，若液位在中心线 -0. 5 m ~ +0. 5 m 之间，不需调整，若在此范围之外，启动泥浆循环系统，微调液位至该范围，此时切口压力显示为0。

③验证密封效果

提升气垫仓内气压至1.2 bar①，并保持1.2 bar压力15 min。观察有无泄漏等异常，若有，及时采取堵漏措施。

进行以上三步时，观察洞门密封情况，及时堵漏。如发生小规模渗漏可采用棉布、棉纱、沙袋、聚氨酯、盾尾密封油脂等材料进行正面封堵，并适当增加泥浆和高分子堵漏浆液的黏度。如发生较大渗漏需立即停止加注泥浆，查明原因处理完毕后方可继续。

建仓的同时向橡胶帘布之间的预埋管注入堵漏材料。

(6)洞门二次密封

①洞门帘布封堵

建仓前，提前在橡胶帘布间注入堵漏材料。泥水建仓过程中若出现橡胶帘布漏水情况，利用渗漏点附近的浆液注入孔加注泥浆(添加NSHS-2材料)，来封堵帘布橡胶与盾体之间的空隙。

堵漏剂NSHS-2材料拟采用螺杆注浆泵进行注入。

②洞门密封钢板焊接

建仓完成后，向前推进，待盾构机盾尾后部止浆板完全进入密封环内后，此时在密封环处安装的为0环管片，设计0环管片外侧面整环预埋1 000 mm宽的钢板，预埋钢板的厚度为20 mm。待盾构机盾尾完全穿过密封板后，用20 mm厚密封钢板将圆环板边缘与0环管片外侧的预埋钢板焊接，形成二次密封，确保盾构泥水压力平衡，提高密封效果，以保证盾构同步注浆的顺利实施。二次密封焊缝高度10 mm，要求焊缝连续、不渗漏。二次密封用钢板高出圆环板50 mm，具体情况可根据圆环板与0环管片之间间隙进行调整。洞门二次密封如图30所示。

图30　洞门二次密封

c. 洞门二次注浆

密封钢板焊接完成后，首先对洞门密封钢板焊缝进行气密性试验，通过洞门密封钢板上预留孔充气，达到2 bar后关闭球阀，对焊缝位置喷涂肥皂水，观察有无漏气位置，发

① 注：1 bar = 0.1 MPa。

现漏气位置泄压后进行补焊，再次充压测试，直至焊缝无漏气点，即可开始洞门二次注浆，二次注浆优先选用洞门环注浆孔，亦或采用洞门密封钢板开孔进行注浆。注浆期间打开顶部球阀，注浆为从底部注浆孔开始注浆，待顶部球阀均匀流出浆液后，即可关闭球阀，完成注浆。

洞门二次注浆采用单液浆水泥浆。浆液配比及其相关参数指标如下（水泥浆）：

浆液配比：水灰比（重量比）为1:1。

注浆压力：控制在0.6～0.8 MPa。

5.3 劳动力组织

（1）工作井及明挖人员配置情况见表2。

表2 人员配置情况表

序号	名　　称	人数	任务安排
1	管理人员	10	现场组织、指挥、协调
2	施工作业队队长	2	统筹
3	质量员	2	质量巡查
4	安全员	4	安全巡查
5	试验员	2	试块、钢筋等试验工作
6	钢筋工	80	钢筋加工及安装
7	电焊工	10	配合安装钢筋、承担现场电焊工作
8	架子工	60	脚手架的安装及拆除
9	木工	40	模板加工及安装
10	吊装工、司索工	6	材料吊运
11	普工	20	清理卫生、搬运辅助材料等
12	混凝土工	20	混凝土浇筑
13	电工	4	负责现场用电管理
14	防水工	20	负责防水工程

（2）盾构机组装人员配置情况见表3。

表3 人员配置情况表

序号	名　　称	人数	任务安排
1	管理人员	15	现场组织、指挥、协调
2	机械组	35	机械连接工作
3	液压、管路组	12	液压连接工作
4	电气组	10	电气连接工作
5	焊接组	10	机械焊接工作
6	物资保障组	6	后勤保障工作
7	普工	40	辅助施工
8	履带吊司机	4	履带吊操作
9	起重司索工	8	司索指挥
10	信号工	8	吊装指挥

(3)盾构机始发人员配置情况见表4。

表4　人员配置情况表

序号	名　称	人数	任务安排
1	管理人员	15	现场组织、指挥、协调
2	井下掘进工班	44	盾构机始发掘进的拼装工作
3	井下机修工班	18	盾构机始发掘进的维修保养工作
4	泥水厂	20	负责制拌新浆、操作泥水分离设备工作
5	加工车间	5	钢结构加工
6	地面掘进工班	32	负责地面管片粘贴、物料调配、装卸物资等工作
7	地面机修工班	14	负责地面设备维修保养
8	拌合车间	6	浆液制备
9	车队	28	物料、人员运输

6　材料与设备

6.1　工作井及明挖材料及机械配置见表5。

表5　主要材料及机械设备配置表

序号	名　称	型号规格	单位	数量	备　注
1	汽车式起重机	QY-25	台	4	脚手架、钢筋、模板等吊装
2	数控卧式钢筋弯曲中心	TJW2-32	台	1	钢筋加工
3	钢筋调直机	GT4-10	台	2	钢筋加工
4	钢筋切断机	GQ40	台	1	钢筋加工
5	交流电焊机	BX-400	台	15	钢筋焊接
6	直螺纹滚丝机	YJH-32	台	1	钢筋加工
7	插入式振捣器	ZN50	台	15	混凝土施工
8	平板振捣器		台	2	混凝土施工
9	木工圆盘锯	3 MJ-116	台	3	模板加工
10	平刨	MB-503	台	5	模板加工
11	台钻	VV508S	台	5	模板加工
12	砂轮切割机	J2G-400	台	6	钢筋、模板加工

6.2　盾构机组装材料及机械配置见表6。

表6　主要材料及机械设备配置表

序号	名　称	型　号	数量	备　注
1	三一履带吊	400 t	1台	租赁
2	德马格履带吊	300 t	1台	租赁
3	汽车吊	80 t	1台	配合履带吊组车
4	汽车吊	50 t	1台	配合履带吊组车

续上表

序号	名　　称	型　　号	数量	备　　注
5	汽车吊	25 t	1 台	租赁
6	空压机	1.2 m^3/min	2 台	
7	液压泵站		1 套	
8	卷扬机	15 t	1 台	及配套滑轮
9	气保焊机	ZX-500	13 台	6 台加热
10	气刨机	ZX7-630	2 台	
11	角磨机	125/150 mm	各 10 台	
12	角磨机	230 mm	4 台	
13	加油机		1 台	电动
14	加油机		2 台	手动
15	老虎车	5 t	3 台	
16	叉车	10 t	1 台	
17	叉车	5 t	1 台	
18	带砧台虎钳	QT-200 mm	1 台	
19	切割机(钢锯片)	590 L	1 台	
20	切割机(砂轮锯)	XC02-400	1 台	
21	电动切管套丝机	ZT-N100B,750 W 加工范围:1/2 ~4 英寸	1 台	杭州威力机械有限公司
22	工业电烤箱	400 W	1 台	
23	工业电热毯	800 W	2 条	
24	拉伸预紧扳手		1 把	
25	液压扭力扳手		2 把	
26	气动扳手		12 把	
27	手动式电锯		1 把	
28	对讲机		6 部	
29	台式砂轮机		1 台	
30	吊篮		1 个	
31	轴流风机	YWF-250-2	6 台	
32	卸扣	175 t	4	主要连接件
33	卸扣	55 t、85 t、120 t	各 6	主要连接件
34	卸扣	5 t、10 t、25 t	各 4	主要连接件
35	无接头绳圈	ϕ102-8 m 无接头绳圈	4	主吊绳索
36	钢丝绳	ϕ90 mm-12 m	6	主吊绳索
37	钢丝绳	ϕ65 mm-9 m	4	主吊绳索
38	钢丝绳	ϕ40 mm-12 m	4	主吊绳索
39	钢丝绳	ϕ28 mm-10 m	8	后配套预组装
40	钢丝绳	ϕ18 mm-6 m	8	后配套预组装
41	钢丝绳	ϕ18 mm-10 m	10	后配套预组装

续上表

序号	名　　称	型　　号	数量	备　　注
42	二腿链条索具	LS4-12,10 m/根	2	后配套预组装
43	扁平吊带	1 t,2 m	4	后配套预组装
44	扁平吊带	2 t,5 m	4	后配套预组装
45	扁平吊带	3 t,2 m	4	后配套预组装
46	扁平吊带	3 t,5 m	4	后配套预组装
47	扁平吊带	5 t,5 m	4	后配套预组装
48	圆形吊带	3 t,5 m	4	后配套预组装
49	圆形吊带	5 t,5 m	4	后配套预组装
50	扁平吊带	10 t,6 m	4	后配套预组装
51	电动葫芦	70 t	1	主机吊具
52	手动葫芦	10 t	2	后配套预组装
53	手动葫芦	5 t	4	后配套预组装
54	手动葫芦	2 t	4	后配套预组装
55	手动葫芦	1.5 t	10	后配套预组装

6.3　盾构机始发材料及机械配置见表7。

表7　主要材料及机械设备配置表

序号	名　　称	型　　号	数　量	备　　注
1	预制管片	ϕ13 300 mm,C60	100 环	
2	管片防水材料		100 环	全环
3	管片螺栓	M36	100 环	管片连接
4	箱涵		100 节	
5	箱涵螺栓	M30	100 节	箱涵连接
6	洞门帘布橡胶	ϕ14 100 mm	2 道	
7	外置洞门钢环	ϕ14 160 mm	1 个	
8	水泥	P·O42.5 普通硅酸盐	1 000 t	同步注浆
9	膨润土	GB-2 型	160 t	同步注浆
10	水玻璃	3 号水玻璃	330 t	同步注浆
11	稳定剂	TAC-RE-C	130 t	同步注浆
12	制浆剂 1		25 t	
13	制浆剂 2		15 t	
14	制浆剂 3		25 t	
15	泥浆管	DN500×10 000×12	400 m	
16	水管	DN150×6 000	400 m	

续上表

序号	名　称	型　号	数　量	备　注
17	液压油	壳牌 46	5 000 L	
18	齿轮油	壳牌 220	1 000 L	
19	齿轮油	壳牌 320	8 000 L	
20	盾尾油脂	WR89	834 000 kg	
21	盾尾油脂	WR90	8 000 kg	
22	大直径泥水平衡盾构掘进机	ϕ13.8 m	1 台	
23	泥水分离设备	ZXSⅡ-3 000/20	1 套	
24	离心机设备	XYY1050	5 套	
25	调浆系统	ZXTZJ-5 000	1 套	
26	制浆系统	ZDJ-160	1 套	
27	废水处理系统	DH-MSQ-50	5 套	
28	双液浆拌和车间	—	1 套	
29	龙门吊	MG60 + 16 t	2 台	
30	叉车	10 t	1 辆	
31	叉车	5 t	1 辆	
32	管片箱涵车	DCY100 双头运输车	5 辆	
33	罐车	6 m^3	3 辆	
34	风机	ECE	2 台	
35	冷却塔	100 t	2 套	
36	水位观测仪	—	2 台	
37	全站仪	TS-50	1 台	
38	钻孔机	SY-1	2 套	
39	泥浆比重计	NB-1	1 套	
40	泥浆黏度计	1006 型	1 套	
41	泥浆砂量测定仪	NA-1	1 套	
42	泥浆测试箱	ANY-1	1 套	

7 质量控制

7.1 工作井及明挖

钢筋及衬砌质量控制标准见表 8，结构外形质量控制标准见表 9。

表 8 钢筋安装及保护层厚度允许偏差和检验方法

序号	名称		允许偏差（mm）	检验方法
1	受力钢筋排距		±5	尺量两端、中间各 1 处
2	同一排中受力钢筋水平间距	基础、板、墙	±20	
		柱、梁	±10	
3	分布钢筋间距		±20	尺量连续 3 处
4	箍筋间距		±10	
5	弯起点位置（加工偏差 20 mm 包括在内）		30	尺量
6	钢筋保护层厚度	$C \geqslant 30$ mm	$^{+10}_{0}$	尺量两端、中间各 2 处
		$C < 30$ mm	$^{+5}_{0}$	

表 9 结构外形尺寸允许偏差和检验方法

序号	检验项目		允许偏差（mm）	检验方法
1	轴线位置	基础	20	每边尺量不少于 2 处
		梁、柱、板、墙、拱	10	
2	表面平整度		8	2 m 靠尺，塞尺测量不少于 3 处
3	高程	基础	±30	测量不少于 2 处
		梁、柱、板、墙、拱	±10	
4	垂直度		H/1 000，且不小于 20	吊线尺量
5	截面尺寸		$^{+20}_{0}$	尺量不少于 3 处

7.2 盾构机组装

（1）大型起重机的检查见表 10。

表 10 大型起重机的检查表

序号	检查项目		验收内容	验收结果
1	保证项目	整机	各种灯光、信号、标志应齐全清晰，大灯光束应符合照明要求；后视镜安装应正确，喇叭音响应符合说明书规定	
			起重机的任何部位与架空输电线路之间的距离应符合规定，否则应采取有效的安全防护措施	
			各总成、零部件、附件及附属装置应齐全完整	
			金属结构件螺栓或铆钉连接不应松动，不应有缺件、损坏等缺陷；高强度螺栓连接的预紧力应符合说明书规定	
2		钢丝绳与吊钩	起重机使用的钢丝绳的规格、型号应符合该机说明书要求	
			钢丝绳与滑轮和卷筒相匹配，穿绕正确，钢丝绳未达到报废标准，钢丝绳达到最大出绳量时，在卷筒上应保留 3 圈以上	

续上表

序号	检查项目		验收内容	验收结果
2	保证项目	钢丝绳与吊钩	吊钩严禁补焊，不得使用铸造的吊钩，吊钩表面应光洁、不应有剥裂、锐角、毛刺、裂纹，并设有防脱钩装置且工作可靠有效	
3	保证项目	卷筒与滑轮	卷筒两侧边缘的高度应超过最外层钢丝绳，其值不应小于钢丝绳直径的 2 倍	
			卷筒上钢丝绳尾端的固定装置，应有防松或自紧性能	
			滑轮应有防止钢丝绳跳出轮槽的装置	
4	一般项目	电气系统	电控装置应灵敏，熔断器配置应合理、正确；各电器仪表指示数据应准确，绝缘应良好	
			启动装置反应灵敏，与发动机飞轮啮合应良好	
			照明装置应齐全、亮度应符合使用要求	
5	一般项目	制动机构	制动轮的摩擦面，不应有妨碍制动性能的缺陷或油污	
			制动片与制动轮之间的接触面应均匀，间隙调整应适宜，制动应平稳可靠	
6		回转机构	回转机构各部间隙调整应适当，回转时不应有明显晃动或抖动，并具有滑转性能，行走时转台应能锁定	
7		基础	起重机支腿应支在坚实的地面，严禁支腿下方有孔洞	
8		安全装置	起重机报警装置灵敏可靠	
			起重机力矩限制器是否灵敏可靠	
			起重机重量限制器是否灵敏可靠	
			所有外露的传动部件均应装设防护罩且固定牢靠；制动器应装有防雨罩	
			起重机幅度限位和防止起重臂后倾装置且工作可靠有效	
			变幅指示器各限位装置应完好、齐全、灵敏可靠	
验收结论				

7.3 盾构机始发

项目部组织各部门对施工技术资料、施工环境、人员资质、材料、设备、技术、环境等相关盾构始发条件进行自控自检，自评合格后报监理单位审批，最后报业主公司评估。验收内容见表 11。

表 11 盾构始发条件验收检查表

序号	验收标准			施工单位自评意见	监理单位评估意见	公司评估意见	备注
1	主控条件	设计文件	设计文件满足现场施工要求				
2	主控条件	地质勘查	对施工地段的工程地质和水文地质情况进行调查，必要时应补充地质勘察，要有勘察报告				

续上表

序号	验收标准			施工单位自评意见	监理单位评估意见	公司评估意见	备注
3	主控条件	施工调查	对工程影响范围内的周边及地下障碍物、构筑物、管线进行调查,必要时应进行探查,形成调查报告				
4		施工方案	安全专项施工方案编制、专家论证、审批齐全有效				
5		技术交底	技术交底具有可操作指导性,交底人和被交底人签字齐全				
6		测量	盾构机位置测量验收完成,盾构姿态满足始发要求,盾构测量系统满足始发要求				
7		监控量测	监测方案编制审批完成,监测点布设完成,初始值采集完成				
8		工作井验收	工作井标高、轴线、结构强度等各项技术参数符合设计和规范要求,并能满足盾构施工各阶段受力要求,洞门中心已复核且符合设计要求				
9		始发加固措施	设计要求的加固措施(端头加固、降水等)已经完成,对加固体强度、抗渗指标已经过现场试验确定,满足设计并有检测报告				
10		洞门探孔	洞门探孔数量和深度按方案打设,未发现异常情况并满足始发要求				
11		盾构反力支撑系统	按方案施工完成、验收合格				
12		洞门密封装置	洞门密封止水装置安装完成,外观质量及完整性符合要求				
13		盾构机安装调试	盾构机现场验收合格,盾构机各系统验收合格并已进行整机空载调试				
14		浆液制备	浆液配合比已确定,浆液制作设施已完成并通过验收,浆液胶凝时间、强度及稠度等指标符合施工要求				
15		泥水处理	泥水处理设备安装调试完成,满足盾构始发要求				
16		泥浆制备	配合比确定,性能满足要求,初拌数量满足始发要求				
17		应急准备	突发性事故的应急预案已编制,应急救援人员、设备、物资已落实,并已开展应急演练				
18		管片、箱涵和防水材料	进场数量满足始发要求,质量证明文件齐全,复试合格				
19		大型设备	大型设备(门吊等)已拼装到位并经专业检测机构检测合格,报安全监督机构备案完成				
20		分包管理	分包队伍资质、许可证等资料齐全,安全生产协议已签署,人员资格满足要求				
21		作业人员	拟上岗人员安全培训资料齐全,考核合格;特种作业人员类别和数量满足作业要求,操作证齐全。施工和安全技术交底已完成				
22		中控室	实施项目信息化管理,配备远程监控系统				

续上表

<table>
<tr><th>序号</th><th colspan="3">验收标准</th><th>施工单位自评意见</th><th>监理单位评估意见</th><th>公司评估意见</th><th>备注</th></tr>
<tr><td>23</td><td rowspan="3">一般条件</td><td>材料及构配件</td><td>材料及构配件进场数量满足始发要求，质量证明文件齐全，复试合格</td><td></td><td></td><td></td><td></td></tr>
<tr><td>24</td><td>设备机具</td><td>进场验收记录齐全有效，特种设备安全技术档案齐全。安装稳固，防护到位</td><td></td><td></td><td></td><td></td></tr>
<tr><td>25</td><td>风水电</td><td>风、水、电安装满足方案要求</td><td></td><td></td><td></td><td></td></tr>
<tr><td colspan="8">施工单位自评结论：
项目负责人：
日期：</td></tr>
<tr><td colspan="8">监理单位审核结论：
项目负责人；
日期：</td></tr>
<tr><td colspan="8">公司审核结论：
安质部负责人：
日期：</td></tr>
</table>

8 安全措施

8.1 盾构机吊装、组装安全保证措施

（1）一般措施见表12。

表12 吊装、组装安全一般措施表

序号	保证措施
1	施工现场的布置应按总平面布置图进行统一布置
2	吊装前检查各所需工具及机具，确保其齐全、性能处于良好状态
3	在盾构机开始吊装之前制定周密的工作计划，向工作人员细致讲解盾构吊装和吊装方案并进行详细的安全、技术交底
4	盾构机在吊装和吊装过程中，各专业技术人员、技术工人，必须明确职责，积极地配合开展工作
5	施工现场临时用电，严格按《建筑与市政工程施工现场临时用电安全技术标准》(JGJ/T 46)的有关规定执行
6	临时用电线路的安装、维修、拆除，均由经过培训并取得上岗证的电工完成，非电工不准进行电工作业
7	电缆线路应采用“三相五线制”接线方式，电气设备和电气线路必须绝缘良好，架设的电力线路其悬挂高度及线距符合安全规定
8	氧气瓶不得沾染油脂，乙炔发生器必须有防止回火的安全装置，氧气瓶与乙炔发生器要隔离存放
9	存储气瓶应和热源分开并避免阳光直接照射，现场用钢筋焊接储气瓶笼时，要单独存放，并挂有“严禁烟火”等警告标牌
10	各类电器开关和设备的金属外壳，均设接地或接零保护

续上表

序号	保 证 措 施
11	防火、防雨配电箱,箱内不得存入杂物并设门加锁,专人管理
12	移动的电气设备供电使用橡胶电缆,穿过场内行车道时,穿管埋地敷设,破损电缆不得使用
13	检修电气设备时必须停电作业,电源箱或开关握柄上挂“有人操作、严禁合闸”的警示牌并设专人看管
14	现场架设的电力线路,不得使用裸导线。临时敷设的电线路,必须安设绝缘支撑物

(2)针对吊装作业的安全措施。

①施工机械的安全控制措施见表13。

表13　施工机械的安全控制措施

序号	保 证 措 施
1	所有设备进场前需对设备的首检报告、年检报告、合格证等相关资料进行检查并进行报验,检查合格报验完成后方可进场进行吊装作业
2	各种机械操作人员和车辆驾驶员,必须取得操作合格证,不准操作与操作证不相符的机械,严禁无证操作
3	操作人员必须按照本机说明书规定,严格执行工作前的检查制度和工作中注意观察及工作后的检查保养制度
4	驾驶室或操作室应保持整洁、严禁存放易燃、易爆物品,严禁酒后操作机械,严禁机械带病运转或超负荷运转
5	机械设备在施工现场停放时,应选择安全的停放地点,夜间应有专人看管
6	严禁对运转中的机械设备进行维修、保养、调整等作业
7	确定吊车距工作井边沿的安全距离,严禁私自调整
8	现场机械设备比较密集,现场布置及调动必须遵守管理人员的安排
9	指挥施工机械作业人员,必须站在可让人瞭望的安全地点并应明确规定指挥联络信号
10	使用钢丝绳的机械,在运行中严禁用手套或其他物件接触钢丝绳。用钢丝绳拖拉机械或重物时,人员远离钢丝绳
11	起重作业严格按照《建筑机械使用安全技术规程》和《建筑安装工人安全技术操作规程》规定的要求执行
12	定期组织机电设备、车辆安全大检查,对检查中查出的安全问题,按照“三不放过”的原则进行调查处理,制定防范措施,防止机械事故的发生

②施工人员的安全控制措施见表14。

表14　施工人员的安全控制措施

序号	保 证 措 施
1	所有人员进场前必须先做三级安全教育,由安全部对进场人员做专门的安全培训,主要培训工地施工的基本安全知识,主要危险源及项目部的相关规定。未做安全教育的人员严禁进入施工现场
2	人员进场后根据施工需要及不同工种,将人员分为不同的班组,每个班组设立班组长,并有专门的项目部管理人员进行管理。所有人员必须服从班组长的要求和管理人员的安排
3	各个工序施工前项目部都要下发专门的安全交底和技术交底,所有参与人员必须认真学习交底内容,严格按照交底内容进行施工
4	施工人员统一配备工作服、安全帽、劳保鞋、手套等基本的劳保防护用品,特殊工种配备专门防护用品和工具,如焊工配备焊工服和防火毯,司索工配备安全带、安全绳、哨子和对讲机

(3)预防外弧面作业人员高处坠落安全管理措施

盾构机吊装主要作业面在盾构机盾壳内部,高处作业时主要利用盾构机内自有的爬梯等高处作业设施。盾壳外部主要是盾尾的割除等,作业时,提前在盾壳两侧焊接作业平台,铺设钢板网,并安装踢脚板,焊接护栏。高处作业时,需要正确的佩戴安全帽、安全带等安全防护措施。临时作业平台如图 31 所示。

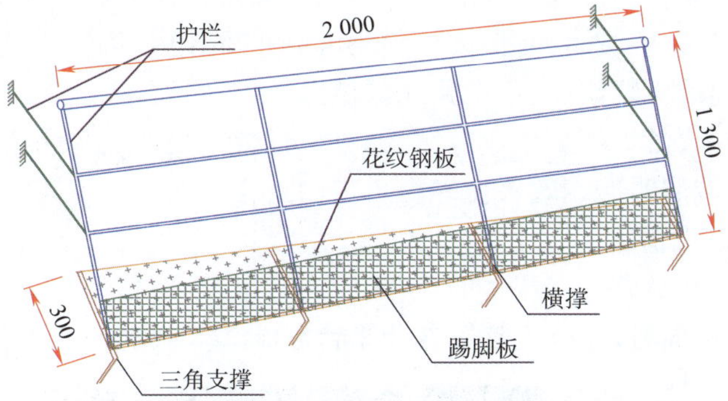

图 31　临时作业平台示意图(单位:mm)

盾构机吊装危险源监控措施见表 15。

表 15　盾构机吊装危险源监控措施

序号	保 证 措 施
1	个人防护用品是否按照要求穿戴和使用
2	特种作业人员是否持证上岗,并遵守相关安全操作规程
3	临时用电线路布设是否满足安全要求,消防器具是否齐全有效
4	氧气、乙炔气瓶是否使用专用推车,是否满足安全距离要求,压力表、防回火阀、气管等是否齐全有效。氧气、乙炔气瓶压力表必须保证完好有效,有破损的及时更换。乙炔气瓶必须配备防回火阀,且不得漏气,气管须完好有效,有明显老化、破裂、漏气等必须及时维修更换
5	监督设备管理员对起重机、升降机、装载机等机械的日常检查、维修保养工作,确保机械正常施工,杜绝任何机械带病作业
6	现场施工人员进场三级教育、交底培训是否到位。是否存在进场未报备人员,监督现场施工人员按操作规程进行施工作业
7	监督专职电工规范现场安全用电,杜绝现场用电违规现象
8	其他需要检查、巡视的部位及检查内容
9	项目部设备管理员每天对施工现场使用的起重设备、起重钢丝绳等施工机具进行巡查。定期进行设备维修保养,做好设备维修保养记录
10	专职电工每日检查施工现场“三级用电,二级保护”“一机、一闸、一箱、一漏”等临时用电安全要求落实情况,尤其常见的用电线路未按三级用电布设、线路破损、漏保失效等用电隐患在发现后必须立即整改到位
11	盾构机吊装期间组织专项检查、月度检查,尤其是关键部位的验收检查,各部门应积极参与,并留下检查验收记录

(4)吊装区域安全管控措施

①在起重机进场后,在其作业影响区域用路障以及警戒线隔离,作为吊装警戒区。

②在吊装施工中,杜绝除工作人员以外的人员进出警戒区。

③进入施工警戒区,必须佩戴安全帽等防护用品。

④进行吊装施工负载降落前,必须确认降落区域安全时,才可发出降落信号。

⑤吊装重物,要尽可能地避免将重物堆积到盾构隧道上方或影响区域。

⑥起吊物件时,起重臂回转所涉及区域内和重物的下方,严禁站人,不准靠近被吊物件和将头部伸进起吊物下方观察情况,也禁止站在起吊物件上。

⑦确定起重机吊装区域时,要保证地面为混凝土硬化区,周边无架空线,事先已对地下管线进行外迁,起重机装作业、行走路线区域内已无地下管线。

⑧起重机组装前,做好吊车作业区域、起重机行走路径上地基承载力测试工作。

⑨保证施工区域照明通光效果良好。

(5)吊装平台搭设措施

设备吊装时,有些吊点是安装平面上,无需搭设吊装平台,但是如果吊点在悬空位置或者井下较高位置平面时,需搭设临时作业平台,如图32所示。

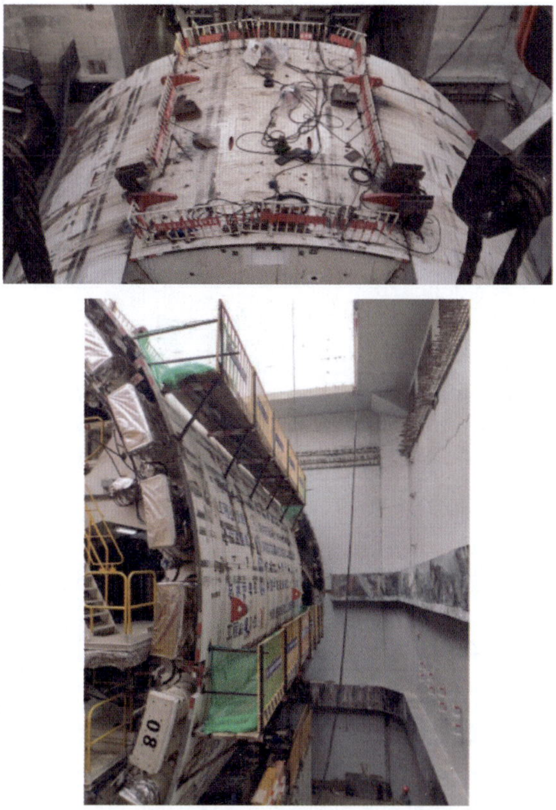

图32 井下临时平台搭设示意图

①地面安拆吊耳时

拖车顶层、盾体顶层安装吊耳时,都有固定的作业平台,安拆人员必须正确系挂安全带,穿戴防滑鞋,安全带尽量钩挂在高处。

②井下安拆吊耳时

拖车安拆吊耳时，有固定的作业平台，安拆人员必须正确系挂安全带，穿戴防滑鞋，安全带尽量钩挂在高处。

井下盾体内侧安拆吊耳时，需焊接临时作业平台，临时作业平台是在盾体外侧焊接三角支架斜撑，三角支架平撑，然后在上方铺设走道板，平台安拆人员必须正确系挂安全带，穿戴防滑鞋，安全带尽量钩挂在高处。

井下盾体外侧安拆吊耳时，需用起重机吊装人用吊笼，安拆人员需在吊笼内系挂安全带，安全带尽量钩挂在吊钩上。

8.2 试吊要求

履带吊吊装作业前进行试吊，起吊大型物件时要先试吊，经检查确认稳妥后方可吊运。

9　环境保护措施

成立环境保护领导小组，落实环保措施。针对噪声、振动、城市生态、水污染、大气污染、光污染、扬尘等不同污染源，分别采取相应的控制措施，如选择低噪声设备、合理安排施工时间、保护城市绿化、处理废水、控制扬尘等，确保施工符合环保要求。

10　效益分析

10.1 经济效益

(1)提高施工效率：工作井和明挖基坑的施工方式，有多个工序、多工作面同步施工作业，提高了20%的施工效率。

(2)减少材料浪费：通过精确的施工设计和管理，可以减少30%材料浪费，降低材料成本。

(3)盾构机在工作井内组装和调试完成后，可以直接从基坑始发，减少了盾构机的运输和吊装时间，从而降低施工成本10%以上。

10.2 社会效益

(1)减少环境污染：相较于传统施工方法，本工法对环境的影响较小，减少了施工过程中的噪声、粉尘和废弃物排放。

(2)提升城市形象：高效、环保的施工方式有助于提升城市形象。

11　工程实例

京滨铁路6-5盾构区间采用6号工作井及出口明挖段基坑组装盾构机，实现盾构机始发，4-3盾构区间采用4号工作井及机场南线路所明挖段组装盾构机，实现盾构机始发。此外南崇铁路采用始发井及后配套明挖段实现盾构机组装始发、京张铁路、深江铁路等项目均采用盾构工作井及明挖基坑组装始发施工，取得了显著的经济效益和社会效益，在大直径盾构隧道施工中具有极大的推广价值。

参编单位：中铁十四局集团有限公司、京滨城际铁路有限公司

参编人员：林尚月、高始军、王建华、陈建福、倪丙亚、侯剑、刘善福、王中勤、王二平、岳玉强、王金胜、张长强

评审人员：黄鸿键、马伟斌、吕刚、赵西民、孟庆余

七、铁路盾构隧道试掘进施工工法

1 概　　述

铁路盾构隧道试掘进施工可细分为盾构始发及试掘进阶段(盾构始发阶段指刀盘顶到掌子面至盾壳完全进入土体,且 +1 环管片脱出盾尾,具备封闭第一环管片与土体之间空隙的条件,一般长度为刀盘长度 + 盾体场地 +1 环管片长度;试掘进阶段指始发阶段完成洞门封闭后至掘进拼装 100 环的施工阶段)。本工法系统地讲述了铁路大直径盾构在试掘进施工过程中负环拼装及防椭变控制措施、洞门密封针对性设计、试掘进过程中洞门封堵措施及盾构试掘进过程中采取多层次注浆体系控制地表的沉降与管片上浮,保证隧道的成型质量。

2 工 法 特 点

铁路盾构隧道试掘进施工过程控制,通过摸索地层状态、检验掘进参数适应性,可保证盾构试掘进的安全可靠,同时在工期、成本、安全、环保等方面也可取得良好的效果。

(1)洞门密封设计采用多道密封装置及腔体填充技术,保证了始发阶段洞门的密封性,解决了始发期间洞门渗漏、掌子面压力不稳而引起的地面沉降问题。

(2)通过多层注浆体系的应用,并辅助地表监测、管片浮动监测等措施,可实现对盾构切口压力设定、同步注浆量的控制。达到泥水盾构试掘进阶段控制地表沉降及隧道浮动变形,确保隧道成型质量优良。

(3)通过使用气压辅助掘进技术,有效降低了大直径盾构土仓压力波动,同时避免渣土对刀具的二次磨损,提高刀具的使用寿命。

(4)通过对富水地层进行降水、新材料填仓等措施进行预处理,可有效解决土压盾构螺旋机喷涌问题,确保了盾构施工安全,减小超方及地表沉降问题。

(5)通过掺入渣土改良剂,改善渣土和易性,有效解决了大直径土压盾构对于不同地层出现的刀盘刀具易结泥饼、刀盘刀具磨损快及螺旋机喷涌等难题,确保了盾构施工安全。

3 适 用 范 围

本工法适用于铁路盾构隧道试掘进过程中洞门密封控制、多层次注浆体系的应用、土压盾构渣土改良、土压盾构螺旋机防喷涌、盾构掘进方式选择等多场景施工控制,为盾构掘进施工工艺提供参考。

4 工 艺 原 理

4.1 洞门密封装置

结合大直径盾构施工特点，洞门密封设计采用“梯形设计、组合密封、多种材料”的密封系统。一般用钢丝刷+橡胶帘布+弹簧板三道密封装置，通过注入油脂、新型触变泥浆、厚浆等多种材料，确保试掘进段洞门密封安全可控、快速建仓。高风险隧道可增加外置短套筒，保证盾尾提前进入套筒内，降低洞门涌水风险。

4.2 多层次注浆体系

盾构试掘进阶段采取“保头、固尾、控中间”多层次注浆体系为主导，通过调整注浆浆液类型及注浆量，及时控制地表的沉降及管片的上浮。

4.3 气压辅助掘进

盾构试掘进阶段可以降低开挖仓的渣位，土仓上部通过气压来维持掌子面的平衡，采取气压辅助掘进，通过保压系统自动补气维持土仓压力平衡，降低土仓压力的波动。仓内渣位的降低可以有效避免渣土对刀具的二次磨损提高刀具的使用寿命。

5 施工工艺流程及操作要点

以某大直径泥水和某大直径土压平衡项目盾构隧道为例分别介绍铁路大直径泥水盾构隧道与大直径土压盾构隧道试掘进工法施工工艺流程及操作要点。

5.1 施工工艺流程

铁路盾构隧道试掘进施工流程如图1、图2所示。

5.2 施工步骤及操作要点

5.2.1 施工准备

(1)盾构机组装、调试完成。

(2)洞门始发短套筒加工及洞门密封装置生产完成并运到现场。

(3)负环及正环管片生产完成，负环支撑体系型材已到场。

(4)拌浆系统生产线已建设完成并通过验收。浆液配合比试验完成，拌浆材料满足现场施工要求。

(5)现场水电均满足施工要求。

(6)地表监测点已按设计方案布置并验收，初始值已采集。

(7)已经完成试掘进段方案评审、相关人员全部进行技术交底。

5.2.2 施工步骤

5.2.2.1 始发建仓

(1)泥水盾构始发建仓

盾构空推至刀盘距离掌子面150 mm时停止推进；①人员进仓检查切口环各处是否顺利通过洞门钢丝刷；②查看刀盘各处距离掌子面位置，确认最近距离；③确认盾体各处防扭块已焊接，每处均有专人盯控到位，对讲机信号明确；④缓慢启动刀盘，转速0.3～

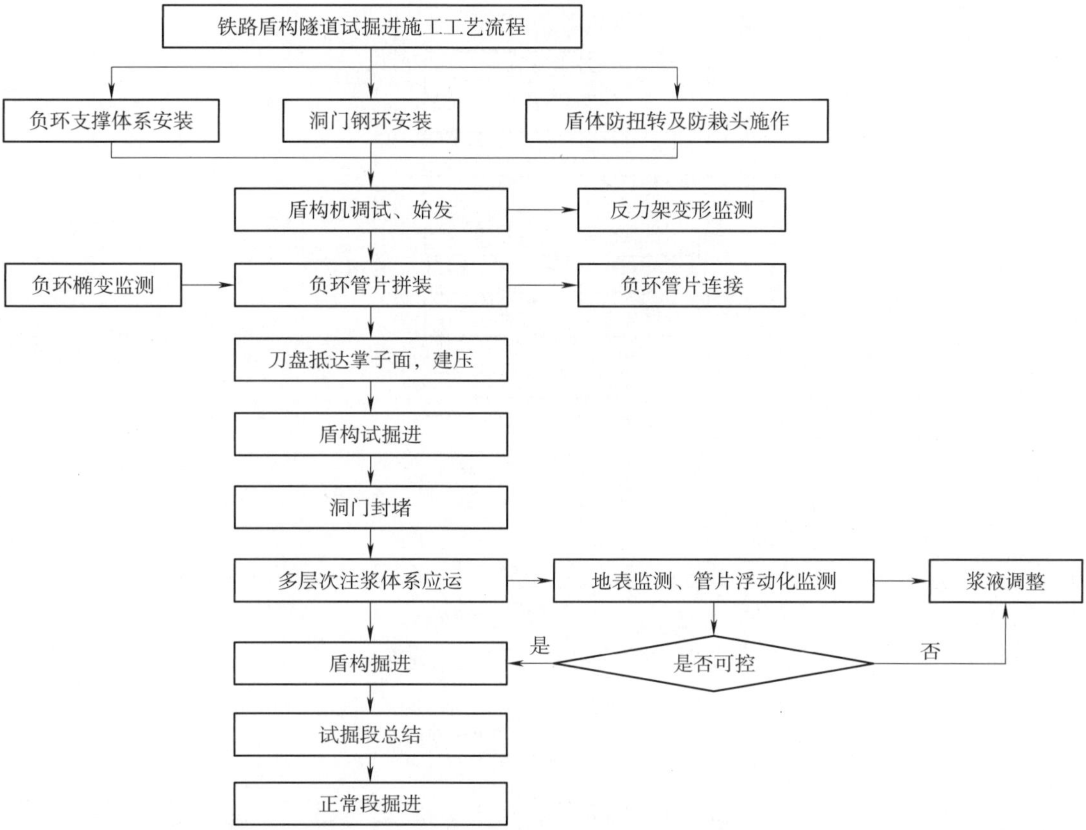

图1　大直径泥水盾构隧道试掘进施工流程图

0.5 r/min,左右各转一圈,过程中工作人员在气垫仓进行观察掌子面周边情况,有异常情况及时停止转动,待处理完成后继续转动刀盘;⑤上述工作完成后,刀盘转速提高至0.5 r/min,开启推进模式,推进速度控制在2~3 mm/min,直至刀盘抵达掌子面。

下一步盾构建仓主要工作包含:

①在洞门帘布和洞门钢丝刷之间空隙,通过预留注浆孔采用油脂泵注入密封油脂,作为洞门封堵材料。注入的原则是从下往上,左右交替地注入,由于洞门短套筒底部采用混凝土浇筑底座,因此需要在刀盘抵达前在洞门帘布与钢丝刷之间手动塞入密封油脂。

②泥水仓中注入比重1.05,黏度20~25 s的浆液,注入至半仓位置时,关闭泥水仓、气垫仓仓门,然后打开泥水仓联通阀,关闭气垫仓联通阀。同步打开气垫仓保压系统,缓慢加压至0.6~0.7 bar,泥水仓继续注入泥浆直至联通阀出现泥浆停止。

③注入泥浆过程中,各个进浆管路都要提前试验,确保进浆管路畅通、闸阀开关灵敏。

④开启环流模式,逐步进行泥浆管路排气。完成后调试环流各模式下的运用效果,无异常情况后开始试掘进。

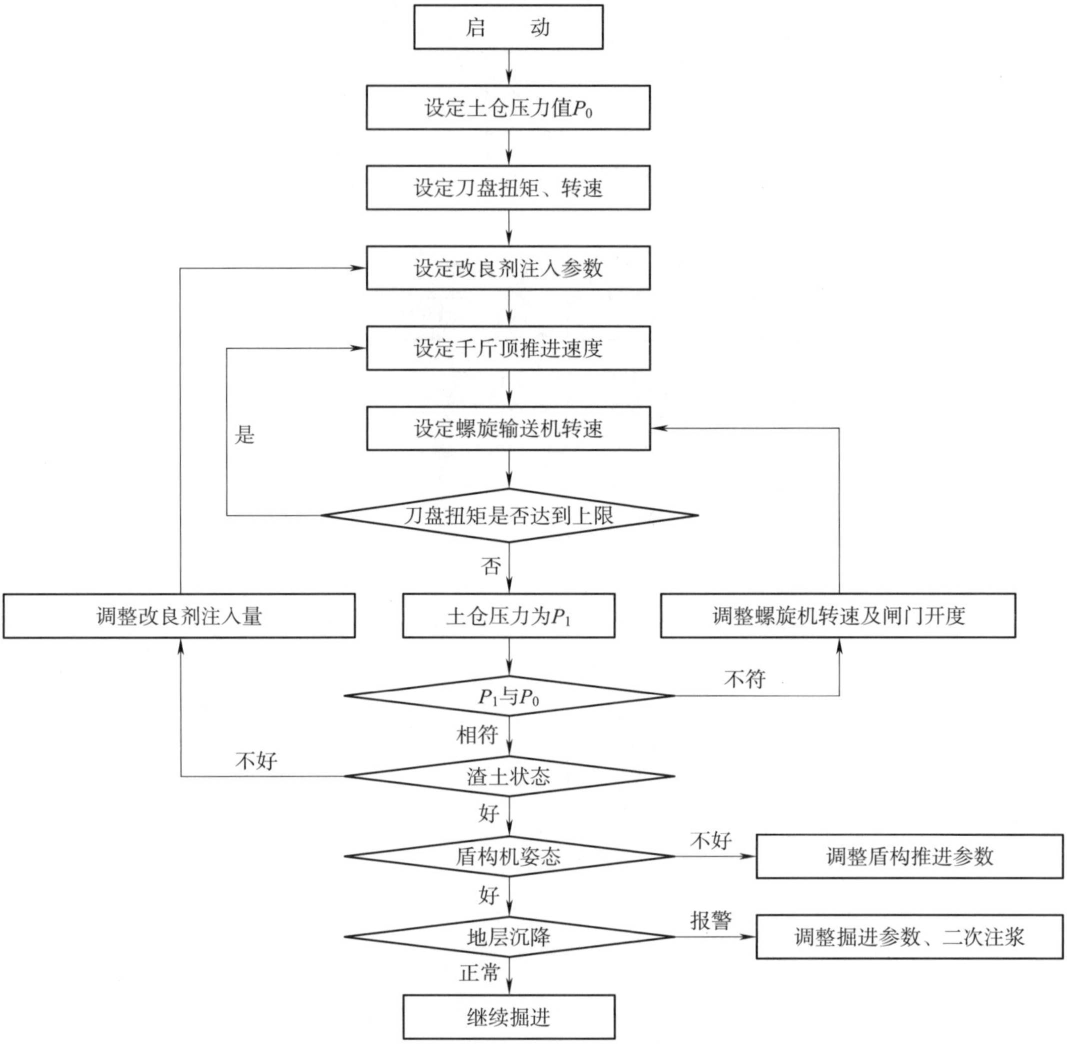

图2　大直径土压盾构隧道试掘进施工流程图

(2)土压盾构始发

盾构切口环进入洞门密封环后,通过延伸钢环上的预留注浆孔,在橡胶帘布与洞门钢丝刷之间注入密封油脂,对洞门进行初期密封,如图3所示。当刀盘完全通过地连墙后,通过延伸钢环上的预留注浆孔,在洞门钢丝刷与洞门预埋钢环间注入惰性浆液,填充盾体与洞门钢环之间的间隙,实现始发阶段保压的目的。

盾构机盾尾最后一道钢板束完全进入密封环内,管片与洞门密封间隙增大,在该阶段要严格监控渗漏情况。并通过洞门预埋注浆孔及时补注双液浆充填密实,形成二次密封,提高密封效果。

盾尾进入洞门4 m后,掘进过程中在钢套筒底部开始二次注浆,压力3~4 bar,初凝时间35 s,注浆顺序为从下往上、左右交替,过程中注意观察管片的错台情况。

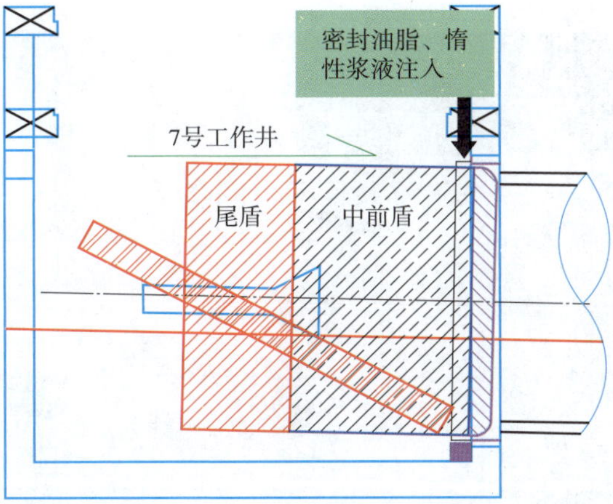

图3 洞门密封保压注脂注浆

5.2.2.2 多层次注浆体系的运用

为有效防止管片上浮、错台及地表沉降，盾构采取“保头、固尾、控中间”多层次注浆体系为主导，盾构推进区压、泥水压力、管片连接质量等为辅的综合控制理念。多层次注浆体系包含超前加固注浆、盾体厚浆、同步单液浆、同步双液浆、二次注浆等环节。多层次注浆体系原理如图4所示。

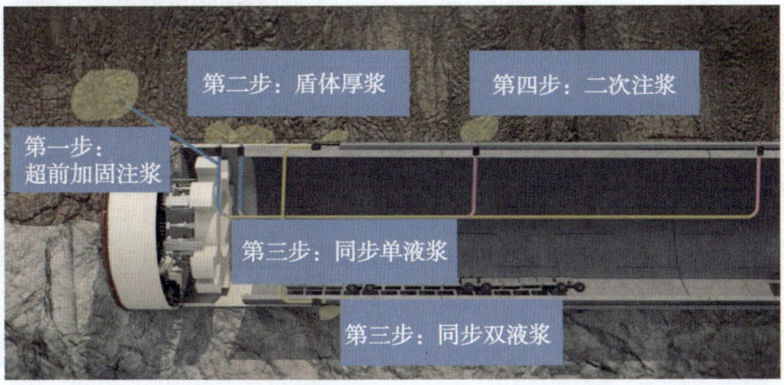

图4 多层次注浆体系原理图

(1)超前注浆：在盾体四周设计有40处DN150斜向超前钻探管路，隔板上设计有6根水平钻探管路，可实现360°范围内的超前钻注。

(2)盾体厚浆：在前盾增设了1排径向孔，距离切口环1.05 m，3排径向孔呈梅花形交叉布置，共设计42个盾体径向孔，覆盖盾体全区域。单独配置5 m^3 同步厚浆储浆罐，厚浆注入系统如图5所示。

(3)同步单液浆、同步双液浆：盾尾设计了8路单液浆+顶部2路双液浆管路，单液浆配置15 m^3 +15 m^3 储浆罐；双液浆配置5 m^3 A液罐、2 m^3 B液罐。同步单/双液浆管路分布及存储罐如图6所示。

(4)注浆工艺流程

盾体厚浆注入工艺：在盾体径向孔注入厚浆，阻隔同步砂浆进入开挖仓或泥水仓泥

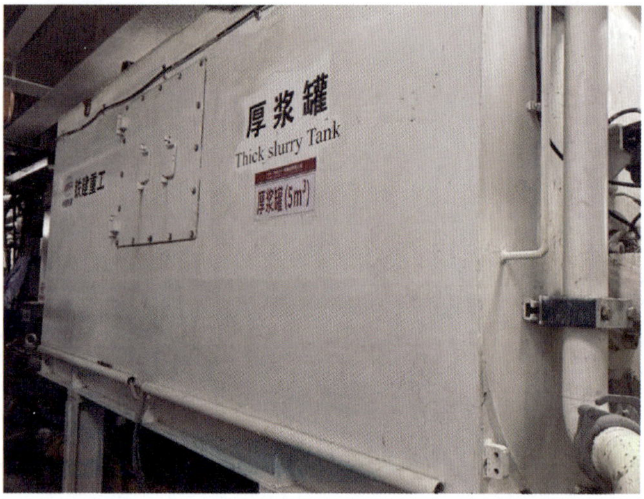

图5　厚浆注入系统

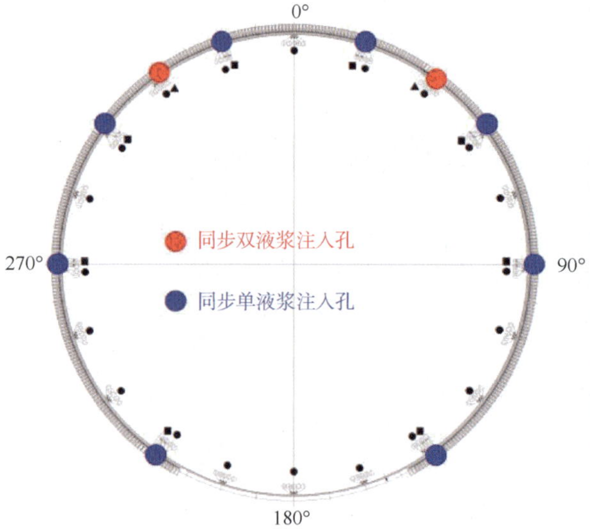

图6　同步单/双液浆管路分布及存储罐

浆串至盾尾后方管片，造成管片上浮；盾体注厚浆能填充盾体与围岩间隙。盾体厚浆注入原理如图7所示。

盾尾同步单液浆、同步双液浆工艺：在盾尾顶部105°区域内，双液浆与单液砂浆同步注入，缩短顶部浆液凝结时间迅速达到早期强度；形成隧道顶部浆液固结体，有效约束管片上浮，稳定隧道位移及变形。同步双液浆管路设计原理如图8所示。

(5)注浆效果监测

管片上浮自动化监测：盾构配置了管片上浮自动化监测系统(图9)，即VMT激光导向系统中携带的自动化监测模块，通过系统计算与测量同步进行，可实时观测管片上浮

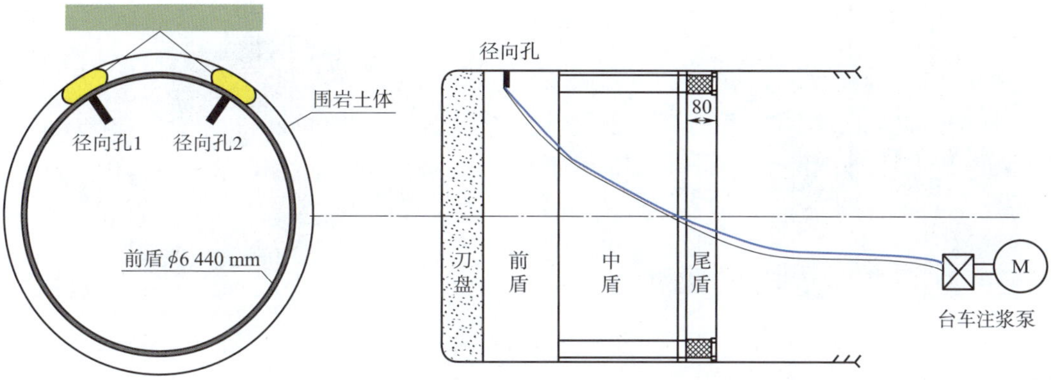

图 7　盾体厚浆注入原理图

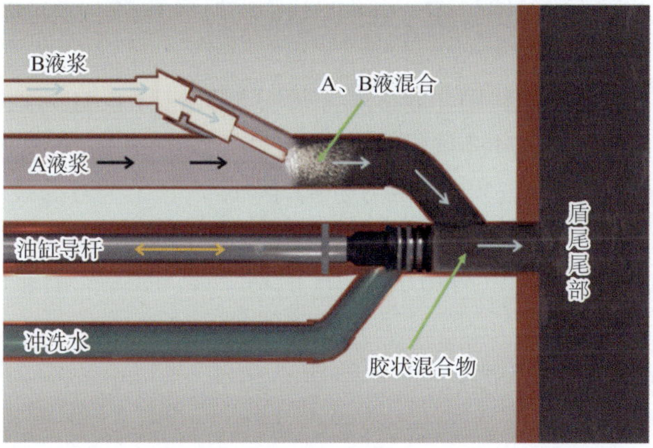

图 8　同步双液浆管路设计原理图

情况，自动化的数据采集、监测、记录与存档。

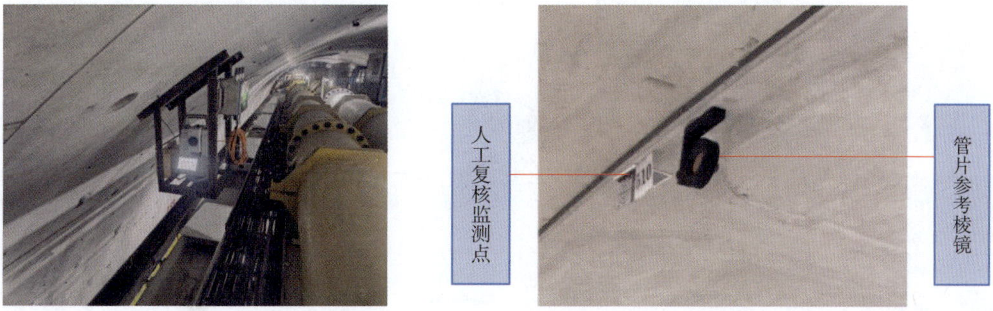

图 9　管片上浮自动监测系统

注浆密实度检测：为保证同步注浆的饱满，采用地质雷达法对管片壁后注浆密实度进行无损检测，对拖出盾尾的管片布置 9 条测线，使用 GER-10 雷达系统 +900 MHz 天线进行检测，并形成数据图案分析报告。密实度检测仪器如图 10 所示。

图 10　密实度检测仪器

5.2.2.3　土压盾构气压辅助掘进技术

气压辅助掘进主要以气体平衡为主。土体气密性为气压辅助掘进适应性选取因素。土体气密性越好,则气压平衡越稳定。土体气密性与风化程度、含泥量及地下水有关。气压辅助优越性如下:

(1)气压辅助掘进原理是利用土层的气密性,在气密性较好的地段即空压机加载时间小于卸载时间地段,通过盾构机自带保压系统和气辅模式系统设置掌子面平衡压力,通过保压系统自动补气恒定维持土仓压力平衡,降低了土仓压力的波动。

(2)通过气压辅助可以降低开挖仓的渣位,土仓上部通过气压来维持掌子面的平衡。随着仓内渣位的降低可以有效避免渣土对刀具的二次磨损,提高刀具的使用寿命。

(3)气压辅助掘进过程中持续向土仓内注入气体,气体可以渗透将掌子面周边的地下水挤出,避免大量地下水进入土仓,造成螺旋机喷涌。气压辅助模式原理如图 11 所示。

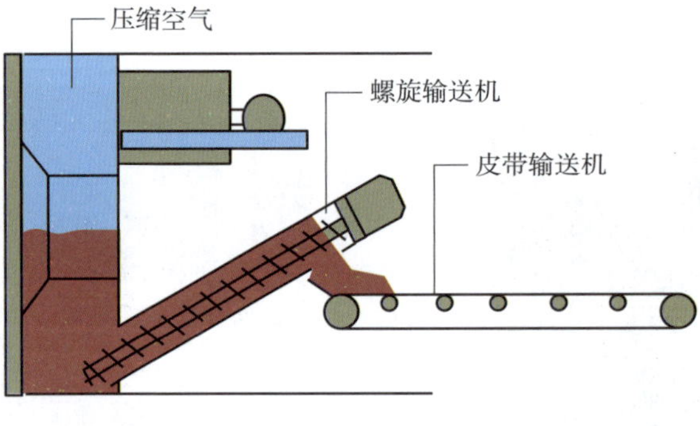

图 11　气压辅助模式原理图

5.2.2.4　土压盾构渣土改良技术

盾构出渣出现困难或掘进参数异常时,需对渣土参数进行调整。全强风化地层刀盘刀具易结泥饼;中微风化地层盾构掘进参数大,刀盘刀具磨损快,同时裂隙水发育易产生喷涌现象。对于不同地层出现的不同情况,渣土改良参数调整可参考表 1。

表 1　盾构掘进渣土改良参数表

序号	地　　层	注入率 FIR	泡沫稀释液注入量（L/环）	备　　注
1	土层	15%～25%	2 400～3 200	泡沫溶液浓度取 1%～3%，即泡沫原液∶水为（1～3）∶（97～99）； 发泡倍率取 10～15
2	上软下硬地层	20%～30%	3 200～4 000	
3	全断面中微风化岩层	20%～25%	4 000～4 800	

5.2.2.5　土压盾构螺旋机防喷涌技术

采用气压辅助掘进模式掘进可预防螺旋机喷涌，根据地层水土压力对土仓气压进行调整阻挡地层来水，掘进过程注意渣土改良。在裂隙发育地层，土体气密性较差，掘进施工前需对易产生喷涌地层进行区间降水、土体加固等措施进行预处理，掘进过程中地层来水较大时可采用惰性浆液填仓填充地层裂隙，提高地层气密性。

5.2.2.6　泥水盾构不同地层掘进模式应用

（1）硬岩、上软下硬地层采用全泥水间接掘进模式，并开启碎石机和管路破碎机，同时开启 P0.1、P0.2、P0.3 冲洗泵，预防滞排堵管。全泥水间接排浆环流模式如图 12 所示。

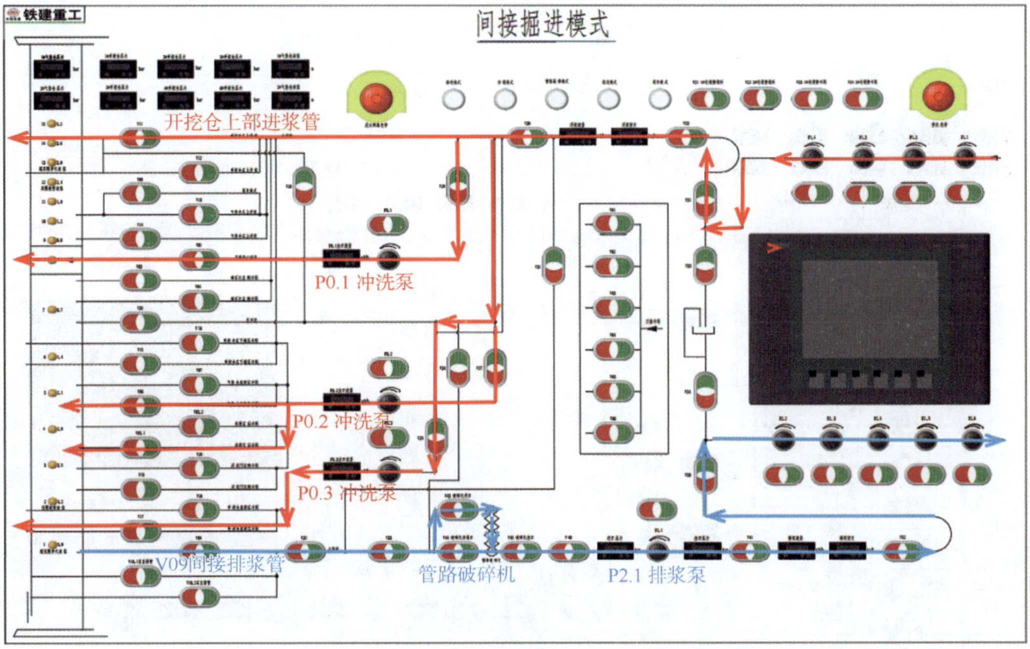

图 12　全泥水间接排浆模式环流模式示意图

（2）粉质黏土地层采用气压辅助直接排浆模式或间接排浆模式，其中，直接排浆模式中气垫仓和泥水仓上部联通，关闭泥浆门，进浆直接进入泥水仓，从直排口取浆；间接排浆模式中气垫仓和泥水仓上部联通，从 V09 排浆。气压辅助直接排浆环流模式如图 13 所示，气压辅助间接排浆环流模式如图 14 所示。

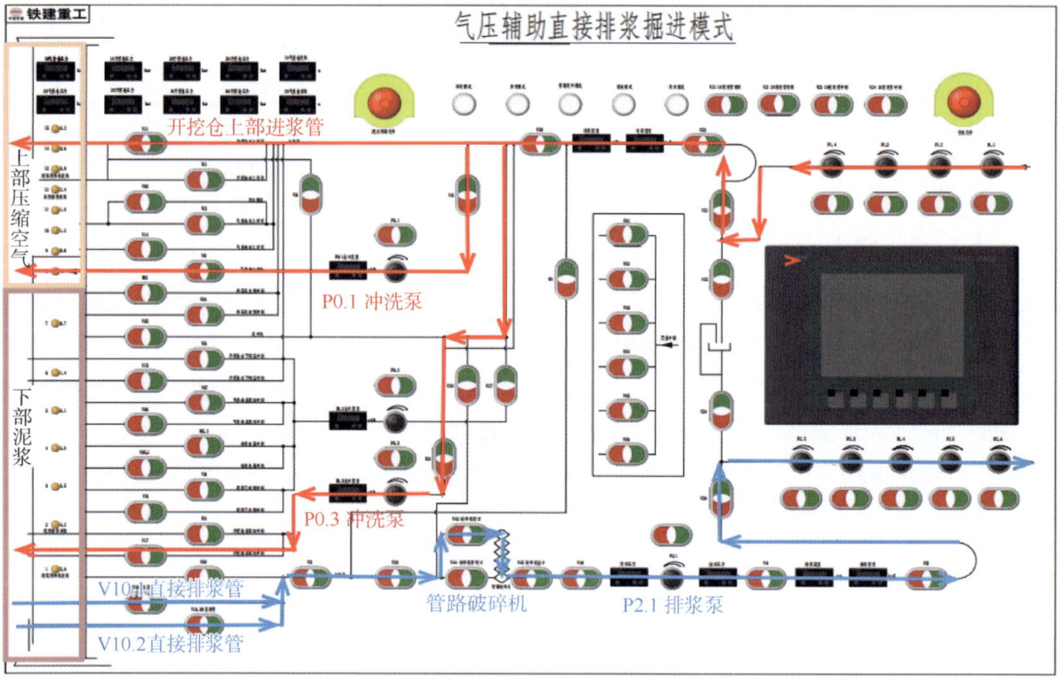

图 13　气压辅助直接排浆环流模式示意图

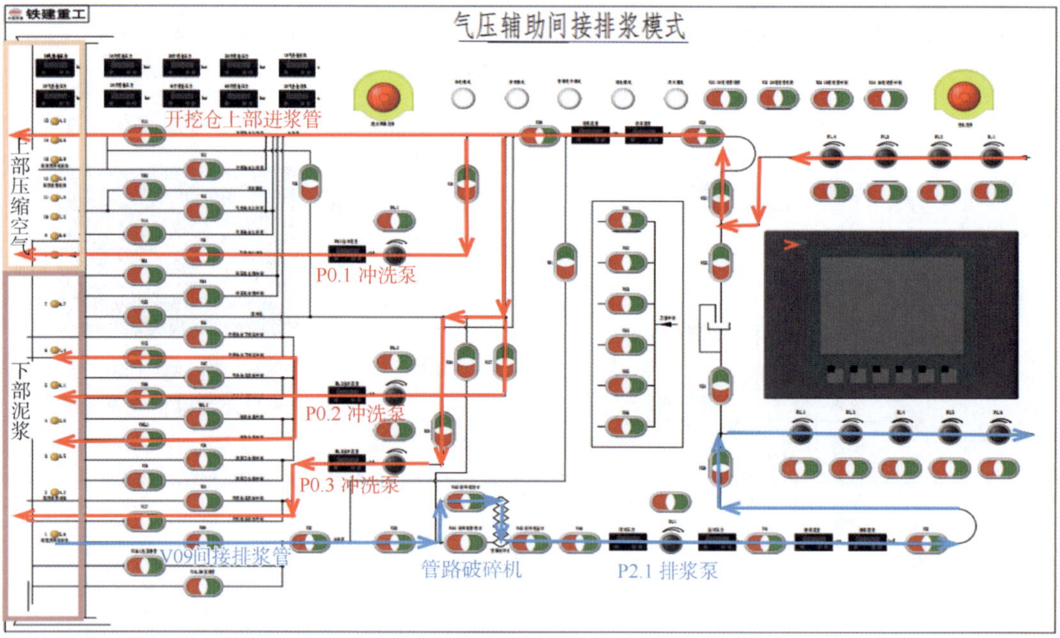

图 14　气压辅助间接排浆环流模式示意图

(3)逆洗模式:当环流参数出现异常,如切口压力上升、P2.1 泵吸口压力降低或气垫仓液位上升等现象,表明出现滞排,此时应采用分层逆洗。气垫仓逆洗模式如图 15 所示,开挖仓逆洗模式如图 16 所示。

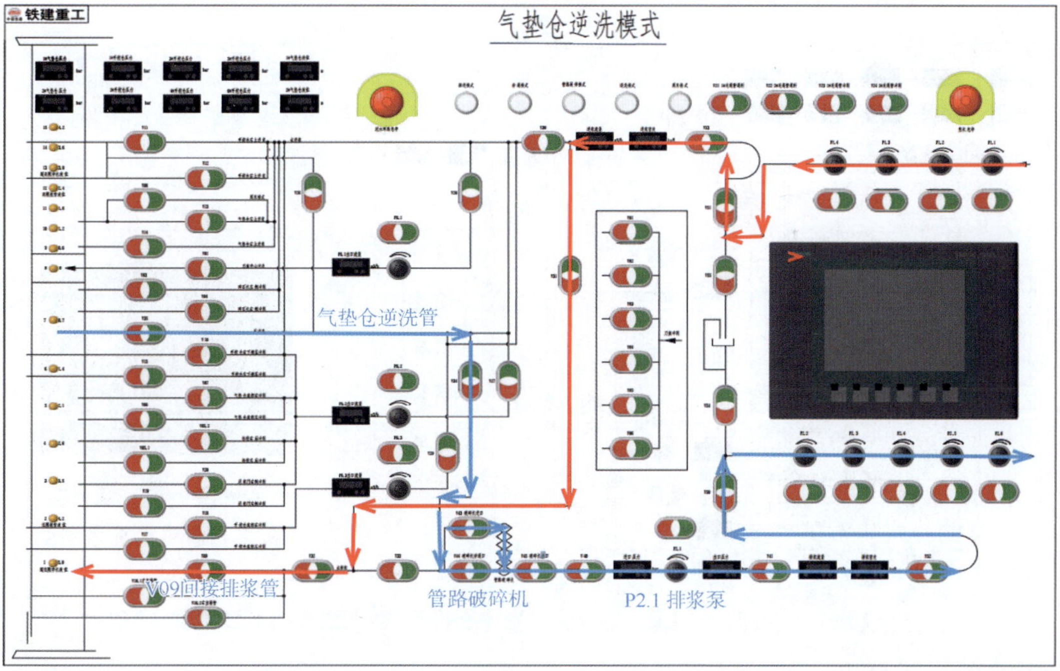

图 15　气垫仓逆洗模式示意图

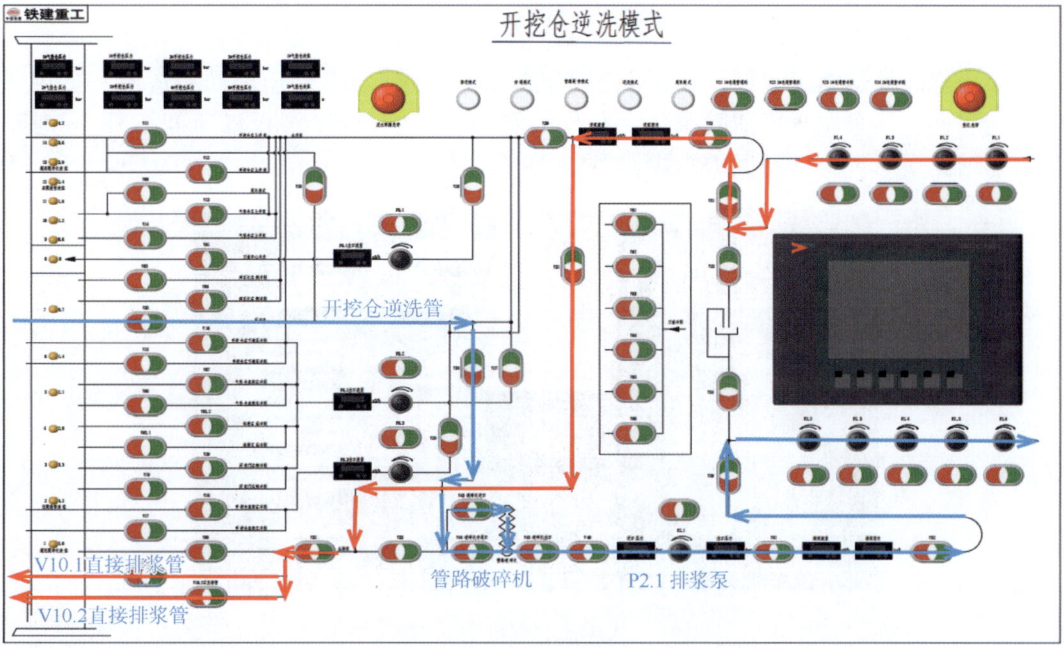

图 16　开挖仓逆洗模式示意图

(4)采用气压辅助直接排浆模式掘进造成滞排时，首先切换至旁通模式，同时泥水仓液位控制在 1.2 ~ 1.8 m，预防逆洗管吸入空气，直接逆洗开挖仓，如图 17 所示。

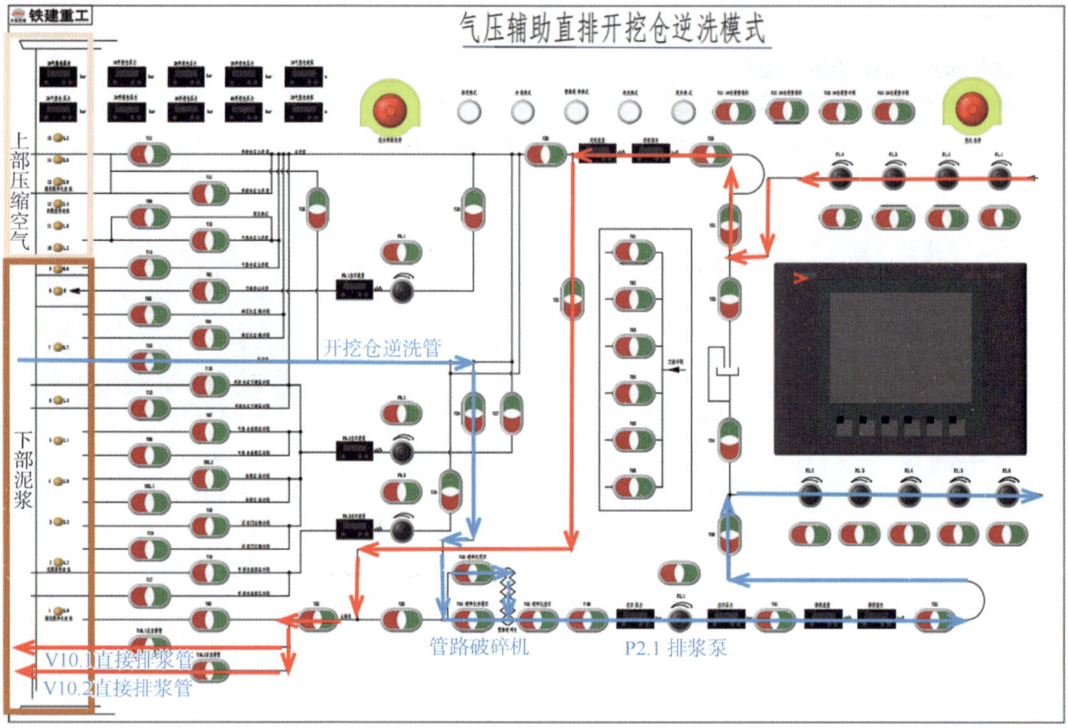

图 17　气压辅助直排模式开挖仓逆洗模式示意图

结合软土地层施工案例及项目实际隧道掘进模式的运用，气压辅助掘进模式适用于软土地层掘进。采用气压辅助掘进后总推力和刀盘扭矩都降低，掘进速度提升，同时预防刀盘结泥饼。气压辅助掘进模式如图 18 所示。

图 18　气压辅助掘进模式示意图

5.2.3　操作要点

5.2.3.1　洞门密封加工、安装施工要点

(1)洞门密封组装(图 19)：洞门密封加工完成后，按照设计方案先焊接钢丝刷，然后

安装底部5~7点弹簧板，最后安装橡胶帘布、折页板。为防止洞门密封吊装时发生椭变，套筒内部采用200H型钢双层井字形加固。

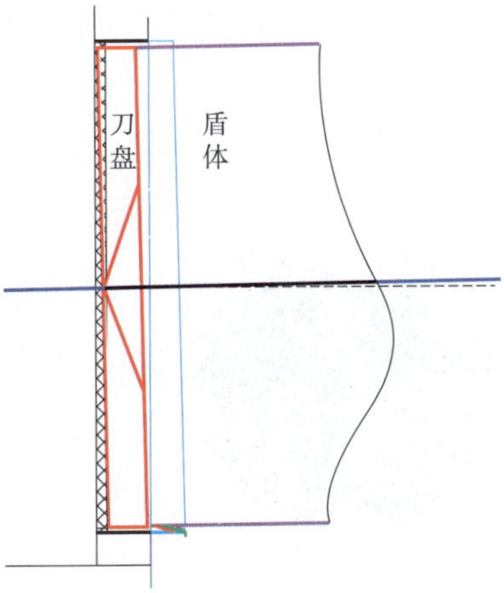

图19　洞门密封示意图

(2)套筒密封预留孔：为满足洞门密封承压性能要求，洞门密封均匀布置两道径向孔，用于始发期间注入密封油脂和浆液。在洞门帘布与钢丝刷之间及洞门钢丝刷和侧墙之间各安装16个2寸注入孔。

(3)洞门密封加固：为保证洞门密封与洞门钢环的加固质量，防止其与洞门钢环接缝处漏浆，将延长钢环和洞门环之间焊接固定。

(4)洞门密封施工流程：洞门密封主要分为3个阶段，①刀盘抵达掌子面后，通过第一道径向孔向洞门帘布和钢丝刷之间填充盾尾油脂，形成第一道密封腔；②盾尾到达密封装置前，通过第二道径向孔注入触变泥浆，同时在前中盾盾体径向孔上注入厚浆，形成第二道密封腔；③盾尾即将进入洞门密封装置时，采用钢板封堵洞门，形成第三道密封。洞门密封装置预留油脂浆液注入孔及油脂注入如图20所示。

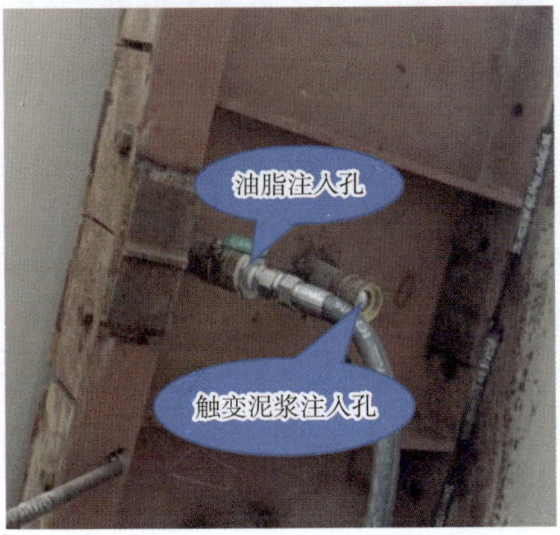

图20　洞门密封装置预留油脂浆液注入孔及油脂注入

5.2.3.2 多层次注浆体系的操作重点

(1)厚浆配合比试验

结合厚浆性能要求,选取适宜3个不同水灰比与粉煤灰用量的配比开展试验,使厚浆满足高稠度、低泌水、高比重、凝结时间适宜的要求。不同配比厚浆性能指标如图21所示。

图21　不同配比厚浆性能指标

根据试验结果对比,选取水灰比为0.96,稠度为121 mm、流动度为132 mm、凝结时间为18.25 h的厚浆配合比。盾体厚浆配合比见表2。

表2　盾体厚浆配合比

石灰(kg/m^3)	粉煤灰(kg/m^3)	膨润土(kg/m^3)	干砂(kg/m^3)	水(kg/m^3)
80	360	80	820	500

(2)同步单液浆配合比试验

考虑高水压或海水环境对同步单液浆耐久性能的影响,在传统砂浆配比的基础上需增加注浆剂,开展56 d抗海水侵蚀性能试验,提高浆液抗水分散性、可注性、抗海水侵蚀性能及强度。不同配比砂浆性能指标如图22所示。

结合同步单液浆性能要求,选择低泌水、高结石、高表观密度、高强度,流动度、稠度、凝结时间适宜的配合比。同步单液浆配比见表3。

表3　同步单液浆配比

水泥(kg/m^3)	粉煤灰(kg/m^3)	砂(kg/m^3)	水(kg/m^3)	注浆剂(kg/m^3)
150	350	1 120	330	8.10

(3)同步双液浆配合比试验

同步双液浆配合比结合本工程情况,选择低泌水、高强度、比重、胶凝时间适宜的双液浆配比。不同配比双液浆性能指标如图23所示。

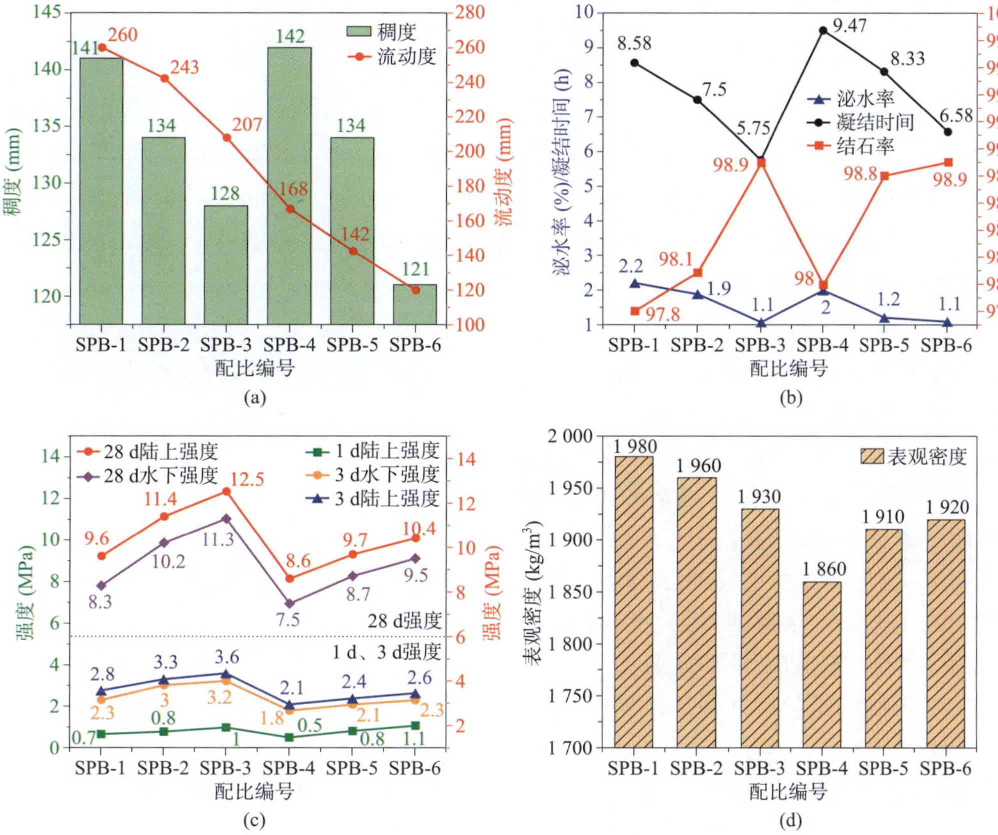

图 22　不同配比砂浆性能指标

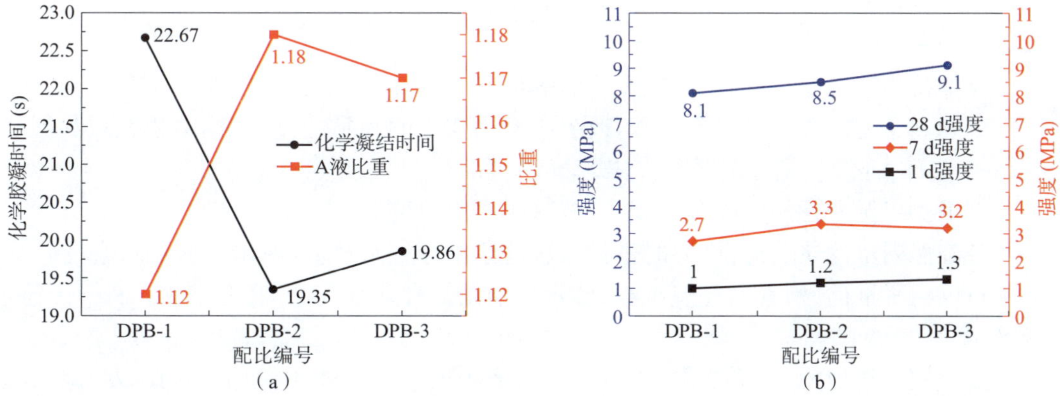

图 23　不同配比双液浆性能指标

根据试验结果对比，选取胶凝时间为 19.35 s，28 d 强度为 8.5 MPa 的双液浆配合比。同步双液浆配比见表 4。

表4 同步双液浆配比

A液				B液
水泥（kg/m^3）	膨润土（kg/m^3）	稳定剂（kg/m^3）	水（kg/m^3）	水玻璃（kg/m^3）
290	32	3.1	730	92

5.2.3.3 气压辅助掘进技术操作要点

(1)盾构掘进时严格控制土仓渣位，土仓渣位必须盖住螺旋机进土口，避免因螺旋口渣位过低导致螺旋出土口喷气喷涌。

(2)盾构掘进过程中尽量保证掘进速度与螺旋转速平衡稳定，切勿忽高忽低，通过匀速掘进总结摸索掘进参数，得出合理的土仓渣位。掘进过程中停机时需检查土仓渣位。

5.2.3.4 渣土改良技术操作要点

对于不同地层出现的不同情况，渣土改良参数调整原则如下：

(1)全强风化地层刀盘刀具结泥饼

当地层未突变但渣温较高时，可判断刀盘刀具存在结泥饼现象或有结泥饼趋势，调整原则如下：适当增加水的注入量及泡沫注入量，观察盾构掘进参数变化及出渣情况；往泡沫混合液中添加分散剂，降低渣土黏性；对刀盘结泥饼定期开仓清理。

(2)风化岩层螺旋机出土喷涌

首先可根据渣样分析判断渣土干喷或渣土稀喷，其次再进行调整，调整原则如下：

①渣土干喷

土仓内压力过大，可降低出渣量或泡沫发泡倍率调节土仓压力，观察螺旋机出渣情况。

②渣土稀喷

土仓内压力过大或渣土过稀，通过出渣量或泡沫注入率调节土仓压力，同时减少注水量，适当增加膨润土注入量，观察螺旋机出渣情况。

5.2.3.5 螺旋机防喷涌技术操作要点

(1)保持连续稳定掘进施工，减少拼装等停机时间，防止土仓失压地下水汇集。

(2)确定合理的渣土改良剂参数，改善土仓内渣土的和易性，使土体中的颗粒和泥浆成为一个整体，连续从螺旋输送机排出，避免喷涌。

(3)根据工况考虑加入高分子聚合物，减小水土分离。

(4)确保同步注浆质量，必要时进行二次注浆施作止水环，以封堵背后汇水通道。

(5)停机复推前，检查土仓壁球阀，确定土仓是否有来水，若土仓有来水，可采用土仓壁球阀排水，减少喷涌量。

(6)出现喷涌现象，可适当提高掘进速度，增大土仓进土量，中和土仓内的水，减少喷涌时间。

(7)长时间停机，采用惰性浆液填仓，防止地层水汇入土仓。

考虑到仅依靠盾构机本身机械功能和条件，在地下水量过大等特殊情况，难以有效控制螺旋机喷涌带来的风险，需根据不同掘进区段特性选用合适的辅助工艺，以减少或防止螺旋机喷涌风险。

(8)惰性浆液填仓。盾构机在地层交界位置、地层裂隙发育、富水地层掘进施工,气压辅助掘进模式下,地层容易漏气,造成土仓泄压、地层来水较大,造成螺旋机喷涌、掘进困难。为保证土仓压力,盾构机正常掘进,减少土仓来水,可以采用惰性浆液填仓,对地层裂隙进行填充,保证土仓的气密性,为盾构机顺利掘进提供必要的条件。

6 材料与设备

(1)泥水盾构主要施工材料、机械设备见表5。

表5 大直径泥水盾构设备与材料清单

序号	设备名称	规格型号	单位	数量
1	盾构机	铁建重工 ZTS14500	台	1
2	泥水分离站	HKS-3000	台	1
3	离心机	ZXTZJ-50	台	4
4	压滤机	ZXTZJ-12	台	4
5	制调浆设备	HKSR-3000	台	1
6	中继泵	300LPT-SHG	台	2
7	龙门吊	MGTZ70/10-19～24	台	1
8	循环水泵	110 kW	台	2
9	叉车	CPCD100-AG58-Z	台	1
10	双头运输车	DCY75	台	3
11	隧道通风机(2.2 m)	驭铁龙/柯夫曼	台	1
12	拖泵(电供)	HBT6013C-5(90 kW)	台	1
13	砂浆拌和站	HZS120	套	1
14	同步双液A液拌和站	SYZJ-12/I	套	1
15	始发钢制托架	ϕ14.0 m	套	1
16	始发反力架	ϕ14.0 m	套	1
17	型钢	200H	根	15
18	型钢	300H	根	10
19	型钢	400H	根	8
20	钢板	20 mm	平	100
21	钢板	30 mm	平	100
22	焊机	上海通用	台	5
23	曲臂升降车	14 m,1 t	台	1
24	静音发电机	BV-S500	台	1
25	注浆泵	SYB-70/4	台	2
26	搅拌机	350	台	2

(2)泥水盾构主要施工材料、机械设备见表6。

表 6　大直径土压盾构设备与材料清单

序号	设备名称	设备型号	单位	数量
1	盾构机(EPB)	管片外径 12.8 m	台套	1
2	砂浆拌和站	HZS90	套	1
3	龙门吊	MG70T	台	1
4	双头运输车	65 t	辆	3
5	砂浆罐车	8 m^3	辆	4
6	装载机	LW550FV	辆	1
7	叉车	5 t	辆	1
8	叉车	3 t	辆	1
9	双液注浆机	SYB60/5	台	2
10	冷却塔	320 m^3/h	套	2
11	循环水泵	90 kW	台	2
12	风机	90 kW	台	1
13	连续皮带机	带宽 1.2 m,长 4 km	套	1
14	垂直皮带机	带宽 1.8 m,长 30 m	套	1
15	发电机	500 kW	台	1
16	盾构机开关站	9 000 kVA	台	1
17	变压器	800 kVA	台	4
18	变压器	400 kVA	台	2
19	履带吊	650 t/400 t	台次	2
20	观光车	17 座电动	辆	2
21	升降平台	电动	台	1
22	低压电升压设备		套	1
23	洒水车	10 m^3	辆	1
24	管片吊装工装		套	1
25	箱涵吊装工装		套	1
26	拖泵(电动)	HBT6013C-5	台	2

7　质量控制

7.1　盾构施工质量控制标准

(1)《建筑起重机械安全监督管理规定》(建设部令第 166 号);

(2)《建筑机械使用安全技术规程》(JGJ 33—2012);

(3)《机械设备安装工程施工及验收通用规范》(GB 50231—2009);

(4)《高速铁路隧道工程施工质量验收标准》(TB 10753—2018);

(5)《铁路隧道钢筋混凝土管片》(TB/T 3353—2014);

(6)《盾构法隧道施工及验收规范》(GB 50446—2017);

(7)《钢结构设计标准》(GB 50017—2017)。

7.2 质量保证措施

7.2.1 施工前组织有关人员熟悉图纸、方案并进行技术交底。

7.2.2 始发准备工作：

(1)洞门钢套筒按照始发段隧道轴线进行设计、加工，现场按照技术交底进行组装，且密封装置安装必须满足要求，保证盾构试掘进过程中的密封性。

(2)支撑体系按照提前设计、提前加工，在盾构机组装完成后施作完成。

7.2.3 盾构机试掘进阶段过程质量控制。

(1)洞门钢环密封装置符合技术交底要求。

(2)保证切口压力的稳定，维持掌子面的稳定。

(3)洞门封堵按照盾尾钢板束进去前、盾尾完全进入后两阶段进行封堵。

(4)盾构试掘进阶段做好多层次注浆体系的运用，同时与地表监测、管片浮动监测数据结合。

(5)做好不同地层刀具使用分析，总结掘进参数，减少刀具检查更换频次。

8 安全措施

(1)建立和健全各种规章制度及安全组织，编印并贯彻安全手册。

(2)落实各级管理人员和操作人员的安全生产责任制，做到纵向到底，横向到边，各自做好本岗位的安全工作。

(3)实行逐级安全技术交底制，由安全部组织有关人员进行详细安全技术交底，凡参加安全技术交底的人员要履行签字手续，并保存资料。项目部安全员对安全技术措施的执行情况进行监督检查，并作好记录。

(4)加强施工现场人员的安全教育：针对盾构机试掘进段工程特点，对所有从事管理和生产的人员进行全面的安全教育，重点对班组长，从事特种作业的司索工、电工、焊接工、机动车辆驾驶指挥等进行培训教育。未经安全教育的施工管理人员和生产人员，不准上岗。特种作业人员的安全教育、考核、复核，严格按照《特种作业人员安全技术考核管理规定》执行，经过培训考核合格，获取操作证方能持证上岗。对已取得上岗证的特种作业人员，要进行登记存档，对上岗证要按期复审。

(5)检查的重点：车辆运输过程中的设备安全性，管片吊运、拼装过程由专人操作。

(6)认真执行安全检查制度，经理部要保证检查制度的落实，要规定定期检查日期、参加检查的人员。项目部每周检查一次，项目部安全员每天进行巡视检查，作业班组每天进行一次检查，对检查中发现的安全问题制订整改措施，定人限期进行整改，保证“管生产必须管安全”的原则真正落实。

9 环境保护措施

(1)对施工场地准确定位，合理布置施工场地，尽量不破坏原有的植被，保护自然环境，选择适当的围挡方式，尽可能与周边环境相协调。

(2) 施工场地采用硬式围挡,施工区的材料堆放、材料加工、出料口等场地均设置围挡封闭。施工现场以外的公用场地禁止堆放材料、工具、建筑垃圾等。

(3)现场安排固定的保洁人员进行日常保洁。

(4)合理安排施工作业、重型运输车辆的运行时间,避开噪声敏感时段;较高噪声、较高振动的施工作业尽量安排在环境噪声承受值较高的白天施工;禁止施工人员在居民区附近和夜间施工时高声喧哗,避免人为噪声扰民。施工噪声遵守《建筑施工场界环境噪声排放标准》(GB 12523—2011),施工振动对环境的影响遵守《城市区域环境振动标准》(GB 10070—1988)。

(5)施工场地及道路进行硬化,适时洒水,减轻扬尘污染。土、石、砂、水泥等材料运输和堆放进行遮盖,减少污染。

(6)工程竣工后做好地面恢复,恢复原有植被,防止水土流失,保持城市原有环境风貌的完整和美观。

10 效益分析

10.1 经济效益

(1)本工法中采用的多层次注浆体系成功实现地表沉降控制及管片上浮控制,确保了盾构施工的顺利推进,解决了地面异常加固及管片上浮多次二次注浆的问题。

(2)本工法采用的刀具统计分析,选择适应本区间的刀具厂家,节约刀具 50 把费用 150 万元,工期 30 d 人工费 200 万,带压作业费用 60 万元,合计 310 万元。

10.2 社会效益

盾构机试掘进阶段,不断优化总结掘进参数,采用多层次注浆体系,成型隧道线性质量优良,地表沉降可控。多家新闻媒体争相报道,业内院士、专家及社会各界人士多次现场参观指导,取得了良好的社会效益。

11 应用实例

本工法主要在 2023 年 5 月至 2024 年 4 月期间提出并进行研究,并于 2024 年 5 月应用于甬舟铁路金塘海底隧道工程。通过采用该技术妥善解决铁路超大直径盾构隧道在试掘进段工序繁杂、地质情况复杂等情况下施工的诸多难题,保证了盾构试掘进段的顺利进行,隧道成型质量优良,地表沉降可控,节约了工期,得到了社会各界的一致好评。

参编单位:沪杭铁路客运专线股份有限公司、中铁十一局集团有限公司
参编人员:金武、潘成杰、杨永宏、陈小军、韩浩、彭刚、万维燕、张昆峰、廖帅、邹振宇
评审人员:黄鸿键、马伟斌、吕刚、赵西民、孟庆余

八、泥水平衡盾构铁路隧道正常掘进施工工法

1 概　　述

随着城市化和交通基础设施发展，铁路隧道工程在现代交通网络中愈发重要。泥水平衡盾构法因对复杂地质适应性强、施工安全、环境影响小等优势，被广泛用于铁路隧道建设。盾构掘进作为地下隧道施工的关键步骤，掘进参数的精确控制、壁后注浆技术的实施、盾构换刀的规范操作以及全面的质量与安全管理策略是其中的重要内容。通过对泥水平衡盾构机操作要领的阐述、复杂地质条件下掘进技巧的介绍、注浆工艺的分类应用与质量监控，加之盾构作业中各类风险的预判与应对措施，为实现高效率、高标准的掘进作业提供参考。

2 工 法 特 点

通过先进的技术和精细的管理，铁路盾构法不仅能够有效减少施工对周边环境的影响，还能确保隧道在各种严苛条件下的安全与稳定，推动了轨道交通网络的现代化发展。

(1)城市轨道交通隧道：盾构法凭借沉降小、环境影响低的特点，成为城市地铁建设首选，适用于建筑密集区，可同步保障施工效率与城市正常运转。

(2)铁路隧道：在长距离或复杂地质铁路隧道中，盾构法能提升施工质量与安全性，有效应对地层稳定性挑战。

2.1　施工作业环境相对安全

(1)盾构机本身提供了一个相对封闭的施工空间。操作人员在盾构机内部进行掘进、管片拼装等工作，能够有效避免受到外部地层坍塌等风险的直接威胁。例如，在软土地层或者地下水位较高的区域施工，盾构机的外壳可以承受一定的水土压力，保护施工人员安全。

(2)盾构机配备有多种安全监测系统。如压力传感器可以实时监测土仓压力，当压力出现异常变化时(可能是地层突变或者设备故障导致)，系统会及时发出警报，施工人员可以根据警报信息采取相应的措施，如调整掘进参数或者停机检查，避免事故的发生。

2.2　对周边环境影响较小

(1)盾构法施工引起的地面沉降较小。在掘进过程中，通过同步注浆等措施，能够及时填充管片与地层之间的空隙，有效控制地层变形。以城市地铁盾构隧道施工为例，在建筑物密集区域施工时，地面沉降可以控制在毫米级，对周边建筑物和地下管线的影响较小。

(2)施工过程中的噪声和振动小。盾构机在地下掘进时,其动力系统和掘进动作产生的噪声和振动经过地层的隔离和衰减,传播到地面的强度较低。相比传统的明挖法或者矿山法施工,对周边居民和敏感设施(如医院、学校等)的干扰较小。

2.3 施工进度及质量可控性高

(1)盾构法施工效率较高,盾构机是高度机械化的设备,可以连续掘进。一般情况下,盾构机的掘进速度根据地质条件和盾构机的性能等因素有所不同,但相对比较稳定。而且盾构机在掘进的同时可以进行管片拼装等后续作业,多个工序能够紧密配合。

(2)盾构机在推进过程中,后面的管片拼装机将预制好的管片逐块拼装成环形衬砌结构,从而形成隧道。在盾构机的保护下进行掘进和衬砌作业,采用预制的管片进行主体衬砌能够保证衬砌的精准度及成型隧道质量。

(3)盾构法施工受季节环境影响较小,一般情况下不受雨雪风等不良天气影响施工进度,在北方地区进入冬季施工后,采用相关保暖措施后,同样能够完成不间断施工。

3 适用范围

泥水平衡盾构铁路隧道正常掘进施工工法适用于复杂地质条件、高地下水位、城市密集区及对地面沉降控制要求高的铁路隧道工程,尤其适合大直径、长距离隧道,且需具备泥水处理设备和足够施工空间。

(1)地质:适用于软弱、高水压、复杂地层,高、低渗透性地层均可。

(2)埋深:深埋、浅埋隧道皆可,浅埋需注意沉降控制。

(3)直径:大直径及中小直径隧道,后者需调整设备。

(4)环境:城市密集区、环保要求高区域适用。

(5)长度:长距离效率高,短距离需考虑经济性。

(6)工期:工期紧张项目适用。

(7)经济:预算充足项目适用。

(8)特殊要求:对地表沉降、噪声振动要求严格的项目适用。

本工法在软弱、高水压地层表现突出,常用于地质复杂、高水压、大直径、长距离、城市密集区及环保要求高的隧道工程 。

4 工艺原理

4.1 泥浆压力控制

通过调节泥浆的压力和流量,使其在盾构机开挖面形成一个与地层土压力和水压力相平衡的压力场,以稳定开挖面,防止地层坍塌或隆起。注浆压力示意如图 1 所示。

4.2 泥膜形成

盾构机开始掘进后,泥水在压力作用下迅速向开挖面地层中渗透,随着渗透的进行,泥水中的颗粒在孔隙内和开挖面表面逐渐沉积,开始形成泥膜的雏形。当泥膜的厚度和强度达到一定程度,能够有效地抵抗地层的水土压力,防止地层坍塌等作用。泥膜示意如图 2 所示。

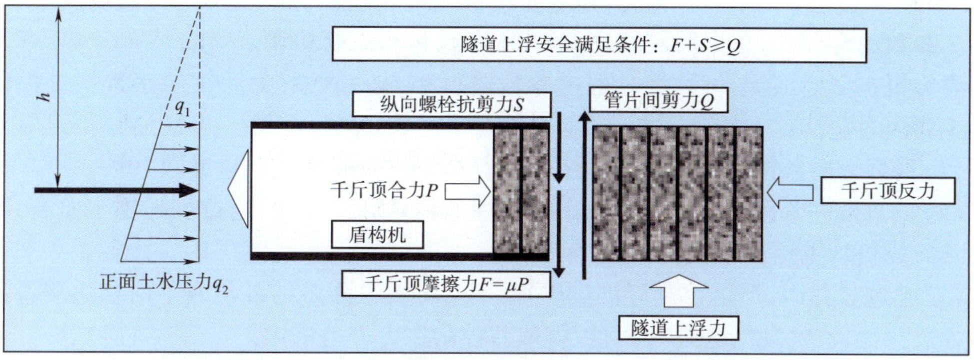

图1　注浆压力示意图

图2　掌子面形成泥膜示意图

4.3　气压建立

盾构机掘进时的切口泥水压力应介于理论计算值上下限之间，并根据地表建构筑物的情况和地质条件适当调整。

4.4　推力计算

盾构机的推力大小取决于以下几个因素：盾构与土层之间的摩擦力、土压的正面阻力、水压的正面阻力、盾尾密封与管片之间的摩擦力、拖拉后配套的力。

4.5　同步注浆

盾构施工引起的地层损失和盾构隧道周围受扰动或受剪切破坏的重塑土的再固结以及地下水的渗透，是导致地表以及建筑物沉降的重要原因。为了减少和防止沉降，在盾构掘进过程中，要尽快在脱出盾尾的衬砌管片背后同步注入足量的浆液材料充填盾尾环形建筑空隙。

5　施工工艺流程及操作要点

5.1　盾构机掘进操作控制程序

盾构机掘进主要由刀盘推力、土仓土压力（土压平衡盾构机）、排土量（土压平衡盾构机）和推进速度、螺旋机转速（土压平衡盾构机）、泥水循环系统（泥水平衡盾构机）、泥水仓压力（泥水平衡盾构机）、泥水分离与处理系统（泥水平衡盾构机）、千斤顶推进力、注浆压力与时间、注浆方式与注浆量、浆液性能、盾构坡度、盾构机姿态和管片拼装偏差等参数控制。施工中熟悉盾构机性能和操作方法，并根据隧道埋深、地质情况和环境条件等,对掘进参数进行预测计算,同时紧随盾构机掘进对地面沉降变形进行监测反馈,以验证施工参数的合理性,根据监测结果,对施工参数进行综合协调、优化。

盾构机在完成试掘进后,将对掘进参数进行必要的调整,为后续的正常掘进提供条件。主要内容包括:

(1)根据地质条件和试掘进过程中的监测结果进一步优化掘进参数。

(2)正常推进阶段采用试掘进阶段所掌握的最佳施工参数,通过加强施工监测,不断地完善盾构机施工控制参数,控制地面沉降。

(3)推进过程中,严格控制好推进里程,不断将人工测量结果与电子信息化测量系统的数据进行比较,发现问题及时调整,将偏差控制在允许范围内。

(4)根据技术交底设定的参数推进,推进出土与衬砌背后注浆同步进行;不断完善施工工艺,控制施工后地表沉降。

(5)掘进过程中平稳调整盾构机姿态,隧道轴线和折角变化控制在0.4%范围内。

(6)盾构机掘进施工过程中严格受控,工程技术人员根据地质变化、隧道埋深、地面荷载、地表沉降、盾构机姿态、刀盘扭矩、千斤顶推力等各种监测数据信息,正确下达每班掘进指令,并及时跟踪调整。

(7)盾构机操作人员严格执行指令,谨慎操作,对初始出现的小偏差应及时纠正,应尽量避免盾构机走"蛇"形,盾构机一次纠偏量不宜过大,以减少对地层的扰动。

盾构区间掘进流程如图3所示。

为了获得理想的掘进效果、保证开挖面稳定、有效控制地表沉降及确保地面建(构)筑物安全,根据地质情况,通过试掘进段选定六个施工管理参数进行掘进控制管理:土仓压力(土压平衡盾构机)/泥水仓压力(泥水平衡盾构机)、推进速度、总推力、出渣量、刀盘转速和扭矩、注浆压力和注浆量。

5.2 操作要点

5.2.1 盾构机关键参数控制

(1)推进速度控制

为确保盾构能正常切削土体加固区,防止排泥管路吸口堵塞、控制推进轴线、保护刀盘,始发时实际推进速度不宜过快,应逐步提高掘进速度,防止启动速度过大冲击扰动地层,在主机全部进入加固区前掘进速度控制在5~10 mm/min,在盾构机脱离加固区后可逐步提高掘进速度到20~30 mm/min。始发掘进时,要随时观察刀盘扭力变化情况,及时调整推进速度。

推进速度是盾构掘进施工中比较重要的管理值,速度控制的好坏,将直接影响开挖面水压的稳定、掘削量管理和送、排泥泵的控制。在泥水平衡盾构机推进的过程中,掌子面的泥膜,在客观上是会逐渐遭受到破坏的。当这种切削破坏增大时,泥水膜的形成范围就会减小,导致开挖面的稳定难以保持下去。

①出洞、始发段

为有效控制推进轴线并保护刀盘,盾构的推进速度不宜过快,应使盾构缓慢的稳步前进。在出洞段推进时,掘进速度不宜过快。

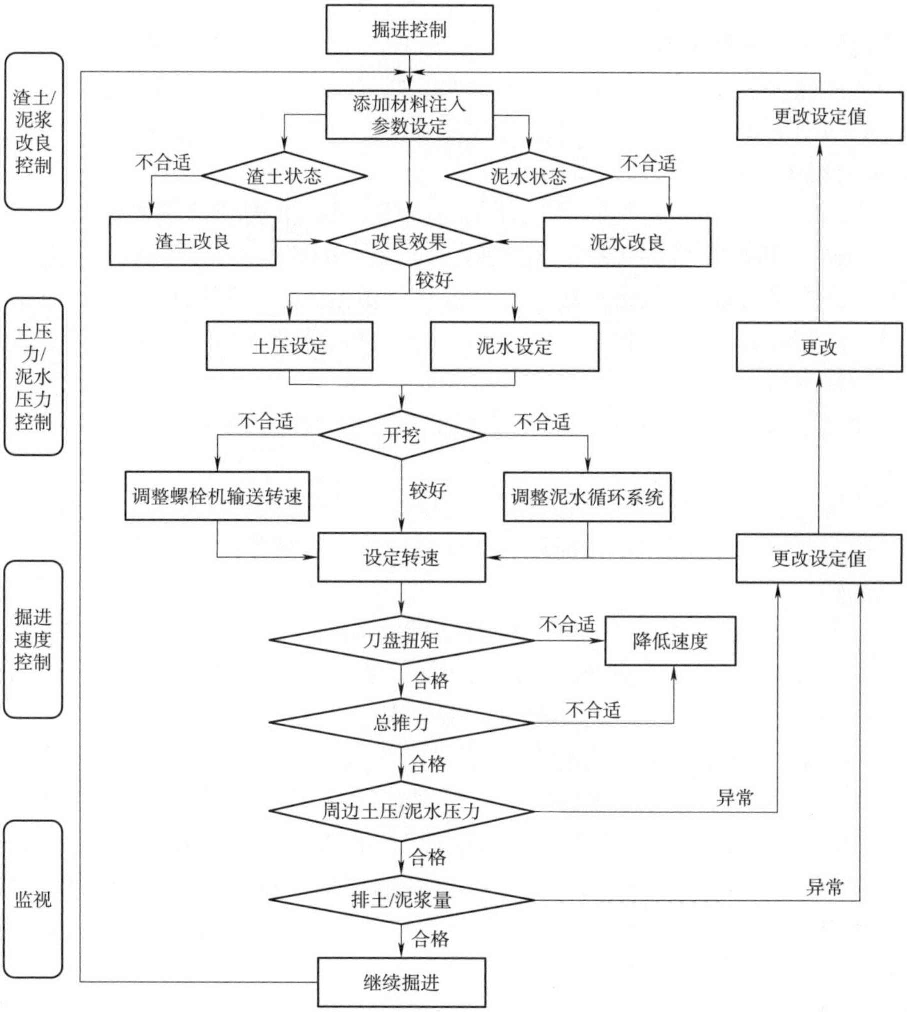

图 3　盾构机掘进控制流程图

②浅埋段

在自然土体中掘进时的覆土厚度至少需要 0.7D（D 为洞径）。由于覆土浅，掘进时容易地面沉降、冒浆或由壁后注浆引起地面隆起。在盾构推进过程中，推进速度可比出洞始发段略有提高，但提高值不宜过大。

③正常段

在以往盾构施工中，通常认为土质是变更掘进速度的主要因素，然而实际中控制指标却还要考虑到排泥能力、刀盘扭矩、刀具二次磨损、推力等方面的变化。推进过程中开挖状况和排土状况的盾构机负荷数据为保证盾构机的正常推进提供了重要信息，要维持速度稳定，其条件是避免盾构机超负荷和保持正常开挖面。如果掘进速度超出技术交底设定的速度上限，则有可能导致排泥浆的密度超标，排浆泵、处理设备和机器的负荷超出其承受能力。为此，即使开挖能力有余，也要根据泵设备、处理设备的能力对掘进速度加以限制。因此，必须根据土质、进排浆泵、处理设备能力控制掘进速度。此外，还要根据刀盘扭矩、油缸总推力、泥水压力，以及在不同地层中刀具冲击、二次磨损来控制掘进速度。

④盾构掘进速度设定时的注意事项

地质适应性：施工时根据不同的地质条件，如土层硬度、含水率等，并通过监测掘进速度、推力、扭矩等参数的变化，以及地表沉降等情况，优化调整掘进推力、刀盘扭矩等参数，以实现最佳掘进效率。

盾构启动时，盾构司机需检查千斤顶是否顶实，开始推进和结束推进之前速度不宜过快。每环掘进开始时，应逐步提高掘进速度，防止启动速度过大冲击扰动地层。

每环正常掘进过程中，掘进速度值应尽量保持恒定，减少波动，以保证切口水压稳定和送、排泥管的畅通。在调整掘进速度时，应逐步调整，避免速度突变对地层造成冲击扰动和造成切口水压摆动过大。

推进速度的快慢必须满足每环掘进注浆量的要求，保证同步注浆系统始终处于良好工作状态。

掘进速度选取时，必须注意与地质条件和地表建筑物条件匹配，避免速度选择不合适对盾构机刀盘、刀具造成非正常损坏和造成隧道周边土体扰动过大。

(2)转速

推进过程中，要根据不同的地层选择相应的转速，推进速度一定的前提下，转速的高低直接影响锥入度的大小，进而影响扭矩的大小。在软土层内推进，刀盘转速不宜过大，否则会引起刀具的磨损速度加快，高转速容易对软土层造成较大的扰动，刀盘转速一般在 0.8~0.9 r/min，除非在推进速度增加时，锥入度超过 50 的情况下，可适当增大转速，但不可超过 1.0 r/min。在砾砂等岩层推进时，根据以往施工经验，转速过快直接影响刀具崩齿，刀具一旦崩齿，刀具在合金保护层崩掉时，磨损非常快，如果发现不及时会导致刀盘受损，在砾砂岩底层转速一般为 0.7 r/min，防止刀具崩齿。在泥岩等断面完整、硬度较高的地层中，应使锥入度尽可能小，在维持速度的前提下，则要求刀盘高转速。

(3)扭矩

刀盘转动所需的力矩，单位为 MN·m，在同一地质锥入度越大扭矩越大，如果在锥入度、速度等参数不变时，扭矩逐步明显增大时，我们要考虑到刀具是否磨损严重，刀具的磨损会直接造成扭矩明显增大，需停机检查刀具。

①扭矩计算

根据《全断面隧道掘进机　泥水平衡盾构机》(GB/T 35019—2018)，刀盘驱动扭矩 T 按下列公式计算：

$$T = k_1 \times (T_1 + T_2 + T_3 + T_4 + T_5 + T_6 + T_7 + T_8) \tag{1}$$

式中　k_1——扭矩安全系数；

T——总阻力扭矩(N·m)；

T_1——刀具切削扭矩(N·m)；

T_2——泥浆渣土摩擦产生的扭矩(N·m)；

T_3——刀盘背面的摩擦力矩(N·m)；

T_4——刀盘大圆环的摩擦力矩(N·m)；

T_5——仓内的搅拌力矩(N·m)；

T_6——主轴承旋转阻力矩(N·m);

T_7——刀盘受推力荷载产生的反力矩(N·m);

T_8——密封装置所产生的摩擦力矩(N·m)。

②刀盘扭矩经验计算法

刀盘驱动扭矩 T 由经验法按式计算:

$$T = k \times D^3 \times 10^3 \tag{2}$$

式中 T——刀盘驱动扭矩(N·m);

k——扭矩系数;

D——刀盘开挖直径(m)。

(4)推力

推力是指使盾构机以相应的速度前进而产生的力,推力的大小可产生不同的速度,同一地层中,推力越大,速度越快。

(5)刀具磨损检查及更换

刀具配置:根据地质条件选择合适的刀具类型和布置方式。定期对刀具进行检查和维护,及时更换磨损严重的刀具,通过优化刀具配置和管理,可以提高切削效率。施工时结合刀具情况以及地质,设定合理的刀盘转速,确保其能适应地质并有效切削,这对掘进速度有直接影响。

①硬岩地层:采用滚刀,以相邻滚刀挤压破裂为主,滚刀破岩机理如图 4 所示,掘进速度控制在 5 ~ 10 mm/min。

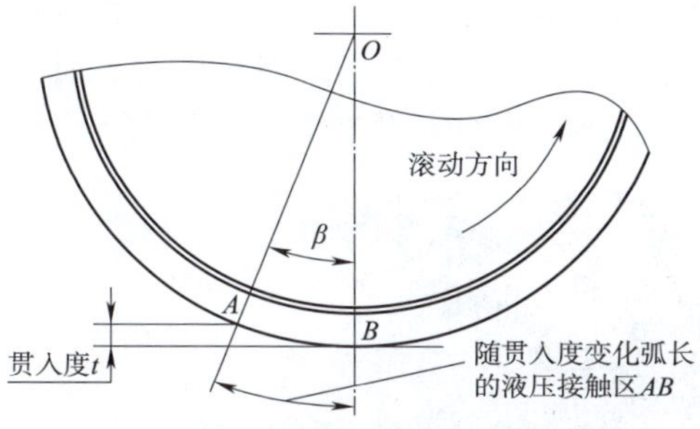

(a)横断面(单刀)

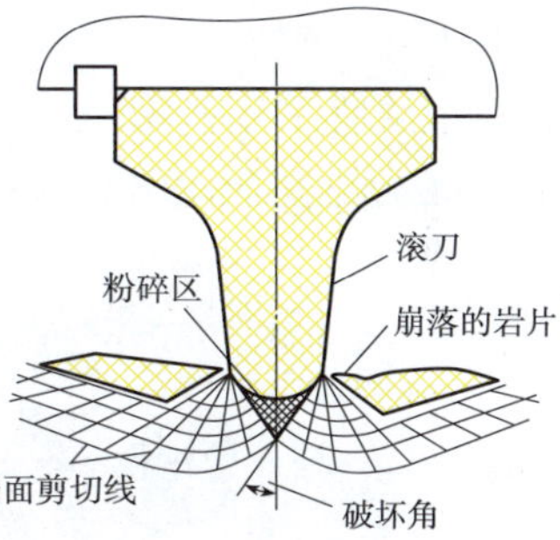

(b)纵剖面(单刀)

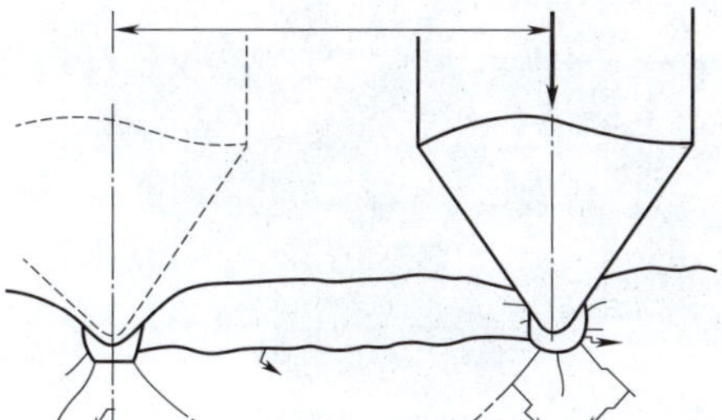
(c)纵剖面(双刀)

图 4　滚刀破岩机理示意图

②软土地层:采用撕裂刀,以切削为主,倒渣机理如图5所示,掘进速度控制在30～50 mm/min。

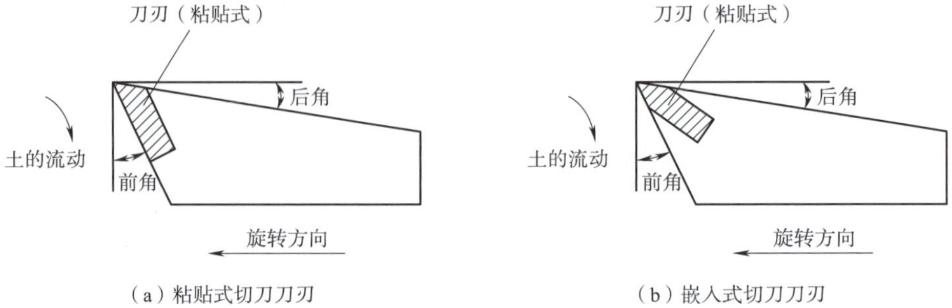

图5　切刀倒渣机理示意图

③刀具扭矩确定:目前正常的扭矩参数在额定扭矩的80%以内,一般在12.0～14.5 MN·m之间,如果超过15 MN·m(额定扭矩的80%以上),判定刀具已产生重度磨损。

根据掘进参数情况,可每掘进20环左右进行检查验证(如果扭矩参数未变化也可适当延长,若异常,需对该部位5把刀加大检查频率),其他部位刀具重点关注撕裂刀磨损情况,一般在掘进70～80环再作重点检查;以上情况必须以同推力下的扭矩是否变化异常为依据,若发生异常,及时停机检查。

(6)刀具管理(定期检查/推荐磨损临界值)

不同的刀具其破岩(土)机理不同,相同的刀具对不同地层掘进效果差异大。对于全断面为岩石地层宜采用盘形滚刀破岩;全断面软土(岩)宜采用齿刀切削;断面内为岩、土且软硬不均互层的复合地层宜采用滚刀和齿刀进行混合安装布置,如图6所示。

图6　滚刀和齿刀混合安装布置

①定期检查和更换刀具，保持其良好的工作状态。磨损严重的刀具会导致掘进速度下降，甚至可能损伤盾构机本体，刀具破损形式如图7所示。硬岩地层掘进速度一般小于3 mm/min时就要择机选择开仓位置，对刀具进行检查及更换。

（a）刀圈断裂　（b）刀圈偏磨　（c）轴承损坏

（d）刀圈剥落　（e）刀刃磨损　（f）刀具脱落

图7　刀具破损形式

②根据所配备刀具类型及磨损规律，刀具更换磨损量临界值见表1，若磨损量超出该数值，则应进行更换。

表1　刀具更换磨损量临界值

刀具类型	位　置	磨损量临界值(mm)
切削刀	刀盘周边	10~15
	刀盘正面	15~20
滚刀	刀盘中心	25
	刀盘正面	15~20
	刀盘周边	10~15

(7)泥水平衡盾构机掘进过程参数控制

①掘进过程泥水压力控制

泥水盾构机掘进过程中，泥水压力通过掌子面上形成的泥膜作用到未开挖的岩土体上，与盾构机前方的水、土压力保持平衡。泥水仓内泥浆压力可通过下式计算：

$$P = P_w + P_s + \Delta P \tag{3}$$

式中　P——泥浆压力(MPa)；

P_w——隧道轴线处静水压力(MPa);

P_s——隧道轴线处静止土压力(MPa);

ΔP——附加压力(MPa),据实际情况取0~0.2 MPa。

②切口压力

盾构机掘进时的切口泥水压力应介于理论计算值上下限之间,并根据地表建(构)筑物的情况和地质条件适当调整。在逆洗过程中,不能降低切口水压。根据《盾构机操作手册》,盾构机推进、逆洗和旁路三状态切换时的切口水压偏差值一般控制在-20~+20 kPa。

为了减少对开挖面土体的扰动,在盾构机推进挖土和衬砌拼装过程中,始终应保持开挖仓内压力略大于正面主动侧压力和水压力之和。

泥水平衡盾构工程施工的切口水压设定和调整十分重要。切口水压的设定值可根据常用的土力学计算公式计算,上限值按照静止土压力进行计算,下限值按照主动土压力进行计算。实际推进过程中的切口水压设定值可根据出洞推进10~50 m进行回归分析所得。

对于盾构机掘进过程中开挖面稳定的计算方法,通常采用太沙基的二次方程解析法。但该方法是根据静止的、理想的二次方程模型确立的。而泥水平衡盾构机掘进时,开挖面不断被刀头切削,此时泥膜被刀头切削并将泥水压力传递给土体,由于刀头的介入使传递给土体的外力增加,以上因素使开挖面处于动态平衡之中。因此,最佳的理论计算方法应是三次方程的定量解析计算法,但该算法较复杂,根据日本等国的施工经验,切口水压的上、下限值设定值可根据常用土体力学计算公式计算得到。上限值按照静止土压力进行计算,下限值按照主动土压力进行计算。

③切口水压上限值:

$$P_{fu}=P_1+P_2+P_3=\gamma_w\cdot h+K_0[(\gamma-\gamma_w)\cdot h+\gamma\cdot(H-h)]+20 \tag{4}$$

式中 P_{fu}——切口水压上限值(kPa);

P_1,P_2,P_3——地下水压力、静止土压力、变动土压力(kPa);

h,H——地下水位以下至隧道中心的埋深、地面至隧道中心埋深(m);

γ——土的容重(kN/m^3);

γ_w——水的容重(kN/m^3);

K_0——静止土压力系数。

④切口水压下限值:

$$P_{fl}=P_1+P_2+P_3=\gamma_w h+K_a[(\gamma-\gamma_w)h+\gamma(H-h)]-2c_u\sqrt{K_a}+20 \tag{5}$$

式中 P_{fl},P_2——切口水压下限值、主动土压力(kPa);

P_1,P_3——分别指地下水压力、变动土压力(kPa);

K_0——静止土压力系数,$K_0=1-\sin\varphi$;

K_a——主动土压力系数,$K_a=\tan 2(45-\varphi/2)$;

c_u——土的黏聚力(kPa)。

(8)泥水指标控制

泥水盾构使用泥浆的目的就是用泥浆来谋求开挖面稳定,在防止塌方的同时将切削下来的土形成泥浆并流畅地运往地面。结合本区段的地质特点，泥浆的有关性能指标控制如下。

①密度

泥水密度的范围应在 1.15 ~ 1.30 g/cm^3，下限为 1.15 g/cm^3，上限根据施工的特殊要求而定，必要时选取 1.25 g/cm^3。局部时段根据监测结果甚至可选取 1.30 g/cm^3。

②黏度

从土颗粒的悬浮性要求及泥水处理系统的配套来讲，要求泥水的胶凝强度（静切力）适中；从流动性考虑，运动黏度不宜过高。考虑到泥水处理系统的自造浆能力，随着在黏土层中推进环数的增加，泥浆越来越浓，密度也呈直线上升，其相应的漏斗黏度也会表现上升，但并非说明泥浆的质量越来越高。若在砂性土中施工，黏度甚至会下降，因此，泥水黏度的范围应保持在 20 ~ 35 s。考虑到黏度的调整有一个过程，故在泥浆黏度为 22 s 时（调整槽黏度），即可逐渐增加制浆剂，添加量的多少视黏度下降的趋势而定，黏性测定装置如图 8 所示。

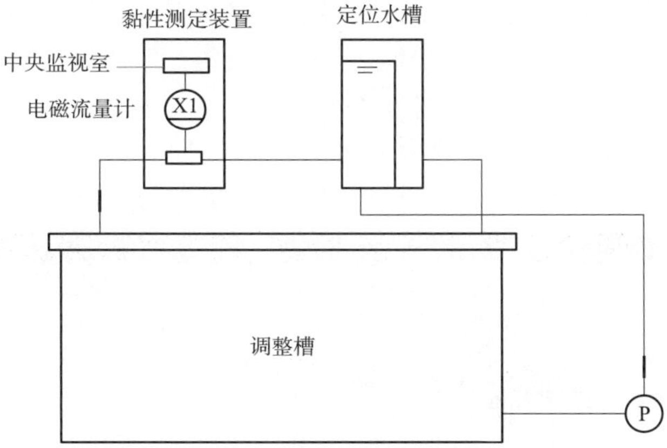

图 8　黏性测定装置

③屈服值（YV）

YV 是流体处于流动状态对保持流动所必需的剪切力的测定值，流动阻抗是由泥水中所含土粒间的牵引力而产生，是维持泥水良好状态的一项重要指标。用与 YV 有一定相关性的漏斗黏性测定代替。

④析水量和 pH 值

析水量和 pH 值是泥水管理中的一项综合指标，它们在更大程度上与泥水的黏度有关，悬浮性好的泥浆就意味着析水量小，反之就大。

泥水的析水量须小于 5%，pH 值须呈碱性，泥水的 pH 值一般为 8 ~ 9。降低含砂量、提高泥浆的黏度、在析浆槽中添加纯碱，是保证析水量合格的主要手段。

⑤API 失水量

该指标是衡量泥浆性能的主要指标，应低于 30 mL/30 min，如高于30 mL/30 min，则添加降失水剂。

⑥泥水配比(重量比)

需要做泥水配比试验以确保盾构机掘进过程中的地质适应性和施工效率。在试验中,首先需要详细调查施工现场的地质情况,包括土壤类型、含水量等信息,然后根据这些数据确定泥浆的基本性能指标,如密度、黏度等。接下来,选择适合地质条件的泥浆成分,如膨润土、聚合物等,并通过实验室设备模拟现场条件,调整泥浆成分的比例,观察其物理化学性质的变化。在此基础上,进行不同配比下的泥浆性能测试,记录数据并分析结果。随后,在小范围内实际应用所选配比的泥浆,观察其在真实环境下的表现,并根据试验结果不断调整配比,直到找到最适合当前地质条件的最佳配比,确保掘进过程的安全与高效。在整个过程中,需要持续记录所有试验数据,并编写详细的试验报告供后续参考。

5.2.2 盾构机姿态调整与控制

(1)自动导向系统控制

盾构机施工采用自动导向系统。该系统能够对盾构机在掘进中的各种姿态以及盾构机的线路和位置关系进行精确的测量和显示,信息显示在盾构机掘进自动导向系统操作界面,如图9所示。掘进导向系统能够全天候的动态显示盾构机当前位置相对于隧道设计轴线的位置偏差,盾构机掘进实时姿态控制包括其与线路的平面偏离、高程偏离、纵向坡度、横向旋转和切口里程控制,盾构机操作司机根据导向系统提供的信息,快速、实时地对盾构机掘进方向及姿态进行调整,使得盾构机能够沿着正确的方向掘进。

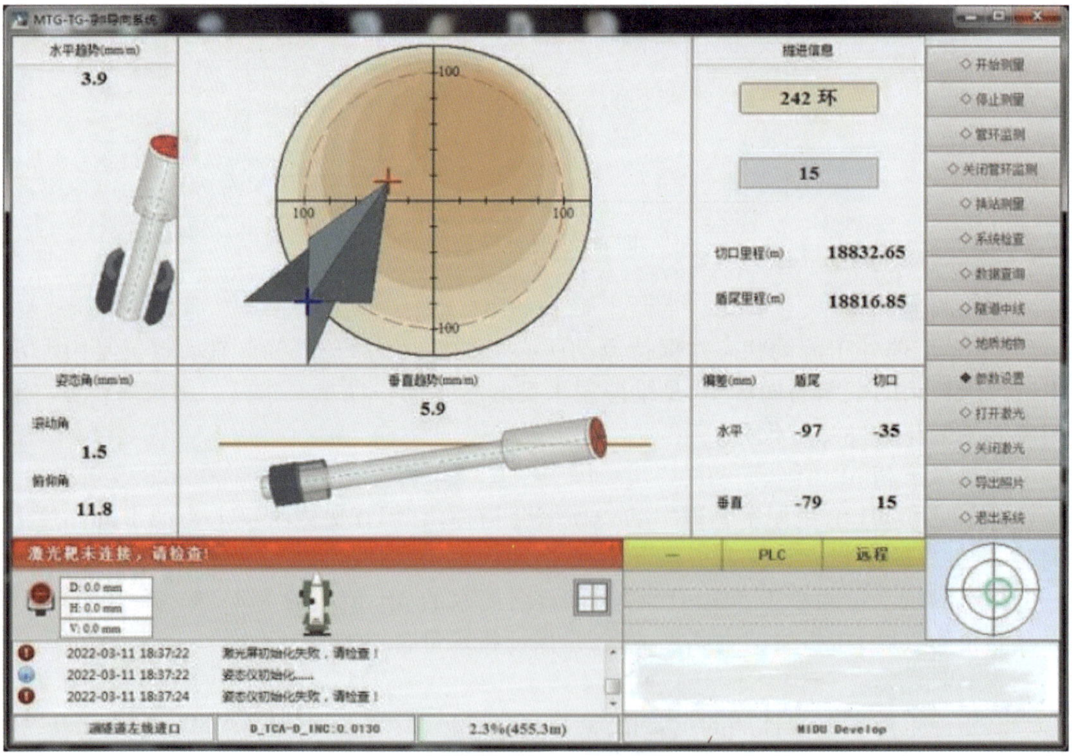

图9　盾构机掘进自动导向系统操作界面

DTA 坐标用于确定盾构机的位置，它是通过描述盾构机前后参考点与 DTA（通常指导轨或基准点）之间的位置关系、姿态以及水平和垂直偏差来体现的。此外，盾构机的里程也被用来辅助定位。盾首、盾尾的平面偏差及高程偏差通过与 DTA 比较得出，滚动角为与盾构机零位测量时比较发生的滚动，俯仰角表示盾构机前后相对于大地水准面的俯仰角度，各种偏差角度的定义见表 2，导向系统布局图如图 10 所示。

表 2　DTA 坐标偏差定义表

偏差种类	偏差描述	偏差定义图
平面偏差	+：正号表示右偏设计线； -：负号表示左偏设计线	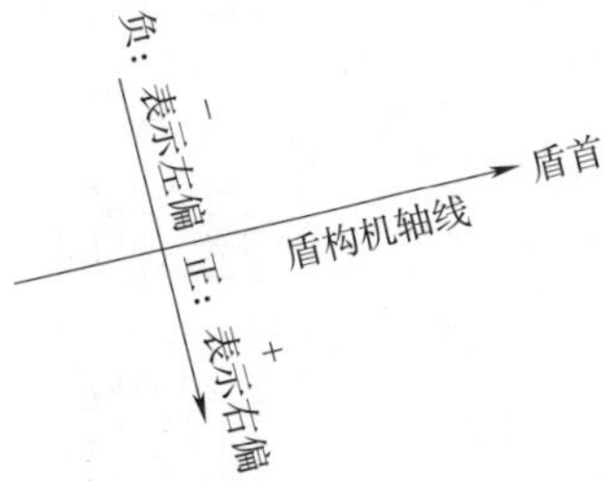
高程偏差	+：正号表示高于设计线； -：负号表示低于设计线	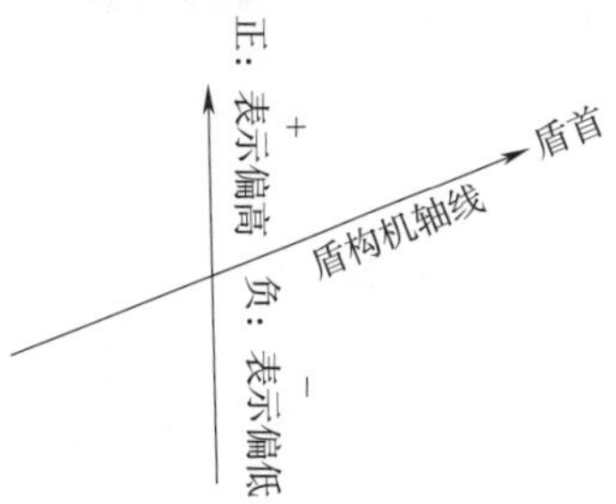
滚动角	滚动角正表示右滚动； 滚动角负表示左滚动	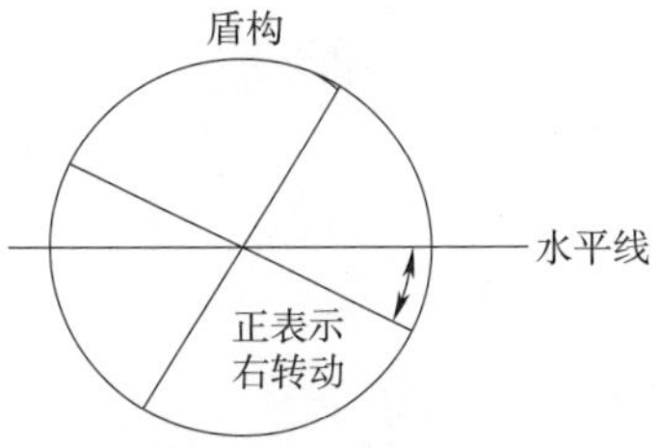
俯仰角	大地水准面和盾构轴线之间角度	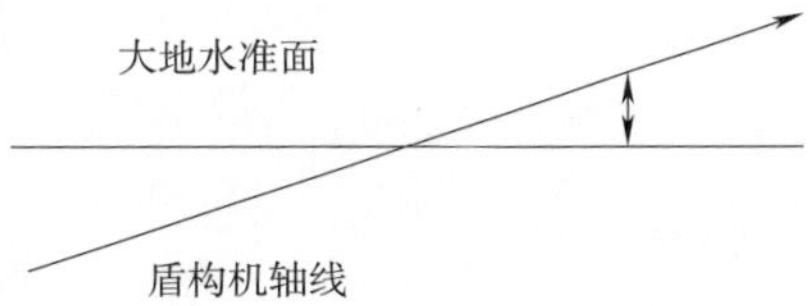

（2）盾构机掘进施工测量

在盾构机掘进方向右上方管片处安装吊篮，吊篮用钢板制作，其底部加工强制对中螺栓孔，用以安放全站仪，如图 11 所示。强制对中点的三维坐标通过洞口的导线起始边传递而来，并且在盾构工程施工过程中，吊篮上的强制对中点坐标与隧道内地下控制导线点坐标相互检核。如偏差超过控制标准，需再次确认无误后以地下控制导线测得的三

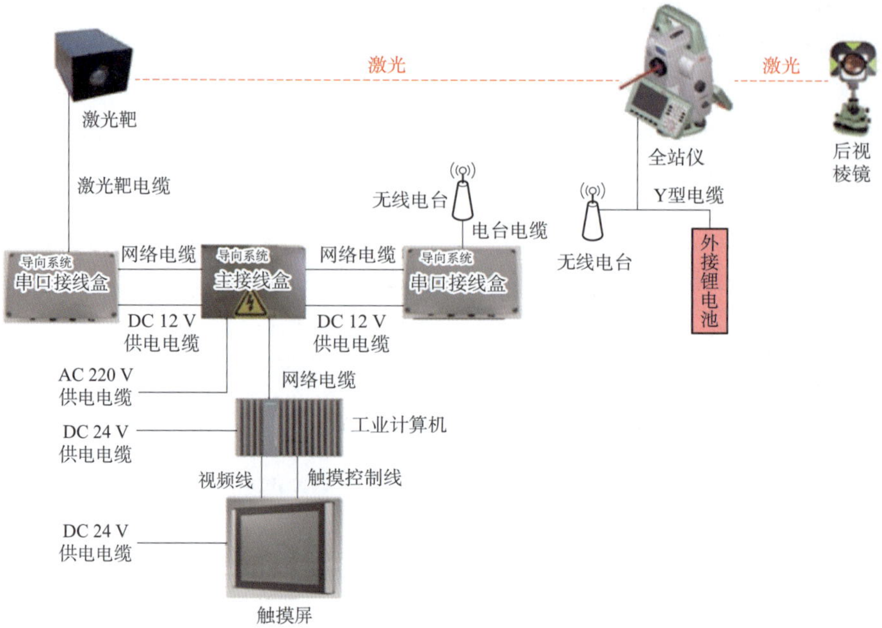

图 10　导向系统布局图

维坐标为准。因此盾构机在推进过程中，测量人员要牢牢掌握盾构机推进方向，让盾构机沿着设计中心轴线推进。盾构机推进测量以导向系统为主，辅以人工测量校核，如图 12 所示。

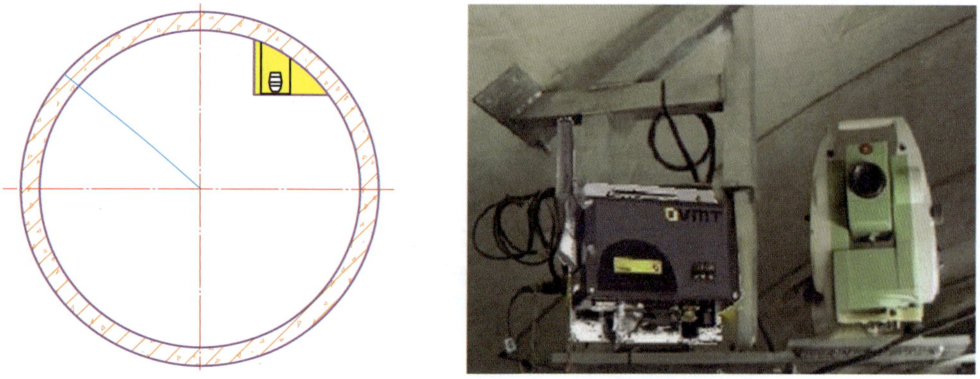

（a）吊篮安装位置　　（b）全站仪安装示意图

图 11　测量通道示意图

为了保证导向系统的准确性、确保盾构机沿着正确的方向掘进，周期性的对导向系统的数据进行人工测量校核。每次校核周期不超过 200 环，根据实际施工过程中的测量数据制定人工测量校核工作。

（3）通过分区操作盾构机的推进油缸控制掘进方向

①在上坡段掘进时，适当加大盾构机下部油缸的推力和速度；此时千斤顶对管片存

图 12　盾构机掘进人工测量校核

在斜向下的反作用力，管片脱出盾尾后会有下沉趋势，因此盾构机掘进线路以高于设计线路 5 ~ 10 mm 为宜。在下坡段掘进时则适当加大上部油缸的推力和速度；此时千斤顶对管片存在斜向上的反作用力，管片脱出盾尾后会上浮，因此盾构机掘进线路以低于设计线路 5 ~ 10 mm 为宜，推进油缸分区详如图 13 所示。

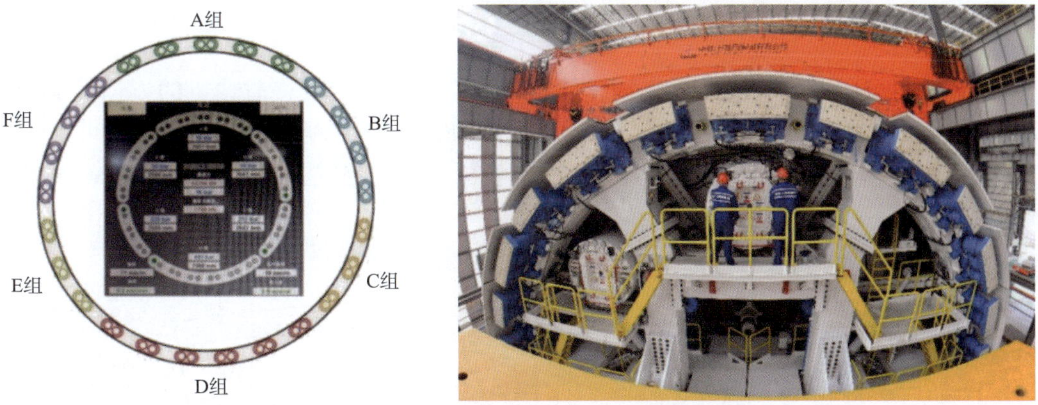

（a）推进油缸分区　　（b）推进油缸分区实物示意图

图 13　进油缸分区示意图

②在左转弯曲线段掘进时，则适当加大右侧油缸推力和速度；此时千斤顶对管片存在斜向右的反作用力，管片脱出盾尾后会向右侧漂移，因此盾构机掘进线路要向左侧偏离设计线路 5 ~ 10 mm 为宜。在右转弯曲线掘进时，则适当加大左侧油缸的推力和速度，此时千斤顶对管片存在斜向左的反作用力，管片脱出盾尾后会向左侧漂移，因此盾构机掘进线路要向右侧偏离设计线路 5 ~ 10 mm 为宜；在直线平坡段掘进时，则应稍微加大底部油缸推力，保持盾构机姿态始终处于抬头姿态中。

③在软硬不均的地层中掘进时，则应根据不同地层在断面的具体分布情况，遵循硬地层一侧推进油缸的推力和速度适当加大，软地层一侧油缸的推力和速度适当减小的原则来操作。

5.2.3 盾构机掘进姿态纠偏调整

在实际施工中，由于地质突变等原因盾构机推进方向可能会偏离设计轴线并超过管理警戒值。在稳定地层中掘进，因地层提供的滚动阻力小，可能会产生盾体滚动偏差；在线路变坡段或急弯段掘进，有可能产生较大的偏差。因此应及时调整盾构机姿态、纠正偏差。

(1)先对盾构机姿态及管片状态进行测量和复核，并进行记录，如图14所示。

图14 管片状态进行测量并记录

(2)参照分区操作推进油缸来调整盾构机姿态，纠正偏差，将盾构机的方向控制调整到符合要求的范围内，纠偏时应控制单次纠偏量，应逐环和小量纠偏，不得过量纠偏。

(3)通过调整盾构机掘进液压缸和铰接液压缸的行程差控制盾构机姿态，如图15所示。

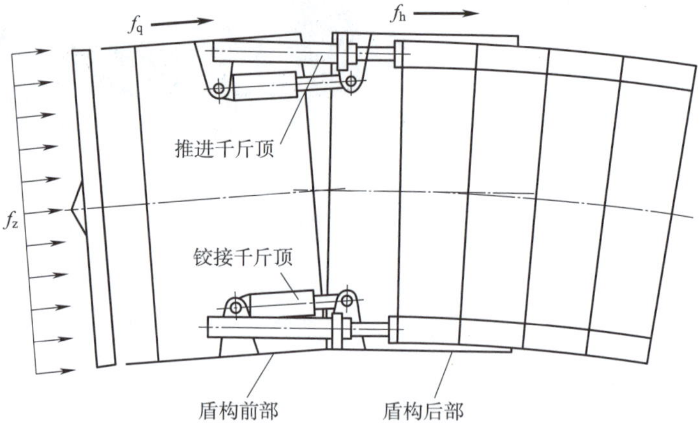

图15 盾构机掘进液压缸和铰接液压缸的行程差控制

(4)实时测量盾构机里程、轴线偏差、仰角、方位角、滚转角和盾尾管片间隙，根据测量数据和隧道轴线线形，合理选择管片型号，使之与盾构机姿态纠偏趋势相适应。防止因姿态调整损坏成型隧道管片，造成盾尾漏浆，渗漏水等，如图16所示。

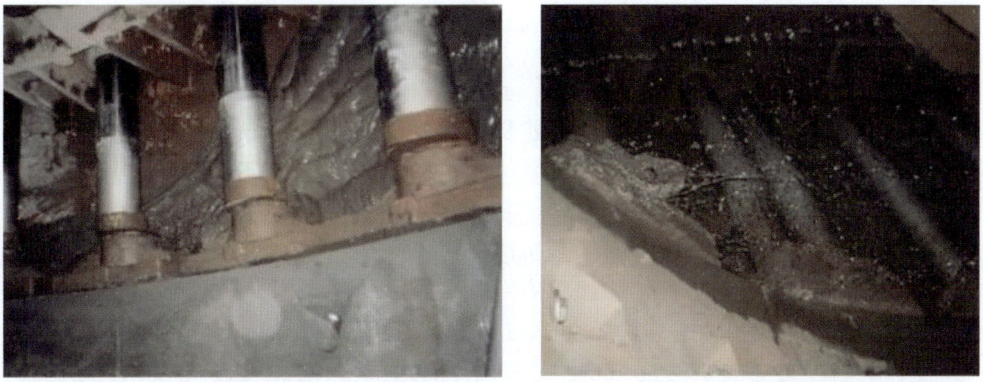

（a）盾尾漏浆　　（b）盾尾漏水

图 16　盾尾密封失效

（5）根据盾构机的横向和竖向偏差及滚转角，可采取液压缸分组控制或使用仿形刀适量超挖或反转刀盘等措施。

（6）采用盾构机刀盘反转的方法纠正滚动偏差，避免盾构机滚动角超限，如图 17 所示。

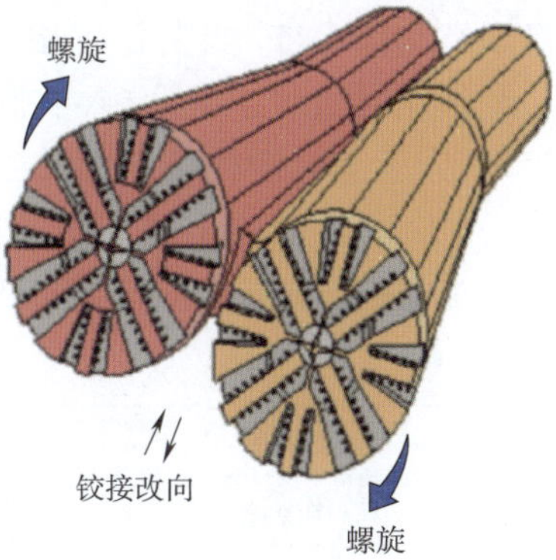

图 17　刀盘正反转修正滚动角

（7）盾构机平面位置最大纠偏量宜按下式控制：

$$\Delta l < S \times \tan \alpha \tag{6}$$

式中　α——盾构机主机与管片允许的水平夹角（°）；

S——两腰对称液压油缸的中心距离（mm）；

Δl——两腰对称盾构机推进液压缸伸出长度允许差值（mm）。

（8）盾构机高程最大纠偏量宜按下式控制：

$$i = (i_{盾} - i_{管}) \leqslant [i] \tag{7}$$

式中　i——盾构机主机与管片的相对坡度：

$i_{盾}$——盾构机掘进过程中，盾构机主机纵坡：

$i_{管}$——盾尾内成型隧道管片纵坡：

$[i]$——允许坡度差值。

（9）在管片易于上浮地层掘进时，宜考虑上浮量控制盾构机姿态高程偏差控制值，以控制管片姿态在合理范围内。

（10）盾构机曲线段掘进时，曲线外侧盾构机推进油缸伸出长度应超前内侧盾构机推进液缸伸出长度宜按下式计算：

$$\Delta L = \frac{(D - t) \times L}{R} \tag{8}$$

式中　ΔL——曲线内外侧盾构机推进液缸伸出长度超前量（mm）；

D——管片外径（mm）；

t——管片厚度（mm）；

L——管片宽度(m)；

R——道平面曲线半径(m)。

(11)盾构机前进遇到阻力不均衡、盾构机制作安装误差、管片的拼装质量较差、测量精度不高等情形时，易发生盾构机姿态"蛇行"现象，针对此类情况修正及纠偏时，应缓慢进行，如修正过程过急，蛇行反而更加明显。在直线推进的情况下，始终要注意盾构机前行的趋势，一般情况下，盾构机低头容易，抬头难，因此，在盾构机掘进中掌握好盾构机趋势是很重要的，盾构趋势始终处于抬头，即坡度值为正，这样不仅有利于控制盾构机姿态，也有利于皮带运输。

5.3 劳动力组织

根据工程的特点及施工要求，承担项目施工任务的管理层人员，由具有类似项目管理经验的工程技术人员和管理人员组成。项目部对项目进行综合管理，直接对建设单位负全责，组织项目工作计划的执行，协调解决生产过程中出现的问题，与建设单位、监理单位密切配合，做好组织和协调工作。项目部设项目经理1人，总工程师1人，安全总监1人，项目副经理若干名。此外配置相关技术人员作为技术指导团队，作业层为各施工队。

作业层负责工程实施，实行两班倒作业，节假日采用轮休制。根据本项目施工组织筹划，为了满足盾构施工相关工期节点要求，配置足够的人员力量，盾构掘进投入专业技术人员23人，其中土建6人，机电6人，安全2人，测量4人；施工人员169人，随着施工进度计划的开展，作业人员的调配实行动态管理。劳动力配置见表3。

表3　劳动力配置表

序号	设备名称	数量	配置要求
1	盾构经理	1	统筹协调盾构施工
2	工区经理	1	具体实施相关工作安排
3	隧道主管	1	全面负责井下施工相关事宜
4	盾构机长	2	主要负责操作盾构机进行开挖，协调管理
5	盾构机长助理	4	配合操作盾构机及管理
6	机电领班	2	主要负责管理设备维修及维保
7	机电领班助理	2	协助负责管理设备维修及维保
8	地面主管	2	主要管理地面相关事宜
9	地面领班	2	配合协调地面相关事宜
10	安全员	2	负责对现场安全进行管理
11	测量员	4	负责轴线、换站等相关测量
12	井下掘进班组	22	负责井下管片吊运、拼装及延伸管路等
13	井下机修班组	9	负责盾构机维保及设备巡检
14	地面掘进班组	16	负责材料吊运卸车及防水材料粘贴
15	地面机修班组	16	负责附属设备维保及设备巡检

续上表

序号	设备名称	数量	配置要求
16	拌和站班组	3	负责拌制浆液
17	泥水厂班组	10	负责泥水分离设备运行及设备维保
18	车队班组	14	负责物料水平运输及车辆管理
19	加工车间	5	负责加工相关零部件

6 材料与设备

为了保证盾构施工有序平稳推进，施工阶段要配备充足的机械设备，并加强设备的维护保养，盾构隧道施工所需主要设备见表4。

表4 掘进设备表

序号	设备名称	规格型号	数量	生产能力	备　注
1	大直径泥水平衡盾构掘进机	ϕ13.8 m	1台	45 mm/min	自有
2	泥水分离设备	ZXSⅡ-3000/20	1套	3 000 m^3/h	自有
3	调浆系统	ZXTZJ-5000	1套	3 000 m^3/h	自有
4	制浆系统	ZDJ-160	1套	160 m^3/h	自有
5	废水处理系统	DH-MSQ-50	5套	200～250 m^3/h	自有
6	双液浆拌和车间	—	1套	24 m^3/h	自有
7	龙门吊	MG60+25 t	2台	—	自有
8	叉车	10 t	1辆	—	自有
9	叉车	5 t	1辆	—	自有
10	管片箱涵车	DCY100双头运输车	5辆	—	自有
11	罐车	6 m^3	3辆	—	自有
12	风机	ECE	2台	—	自有
13	冷却塔	100T	2套	100 m^3/h	自有
14	水位观测仪	—	2台	—	自有
15	全站仪	TS-50	1台	—	自有
16	钻孔机	SY-1	2套	—	自有
17	泥浆比重计	NB-1	1套	—	自有
18	泥浆黏度计	1006型	1套	—	自有
19	泥浆砂量测定仪	NA-1	1套	—	自有
20	泥浆测试箱	ANY-1	1套	—	自有

6.1 盾构掘进设备

泥水平衡盾构机，型号DZ1283，泥水平衡式盾构机在结构上主要包括刀盘、盾体、主驱动、碎石机、人员舱、管片拼装机、管片吊机、箱涵吊机、管路延伸装置、后配套台车等结构;在功能上包括开挖系统、推进系统、管片拼装系统、泥浆输送系统、管路延伸系统、注浆系统、导向系统等,具体参数见表 5。

表 5　盾构机主要参数表

主部件名称	细目部件名称	参数配置	备　注
工程概况	隧道管片尺寸	13 300/12 200-2 000 mm	
	隧道管片分块	8 +1 块	
	管片纵向螺栓数量	50 颗	
	隧道长度	4 882 m	
	最小转弯半径	R15000	
	隧道最大坡度	25‰	
	工程最大水压	6 bar	
整机概述	盾构型号	ZTS13670	
	主机长度	约 14. 5 m	
	整机长度	约 130 m	
	整机总重	约 3 000 t	
	总装机功率	约 8 200 kW	
	适应最小平曲线半径	500 m	
	适应最小竖曲线半径	1 000 m	
	适应最大坡度	50‰	
	最大工作压力	8 bar	
	盾尾间隙	45 mm	
刀盘	型式	常压软土刀盘	
	开挖直径	ϕ13 420 mm	
	开口率	36%	
	常压可更换中心刀数量/刀高	10 把,刀间距 220 mm,刀高 225 mm	
	常压可更换撕裂刀数量/刀高	27 把,刀间距 220 mm,刀高 225 mm	
	常压可更换切刀数量/刀高	52 把,刀间距 195 mm,刀高 185 mm	
	焊接式撕裂刀数量/刀高	44 把,刀高 205 m	
	切刀数量/刀高	100 把,刀高 165 mm	
	边缘刮刀数量/刀高	10 组,刀高 165 mm	
	超挖刀数量/超挖量	2 把,最大超挖量 30 mm	
主驱动	驱动形式	变频电机	
	转速	0 ~2. 6 r/min	
	额定扭矩	18 925 kN · m	
	最大扭矩	24 224 kN · m	

续上表

主部件名称	细目部件名称	参数配置	备　注
主驱动	脱困扭矩	26 116 kN · m	
	驱动功率	3 250 kW	
	驱动单元数量	13 个	
	主轴承直径	6.0 m	
	工作压力	8 bar	
	主驱动外密封	4 道唇形密封	
	主驱动内密封	3 道唇形密封	
盾体	前盾直径	ϕ13 670 mm	
	前盾钢板厚度	80 mm	
	中盾直径	ϕ13 660 mm	
	中盾钢板厚度	80 mm	
	钢板材料	Q345B	
	开挖舱压力传感器	5 个	
	气垫舱压力传感器	2 个	
	液位传感器	12 个开关式,2 个压差式	
	前盾径向注入孔	14 个	
	中盾径向注入孔	14 个	
	预留外周超前注浆管数量	12 个	
	标称直径	DN100	
	预留水平超前注浆管数量	4 个	
	标称直径	DN100	
	泥浆门形式	外置式	
	气垫舱底部格栅尺寸	180 mm × 180 mm	
	盾尾直径	ϕ13 650 mm	
	盾尾钢板厚度	(110 + 90) mm	
	钢板材料	Q345B	
	盾尾间隙	45 mm	
	同步注浆形式	内置式	
	同步注浆管数量	8 路	
	盾尾密封	4 道盾尾刷 + 1 道钢板束 + 1 道止浆板	
	盾尾油脂管数量	4 × 17 路	
	聚氨酯注入点	17 个,DN25,位于第二道油脂腔	

续上表

主部件名称	细目部件名称	参数配置	备　　注
推进系统	推进油缸数量	65 根	
	推进油缸规格	320/260-3 000 mm	
	推进油缸分区	6 区	
	位移传感器数量	6	
	位移传感器形式	内置式	
	最大推力	182 873 kN@350 bar	
	最大推进速度	45 mm/min	

6.2　泥浆处理设备

根据地质条件要求并结合环保要求，本项目采用宜昌三川德清工程机械有限公司的泥水分离设备以及离心机及废水处理设备作为工程泥浆处理的保障。

配备1套泥浆处理系统ZXSⅡ-3000/20用于渣土分离；配备1套ZXTJ-5000调浆系统、ZXZJ-160制浆系统用于制浆、调浆。调浆池、储浆池配备行走形式搅拌机以防止浆液沉淀，如图18所示。

图18　泥水分离设备

6.3　物资吊运设备

本项目的垂直运输主要由2台60 t龙门吊完成，用于管片、箱涵、泥浆管、风水气管、油脂及其他物品吊装，如图19所示。

6.4　水平运输设备

洞内管片箱涵及物料运输采用5辆特制双头车进行运送，如图20所示。

6.5　施工材料配置

为了保证盾构掘进的顺利，提前筹划物资，保证材料供应满足盾构施工的相关要求，盾构施工材料配备表见表6。

图 19　龙门吊

图 20　双向管片箱涵运输车

表 6　盾构施工材料配备表

序号	材料名称	规格型号	数　量	备　　注
1	预制管片	ϕ13 300 mm，C60	2 452 环	—
2	管片防水材料		2 443 环	全环
3	管片螺栓	M36	2 451 环	管片连接
4	箱涵	—	2 484 节	
5	箱涵螺栓	M30	2 483 节	箱涵连接
6	洞门帘布橡胶	ϕ14 100	2 道	
7	外置洞门钢环	ϕ14 160	1 个	

续上表

序号	材料名称	规格型号	数　量	备　　注
8	水泥	P·042.5 普通硅酸盐	2 000 t	同步注浆
9	膨润土	GB-2 型	320 t	同步注浆
10	水玻璃	3 号水玻璃	660 t	同步注浆
11	稳定剂	TAC-RE-C	260 t	同步注浆
12	制浆剂 1		50 t	
13	制浆剂 2		15 t	
14	制浆剂 3		25 t	
15	泥浆管	DN500×10 000×12	9 764 m	
16	水管	DN150×6 000	9 764 m	
17	液压油	壳牌 46	5 000 L	
18	齿轮油	壳牌 220	1 000 L	
19	齿轮油	壳牌 320	8 000 L	
20	盾尾油脂	康达特 WR89	834 000 kg	
21	盾尾油脂	康达特 WR90	8 000 kg	

7　质量控制

7.1　质量控制标准

(1)《城市轨道交通工程监测技术规范》(GB 50911—2013);

(2)《铁路隧道工程施工安全技术规程》(TB 10304—2020);

(3)《铁路隧道盾构法技术规程》(TB 10181—2017);

(4)《高速铁路隧道工程施工质量验收标准》(TB 10753—2018);

(5)《铁路隧道钢筋混凝土管片》(TB/T 3353—2014);

(6)《高速铁路隧道工程施工技术规程》(Q/CR 9604—2015);

(7)《混凝土结构工程施工质量验收规范》(GB 50204—2015);

(8)《地下防水工程质量验收规范》(GB 50208—2011);

(9)《盾构法隧道施工及验收规范》(GB 50446—2017)。

7.2　管片拼装质量控制

管片拼装过程中盾构机长务必全程旁站,旁站过程中及时发现不规范的操作并提醒拼装手进行整改,严格按照管片拼装操作规程管理规定进行正规操作,避免操作手因操作失误造成设备损坏,影响施工进度。

(1)运输前制定切实可行的方案并做好预备工作,采用专用运输车运输,确保管片在运输和吊运途中不受损或毁坏。管片在生产厂的堆放高度不超过 3 层,管片在施工现场的堆放高度不超过 3 层,管片在运输途中的堆放高度不超过 2 层。

(2)粘接剂、软木橡胶、弹性密封垫必须具备合格的证明材料;粘接剂涂刷均匀饱满、弹性密封垫和橡胶衬垫粘贴平整牢固;螺栓衬垫严密,不得有裂隙,使用前检查,发现损坏立即更换,不得使用。

(3)嵌缝之前将槽内清理干净,无杂质碎屑,嵌缝材料的种类、规格和质量符合设计和规范要求,通过监理检验后方可实施,所用机械设备状况良好,管片安装前应对盾构机管片安装区进行清理,清除污泥、污水等,保证安装区及管片相接面的清洁。

(4)由经验丰富的专业管片安装人员进行管片拼装,拼装过程由工程技术人员根据验收标准进行过程验收,保证拼装质量;管片拼装机只能由管片拼装手操作,其他人未经允许不得进行操作。

(5)严格检查进场管片,有破损、裂缝的管片不能采用。下井吊装管片和运送管片时应注意保护管片和防水密封条,以免损坏。

(6)防水密封条及软木衬垫粘贴前,应将管片进行彻底清洁,以确保其粘贴稳定、牢固。

(7)管片安装前应对盾构机管片安装区进行清理,清除污泥、污水等,保证安装区及管片相接面的清洁。

(8)合理选取同步注浆参数,确保管片受力均匀,施工前应进行配合比试验,选出最佳配合比,并根据不同地质情况,适时调整配合比;严格控制砂浆的搅拌质量,搅拌均匀,时间充分,同步注浆速度与掘进速度相匹配;提高盾构机推进质量,防止管片移位、错台;注意调整盾尾间隙,控制推进油缸的伸缩和同步注浆压力,拼装精度控制在设计要求之内,防止管片移位、错台。

(9)拼装时先安装底部的块位,然后自下而上左右交叉安装,每环相邻管片错缝拼装并控制环面平整度和封口尺寸,最后插入封顶管片。

(10)在拼装管片过程中,拼装手与其他管片拼装人员必须积极配合,问明其他拼装人员的情况,并得到明确答复后,在保证自身和其他拼装人员的安全的情况下方可开动拼装机。

(11)管片在被拼装机抓住吊起前,拼装手必须检查拼装头是否上紧,看清该管片的型号,然后再用管片运输平台把管片运到合适的位置。

(12)管片被吊装起后,拼装手必须控制好速度,把管片安全地送到将要拼装的位置,然后进行拼装。

(13)管片安装时必须运用管片安装的微调装置,将待装的管片与已安装管片块的内弧面纵面调整到平顺相接,以减小错台。调整时动作要平稳,避免管片碰撞破损。

(14)拼装过程中,拼装手要站在有利位置看清管片的主要位置,看不到的位置要与其他拼装人员配合,同时要保证不碰坏止水条,保证错台在 5 mm 以内。管片安装质量应以满足设计要求的隧道轴线偏差和有关规范要求的椭圆度及环、纵缝错台标准进行控制。

(15)管片被推进油缸顶住后,如果要对管片进行微调必须把推进油缸收回后方可进行下一步的工作,严禁非管片安装位置的推进液压缸与管片安装位置的推进液压缸同时收缩。

(16)管片拼装好后拼装手必须把正圆器移到拼好的一环管片上,其他拼装人员必须把管片运输平台上的拉链挂到管片运输平台上。

(17)泥水盾构管片拼装作业环境不同于其他类型盾构机,泥水系统在施工时易造成工作区域积水现象,须及时采用污水泵排除积水,处理好水力机械管路渗漏点,为管片拼装创造良好的工作环境,防止因未将拼装作业区内积水排出,而影响管片的准确定位,降低管片成环质量。在拼装过程中如遇到紧急情况必须及时向领班工程师或盾构机主司机汇报,进行紧急处理。

(18)管片拼装完成后,必须将拼装机转到固定的位置,并停止动力泵,关闭操作手柄。

(19)管片拼装质量按照《铁路隧道盾构法技术规程》(TB 10181—2017)和设计要求控制执行,见表7。

表7　管片拼装允许偏差表

序号	项　　目	允许偏差(mm)	检验方法	检查频率数量
1	衬砌环直径椭圆度	±6% D_w	尺量后计算	4点/环
2	隧道轴线水平偏差	±70	用经纬仪测中线	1点/环
3	隧道轴线高程	±70	用水准仪测高程	1点/环
4	衬砌环内错台	6	用尺量	4点/环
5	衬砌环间错台	7	用尺量	1点/环

注:D_w 为盾构隧道衬砌环外直径(mm)。

管片螺栓穿进螺栓孔,用气动扳手紧固螺栓。第一次是本环管片拼装完成后,立即用扭矩扳手紧固;第二次是在下环掘进过程中油缸行程前1/2时对本环管片螺栓进行紧固;第三次是管片脱出盾尾时再次进行紧固(即在掘进过程中对后第三环管片进行紧固)。

7.3　箱涵拼装质量控制

7.3.1　箱涵质量控制标准

施工现场箱涵拼装质量按照设计要求控制执行。

7.3.2　箱涵错台控制

(1)箱涵竖直方向错台

当成型隧道的轴线与设计轴线相吻合,在理想意义上可以通过调整箱涵前端面倾角完全消除错台。箱涵前端面倾角在箱涵安装时难以准确控制,倾角变大或变小都会产生箱涵错台。

出现竖直错台时,通过箱涵底部垫钢板的方式及时调整箱涵拼装倾角与成型隧道纵坡拟合,消除竖直错台。

(2)箱涵水平方向错台

箱涵拼装前,测量班组放样出成型隧道箱涵拼装轴线点。拼装手根据放样点,合理选择调整需垫的丁晴软木橡胶板厚度,并根据实际情况及时调整。拼装后用水平尺复核箱涵水平。

7.3.3　箱涵破损控制

(1)提高箱涵预制精度和混凝土浇筑质量。

(2)尽量减少场内倒运次数,倒运时注意保护箱涵。由专业司索工指挥吊装装车,避免重心偏移,起吊过程中箱涵与地面(车板)发生侧向滑动从而导致箱涵破损。

(3)箱涵拼装时,尽量一次性调整好箱涵位置,避免多次微调。

(4)及时用混凝土填充箱涵底部空隙,保证箱涵底部密实牢固。

7.4 隧道防水质量控制

(1)三元乙丙密封垫与遇水膨胀止水条的粘贴是衬砌接缝防水的关键,必须严格按设计图的要求粘贴。质量符合设计要求,防止脱落。

(2)安装密封垫时,要选择与管片型号相对应的材料,在安装时,要注意将密封垫与管片长短对齐,密封垫及止水条尺寸检测和外弧面防水涂层厚度检测如图21、图22所示。

图21 密封垫及止水条尺寸检测

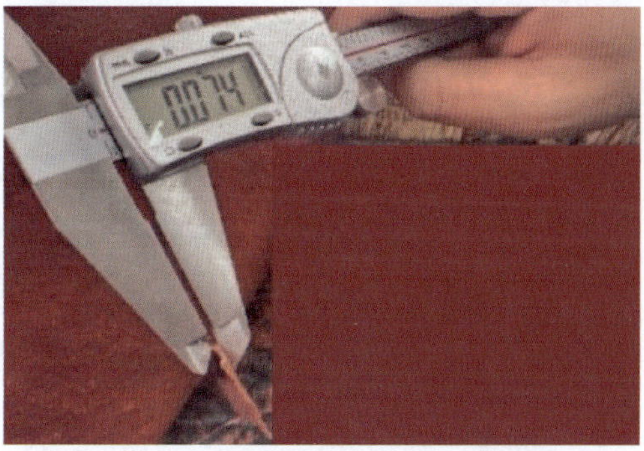

图22 外弧面防水涂层厚度检测

(3)刷胶黏剂时,要求沿密封垫与止水条的内侧及管片凹槽均匀涂抹,不得漏刷或刷得不均匀,不得扩大刷胶面积。黏结剂涂刷后,晾置一段时间,待手指接触不粘时再粘贴。胶黏剂涂刷量适中,多刷会不容易晾干,少刷会粘接不牢。

(4)粘贴后的密封垫应安装位置正确、粘贴牢固、平整、严密,不得有起鼓、超长和缺口现象,管片的四个角部的密封垫不得出现耸肩、塌肩现象。管片在粘贴装设密封垫12 h内,不得送井下拼装。

(5)粘贴后的橡胶条应安装位置准确、粘贴牢固、平整、严密,不得出现脱胶、翘边、歪斜等现象。

(6)粘贴好防水材料的管片应进行覆盖,以防止防水材料暴晒或淋雨,引起防水材料松动。

(7)粘贴过程中,如不小心让胶上粘有灰或小石子时,要用刀片将其刮掉。

(8)粘贴时,不能损坏止水条,止水条定位准确,与密封垫间距保持一致;其中变形部分安装误差应小于5 mm。在定位止水条时,一定要使其在界面部分保持平展,不能让止水条扭结,如发现有扭结不平展现象应及时进行调整止水条。

(9)冬季接缝防水粘贴施工应在保温棚内进行,并在保温棚内增加暖风炮进行加热,保证冬季接缝防水粘贴质量。

7.5 壁后注浆质量控制

7.5.1 同步注浆质量控制要点

(1)在施工开始前,应编制详细的注浆作业指导书,并进行详细的浆材配比试验,选定合适的注浆材料、添加剂及浆液配比,保证所选浆液配比、强度、耐久性等物理力学指标满足工程的设计要求。

(2)制订详细的注浆施工工艺流程及注浆质量控制程序,严格按要求实施注浆、检查、记录、分析，及时做出 P(注浆压力)—Q(注浆量)—t(时间)曲线，分析注浆速度与掘进速度的关系，评价注浆效果，反馈信息指导下次注浆。

(3)注浆作业由专人进行，上岗前应进行交底培训，施工过程应由富有经验的土木工程师负责注浆技术指导工作。施工人员应如实填写盾构机推进过程同步注浆记录表，为浆液参数调整提供数据支持。

(4)根据洞内管片衬砌变形和地面及周围建筑物变形监测结果，及时进行信息反馈，修正注浆参数，发现情况及时解决。

(5)做好注浆设备的维修保养，定时对注浆管路及设备进行清洗，保证注浆作业顺利连续不中断进行。

(6)注浆同时，要观测盾尾密封效果，不能使浆液盾构机与管片之间发生渗漏。若出现该问题时，一方面加大盾尾油脂泵压力，另一方面查看注浆压力是否过大。

(7)掘进过程坚决执行“掘进与注浆同步，不注浆不掘进”的原则。

(8)浆液在拌制过程中冲洗搅拌设备的污水应当净化后排入污水沉淀池，不宜与成品浆液混用以免影响砂浆质量。

(9)浆液拌制与运输过程应结合紧密，不宜时间过长。合理控制时间以免浆液结块造成管路堵塞，影响盾构工程施工进度与施工质量。

7.5.2 同步注浆质量效果检查

同步注浆是壁后注浆中最重要的一环，其施工质量直接影响了隧道的成型质量，根据长期的施工经验，对同步注浆的质量检查分为施工前的材料质量检查、施工中的过程检查与施工结束后的检查。通过对同步注浆质量检查，判定后期是否需要进行补充注浆作业以及对后续施工参数与材料配比是否需要进行调整，检查内容见表 8。

表 8　同步注浆质量效果检查内容

序　　号	检 查 内 容
施工前检查	(1)检查浆液材料性能是否满足不同地层施工要求； (2)将浆液试块送检，通过第三方单位检测该类型浆液是否满足表中的要求； (3)同步注浆施工前对砂浆进行每日取样，观测砂浆初凝时间是否小于 6 h
施工过程中检查	(1)注浆泵在工作中状态正常，未出现管路堵塞、反浆、压力突然大幅波动现象； (2)浆液从管片的对称位置注入较均匀，管片未发生错台、损坏或上浮现象； (3)施工过程中，注浆孔有涌水现象； (4)施工过程中，管片环、纵缝处均未出现明显的渗水或漏水现象
施工结束后检查	(1)对注浆后的注浆孔开孔检查，检查浆液是否完全凝固，是否有水流出，若注浆效果较好，则无水流出； (2)整条隧道使用该类型浆液，未出现大面积渗漏水现象； (3)采用超声波测： ①根据波长，判定岩层是否有裂隙，若注浆后波形信号明显，波速值较高，则说明随着注入浆液的充填、固结已形成了较完整的岩体，从而达到了同步注浆的目的； ②根据波速与波幅变化，判定是否存在松动区。注浆后波速幅度值越大，说明裂隙被充填的越密实，注浆质量和效果越好； ③也可使用地质雷达探测注浆后管片背面浆液的结石情况及浆液的填充扩散是否均匀密实。 (4)地表的沉降，通过同步注浆的数量和压力，也得到了比较的控制，施工结束后地表沉降量基本符合设计及规范要求

8 安全措施

8.1 安全生产目标

严格执行国家、地方政府有关施工安全管理方面的法律、法规及规章制度，牢固树立安全发展理念，坚守“发展决不能以牺牲人的生命为代价”的红线，坚持“安全第一，预防为主，综合治理”的方针，落实党政同责、一岗双责、齐抓共管、失职追责”的要求，按照“管行业必须管安全、管业务必须管安全、管生产经营必须管安全”的原则，建立全员安全生产责任制，健全安全生产监督管理体系，确保安全生产投入，采用先进的安全生产技术和管理方法，推进安全生产文化建设。

(1)杜绝伤亡事故和生产安全风险事件(包括与生产有关的生活、交通、消防等)，及时消除安全事故隐患，确保“双零”目标。

(2)杜绝因安全生产违法行为而被省市地方等有关部门实施联合惩戒和纳入“黑名单”。

(3)建立健全科学、完善、有效的安全生产管理体系。

8.2 安全生产体系

安全保证体系如图23所示。

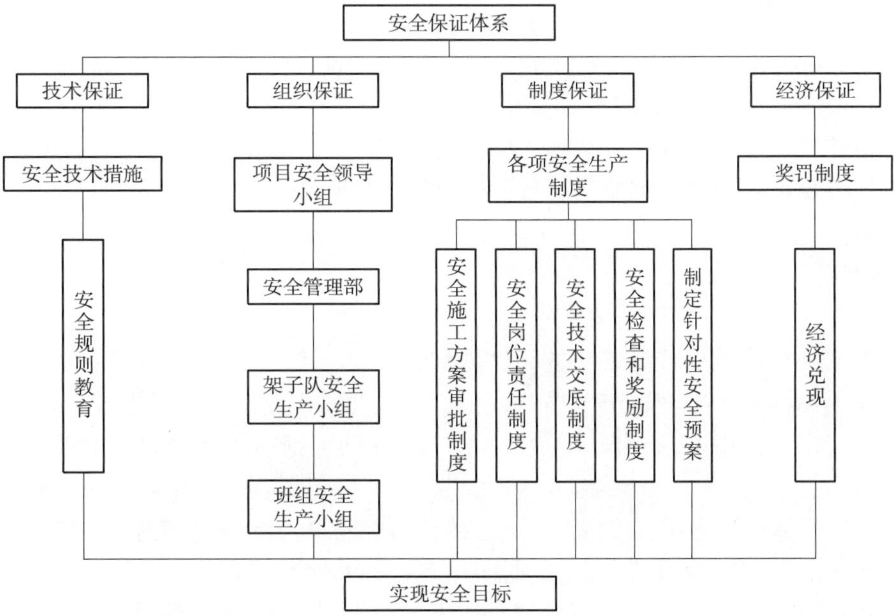

图23 安全保障体系图

8.3 施工安全技术保证措施

8.3.1 盾构推进安全保证措施

(1)在盾构推进中跟踪测量地表隆陷变化，并通过调整推力、推进速度、正面压力、推进坡度、注浆压力、注浆流量等施工参数,以使地面沉降位移尽量减少。

(2)在掘进过程中应掌握和记录好实际平衡泥水压力、推进速度、出土量、千斤顶工作油压或各区域千斤顶工作油压等施工参数;隧道衬背注浆要与掘进同步。

(3)根据工程对隧道变形及地表变形的控制要求选用同步注浆、二次补强注浆甚至三次注浆的工艺,注入的浆液应按地层性质、地面超载条件、变形控制要求合理选定。

8.3.2 注浆安全保证措施

(1)注浆由专人负责操作必须经过专门培训,并熟练掌握有关作业规程。

(2)严禁在不停泵的情况下进行任何修理,注浆泵及管路内压力未降至零时不准拆除管路或松开接头,以免浆液喷出伤人。

8.3.3 管片拼装安全保证措施

(1)管片拼装人员须经过培训,熟悉了解操作规程,考核合格方可上岗施工。

(2)在管片拼装位置挂好醒目的警示牌及操作规程。

(3)严禁举重臂旋转范围内站人,并随时重点检查、抽查。

(4)严格执行管片螺栓拧紧到位的要求,并安排专人检查。

(5)每环管片拼装前,必须进行真空试验,合格后方可进行拼装作业。

(6)机修人员每天对拼装机吸盘进行润滑点检,发现密封条/板出现破裂、开胶、严重变形等情况,立即更换,更换过后必须进行真空试验合格后才能使用。

(7)若拼装期间出现遥控器信号中断、延时、失灵等问题,应迅速组织拼装人员离开拼装区域,马上联系售后人员进行检查维修,若短时间内无法修复,应采用人工强制控制液压阀块的方式,操作拼装机将管片放于喂片机上,然后进行维修。

8.3.4 管路延长安全保证措施

(1)换管吊机使用前,必须检查吊装物体的挂钩、绳索,不牢固有破损的,不准起吊。

(2)换管吊机不准斜吊泥浆管,吊起泥浆管时要捆绑牢固,否则,不准起吊。

(3)被吊物体升起高度,在运行中,一般不准超过 1 m。特殊情况时(跨越障碍物)被吊物体周围严禁有人。

(4)换管吊车运行中,严禁泥浆管在人头顶上越过。

(5)不准换管吊机吊着泥浆管进行机械加工。

(6)换管吊机运行行至轨道两端时,切勿开得过快,以免碰撞损坏限位。

(7)换管吊机使用中,如因电器机件失灵,应立即汇报有关人员进行修理,不准带病作业。

(8)保持换管作业区的卫生清洁,及时冲洗留在管片上的泥浆,防止造成污染。

(9)工具的管理要专职到人,且要摆放整齐,不能随意乱放。

(10)吊机遥控器的操作要专职到人,防止误操作,遥控器要妥善保管。

(11)车辆通过时,要及时观察和提醒,防止损坏设备。

8.3.5 维修安全保证措施

(1)严格按照已制定的盾构机及附属配套设备保养检查项目对设备进行全面的检查保养,发现问题及隐患,及时排除,严禁设备带病作业。

(2)掘进时,不得在设备运转中检修设备,特别是皮带机、注浆泵、空压机等设备。

8.3.6 垂直运输安全保证措施

(1)起重运输作业前应清除工地所经道路的障碍物,做到工地整洁、道路畅通。

(2)使用新机具或采用新工艺时,必须经过技术鉴定。

(3)各种起重机械起吊前,应进行试吊。

(4)各种起重机械在使用和行走时,应有良好的道路。

(5)起重工在工作时集中精力,明确分工,服从统一指挥。

(6)起重工必须熟悉施工方法、起重设备的性能、所起重物的特点和确切重量以及施工安全的要求。

(7)采用两台吊机同时起吊重物时,应在现场施工负责人的统一指挥下进行,在起吊过程中,两台吊机必须均衡起落重物,使各自分担的重量不超过其容许的负荷能力。

(8)起吊重物时,吊具捆扎应牢固,以防吊钩滑脱。

(9)垂直运输必须设专人指挥。连接装置必须安全可靠,防止脱钩、溜车事故。

8.3.7 水平运输安全保证措施

(1)车辆司机必须经过培训和规程教育、考试合格的人员担任,工作时须持证上岗。

(2)司机交接班时,须仔细检查车辆制动装置、车灯、喇叭,确认完好后试运行。

(3)司机离开座位时,必须拔下钥匙,扳紧车闸,但不准关闭车灯。

(4)不准倒转刹车,不准用其他金属物代替机车保险丝。

(5)车辆在坡度较大隧道中行驶、接近弯道、工人较多的地点时应减速行驶,并在40 m外鸣喇叭,做好刹车准备。

(6)司机在行车时,要随时注意机车各部位运转是否正常,发生故障及时修理。

(7)行车中车辆落物,必须立即停车处理。

(8)机车行驶时,司机要时刻注视前方信号、障碍物等情况,若有行人必须鸣喇叭并做好刹车准备。

(9)司机必须坐在司机座位上开车;不得坐在车外操作,行车时不得探身车外。

(10)司机在开车前必须注意机车前方有无行人和障碍物;鸣喇叭后方可启动机车。

8.3.8 装卸车及运输安全保证措施

(1)严格执行设备安全操作规程。

(2)装载料具时,严禁超出装载限界。装运大体积或超长料具时,应捆扎牢固,必要时加设保险绳和显示限界的红灯,还应专车运输和专人指挥。

(3)各种运输设备不得人、料混装。

8.3.9 隧道内安全防护措施

隧道内的安全防护,如图24所示。

8.3.10 盾构临时用电安全措施

(1)要严格按规定选用与电气设备的用电负荷相匹配的开关、电器。

(2)电气设备要严格按其性能运行,不准超载运行,做好经常性的检修保养使设备能正常运行,并保持通风良好。

(3)配电箱要选用非木质的绝缘材料制作,包括配电板的材料,提高耐火性能。

(4)安装、巡检、维修或拆除临时用电设备和线路,必须由电工完成,并应有人监护,

图 24　箱涵拼装区域安全防护图

电工等级同本项目的难易程度和技术复杂性相适应。

8.3.11　隧道内消防安全措施

(1)未取得动火许可证,禁止进行电焊、切割、烧煮等明火作业。

(2)明火作业时应安排专人监护,作业完毕必须清理遗留火种。

(3)小心使用和保管化学易燃品,并远离明火。

(4)使用完毕,应将电器的电源断开。

(5)电器设备周围 50 cm 内,严禁堆放可燃物、易燃物。

(6)清楚灭火器的位置,并学会使用。

(7)熟悉火警疏散信号、逃生线路和撤离方法。

(8)电焊作业人员必须持有"中华人民共和国特种作业操作证",必须佩戴符合国家或行业标准的劳动防护用品(包括阻燃防护服、防护手套、防护罩、绝缘鞋)方可焊割作业;袖子和衣领保持扣紧。长裤应与鞋面重叠以防飞溅物进入鞋内。磨损的衣服特别容易点燃和燃烧,不应佩戴。服装应保持清洁,避免含有油脂。

(9)盾构机上盾体、液压泵站、变压器组、发电机等重要位置统一配置手推式干粉灭火器,其他区域配置普通灭火器。

(10)盾构机上紧急灭火器由安全部统一配置并由机长管理,任何人不得变更位置或移做他用。

(11)灭火器定期进行检查及更换,填写灭火器检查记录表。

8.3.12　盾尾刷更换安全措施

盾构施工过程中,若盾尾出现漏水漏浆等情况,并且加大盾构油脂注入量封堵无效,或检查发现盾尾刷明显损坏或缺失时,就要考虑对盾尾刷进行更换。

(1)准备工作

实施更换作业前需做好相关准备工作,要编制专项方案并经相关审批,对作业人员进行技术交底;现场要依照方案准备注浆泵、手拉葫芦、焊接切割设备、灭火器等各类设备材料,对注浆设备要提前连接调试以备紧急抢险。

采取拆卸管片的方式实施盾尾刷更换,需结合盾构拼装机结构形式、最大抓取行程等实际情况,设计加工拼装机加长臂,使改造后的拼装机能覆盖拆除管片所需的位置,并在满足承载能力要求的前提下提起并灵活移动管片。

(2)确定停机位置

盾尾刷更换作业需盾构机较长时间停机,应结合地质水文条件、地表建(构)筑物、地下管线分布情况综合分析确定停机位置。应选择地层情况相对稳定、地表及地下无建(构)筑物及相关管线的区域作为停机位置,并做好盾构机停机姿态预控制。

由于最后一道盾尾刷位置紧邻盾尾尾部,对其实施更换作业风险极高,一般仅对除最后一道以外的盾尾刷进行更换。应根据盾构机及管片的构造尺寸,计算出盾构最终停机时各道盾尾刷与管片环之间相对位置关系,确定最终停机时的油缸行程,保证在拆除管片时最后一道盾尾刷不被暴露。

(3)洞内加固处理

洞内加固的主要目的是保证临近盾尾区域地层状况稳定,并通过环箍效应阻隔减少盾尾区域地下水,降低更换作业风险。地层加固方式一般有双液注浆加固和冷冻法加固,局部可采用注入聚氨酯等方式加强止水效果。注浆加固适用于复合地层、软岩地层等,冷冻加固多用于淤泥、富水砂层,需结合项目地质水文状况综合分析选取加固方式及加固范围。需要注意的是,注浆加固要避免浆液窜至刀盘前方将刀盘及盾体抱死。加固完成后对止水效果和地层自稳能力进行检查,合格后方可进行下步工序。

(4)管片拆卸

末环管片不进行封顶块拼装,以型钢支架代替,保证管片整体环向受力稳定的同时便于拆卸作业。管片拆卸及尾刷更换应遵循"拆一块、换一块、恢复一块"方式,严格按照方案既定的步骤进行。作业前,注意检查拼装机加长臂结构状况,拆卸区域严禁站人;密切注意盾尾渗漏情况,发现异常及时用海绵条填塞或注浆封堵。管片拆卸、盾尾刷拆装及管片二次安装应连贯迅速,降低事故风险。

(5)盾尾刷更换

管片拆除后,彻底清理盾壳及油脂腔并检查油脂注入孔,清理完成后割除旧盾尾刷,对切割造成的盾壳瘢痕部位进行抛光打磨,保证新盾尾刷安装质量。新盾尾刷自拆除区域相邻管片为起点依次点焊安装,完成后经检查合格后进行满焊。整圈最后一块盾尾刷安装时,经仔细量测后按尺寸切除多余宽度,确保整圈盾尾刷均匀连续。每个管片拆卸区域新盾尾刷更换后,均要人工采用手涂型油脂对盾尾刷填塞涂抹,将钢丝分层拨开并最大程度上填塞油脂,而后涂抹于钢丝表面,做到饱满均匀;油脂填涂完成后恢复该块管片。

(6)管片二次拼装

管片二次拼装时,要在连接螺栓安装紧固后确认盾构机油缸撑靴已作用于管片,无误后拼装机方可脱离并开始下一块管片拆卸,从而完成整个循环过程。整环管片全部恢复后,油脂泵泵送油脂填充盾尾密封腔室,达到设计压力值后方可开始盾构掘进。

8.3.13 地表沉降塌陷安全措施

盾构掘进时,对地层的扰动、超挖,会造成地表沉降。另外掌子面切口压力不足也可能造成地表沉降。采取的措施如下:

(1)严格控制盾构机掘进参数:主要包括推力、推进速度,减少泥水压力波动,采用均匀掘进,避免对土体产生大的扰动,加强泥浆管理和出土量监控,防止超挖和欠挖。

(2)加强壁后同步注浆控制:同步注浆是防止地层沉降的重要措施。应控制好同步注浆压力和注浆量。根据出渣量确定注浆量,根据水土压力确定注浆压力。为防止注浆压力过大而顶破覆土层,在注浆机的控制系统中采用注浆量与注浆压力双控。

(3)加强监控量测,严格控制沉降:通过监测系统提供的数据,及时调整与控制盾构掘进过程中的施工参数,必要时采取管片壁后补注浆及地面跟踪措施,使盾构施工对地面影响降低。

8.3.14 盾尾密封失效安全措施

(1)为防止从管片和盾壳间进入沙土和水,在主机的尾端安装四道盾尾密封。盾尾密封由弹簧钢板、钢丝刷、不锈钢金属网组成。即使在曲线施工中也能密封严紧。为了提高盾尾密封的止水效果,必须在盾尾密封内和盾尾密封之间添加盾尾油脂;另外,灌注盾尾油脂还可以有效防止盾尾钢丝磨损。本机配备有盾尾油脂注入装置,按照设定的注脂周期,加注盾尾油脂。只要密封性能下降就需适当地加大注入尾封油脂量,当注浆注入压力(0.5 MPa以上)直接作用于盾尾密封的钢丝刷时,盾尾密封可能翻转,泥浆侵入并固结,导致盾尾密封无止水效果,甚至造成盾构与管片、地层固结而无法掘进。因此掘进过程中严格控制注浆压力。

(2)为了使盾构主机不因承受的泥水压、土压等后退,操作推进油缸时要注意,特别是管片拼装时,如果伸出的油缸全部缩回,会因承受的开挖面的压力,使盾构主机后退,所以将与开挖面压力相等数量的油缸保持伸出以支撑盾构主机。

(3)盾尾油脂采用自动注入,手动注入时,要定期注入盾尾密封油脂,盾尾油脂压力过小,同步注浆浆液会压入盾尾密封刷中。

(4)推进过程中,盾构机轴线的偏移量不可过大,以防止盾尾间隙过小而损坏盾尾密封刷。

8.3.15 隧道突发涌水涌沙安全措施

(1)中、强透水地段施工时,测量人员要加大测量的频率,并及时向第三方取得地表沉降的相关参数,及时调整施工方案。

(2)施工过程中,要适当提高同步注浆浆液浓度。

(3)提前严格检查设备运行情况及泥水厂设备等。

(4)控制好掘进参数,提高盾构机千斤顶的推进速度。

8.3.16 隧道通风安全保证措施

(1)保证通风系统稳定可靠,专人值班观测风机运行参数,包括风压、风量、供电电压、电流检测,一旦发现风机运行参数异常,应及时通知值班领导,安排隧道内作业人员作业,不得随意调节、迁移和拆卸通风设备,并定期检查和维护。

(2)地面压入式通风机应布置在主导风向上方。应配备风机的主要配件,一旦出现故障,应能及时更换。

(3)严格选用抗静电、阻燃、防潮(三防)风筒,风筒百米漏风率符合要求(<1%)。

(4)地面压入风机变频控制,可根据掘进的距离、风阻的变化调整供电频率与风机功率;根据实时检测结果,及时对通风系统作局部调整,以保证隧道内通风量。

(5)柔性风筒的安装高度确保与其他管路、设备的合理距离,安装时需要借助专用的人梯吊挂风筒;且安装时小心手中尖锐物体刺破风筒，运输车辆与作业人员不得随意移动或者破坏风筒取风乘凉。

(6)加强日常巡视,一旦发现风筒破损或者接口处松动,应立即更换接口与风筒,隧道内与地面应配置一定数量的备用风筒与三防风筒的专用密封胶布供维修更换使用。

8.3.17 隧道有害气体安全措施

(1)隧道的通风采用洞外压入式通风,将拖车上的通风管直接与主风管连接,将洞外新鲜空气送入主机区域,保证盾构机作业面的空气质量。

(2)盾构机上设置有害气体警报与预警系统,对有害气体进行监测且能反映到控制室的操作界面上,一旦数据异常进行预警警报。

(3)盾构机长每班使用手持式有害气体检测仪对隧道内气体进行测量,并填写有害气体检测记录,发现有害气体超标,立刻加大通风并疏散隧道内人员。

8.3.18 渣土外运安全措施

(1)渣土所有运输人员完成人员进场教育,做安全技术交底,驾驶员全部持证上岗,车辆经过公安交通管理部门审验合格。车辆营运手续齐全。

(2)弃土点和装土区的出入口设洗车槽,并有专人负责。车辆驶离现场前,在洗车槽处冲洗轮胎及车身,确保其表面不得附有污泥,方可进入批准的行驶线路。

(3)严格按照批准的线路行驶。

(4)做好运输车辆的维护保养工作,定期进行车辆检查,确保行车安全,不带隐患上路行驶。

(5)配置 GPS/北斗定位车载管理终端与信息系统,可实现车辆防盗、定位、限速、断油、锁车、报警等各项智能管理监控。

8.3.19 有限空间作业安全措施

(1)有限空间作业前,提前对作业环境进行评估,分析存在的危害,制定解决措施。并在施工作业前,办理有限空间作业施工作业许可,风险较大的有限空间作业还应编制专项施工方案。

(2)严格落实有限空间作业安全技术交底,确保施工作业人员全覆盖。

(3)安排专职作业监督人员,作业期间做好安全监督工作。

(4)施工作业前,严格遵守“先通风、再检测、后作业”的原则。检测指标包括氧浓度、易燃易爆物质(可燃性气体、爆炸性粉尘)浓度、有毒有害气体浓度。检测应当符合相关国家标准或者行业标准的规定。未经通风和检测合格,任何人员不得进入有限空间作业。检测的时间不得早于作业开始前 30 min。

(5)检测人员进行检测时,应当记录检测的时间、地点、气体种类、浓度等信息。检测记录经检测人员签字后存档。检测人员应当采取相应的安全防护措施,防止中毒窒息等事故发生。

(6)有限空间内盛装或者残留的物料对作业存在危害时,作业人员应当在作业前对物料进行清洗、清空或者置换。经检测,有限空间的危险有害因素符合《工作场所有害因素职业接触限值　第 1 部分:化学有害因素》(GBZ 2.1)的要求后,方可进入有限空间作业。

(7)在有限空间作业过程中,应当采取通风措施,保持空气流通,禁止采用纯氧通风换气。发现通风设备停止运转、有限空间内氧含量浓度低于或者有毒有害气体浓度高于国家标准或者行业标准规定的限值时,必须立即停止有限空间作业,清点作业人员,撤离作业现场。

(8)在有限空间作业过程中,应当对作业场所中的危险有害因素进行定时检测或者连续监测。作业中断超过 30 min,作业人员再次进入有限空间作业前,应当重新通风、检测合格后方可进入。

(9)有限空间作业场所的照明灯具电压应当符合《特低电压(ELV)限值》(GB/T 3805)等国家标准或者行业标准的规定;作业场所存在可燃性气体、粉尘的,其电气设施设备及照明灯具的防爆安全要求应当符合《爆炸性环境　第 1 部分:设备 通用要求》(GB 3836.1)等国家标准或者行业标准的规定。

(10)应当根据有限空间存在危险有害因素的种类和危害程度,为作业人员提供符合国家标准或者行业标准规定的劳动防护用品,并教育监督作业人员正确佩戴与使用。除此之外,有限空间作业还应当符合以下要求:保持有限空间出入口畅通;设置明显的安全警示标志和警示说明;作业前清点作业人员和工器具;作业人员与外部有可靠的通信联络;监护人员不得离开作业现场,并与作业人员保持联系;存在交叉作业时,采取避免互相伤害的措施。

8.3.20　季节性施工保证措施

鉴于本项目施工周期相对较长,因此针对不同季节气候,将采用不同措施进行指导施工,以确保工程质量。

(1)冬季施工保证措施

制定详细的冬季施工安全制度,明确各岗位安全职责,并配齐冬季施工安全防护用品以及防寒防冻防滑等劳动保护用品。

及时收集气象预报资料、掌握气象变化。

施工中涉及用水的工作,要做好排水系统的规划和建设,防止施工废水漫流结冰,形成安全隐患。

霜雪天后,及时清除施工场地和道路上的冰雪,上下人员的爬梯、工作平台要保持干燥,设置必要的防滑设施,防止溜滑发生安全事故。

作业人员必须佩戴防寒、防冻、防溜、防滑劳动保护用品,特别是龙门吊等需要高空作业的人员,必须穿戴防滑鞋和防寒服,同时拴好安全带,戴好安全帽,以防高空坠落和防冻。

(2)机械设备冬季防寒、防冻、防火、防滑工作安全措施

在进入冬季前对所有机械设备做全面的维修和保养,做好油水管理工作,结合机械设备的换季保养,及时更换相应牌号的液压油、柴油和机油;冷却液中加入防冻液。各种油品、冷却液的凝点符合防冻要求。

各种车辆使用的燃油,要根据环境气温选择相应的型号,冷车起步时,要先低速运行一段路程后再逐步提高车速。

冬季车辆启动发动机前,严禁用明火对既有燃油系统进行预热,以防止发生火灾。

冰雪天行车，汽车要设置防滑链；司机在出车前检查确认车辆的制动装置是否达到良好状态，不满足要求时不得出车，遇有五级以上大风、大雪大雾不良气候时停止运行。

对停用的机械设备放尽冷却水、燃油、液压油、机油，并用棚布进行遮盖。

严格执行定机定人制度，机械保管人员要坚守岗位，看管好设备，并做好相应的记录。

(3)雨季施工保证措施

龙门吊雨天后应及时检查，观察基础沉陷情况，并做好观测记录。如有沉降应立即进行处理，保证门吊使用时的安全。

大雨、暴雨及大风时应停止吊装作业。

高空操作人员雨后施工，要注意防滑、穿胶底鞋，不准穿硬底鞋上高空操作。

门吊接地电阻值要进行实测，其电阻值不大于 4 Ω。

搭建临时防雨棚。遇有降雨时，管片止水条粘贴作业在搭建的防雨棚内进行，并注意对黏结剂和止水条的防水保护。

降雨时对粘贴好止水条的管片及时用防水布遮盖，以免止水条遇水膨胀。

遇有大雨、暴雨时应停止管片止水条粘贴作业。

准备一定量的防洪沙袋放于始发井内适当位置，并储备编织袋、砂、铁锹等防洪材料及用具。

定期检查污水泵工作状态及管路通畅情况，保证有情况时随时启用，并配备足量的备用防洪泵。

(4)夏季防高温中暑施工保障措施

高温天气盾构掘进施工主要是避免人员中暑和设备高温，采取以下措施：

盾构隧道内采取通风、降温等措施，保障盾构施工时盾构隧道内温度适宜，避免因高温、高湿引起人员中暑。

使用电气焊作业时配备足够的消防设施，严防火灾的发生。

盾构油脂等化学品应放在室内通风干燥的地方进行存放，避免阳光直射，以防发生意外。

双液浆站设置采用全封闭场棚，避免夏季暴晒双液浆原材，影响同步注浆效果。

指派专人负责工地的防暑降温工作。施工现场配备足够的茶水，供施工人员饮用。

施工现场设置休息亭并配备防暑药品，供作业人员临时休息使用。

机械设备应派专人定期检查，防止高温作业，遇机械温度过高时，应马上停止运行，给设备降温。

8.3.21 应急停电安全措施

(1)施工现场地面配置一台 200 kW 发电机，用于停电期间工作井积水抽排、应急照明使用。

(2)盾构机配置一台 500 kW 发电机，用于停电期间气垫仓空压机运行保压、盾构机污水抽排、应急照明及辅助液压系统运行。

(3)定期对应急发电机进行巡视检查，确保功能正常且燃料充足。

(4)盾构机及隧道内设置独立电源的应急照明系统，一旦发生停电，立刻启动。

(5)地面及井下配备专职电工,出现停电立刻开展检修。

9　环境保护措施

9.1　水土保持方面

(1)盾构施工过程中可能会对地下水和土壤环境产生影响。例如,在富水地层施工时,可能会引起地下水水位变化和地层失水导致地面沉降;在渣土运输过程中,如果渣土泄漏,会污染土壤。

(2)相关措施:

对于地下水问题,在富水地层采用泥水平衡盾构时,要严格控制泥水的质量和压力,确保泥水压力与地下水压力平衡,防止地下水过度流失。同时,通过监测地下水水位和地面沉降情况,及时调整盾构施工参数。

在渣土处理方面,盾构机出土口应设置有效的渣土收集装置,防止渣土散落。渣土运输车辆应密闭运输,在运输路线上定期清扫,避免渣土掉落污染土壤。对于施工过程中产生的废弃泥浆,应设置专门的泥浆处理池,通过沉淀、过滤等方式进行处理,达标后再排放,避免泥浆直接进入土壤或水体。

9.2　大气污染方面

(1)施工过程中的扬尘主要来自工作井的开挖、渣土装卸和运输等环节。另外,盾构机设备的燃油废气排放也会对大气环境造成一定影响。

(2)相关措施:

在工作井周围和渣土装卸区域设置围挡和喷雾降尘设备,对施工场地进行洒水降尘,减少扬尘产生。对于渣土运输车辆,除了密闭运输外,还要对车身进行清洗,减少车辆带尘上路。

对于盾构机设备的燃油废气,应选用符合环保标准的燃油,并且定期对设备的发动机等进行维护和保养,确保其燃烧效率,减少废气排放。同时,可以在盾构机的尾气排放口安装废气净化装置,进一步降低污染物排放。

9.3　噪声污染方面

(1)盾构施工中的噪声主要来源于盾构机的刀盘旋转、千斤顶推进、渣土运输车辆等设备。这些噪声可能会对周边居民和施工人员的生活和工作产生干扰。

(2)相关措施:

对盾构机的主要噪声源,如刀盘驱动电机等,采用隔声罩进行封闭处理,减少噪声向外传播。在施工场地周围设置隔声屏障,特别是靠近居民区的一侧,降低噪声对周边环境的影响。

合理安排渣土运输时间,避免在居民休息时间运输渣土。对于运输车辆,选择低噪声的车辆型号,并对车辆的行驶速度进行限制,减少交通噪声。同时,为施工人员配备耳塞等个人防护用品,保护施工人员的听力健康。

9.4　人员健康方面

(1)地下施工环境可能存在空气质量差、湿度大等问题,对施工人员的身体健康产生影响。此外，施工过程中的粉尘、噪声等也会危害施工人员的健康。

（2）相关措施：

在盾构机内部和工作井等施工区域安装通风设备，保证施工区域内的空气流通，改善空气质量。对施工区域的空气质量进行定期检测，如检测有害气体浓度等，确保施工人员的呼吸健康。

为施工人员提供必要的劳动保护用品，如防尘口罩、耳塞、安全帽等。同时，加强施工人员的健康管理，定期进行职业健康体检，及时发现和处理健康问题。

10 效益分析

10.1 经济效益

10.1.1 降低人力成本

盾构法高度机械化和自动化，相比传统隧道施工方法，所需人工数量大幅减少。例如，在传统钻爆法施工中，需要大量工人进行钻孔、装药、爆破、出渣等作业，而盾构法主要依靠操作人员对盾构机进行监控和简单操作，人工主要集中在管片拼装等环节，大大降低了人力投入成本。

10.1.2 提高施工效率，缩短工期

盾构机可连续掘进，其掘进速度根据地质条件和盾构机性能有所不同，但一般较为稳定。如在合适地质条件下，每天可掘进数米到十几米。以地铁隧道建设为例，一条数公里长的区间隧道，采用盾构法可比传统方法节省大量时间，使项目提前投入运营产生收益，同时减少了施工过程中的设备租赁、管理等时间相关成本。

10.1.3 减少后期维护费用

盾构法施工的隧道衬砌采用预制管片拼装，结构精度高、质量稳定。其防水性能良好，能有效防止地下水渗漏，结构变形小。在输水隧道、地铁隧道等长期运营项目中，相比传统施工方法形成的隧道，可减少因渗漏、结构损坏等导致的频繁维修，降低了长期维护成本。

10.1.4 生产效率与成本平衡

在掘进施工中需要根据刀具的磨损情况合理安排刀具更换计划。过于频繁地更换刀具，虽然能保证施工生产效率，但会增加刀具成本和停机时间成本。因此，需要找到一个平衡点，通过定期监测刀具磨损情况，结合掘进效率和成本因素，制定刀具更换计划，以实现生产效率和成本的最佳平衡。

10.2 社会效益

10.2.1 改善交通拥堵状况

在城市轨道交通建设中，盾构法使地铁、轻轨隧道建设高效推进。城市地铁网络的完善能吸引大量市民选择地铁出行，减少地面交通压力，缓解城市交通拥堵，提高城市整体运行效率，方便居民生活和工作出行，提升城市居民的生活质量。

10.2.2 保护文化遗产与城市风貌

当隧道穿越历史文化保护区或城市重要景观区域时，盾构法施工对地面和地下的扰

动极小。例如在古建筑下方或城市公园等区域施工,可避免因大规模地面开挖破坏城市景观,也能防止对地下文物的损害,有利于保护城市的历史文化底蕴和特色风貌,促进城市文化的传承与可持续发展。

10.2.3 提升地下空间利用率

随着城市发展,地下空间利用愈发重要。盾构法可用于建设多种地下设施,如地下综合管廊。通过盾构法建设的综合管廊能将电力、通信、给排水等管线集中铺设,避免了传统管线直埋方式下因维修或新增管线而对城市道路的反复开挖,提高了地下空间的综合利用效率,也有利于城市基础设施的统一管理和维护。

11 应用实例

新建深圳至江门铁路珠江口隧道为深圳至江门铁路的关键控制性工程,SJSG-1 标段线路从东莞向广州南沙方向掘进,总长 4 515 m,为单洞双线高速铁路,设计速度 200 km/h,其中明挖段 895 m、盾构段 3 590 m、矿山段 30 m。珠江口海底隧道盾构开挖直径 13.42 m,管片外径 12.9 m,内径 11.7 m。盾构区间隧道穿越共 13 种地层、5 种复合地质,穿越全断面硬岩长度约 2 750 m,主要为微风化含砾砂岩和微风化花岗岩,其中花岗岩最大强度达 124.6 bar。盾构连续穿越 F_1 断裂带及 F_1 分支断裂带共计 17 条,断裂带影响范围约 470 m。区间隧道坡度最大为 25‰,下穿多条主航道,隧道最大深度达 106 m,海水压力达 10.6 bar,为世界之最,高水压施工区域约 110 m,盾构段 3 590 m 自 2022 年 3 月 9 日~2024 年 8 月 13 日已全部掘进完成,实现弱微风化含砾砂岩地层达到 180 m/月,弱微风化花岗岩地层达到 120 m/月的掘进速度,隧道成型质量好,不渗不漏,无色差,2024 年被国铁集团工管中心选为铁路盾构技术交流会观摩项目。珠江口隧道总平图如图 25 所示。

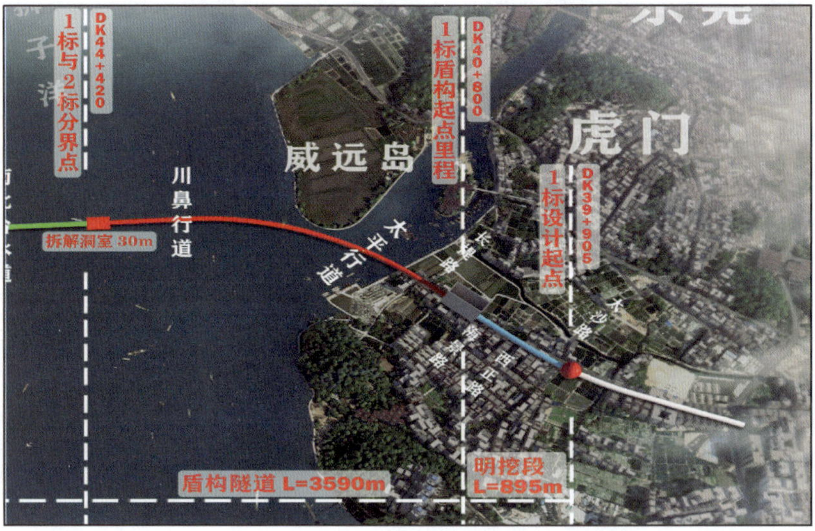

图 25 珠江口隧道总平面布置图

参编单位：中铁十四局集团有限公司、厦深铁路广东有限公司、北京亿原交通工程有限公司

参编人员：李兵、陈兴飞、周平、黄应州、陈建福、路开道、王志建、陈文、吴仲伦、侯剑、赵斌、张伟

评审人员：黄鸿键、马伟斌、吕刚、赵西民、孟庆余

九、土压平衡盾构铁路隧道正常掘进施工工法

1 概　　述

随着我国高速铁路的发展，土压平衡盾构技术因其独特的优势，在铁路隧道施工中得到了广泛应用。该技术通过盾构机掘进过程中保持作业面与土仓之间的压力平衡，可适应不同土质土层盾构施工需求，确保在复杂地质工况下的安全高效作业。

在众多盾构类型中，土压平衡盾构机的适应性较强，能用于黏结性、非黏结性、有水或无水、软土或软岩、砾砂或圆砾、卵石、硬岩等多种复杂性地层，施工速度较快，能有效控制地表沉降。随着盾构机和辅助功能的完善与发展，如局部气压平衡系统的采用，加泥加泡沫系统的采用，以及防喷涌功能系统和保压泵渣装置的应用等，已使土压平衡盾构机具有了十分完善的功能和先进的技术性能。

2 工法特点

(1)适用开挖直径相对较小，针对国内盾构隧道建设，土压平衡盾构多适用于开挖直径 10 m 以下盾构隧道，10 m 以上盾构隧道多采用泥水盾构机。

(2)土压平衡控制，通过控制排土量等于或小于开挖量，使开挖面的地层始终保持稳定，从而有效平衡开挖面的土压力。

(3)适用性广泛，适用于变形大的淤泥、含水饱和的软弱黏土、黏土、粉质黏土、粉砂和粉细砂等全土层或软岩及变形相对不敏感，水压较小的地段。

(4)地面沉降控制，地面沉降易于控制，对周围环境影响较小，这是土压平衡盾构施工的显著优点之一。

(5)高效连续施工，盾构机边推进边进行土壤的挖掘，实现高效连续的隧道施工，同时，土压平衡盾构产生的渣土较易处理，不需进行泥水分离，大大提高了施工效率。

(6)施工技术成熟，经过六十多年的发展与成长，土压平衡盾构技术已相当成熟，并广泛用于世界各地的地铁隧道工程中。

3 适用范围

本工法适用于黏结性、非黏结性、有水或无水、软土或软岩、砾砂或圆砾、卵石、硬岩等多种复杂性地层施工。

4 工艺原理

土压平衡盾构机主要由刀盘、刀盘驱动系统、推进系统、出渣系统、渣土改良系统、管片拼装系统、铰接系统、盾尾密封系统、注浆系统、测量导向系统等组成。

刀盘旋转切削开挖面的泥土，破碎的泥土通过刀盘开口进入土仓，土仓和螺旋输送机内充满切削下来的泥土后，通过螺旋输送机运至皮带输送机上，然后输送至台车尾部渣土运输电瓶车或连续皮带机。盾构机依靠千斤顶的推力给土仓内的土渣加压，使土压作用于开挖面以平衡开挖面的水土压力，盾构机依靠千斤顶提供的反力向前推进。土压平衡盾构系统如图 1 所示。

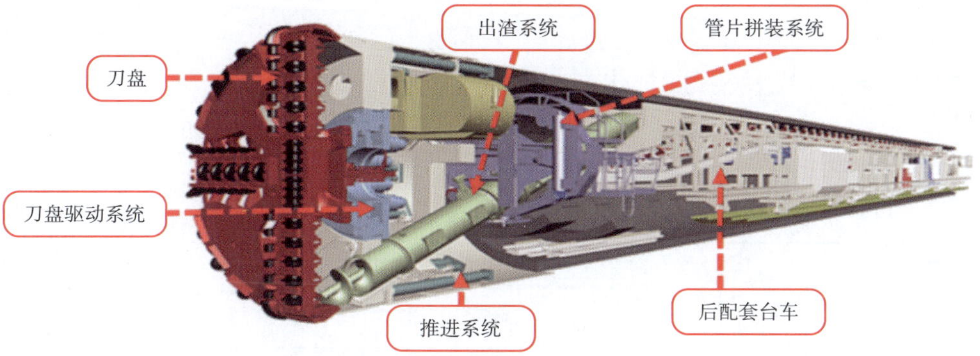

图 1　土压平衡盾构系统示意图

5 施工工艺流程及操作要点

5.1 施工工艺流程

盾构掘进施工流程如图 2 所示。

5.2 掘进参数选取

盾构机掘进前，先对各种施工参数进行计算，然后根据计算结果，设定施工参数。在正常掘进阶段施工中，根据设定施工参数的应用效果，结合地表监测的结果对各种参数进行调整、优化，使各项参数设定达到最佳，盾构掘进初定施工参数见表 1。

表 1　盾构掘进初定施工参数表(以常见 6 m 级土压平衡盾构为例)

典型地层	掘进速度(mm/min)	推力(kN)	扭矩(kN · m)	转速(r/min)
硬岩地层(30 ~ 60 MPa)	5 ~ 10	20 000 ~ 25 000	3 500 ~ 4 500	0.5 ~ 1.0
软硬不均地层	10 ~ 15	12 000 ~ 20 000	2 500 ~ 3 500	1.0 ~ 1.5
软土地层	50 ~ 60	6 000 ~ 10 000	1 500 ~ 2 500	1.3 ~ 1.7
硬岩破碎地层	10 ~ 20	18 000 ~ 25 000	3 000 ~ 4 000	1.0 ~ 1.3

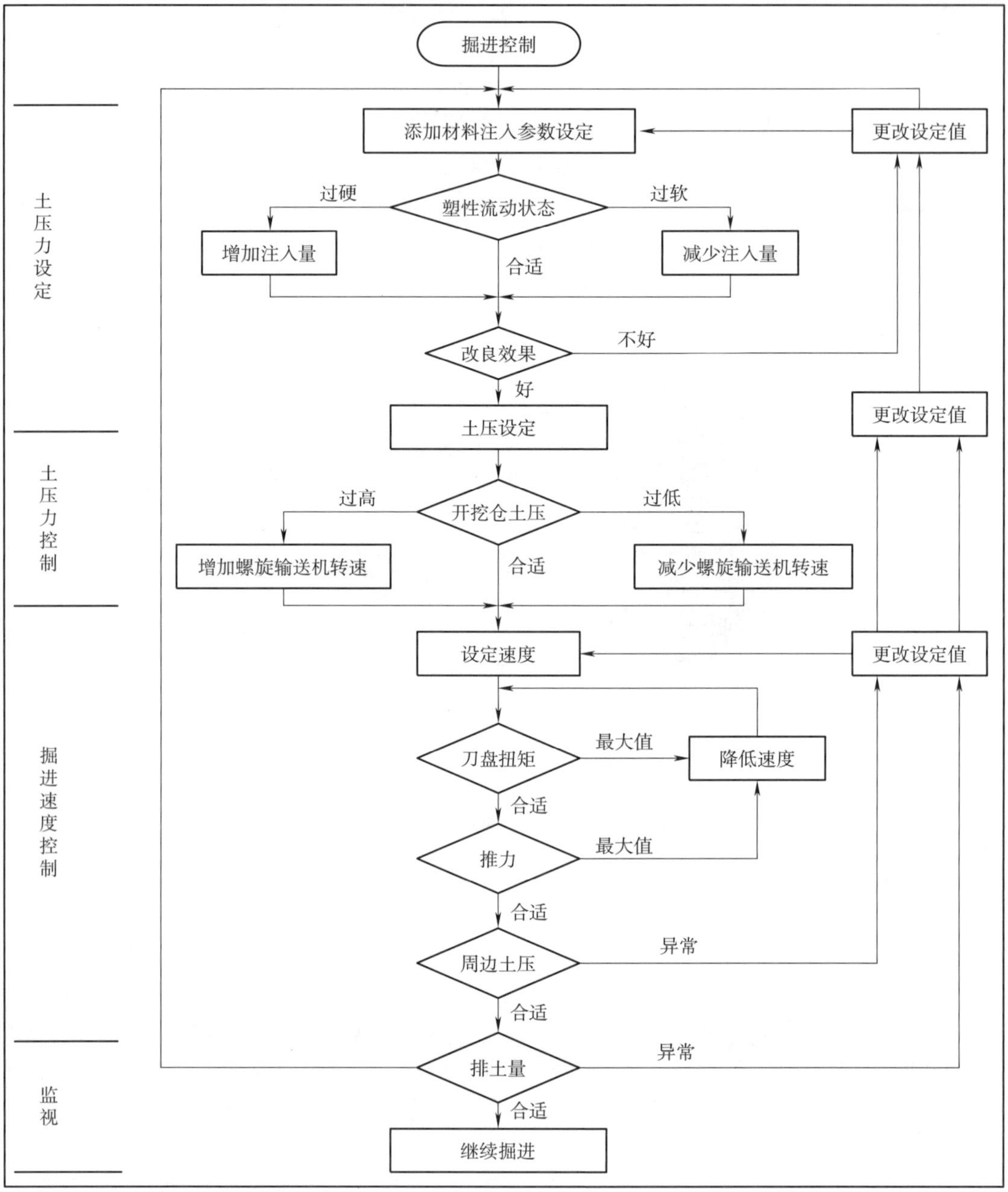

图 2　盾构掘进流程图

5.3　掘进模式

盾构机开挖土仓由刀盘、切口环、隔板、土压传感器及膨润土添加系统、泡沫注入系统组成。根据地层条件，选择土压平衡模式进行掘进施工。土压平衡掘进模式中土仓压力的保持首先需选定土仓压力，掘进过程中通过调整推进力实现推进速度控制、通过调整螺旋输送机转速实现出渣量控制。盾构掘进模式如图 3 ~ 图 5 所示。

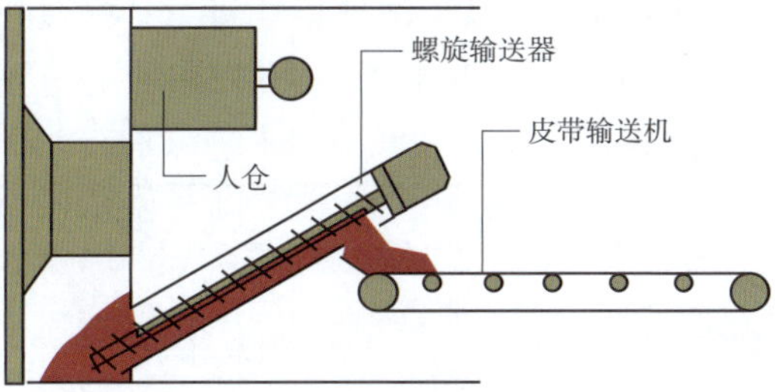

图 3　盾构敞开式掘进示意图

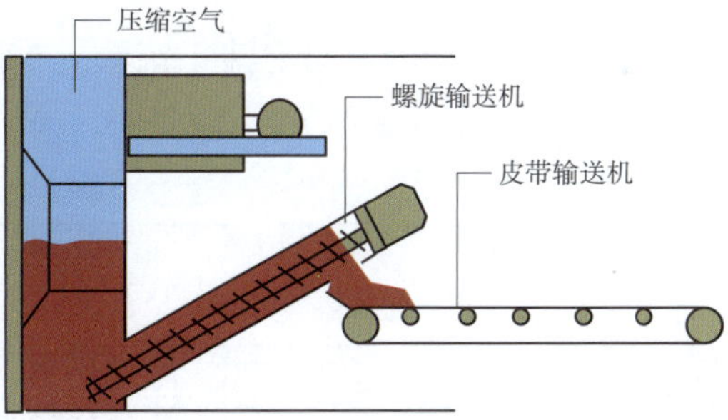

图 4　盾构半敞开式掘进示意图

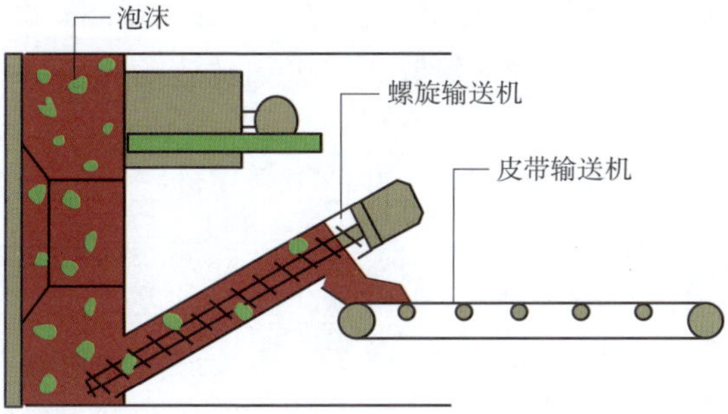

图 5　盾构土压平衡模式掘进示意图

5.4　渣土改良

国内外的盾构施工经验表明，在盾构施工中尤其在复杂地层盾构施工中，进行渣土改良是保证盾构施工安全、顺利、快速的一项不可缺少的重要技术手段。

渣土改良就是通过盾构机配置的专用装置向刀盘面或土仓内注入添加剂，利用刀盘的旋转搅拌或土仓搅拌装置搅拌使添加剂与土渣混合，以满足在不同地质条件下采用不同掘进模式掘进时都可达到理想的工作状况。添加剂主要有泡沫、高分子聚合物和膨润土，其配比和注入量应根据地质条件及施工情况确定，如图 6 所示。

（a）泡沫

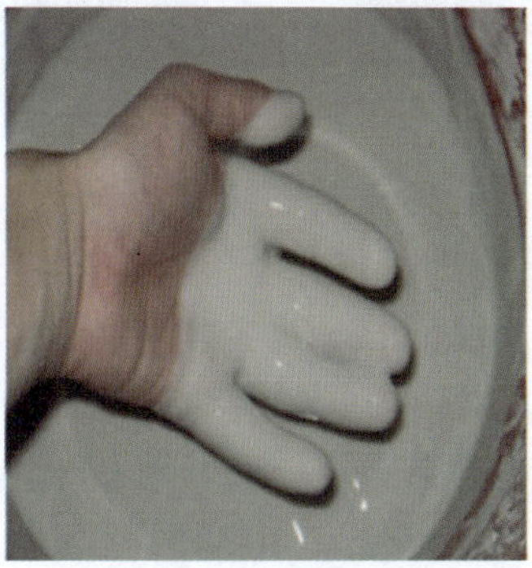

（b）膨润土

（c）高分子聚合物

图 6　渣土改良添加剂

5.4.1 泡沫剂使用

泡沫通过盾构机上的泡沫系统注入(采用单管单泵模式)。泡沫的组成(一般为):泡沫混合溶液(泡沫原液+水)+空气。泡沫混合液的组成见表2。

表2 泡沫混合液及泡沫组成

泡沫混合液	泡沫	水
	3%	97%
泡沫组成	压缩空气	泡沫混合液
	90%~95%	5%~10%

盾构机专用泡沫剂可对开挖土进行改良,具体作用如下:

(1)泡沫有良好的润滑作用和一定强度,可降低压力内土体的内摩擦角,提高开挖土的流动性,防止"闭塞"现象发生,同时降低了刀盘和螺旋输送机的扭矩,利于土压稳定和螺旋机出土顺畅。

(2)泡沫具有压缩性,可提高改良后的开挖土的压缩性,抑制"结饼"问题的发生。同时开挖土压变动小,利于开挖面的稳定。

(3)泡沫有一定的弹性和润滑作用,能降低土体的黏度,防止开挖土粘附于盾构机刀盘面板和压力内壁,有利于松散出土。

(4)泡沫能置换土颗粒间隙中的水,提高开挖土的止水性,防止"喷涌"现象的发生。

泡沫系统操作面板如图7所示,泡沫系统实体如图8所示。

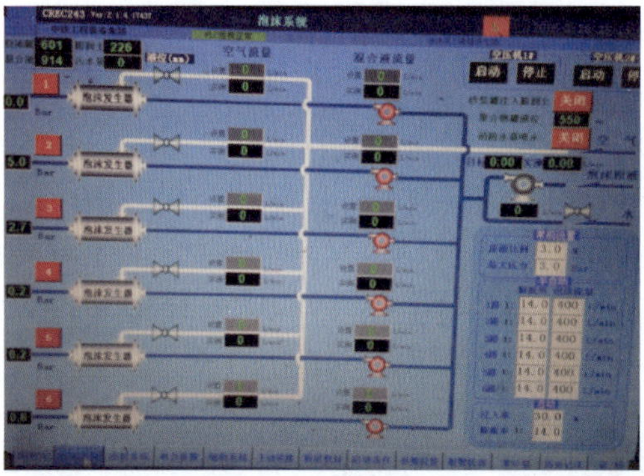

图7 泡沫系统操作面板示意图

图8 泡沫系统实体示意图

5.4.2 膨润土、高分子聚合物等添加剂使用

膨润土使用一般分为两种:向土仓注入膨润土改善渣土和易性,稳定开挖面;通过径向孔注入高浓度膨润土,减少地表沉降。根据地面监测数据,如果地面沉降位置位于盾体上方,土体在未脱出盾尾时已经产生沉降,此时可以利用盾体径向孔同步注入高浓度膨润土,及时填充边缘刀具切削产生的建筑间隙,支撑周围土体,减少土体沉降。

在掘进富水地层过程中掘进时,向土仓中加入膨润土、高分子聚合物等添加剂,可以减小发生"喷涌"的概率。膨润土及注入参数见表3、表4,膨润土系统实体如图9所示。

表 3　膨润土参数表

项目	黏度	比重	失水量
参数	28 s	1.2	<30 mL/30 min

表 4　膨润土注入参数

项目	配合比	注入量	瞬间注入压力	注入方式	注入位置
参数	根据比重进行试配	2～3 m^3	3～4 bar	盾壳膨润土注入系统	中盾径向孔

图 9　膨润土系统实体示意图

5.4.3　各种地层渣土改良措施

（1）在黏土层掘进中，主要是要稳定开挖面，防止刀盘产生泥饼，并降低刀盘扭矩。采取分别向刀盘面和土内注入泡沫的方法进行渣土改良，必要时可向螺旋输送机内注入泡沫。同时，在土仓中心设置冲洗装置，对土仓中心位置区域进行高压水冲洗等方法来防止泥饼形成。刀盘喷水面板如图 10，增压水泵实体如图 11 所示。

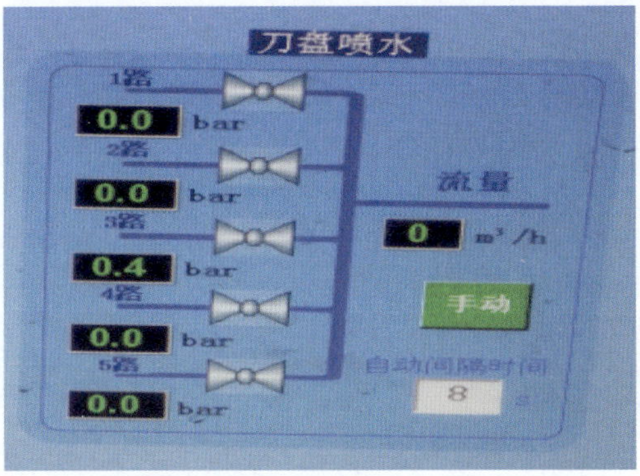

图 10　刀盘喷水面板示意图

图 11　增压水泵实体示意图

(2)在砂土地层中掘进时,由于土的摩擦力大、渗透系数高、地下水等原因,仅掘进切削的土体提供的被动土压力,不足以抵抗开挖面的水土压力;在砂层虽然含水,但一经挤压,水分流失,砂层就会固结,土仓进土困难,掘进时刀盘主推油压急剧增大,刀盘扭矩常不足以维持正常推进切削需要。为此需要改善沙质土的流塑性和止水性,从而达到保持土仓内的压力平衡及开挖土的流动性,以稳定开挖面,控制地层沉降。采取向刀盘面和土内注入高浓度的膨润土泥浆,同时进行充分的搅拌来改善渣土。泥浆注入量根据实际情况确定。

施工中遇到的问题可能是以上几种情况的组合,具体实施中要本着经济、合理、有效的原则进行综合考虑,并在实践中摸索经验,以达到快速、安全、经济的目的。

5.5 土仓压力值的控制

盾构在掘进过程中取得平衡压力的设定值,具体施工时根据盾构所在位置的埋深、土层状况及地表监测结果进行调整。

土压平衡式盾构工法中,开挖面的稳定是通过管理开挖面土仓中充满泥土的土压来确保的。土仓内的土压是将预先计算的压力作为设定土压,使这个设定土压与挖掘面土层的土压、地下水压平衡,盾构机即可进行稳定的掘进。

土压平衡掘进模式中土仓压力的保持首先需选定土仓压力,掘进过程中通过调整推进力实现推进速度控制、通过调整螺旋输送机转速实现出渣量控制。

土压平衡盾构机土仓压力应与地层土压力和静水压力相平衡,设刀盘中心地层静水压力、土压力之和为 P_0,则 $P=F\cdot P_0$,F 一般取 1.0~1.3。掘进施工过程中土仓压力可根据试掘进时取得的经验参数并结合盾构所在位置的埋深、土层状况及地表监测结果进行调整与控制。地表隆陷与工作面稳定的关系以及相应技术对策见表5。

表5 地表沉降与工作面稳定关系以及相应对策

地表沉降信息	工作面状态	P 与 P_0 关系	措施与对策	备注
下沉超过基准值	工作面坍陷与失水	$P_{max}<P_0$	增大 P 值	P_{max}、P_{min} 分别表示 P 的最大峰值和最小峰值
隆起超过基准值	支撑土压力过大,土仓内的水进入地层	$P_{min}>P_0$	减小 P 值	

根据始发试验段优化后参数掘进,并根据不同地层及监控数据进行参数优化。

为保持土压力的稳定,掘进速度必须与螺旋输送机的转速相符合,同时注浆速度与压力应与掘进速度相匹配,确保浆液能均匀填实管片与地层的空隙,根据施工的实际情况确定并调整推进油缸的推力控制掘进速度。

以土压力为控制目标,通过实测土压力值 P_1 与 P_0 相比较,依此压力差进行相应的排土管理。控制螺旋机转速维持土压平衡,当土仓压力不足时,通过减小螺旋机转速降低排土量来增大仓压,反之则减小螺旋机转速。因此掘进过程中严格控制螺旋机转速防止对前方土体造成欠挖或超挖引起开挖面支护压力波动。

在掘进过程中,根据不同地质的出土效率,选择合理螺旋机转速,见表6。土压力设定与螺旋机转速匹配如图12所示。

表 6　土体性质与许用螺旋机转速对应表(以常见 6 m 级土压平衡盾构为例)

土体性质	出土效率(m^3/min)	许用螺旋机转速(r/min)
黏土	2～3	2～5
粉土	3～4	5～6
砂土	2.5～3	3～5
砂砾	2.5～3	3～5

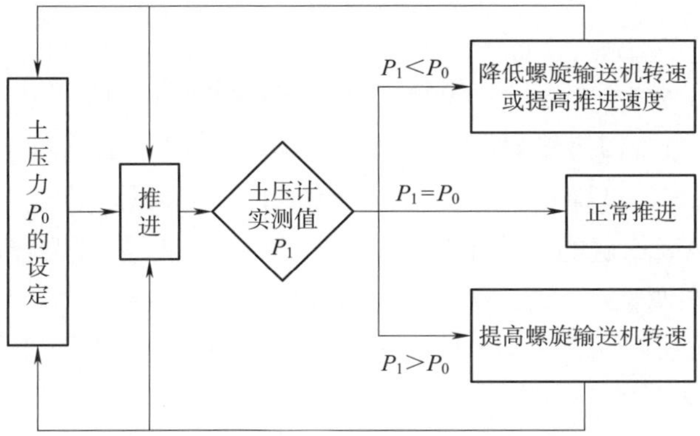

图 12　土压力设定与螺旋机转速匹配图

5.5.1　土仓压力控制措施

(1)通过推进速度来控制进土量的模式:即通过土压传感器检测来控制盾构千斤顶的推进速度,以维持开挖面土压稳定的控制模式。此时螺旋输送机的转速人工事先给定。

(2)通过螺旋输送机来控制排土量的模式:即通过土压传感器检测,改变螺旋输送机的转速控制排土量,以维持开挖面土压稳定的控制模式。此时盾构的推进速度人工事先给定。

5.5.2　土仓压力计算原则

土压力设定值的变化规律应符合计算土压力的变化规律:预设的土压力与地面沉降变形特征相匹配,并根据变形规律的发展及时做出调整。土压力 P_1 的计算深埋隧道与浅埋隧道两种情况计算。

(1)当隧道埋深 $H<2D$(D 为盾构外径)时,为浅埋隧道,上覆水土产生的压力全部作用于开挖面。其中土压力 P 的计算按公式

$$P=K_0\times\gamma\times h=(1-\sin\varphi)\times\gamma\times h \tag{1}$$

式中　K_0——侧向土压力系数,$K_0=\upsilon/(1-\upsilon)$,$\upsilon$ 为土体泊松比;

φ——土的有效内摩擦角(°);

γ——土的容重(kg/m^3);

h——为刀盘中心至土体面的高度(m)。

掘进过程中必须对每环的出土量进行统计;注意观察上土压与左右土压的差,如果土压存在差异较大,考虑土体的和易性,检查泡沫与泥浆的效果。

(2)当隧道埋深 $H > 2D$(D 为盾构外径)时,为深埋隧道,土压力计算按照主动土压力、被动土压力、静止土压力进行分算。

主动土压力:

$$P_1 = \gamma \times h \times \tan 2 \times (45° - \varphi/2) - 2 \times c \times \tan(45° - \varphi/2) \tag{2}$$

静止土压力:

$$P_2 = K \times \gamma \times h \tag{3}$$

被动土压力:

$$P_3 = \gamma \times h \times \tan 2 \times (45° + \varphi/2) + 2 \times c \times \tan(45° + \varphi/2) \tag{4}$$

根据计算结果,当盾构机停机时,土仓土压力 P 应大于静止土压力 P_2,方可维持掌子面及地面稳定;盾构掘进过程中,土仓压力 P 应大于主动土压力 P_1,并控制小于被动土压力 P_3,方可保证在地面稳定的情况下持续推进,并且土仓压力控制需根据实际施工情况及监测结果进行动态调整。

5.6 姿态控制

5.6.1 姿态监控系统

盾构姿态监控可通过自动导向系统和人工测量复核进行盾构姿态监测。该系统配置了导向、自动定位、掘进程序软件和显示器等,能够及时在盾构机主控室显示器上显示盾构机当前位置与隧洞设计轴线的偏差、仰俯角、滚动角等趋势。

导向系统后视基准点需随着盾构推进前移,前移时必须通过人工测量进行精确定位。为保证推进方向的准确可靠,每 50 m 进行一次人工测量,以校核自动导向系统的全站仪和后视棱镜的坐标,并复核盾构机的位置、姿态,确保盾构沿着设计方向掘进。

5.6.2 油缸调整与控制

盾构推进油缸每区可独立控制推进油压,盾构姿态调整与控制,可通过分区调整推进油缸压力实现盾构掘进方向调整与控制。

5.6.3 纠偏措施

(1)滚动纠偏

刀盘切削土体的扭矩主要是由盾构壳体与开挖洞壁之间形成的摩擦力矩来平衡,当摩擦力矩无法平衡刀盘切削土体产生的扭矩时将引起盾体的滚动。盾构滚动偏差可通过转换刀盘旋转方向来实现。

(2)竖直方向纠偏

盾构掘进方向由千斤顶的推力控制。当盾构机出现下俯时,可加大下侧千斤顶的推力,当盾构机出现上仰时,可加大上侧千斤顶的推力来进行纠偏。纠偏过程中还应充分考虑地质因素,合理设置纠偏推力。

(3)水平方向纠偏

同竖直方向纠偏原理一致,左偏时应加大左侧千斤顶的推力,右偏时则应加大右侧千斤顶的推力，并兼顾地质因素。

5.6.4 方向控制及纠偏注意事项

（1）在切换刀盘转动方向时，应保留适当的时间间隔，刀盘换向切换速度不宜过快，切换速度过快可能造成管片受力状态突变，而使管片损坏。

（2）根据掌子面地层情况应及时调整掘进参数，调整掘进方向时应设置警戒值与限制值。当盾构姿态接近警戒值时就应该实行纠偏程序。

（3）蛇行修正及纠偏时应缓慢进行，如修正过程过急，蛇行反而更加明显。在直线推进的情况下，应选取盾构当前所在位置点与设计线上远方的一点作一直线，再以这条线为新的基准进行线形管理。在曲线推进的情况下，应使盾构当前所在位置点与远方点的连线同设计曲线相切。

（4）推进油缸油压的调整不宜过快、过大，否则可能造成管片局部破损甚至开裂。

（5）正确进行管片选型，确保拼装质量与精度，以使管片端面尽可能与计划的掘进方向垂直。

（6）盾构始发到达时方向控制极其重要，应按照始发、到达掘进的有关技术要求，做好测量定位工作。

5.7 管片拼装

5.7.1 衬砌拼装施工

（1）管片拼装前要清除盾尾拼装部位的垃圾，并检查管片的型号、外观及密封材料的粘贴情况，如有损坏，须修复方可拼装。

（2）搬运、拼装、推进过程中应采取适当措施，严防缺角、缺边及顶裂，拼装时注意环面平整度检查。

（3）管片拼装一环后，须及时拧紧该环、纵向螺栓，并对出盾构车架的管片环、纵向螺栓进行复拧，隧道贯通后再次对各环管片的螺栓进行复紧。

5.7.2 管片拼装质量控制措施

（1）管片拼装过程中，首环管片位置决定本环其他管片的位置及拼缝的宽窄。管片高于相邻块，将会导致封顶块的位置不够；低于相邻块，纵缝过大，防水性降低。同时，第一块应平整，防止形成喇叭口。

（2）管片拼装应满足规范规定的偏差：高程和平面互不侵限；每环相邻管片平整度 6 mm；纵向相邻环环面平整度 7 mm；衬砌环直径椭圆度 ±6‰。

（3）拧紧螺栓须确保紧固，拧紧力矩要达到设计要求。

（4）同一环内各管片的相邻位置应符合设计图纸要求，不可互换。每环管片上有管片类型标记，环类型标记，纵缝对接标记，保证管片安装正确。

（5）管片封顶块安装先纵向搭接，随后安装器径向推顶到预定位置再纵向插入。

（6）安装时注意小心轻放，避免损坏管片和止水条。在管片初步就位过程中，应平稳控制管片拼装机，避免待拼管片与相邻管片发生摩擦、碰撞，造成管片或橡胶密封垫的损坏。

(7)拼装中应严格控制每环管片环面高差。管片初步就位后,通过塞尺与靠尺对相邻管片相邻环面高差进行量测,根据量测数值对管片进行微调,当相邻管片环面高差达到要求后,及时靠拢千斤顶,防止管片移位。

(8)每次根据需要拼装管片的位置,回缩相应位置的部分千斤顶,不可回收千斤顶过多,否则前面土体支撑压力会使得盾构机后移,容易导致盾构机姿态变样,严重时则引起地面塌陷等安全事故。

5.8 同步注浆及二次注浆

5.8.1 方式与材料

壁后注浆采取同步注浆和二次补充注浆两种方式,同步注浆通过同步注浆系统随掘进同时注入,二次补充注浆利用补充注浆系统通过管片注浆孔进行注浆。

同步注浆浆液一般为单液浆水,二次补充注浆可采用单液浆、水泥+水玻璃双液浆等。

5.8.2 注浆操作

(1)注浆作业与盾构推进同步进行,其注入速率应与掘进速度相适应。

(2)注浆压力及注浆量的控制。注浆作业时,严密注意注浆压力和注浆量变化,以注浆压力控制为主,注浆量控制为辅。考虑到浆液扩散、超挖等因素,注浆量初步定一般取地层与衬砌间空隙计算值的200%~250%,施工中将根据信息反馈的结果及时调整注浆量。根据量测和检测结果,必要时通过管片吊装孔进行二次补浆。施工过程中严格按照设定的注浆压力进行控制,其压力值不宜超过设定值。

(3)结束注浆。盾构推进结束后,必须待注浆压力达到设定要求,注浆量也在预定合理范围内方可停止注浆。

5.8.3 技术参数

(1)注浆压力

为保证达到对环向空隙的有效充填,同时又能确保管片结构不因注浆产生过大的变形和损坏。

(2)注浆量

根据管片壁后环形空隙与地层有效填充的经验公式计算,在施工过程中,注浆量的控制应结合地面沉降监测数据进行调整。

(3)注浆速度

同步注浆速度应与掘进速度相匹配,按盾构完成一环掘进的时间内完成当环注浆量来确定其平均注浆速度,达到均匀注浆目的。

(4)注浆结束标准

采用注浆压力和注浆量双指标控制,即当注浆压力达到设定值时,注浆量达到设计值的95%以上时,即可认为达到了质量要求。对设计参数还需通过监控量测进行优化,使注浆效果达到更佳。

(5)效果检查

注浆效果检查主要采用分析法,结合掘进速度及衬砌、地表与周围建筑物变形量测结果进行综合分析判断。当检查表明注浆不足时,及时进行补充注浆。

5.9 隧道内通风

在隧道内，考虑到作业人员的呼吸和盾构机产生热量的扩散，以改善隧道内作业环境为目的，设置通风设备。隧道内新鲜空气量满足每人每分钟供应 3 m^3 的标准，隧道最低风速不应小于 0.25 m/s，同时保证隧道中氧气含量按体积不小于 20%。

为防止有害气体，施工中经常检测洞内气体，加强通风，降低有害气体浓度，严格各项安全操作要求，防止出现火花及明火。

5.10 劳动力组织

根据现场实际情况，为加强施工领导，确保施工安全，根据施工内容配备劳务人员。单台两班作业盾构管理人员配置情况见表 7，单台两班作业盾构劳务人员配置见表 8。

表 7 盾构施工管理人员配置情况表

职　务	人数	职　责
盾构主管	1	负责盾构施工统筹工作及对外协调
总机械师	1	负责盾构设备统筹整修及维护保养
盾构队长	2	负责对现场安全、技术性资料编写，质量、人员等工作管理，完成领导交代的其他任务
盾构司机	3	负责盾构机掘进操作、参数控制、信息反馈与填写、工人施工管理等现场施工
土建工程师	3	负责对盾构机掘进参数收集、汇总、初步判断地质情况，并完成相关资料汇总
地面调度	3	对地面协调管理，满足盾构施工要求，为盾构施工创造良好条件
电气工程师	2	负责盾构机和其他设备巡检、电气设备安装与维修保养等相关工作
机械工程师	2	负责盾构机机械设备巡检、设备安装与维修保养等相关工作，保证设备正常运行
资料人员	2	负责盾构相关资料收集、汇总、上报、备案等内业工作
专职安全员	2	负责盾构区间施工机械设备和土建施工作业安全管理
外协人员	2	负责盾构与外部单位的协调，为施工创造条件
合计	23	—

表 8 盾构施工劳务人员配置情况表

工　种	人数	职　责
班长	1	负责统筹作业人员，负责协调项目部与工区施工进度、质量等相关内容
副班长	2	负责劳务人员施工，配合项目值班工程师完成施工任务，负责现场质量、安全工作
安全员	2	负责盾构施工过程中存在的安全预防工作
龙门吊司机	2	必须持证上岗，负责龙门吊操作、设备巡检等日常工作
搅拌站作业工	6	负责按照技术交底拌制合格的浆液及拌和站、放浆等相关日常工作
地面司索	2	负责地面物资吊运及地面卫生清理，材料合理堆放
叉车司机	2	必须持证上岗，负责叉车操作
铲车司机	2	必须持证上岗，负责铲车操作
电工	4	负责施工现场安全用电配置及日常巡检；隧道照明电工负责隧道照明布线、灯具安装及隧道照明巡检等工作
焊工	6	必须持证上岗，负责构件焊接等工作
拼装手	2	负责管片拼装，班组劳务人员工作安排，做好质量、安全和文明施工等工作

续上表

工　　种	人数	职　　责
螺栓工	4	负责管片螺栓安装、复紧等相关工作
管片吊运	2	负责管片吊运、管片冲洗等相关工作
注浆手	2	负责按照技术交底进行抽浆、注浆、清理砂浆罐等工作
看土工	2	负责查看盾构出土情况,并用对讲机指挥电瓶车
接水管人员	4	负责台车尾部水管安装,出渣口处渣土清理等相关工作
接轨道人员	4	负责隧道轨道拆除与安装,皮带机支架安装等相关工作
井口司索	2	负责井口物资吊运、卫生清理等相关工作
电瓶车司机	4	负责电瓶车操作、日常巡视等相关工作
合计	55	—

6　材料与设备

6.1　主要机械设备配置

土压平衡盾构施工单台盾构施工所需设备主要见表9。

表9　单台土压平衡盾构施工所需设备表

序号	名　　称	规　　格	数量
1	盾构机	根据施工实际配置	1台
2	门式起重机	根据施工实际配置	2台
3	砂浆搅拌站	根据施工实际配置	1套
4	电瓶车	根据施工实际配置	2台
5	移动砂浆车	根据施工实际配置	2台
6	管片车	根据施工实际配置	4台
7	运输土斗	根据施工实际配置	8台
8	多级泵	根据施工实际配置	2台
9	轴流风机	根据施工实际配置	1台
10	发电机	根据施工实际配置	1台
11	挖掘机	根据施工实际配置	1台
12	装载机	根据施工实际配置	1台
13	叉车	根据施工实际配置	1台
14	双液注浆机	根据施工实际配置	2台

6.2　主要施工材料

消耗、周转材料由于场地限制,始发前根据现场施工情况陆续进场,例如管片、管片螺栓、油脂、膨润土、粉煤灰等消耗材料;轨枕、轨道等周转材料现场需至少备足半个月使用量,管片止水条需备足至少一个检验批量。主要施工材料见表10。

表10　单台土压平衡盾构施工所需主要材料

序号	名　称	单位	数　量
1	管片	环/套	根据施工实际配置
2	管片螺栓	根	根据施工实际配置
3	止水条	环/套	根据施工实际配置
4	水泥	t	根据施工实际配置
5	水泥	t	根据施工实际配置
6	粉煤灰	t	根据施工实际配置
7	膨润土	t	根据施工实际配置
8	沙	t	根据施工实际配置
9	盾尾油脂	t	根据施工实际配置
10	EP2	t	根据施工实际配置
11	HBW	t	根据施工实际配置
12	泡沫剂	t	根据施工实际配置
13	液压油	t	根据施工实际配置
14	齿轮油	t	根据施工实际配置
15	轨枕	根	根据施工实际配置
16	轨道	m	根据施工实际配置
17	鱼尾板	块	根据施工实际配置
18	走道板	块	根据施工实际配置
19	走道板支架	个	根据施工实际配置
20	镀锌水管	根	根据施工实际配置
21	水管支架	个	根据施工实际配置
22	小压板	块	根据施工实际配置
23	风带	m	根据施工实际配置
24	轨枕三角头	个	根据施工实际配置
25	高压电缆	m	根据施工实际配置
26	始发托架	套	根据施工实际配置
27	反力架	套	根据施工实际配置

7　质量控制措施

7.1　管片进场及拼装质量

7.1.1　管片进场验收

管片由专用车辆运输，到场后现场技术人员及质检工程师联合监理单位进行管片质量检查，主要检查以下内容：

(1)密封垫的位置、种类是否正确。

(2)密封垫与管片是否牢固粘接。

(3)管片是否有不符要求的裂缝、破损等缺陷。

(4)管片的类型是否正确。

(5)管片的标志是否齐全,是否已达龄期。

7.1.2 管片拼装质量要求

(1)拼装前管片在地面上按拼装顺序堆放,并贴好接缝弹性密封垫等防水材料。避免安装过程中损坏密封垫。

(2)管片接缝连接螺栓、配件和防水衬垫等运送至工作面有专人负责检查。

(3)检查环面质量,必要时提出新一环采用的纠正措施。

(4)作圆环校正,并全面检查所有纵向螺栓,均须拧紧。

(5)在盾构掘进的同时复紧刚出台架的环纵向螺栓,并应以长扳手予以拧紧,有专人予以检验。

(6)管片运输中轻吊轻放,避免碰撞。

(7)安装管片时缓慢、均匀,对好位置后才可上螺栓,插入螺栓困难时,分析原因,仔细调整位置,切忌大幅移动,强行插入,避免管片间有较大错台。

7.2 同步注浆质量控制

(1)在不同的地层中根据需不同凝结时间的浆液及掘进速度来具体控制注浆时间的长短。做到"掘进、注浆同步,不注浆、不掘进",通过控制同步注浆压力和注浆量双重标准来确定注浆时间。注浆量和注浆压力达到设定值后才停止注浆,否则仍需补浆。

(2)同步注浆速度与掘进速度匹配,按盾构完成一环掘进的时间内完成当环注浆量来确定其平均注浆速度。注浆结束标准及注浆效果检查采用注浆压力和注浆量双指标控制标准,即当注浆压力达到设定值,注浆量达到设计值的95%以上时,即可认为达到了质量要求。

7.3 盾构隧道结构防渗漏

盾构施工防水遵循"以防为主、刚柔结合、多道防线、因地制宜、综合治理"的原则,钢筋混凝土结构自防水体系即以结构自防水为根本;施工缝、变形缝等接缝防水为重点,辅以附加防水层加强防水。盾构法隧道结构防水由管片结构混凝土自防水、管片背面注浆、接缝防水三部分组成。管片结构混凝土自防水是根本,接缝防水是重点,管片背面同步注浆、补压浆是隧道防水的辅助措施。接缝防水由接缝密封、管片制作和拼装精度所决定。其具体措施如下:

7.3.1 管片自身防水

(1)加强管片生产过程中的监督,保证管片满足强度等级和抗渗要求。

(2)对每个单块成品管片都要进行内在强度、外观质量及制作精度等各项指标的检验,只要有一项不合格的坚决不使用。

(3)加强管片堆放及运输的管理,防止管片产生附加应力而开裂或在运输中碰掉边角,减少对管片的返修,确保管片完好。

(4)管片的加工执行现行国家强制性标准。管片的防腐处理是盾构法隧道防水的一项重要内容,应考虑隧道的特定环境,采取有效的措施。

7.3.2 管片连接缝的防水

管片连接缝的防水也是区间隧道防水的重要环节,为提高接缝防水的效果,在施工中做好以下几方面的工作:

(1)密封垫的安装制定专项作业指导书,并要求在施工中必须严格执行。在弹性密封垫粘贴安装前应清除管片上预留凹槽接触面的灰尘,防止安装后剥离、脱落。安装时应特别注意,弹性密封垫必须精确的粘贴在凹槽的正中位置,以保证管片拼装时弹性密封垫能以最大面积接触。

(2)粘贴步骤:根据管片选型→基面清理→槽内涂黏结剂→密封条涂黏结剂→粘贴→用木棰或橡胶锤打压密贴。

(3)在管片拼装前,若因故导致弹性密封垫损坏或聚氨酯膨胀止水条发生了预膨胀,则必须重新更换。

(4)加强管片拼装施工管理,提高拼装质量。为防止成环管片在水压作用下,环纵缝张开漏水,拼装时也要按要求严格紧固环纵向螺栓。

(5)螺孔、注浆孔密封防水:采用构造合理的螺孔密封圈、注浆孔密封圈来达到防水的目的。

(6)加强盾构施工控制,提高盾构掘进质量,给管片的吊装创造一个良好的环境。这样才能保证管片居中安装、铺设顺畅、密封垫各部位受力均匀,提高防水效果。减小隧道轴线的偏差和纠偏力度,避免因盾构推进产生过大的横向分力而导致管片破损和错台。

(7)切实做好施工缝的嵌缝工作。隧道贯通后,衬砌嵌缝槽采用聚合物水泥嵌填,手孔均封堵,以防止侵蚀性气体对螺栓的腐蚀,同时可起到疏排拱顶渗漏水功效。

7.4 轴线控制

首先应保证测量的准确性,根据软土地层和一般黏性土地层的物理力学性能和隧道上浮下沉的实际情况,加密联系测量,必要时根据管片姿态检测成果,将轴线标高降低一定量再推进,以应对隧道上浮。

其次是掘进过程中,严格控制盾构机掘进姿态,合理利用超挖刀和盾构铰接功能以达到纠偏效果,掘进方向的控制及调整应避免大幅纠偏,合理利用铰接千斤顶调整盾构姿态。提高注浆及时性,控制地面沉降。

7.5 盾构自身旋转控制

开挖掌子面推进的支反力是由管片提供的,刀盘切削土体的扭矩主要由盾构壳体与洞壁之间形成的摩擦力矩来平衡,当盾构推进时,盾构壳体与洞壁之间只有部分产生摩擦力提供摩擦力矩,当上述的摩擦力矩不能平衡刀盘切削土体的扭矩时会引起盾构本体的滚动,过大的滚动会影响盾构的拼装,也会引起隧道轴线的偏斜。

掘进过程中,有针对性的加注泡沫剂以减少刀盘扭矩,消除盾构旋转的外力因素。

利用降低推进速度、刀盘正反转等措施对盾构旋转角度进行控制。通过改变刀盘旋转方向来纠正盾构旋转。通过增大盾构周边摩擦阻力控制盾构旋转。

7.6 软硬不均地层中掘进控制

根据测量数据及时修正千斤顶推力组合,遵循硬地层一侧推进油缸的推力和速度适当加大，软地层一侧推进油缸的推力和速度适当减小的原则。

当盾构机从一类地层转到另一类地层时，预留 10 m 作为工况过渡段，以实现工况逐步转换。

密切注意螺旋输送机排土速度、盾构顶进速度与施工监测信息的协调控制，保持开挖面稳定。

尽量防止横向偏差、纵向偏差和转动偏差的发生。盾构的横向偏差、纵向偏差和转动偏差，往往是围岩阻力、千斤顶操作、土质变化、管片刚度、测量误差等综合原因引起的。根据通过测量取得的数据等，来提前修正盾构的状态。

同步注浆充填环间间隙，使管片衬砌尽早支撑地层，控制地面沉降。

盾构机的操作、维修保养及时、规范化。

定期检测隧道内基准点的变动，做好线路管理。

掘进施工与施工监测密切配合，实行信息化施工。

7.7 坡度段施工控制

(1)由于处在坡度线上，围岩的水土压力随着推进而时刻变化，因此开挖面压力必须根据水土压力及时适当调整。另外，特别在下坡时，由于土仓内的开挖土砂有可能出现滞留而不能充分取土，故必须慎重管理开挖土量。

(2)上坡时加大下半部分盾构千斤顶推力。

(3)注浆材料稳定性好。

7.8 其他质量要求

(1)严格进场管片的检查，破损、裂缝的管片不用。下井吊装管片和运送管片时应注意保护管片和止水条，以免损坏。

(2)止水条及衬垫粘贴前，应对管片接触面进行彻底地清洁，以确保其粘贴稳定牢固。施工现场管片堆放区应有防雨淋设施。粘贴止水条时应对其涂缓膨剂。

(3)管片安装前应对管片安装区进行清理，清除污泥、污水，保证安装区及管片相接面的清洁。

(4)严禁非管片安装位置的推进油缸与管片安装位置的推进油缸同时收回。

(5)同步注浆压力必须得到有效控制，注浆压力不得超过限值。

(6)在盾构掘进过程中，根据导向系统反映的盾构姿态信息，结合隧道地层情况，通过分区操作盾构机的推进油缸来控制掘进方向，保证盾构掘进在正确的轴线上，同时防止管片受力不均匀而产生错台。

(7)正确进行管片选型，尽量符合盾构姿态的要求，以使管片端面尽可能与盾构的掘进方向垂直。

(8)管片吊装、运输过程中注意对管片的保护，避免损坏管片，影响隧道的表观质量。

(9)严格按照测量管理制度对管片进行监测，定期对导向系统进行复核检查，保证盾构在正确的轴线上掘进。

(10)防止管片上浮的控制。盾构区间若存在软土层或软硬不均层，管片容易上浮，可以采取以下措施来防止管片的上浮：

①采用快凝浆液注浆，尽快封闭管片与地层的间隙，防止隧道上浮；

②同步注浆注意注浆的同步性和均匀性，注浆时均等注入空隙，同时做到上部的两个注浆管的注浆量要为总的注浆量的3/4；

③加强测量和监测的频率，并及时调整盾构姿态，适当将轴线降低掘进。

(11)施工同步进行的原则，掘进必须进行同步注浆，注浆量与注浆压力必须达到技术交底或技术方案的要求。以使注过程中必须遵循注浆与掘进同浆达到控制地面沉降同时又不因注浆压力过大损坏管片。特别注意要严格控制注浆压力，防止注浆压力过大损坏管片。

(12)定期对注浆系统进行清洗，以保证注浆系统保持良好的工作状态。

8 安全控制措施

8.1 盾构推进安全保证措施

(1)在盾构推进中，根据控制地面变形要求在地面上沿盾构轴线和与轴线垂直的横断面上，布设地表位移测量标志点；在推进中跟踪测量地表隆陷变化，并通过调整推力、推进速度、正面压力、推进坡度、注浆压力、注浆量等施工参数，尽量减少地面沉降位移。

(2)在掘进过程中应掌握和记录好土仓压力、刀盘转速、推进速度、出土量等施工参数。隧道衬砌注浆要与掘进同步；并认真做好注浆位置、注浆量、注浆压力等记录。

(3)据工程对隧道变形及地表变形的控制要求选用同步注浆、二次补强注浆工艺，注入的浆液应按地层性质、地面超载条件、变形控制要求合理选定。

8.2 管片拼装安全保证措施

(1)管片拼装人员须经过培训，熟悉了解操作规程，考核合格方可上岗施工。

(2)在管片拼装位置挂好醒目的警示牌及操作规程。

(3)举重臂旋转范围内严禁站人。

(4)严格执行管片螺栓拧紧到位的要求。

(5)机修人员每天对管片吊机、拼装机进行润滑点检。

(6)若拼装期间出现遥控器信号中断、延时、失灵等问题，应迅速组织拼装人员离开拼装区域，马上联系机修人员进行检查维修，若短时间内无法修复，应首先将起吊管片放于喂片机上，然后进行维修。

8.3 隧道施工安全保证措施

(1)隧道内的通风设备要运转良好，保证工人有良好的工作环境，防止有害气体进入隧道内，如发现风管有破损、漏风现象，应及时修复或更换。

(2)隧道内的防火设施要定期检查，尤其是盾构机部分配备的灭火设备。禁止作业人员在隧道内抽烟，防止遇到易燃气体发生危险。

(3)工作井、吊装口旁边要设置围栏，防止跌落。

(4)工作井的上下楼梯，必须设置外圈保护和扶手，并且定期进行检查，杜绝安全隐患。

(5)人行通道应安排专人负责维修保养，通道应时刻确保畅通，不得堆放杂物。

(6)隧道内照明灯具必须有防水装置,以免发生漏电事故。

(7)隧道内每隔 25 m 设置一个应急灯,供隧道照明停电时使用。

(8)施工人员进入隧道必须穿带有反光条的工作服,正确佩戴安全帽。

(9)在工作井上下楼梯处设置门禁系统,进入隧道的人员必须佩戴工牌。

(10)电瓶车的警铃和信号必须齐全,进入同步施工区域必须鸣(响)信号,警告施工人员;电机车上的运输材料必须堆放整齐并固定牢靠,以防在运输过程中滑移,撞击台车和伤害施工人员;由于后配套台车区域两侧间距较小,进入此区域严禁电机车司机的手、头超出机车外。

(11)任何人员进出隧道不得搭乘电瓶车。

(12)隧道内辅助作业人员需时刻注意电瓶车的运行,注意自身安全。

8.4 其他安全保证措施

8.4.1 电瓶车防滑移措施

(1)自身制动系统

电瓶车自身配备了气刹车系统和手动刹车系统。正常情况下,电瓶车启动气刹系统进行制动;当电瓶车出现故障,自身就会启动断气刹车系统来制动,防止事故发生;当电瓶车停靠时,除了其自身的气刹车外,立即采取手动进行刹车,以确保其不发生由于制动不够而发生的溜车现象。

(2)设置限位器

当电瓶车停靠时,在电瓶车的前后部位设置限位器,以防止电瓶车由于负荷的变化而发生溜车事故。在盾构机后配套台车部分的轨道上设置三道以上的限位器,万一出现溜车,可以避免车辆冲入盾构机头伤人、损坏设备等事故的发生。

(3)加强轨道养护

为了保证电瓶车有良好的制动,电瓶车轨道上要做到没有油和泥,对于轨道上的油和泥要及时进行清洗,并且在大坡度路段还要撒沙,以增大摩擦力,达到良好的制动效果。

8.4.2 运输安全管理

吊车、龙门吊等制动失灵、起重钢丝绳断裂、作业人员操作不规范等原因,可能造成垂直运输物体坠落等危险。

盾构隧道坡度较大时,特别是载重上下坡运输,隧道内作为物资材料运输的电瓶车可能出现人员撞击、车轮脱轨等危险。

管片运输车以及周转物资运输车频繁进出,可能对地面人员造成伤害。

9 环境保护措施

9.1 水土保持措施

(1)在富水地层采用土压平衡盾构时,要严格控制渣土改良效果,保证螺旋机形成土塞效应,降低螺旋机闸门突泥涌水概率。同时,通过监测地下水水位和地面沉降情况,及时调整盾构施工参数。

(2)盾构机出土口设置有效的渣土收集装置,防止渣土散落。渣土运输车辆密闭运输,在运输路线上定期清扫,避免渣土掉落污染土壤。

9.2 废水废浆处理措施

废水处理与回收利用:隧道施工过程中产生的废水及废弃泥浆,应设置专门的泥浆处理池,通过沉淀、过滤等方式处理达到国家排放标准后才能排放,同时考虑废水的回收利用,减少水资源的浪费。

9.3 排气净化措施

盾构隧道施工过程中若产生尾气和粉尘,需要对排放的气体进行净化处理,以降低对空气的污染。

9.4 噪声控制措施

在施工现场使用隔屏障、减振措施等,减少噪声污染对周围居民的影响。

10 效益分析

10.1 经济效益

工法适用于多种土层环境,包括软弱地层、复杂土层以及含有石头的结构等,减少了因地质条件变化而需更换施工方法或设备的成本。

土压平衡盾构施工能够有效控制地面沉降,减少对周围建筑物和地下管线的影响,避免了因沉降而产生的额外赔偿和修复费用。

相对于泥水盾构,土压平衡盾构减少了泥浆回路及泥水处理设施,以国内市场常见6 m级盾构为例,泥水循环系统可能需多投入1 000万元,同时增加约2 000~3 000 m^2 泥水处理设备占地面积。

10.2 社会效益

在软弱地层中修建埋深较大的长隧道时,土压平衡盾构施工表现出突出的技术和经济优越性,相较于其他施工方法,具有更低的造价和更高的性价比。盾构施工过程中产生的废水、废气和废弃物等能够得到妥善处理,符合环保要求。同时,盾构机的高效运行也降低了能耗,节约了能源成本。

11 工程实例

本工法成功应用于宁芜铁路扩能改造项目盾构隧道施工。

宁芜铁路扩能改造项目盾构段隧道设计里程为DK22+896.903~DK25+250.982,为单洞单线盾构隧道,设计总长度2 354.079 m,最小曲线半径804.34 m,最大线路纵坡5.16‰,最小线路纵坡2.156‰。盾构段采用一台直径为9 330 mm的土压平衡盾构机,管片外径9 m,内径8.1 m,环宽1.8 m,管片采用“5+2+1/3”分块模式。

盾构机自小里程明挖工作井始发,先后下穿农花河河道、近距离上跨既有轨道交通S1线盾构隧道、下穿宁宣高速路基段、大范围平行邻近既有轨道交通S3线盾构隧道、侧穿景明佳园地铁站风道及出入口、下穿秦淮新河、下穿京沪高动车行走线韩府山隧道至下穿京沪高路基段先期预埋单洞双线矿山隧道端至 DK25 + 250.982 接收，空推至 DK25 + 328 处既有竖井拆解吊出。

参编单位：中铁十四局集团有限公司、中国铁路上海局集团有限公司合肥铁路枢纽工程建设指挥部、北京亿原交通工程有限公司

参编人员：付款峰、邵晓明、于伟、舒计城、闫冲冲、李庆民、张本志、董传新、柯文柱、杨柏林、孙波、杨勇、张敏、周俊

评审人员：黄鸿键、马伟斌、吕刚、赵西民、孟庆余

十、铁路盾构隧道管片生产及洞内安装施工工法

1 概　　述

传统管片生产主要由人工完成,车间内模具固定摆放,占地面积大;通过行吊带动料斗进行混凝土浇筑,料斗移动距离长;通过移动式蒸养罩对管片进行蒸养,采用人工控温,温度变化幅度大;管片制作工序均需人工完成,自动化程度低、质量稳定性差、成本高。

为解决传统盾构隧道管片厂缺点,通过引入智能化生产线并结合信息化技术,打通了信息化与自动化通道,建造智能工厂实现了管片、箱涵自动化生产,并且建成国内第一个箱涵生产流水线,建立了"智能预制生产线+智能化装配+数字化管控"全流程体系用于崇太长江隧道管片厂管片的预制生产。

结合深度学习视觉系统和激光测距系统研发盾构管片全自动智能辅助拼装系统,实现管片自动抓取,自动辅助拼装,并可为后续新型管片结构全自动拼装提供技术储备。

2 工法特点

投入人工数量少、机械化程度高、管片质量稳定性高,管理及运营成本低。为实现"自动化、少人化"生产目标,配备自动剪切生产线、智能钢筋弯箍机、自动机械手臂、自动阶梯上料传送辊道等自动化智能设备,实现了钢筋自动上料、传输及弯曲弯弧等工序智能化。

3 适用范围

本工法适用于大型铁路、公路及市政盾构隧道(隧道长度不小于5 km)管片施工。

4 工艺原理

在智能化管片生产过程中,通过引入智能巡检、模具识别、模具与钢筋笼数据采集与匹配、管片混凝土一键下单、手持一体机扫码与标识等环节,实现质量管控全过程可追溯。通过视觉系统和激光测距系统实现管片自动抓取,自动辅助拼装。

自动化钢筋生产线:通过配备自动剪切生产线、智能钢筋弯箍机、自动机械手臂、自动阶梯上料传送辊道等自动化智能设备,实现了钢筋自动上料、传输及弯曲弯弧等工序智能化。

全数字化的自动化管片生产线:通过引入智能清模、喷涂、抹面机器人,运用工业传感器实现管片钢筋笼加工、入模,模具清理、喷涂脱模剂,混凝土浇筑、振捣、抹面等全工序自动生产、流程智能流转、过程数智管控。

管片智能拼装:结合深度学习视觉系统和激光测距系统研发盾构管片全自动智能辅助拼装系统,实现管片自动抓取,自动辅助拼装。

并可为后续新型管片结构全自动拼装提供技术储备。

5 施工工艺流程及操作要点

5.1 管片生产工艺流程

管片智能化生产施工工艺流程如图 1 所示。

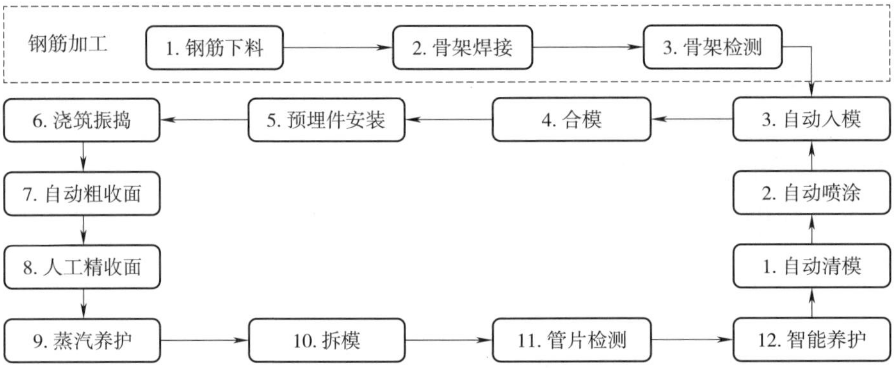

图 1 管片智能化生产工艺流程图

5.1.1 钢筋下料、成型

钢筋加工前,依据图纸编制钢筋配料单,配料单可结合钢筋来料长度和所需长度进行编制,审核通过后方可下料,下料后第一批验收通过后方可大批量加工。钢筋的下料长度应考虑钢筋弯曲时的弯曲伸长量。

通过阶梯式自动上料机实现全自动上料,经数控钢筋液压剪切机完成钢筋剪切下料,下料完成的钢筋运输轨道输送到数控钢筋弯弧弯曲机、数控钢筋弯箍机、数控钢筋调直切断机、自动收箍机械等数控设备完成钢筋的自动弯弧弯曲加工。

5.1.2 钢筋笼加工

钢筋网焊接机辅助钢筋焊接,工人按照班组长下发的任务单和二维码标签,执行钢筋笼的加工制作工作,在钢筋笼加工完成之后安装二维码标签,由质检员扫码单检或批量质检,完成对钢筋笼的质检检查,不合格的钢筋笼直接标注原因并返工,焊接工人负责对自己制作的钢筋笼进行整改,只有质检合格的钢筋笼才可以进入合格区。

5.1.3 骨架入模

数据采集器通过模具上附着的 RFID 卡采集模具型号信息,随后桥式起重机通过后台调度系统自动选取对应型号的钢筋笼吊运至平移机构,平移机构自动平移,抓取机构自动抓取,将焊接成型的钢筋笼吊入模具内。在将钢筋笼调入模具中时,被入模工位 RFID 采集器同时扫描钢筋笼芯片和模具芯片进行绑定入模生成管片信息,并自动生成浇筑任务推送至拌和站。

5.1.4 混凝土浇筑

由高位料斗、低位料斗、整体盖板、自动接气装置组成,拌和站拌制好的混凝土通过高位料斗运输至低位料斗,低位料斗执行浇筑;二次布料前,自动接气装置自动接入气管,开始振捣。浇筑采集器通过采集混凝土浇筑过程中的各种数据,可以实现对浇筑过程的实时监控和分析,及时发现问题并采取措施进行调整。同时,通过控制浇筑设备的运行,可以实现对浇筑过程的精确控制,提高浇筑质量和效率。

5.1.5 管片蒸养

管片采用子母台车入蒸养窑及出窑,方便快捷。智能化管片生产中心流水线采用"独立窑"设计理念,整体采用 PLC 控制,实现自动流转及蒸养,满足管片生产需求。养护系统由热源、温度传感器、温度控制器等组成,温度通过传感器传递给控制系统,由中央控制系统发出指令控制蒸汽阀门达到控制温度的目的,管片蒸汽养护采用天然气蒸汽发生器替代传统锅炉蒸养,能耗降低 50%。

管片蒸养工序无需人工干预,智能化平台根据传感器数据,自动跟踪每一片管片在各蒸养区间的停留时间,并实时监控各蒸养区间的温湿度变化情况,蒸养数据自动关联到每一片管片,作为管片养护的基础质量数据备查。

各蒸养区间的温度自动监控,温度变化异常状况自动预警,并关联到蒸养控制系统。

5.1.6 管片脱模

出窑工位通过数据采集器,对模具进行扫描识别,采集管片入窑时间和出窑时间获取管片蒸养时长。对蒸养时长合格的管片,通过子母运输台车运输至脱模工位,采用开合模辅助机构配合风动扳手进行模具螺栓拆除;模具开启到位后操作桥式起重机使用真空吸盘/水平吊具起吊管片至翻转机。通过进入"崇太长江隧道 PC 构件智能生产配送中心"智能系统一体机模块,打印成品管片的二维码标签,粘贴至管片上。

5.1.7 管片水养

水养池布置有养护水 pH 值监测装置和温度传感器,可实时显示养护用水的 pH 值和温度,并可同步至系统中。

5.2 管片生产操作要点

5.2.1 模板工程

(1)钢模制造

采用全新钢模,钢模由专业厂家设计制造,确保钢模具有足够的刚度、精度和耐久性,达到管片预制精度的要求。

(2)钢模施工前检测

钢筋混凝土管片精度是由钢模加工精度和合拢精度、混凝土振捣后的精度等三个精度决定,因此钢模在正式投入管片制作前必须经过四阶段检测:加工装配精度检测、运输到厂钢模定位后的精度复测、试生产后的钢模精度同实物精度对比检测、管片三环水平拼装精度的综合检测。各项检测指标均在标准的允许精度内,经质检工程师批准,方可投入正常生产。

(3)钢模施工中检查

在正常生产状态下,对钢模执行实施双重检查管理措施,具体包括浇捣前用专用的快速测量工具对钢模中心宽度和能显示钢模正确合拢的项目进行测试,所有钢模检查项目检测值均需准确、及时、清晰记录在规定的钢模检查表中,确保记录的有效性和可追溯性。

在常规情况下,钢模需要定期检查,检查周期以每套模具制作 100 环管片作为标准。其目的是保证钢模在允许精度之内进行管片制作。若出现特殊情况,可缩短检查周期或作针对性检查。超标必须上报和及时修正。复检达标后方可继续进行管片制作。测试工具必须保持完好状态,并要妥善置放在可靠的地方,管片模板允许偏差见表 1。

表 1　管片钢模允许偏差表

序号	项　　目	允许偏差(mm)	检验方法	检验数量
1	宽度	±0.4	内径千分尺	6 点/片
2	弧、弦长	±0.4	专用卡尺、检验样板	4 点/片
3	靠模夹角间隙	+0.2	靠尺、塞尺	4 点/片
4	对角线长度	±0.8	钢卷尺、刻度放大镜	2 点/片
5	内腔高度	±1.0	高度尺	6 点/片

5.2.2　钢筋工程

(1)钢筋弯制

钢筋的弯制应采用钢筋弯曲机或弯箍机在工作平台上进行。钢筋弯弧、弯曲应严格按设计图纸要求和钢筋弯弧、弯曲作业表对钢筋进行加工。根据弯弧、弯曲钢筋的规格调整从动轮的位置及芯轴的直径。根据作业表对钢筋进行试弯,受力主筋和箍筋的弯钩和弯折应符合相关的规定,包括弯折角度、弯弧内径、箍筋弯后平直部分长度等,与标准样校核合格后,再进行大批量钢筋弯弧、弯曲操作。

弯曲前操作工检查芯轴挡块、转盘有无损坏及裂纹,将防护罩紧固可靠经运转确认正常后作业。弯弧操作进料时轻送,钢筋进入弯弧机时保持平衡、匀速,防止平面翘曲,成型后表面不得有裂缝,如果弧度、精度不符合要求,必须无条件返工处理。

弯曲操作时严禁超过机器规定的钢筋直径、根数及额定转速工作,弯曲后钢筋先放在运料小车上,送到半成品堆放区指定位置并标识清晰。

(2)钢筋半成品加工的检测

钢筋加工允许偏差见表 2。

表 2　钢筋加工允许偏差

序号	项　　目	允许偏差(mm)	检　　验
1	主筋、构造筋长度	±10	检测工具:钢卷尺 检测方法:每班同设备生产 15 环同类型钢骨架,应抽检不少于 5 根
2	主筋弯折位置	±10	
3	箍筋的外廓尺寸	±5	
4	箍筋内净尺寸	±5	
5	螺旋筋内净尺寸	±3	

5.2.3　混凝土工程

管片采用 HZS180 拌和机组,主机 3 m^3,采用钢筋混凝土基础(地基处理采用管桩进行加固)、机组及粉罐进行封闭,砂石料仓 6 个,其中 55 m×7.5 m 石子料仓 4 个,可储存石子 4 950 m^3,55 m×7.5 m 河沙料仓 2 个,可储存河沙 2 475 m^3,满足 3 天左右使用量,管片拌和站分别设 200 t 水泥罐 4 个和 150 t 粉煤灰罐 2 个,150 t 矿渣粉罐 2 个,满足水泥和粉煤灰的检测需求,另外设置清水池 1 个。

拌和站基础呈“L”字形布置,平面布置如图 2 所示。

图 2　拌和站平面布置图

混凝土由拌和站生产,拌和站紧邻管片厂,拌和生产任务与生产线浇筑计划自动联动,生产线、实验室、拌和站相关单位在线协作,简化混凝土拌和工作的沟通成本,在部分环节节约操作人员,从本质上提高混凝土拌和工作的自动化程度和智能化程度。

拌和站信息管理系统通过采集、存储、传输、统计分析生产过程数据,达到监控混凝土生产过程及质量追溯的目的。系统应能实现材料进场与混凝土出站信息管理、重点场所及关键生产过程监控、自动生成统计数据报表、误差超标报警提示等功能,与拌和站既有生产控制系统相互兼容。

5.3　管片拼装工艺流程

施工工艺流程如图 3 所示。

(1)间隙测量:在盾构拼装完成一环后,土木值班技术人员应立即对盾尾间隙(管片外弧面与盾壳内弧面的缝隙)进行测量,应分别测量上、下、左、右4 个地方的间隙,为保证数据准确增加左上、右上、左下、右下间隙测量。然后根据自动导向系统显示的盾构姿态与设计轴线的偏差,结合盾尾间隙进行下一环管片的选型。

(2)管片吊装下井:管片及箱涵采用龙门吊配合专用吊具/吊带吊装下井,吊运过程中为了防止吊带损伤并保护管片及箱涵边角,在吊带与管片及箱涵间设置防护垫进行防护。吊运下井后,采用双头车在洞内进行运输。

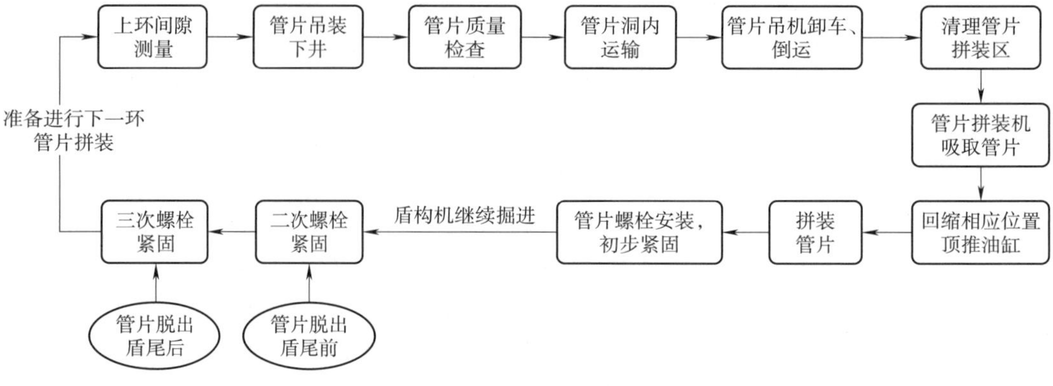

图3　管片拼装工艺流程图

(3)管片质量检查:所有用于隧道主体的管片必须经过质检工程师检查验收合格后方可吊装下井,凡存在缺角、止水材料粘贴不合格、蜂窝、麻面、裂缝、破损等缺陷的混凝土管片一律不得吊运下井。并要对不合格管片做好记录。对于严重质量缺陷的管片要退场,对于一般质量缺陷的管片要用高强度环氧砂浆修补满足设计要求后才能继续使用。

(4)管片下井及运输:管片下井和运输组织过程中要注意对管片本身以及粘贴防水材料的保护。为了便于操作,管片下井顺序按照值班工程师提供的管片选型进行管片倒运,管片下井前由地面班长自检,并签署质量过程检验责任书,确保管片下放无误,并提前做好管片下放工作,下放至管片小车上。地面倒运管片顺序与拼装顺序不一致,地面倒运人员要注意倒运顺序是否与管片选型排序表一致。

(5)管片吊机卸车、管片倒运:管片通过水平运输设备运送到安装区域后通过安装在拖车上的管片卸载机进行卸车,卸车时再次对管片外观及防水材料粘贴质量进行检查(环缝传力衬垫粘贴在凸榫侧),并记录每块管片实际编号,同时根据安装的点位合理放置各管片位置(凸榫侧在掘进方向后方)。安装工与掘进队长共同检验摆放顺序是否与排序表一致,技术员最后再次检查后所有人员签字确认。

(6)清理管片拼装区:管片安装前要对安装区域进行清理,盾壳内的积水、污泥及油脂要完全清除干净。

(7)管片拼装:回缩相应位置顶推油缸,拼装手通过操作器吸取管片拼装。管片安装时先收回最下方管片分块区域内的推进油缸;管片安装工操作真空吸盘抬起管片缓缓就位,在就位过程中随时按安装指挥人员的指示进行调整;管片就位后螺栓安装人员及时连接纵向螺栓并紧固,每块管片拼装就位后,及时复紧所有螺栓,防止管片发生滑移,推进油缸伸长顶紧拼装就位的最下方一块管片后方可进行下一块管片的拼装。由下到上左右对称拼装剩余管片;K 型管片安装时,先径向搭接 1 350 mm,再纵向插入,边调整位置边缓慢纵向顶推;整环管片全部安装完后,用风动扳手紧固所有螺栓。

(8)三环复紧:管片螺栓安装时定位准确,每侧螺栓上紧后,需进行复紧工作。管片拼装完成后，严格按照“三环复紧”制度进行管片复紧，拼装完后第一次对整环螺栓进行复紧；掘进 700 mm 后对前后三环管片复紧；管片脱出盾尾后（1 600 mm）对前后三环进行复紧，复紧螺栓要求拧紧力为 2 100 ~ 2 450 N · m。

6 材料与设备

6.1 管片生产材料

管片生产主要材料见表 3。

表 3 主要材料计划表

序号	项　　目	规　　格
1	钢筋	HRB400E
2	混凝土	C60P12
3	螺栓遇水膨胀垫圈	—
4	传力衬垫环缝	3 mm
5	传力衬垫纵缝	3 mm
6	箱涵橡胶衬垫	10 mm
7	聚硫密封胶	1.6 g/cm^3
8	外侧弹性橡胶密封垫	三元乙丙橡胶
9	内侧弹性橡胶密封垫	三元乙丙橡胶
10	单组分氯丁-酚醛胶结剂	—
11	外侧 L 形遇水膨胀止水条	35 mm × 4 mm
12	内侧 L 形遇水膨胀止水条	25 mm × 4 mm
13	嵌缝弹性橡胶密封垫（环缝）	30 × 20 异型
14	外侧遇水膨胀橡胶腻子薄片	40 mm × 1.5 mm × 160 mm
15	内侧遇水膨胀橡胶腻子薄片	40 mm × 1.5 mm × 120 mm
16	背贴式自粘橡胶止水带Ⅰ型	环向施工缝
17	背贴式自粘橡胶止水带Ⅱ型	纵向施工缝
18	背贴式自粘橡胶止水带Ⅲ型	变形缝
19	涂料防水	环氧树脂防水涂料

6.2 管片生产设备

管片生产主要设备要求见表 4。

表 4 管片生产主要设备表

序号	设备名称	型　　号
1	数控钢筋弯箍机	WG12E-2
2	机械手臂	SGJQR
3	钢筋螺旋弯圆机	WH12

续上表

序号	设备名称	型　　号
4	弯弧机	WH-32
5	数控智能钢筋弯曲机	GW32
6	数控钢筋液压剪切生产线(含配套)	GJW1240
7	数控立式弯曲中心	G2L32E-5B
8	数控钢筋调直机	GT5-12E-1
9	数控钢筋弯弧弯曲机(含配套)	WHWQ32M
10	数控钢筋弯弧机(含配套)	WH32A
11	顶弯机构	

6.3　管片拼装材料

管片拼装主要材料见表5。

表5　主要材料表

序号	名　　称	型　　号	单　　位	数　　量
1	管片		环	1
2	螺栓	M36	根	76
3	螺栓垫圈		个	76

6.4　管片拼装设备

管片拼装主要设备要求见表6。

表6　管片拼装主要设备表

序号	名　　称	型　　号	单　　位	数　　量
1	盾构拼装机		台	1
2	气动扳手	3 600 N · m	台	2
3	扭矩扳手	3 000 N · m	台	1
4	手电筒		个	2

7　质量控制

7.1　控制标准

《预制混凝土衬砌管片》(GB/T 22082—2024);

《盾构法隧道施工及验收规范》(GB 50446—2017);

《盾构隧道管片质量检测技术标准》(CJJ/T 164—2011);

《高速铁路隧道工程施工质量验收标准》(TB 10753—2018);

《混凝土结构设计标准》(GB/T 50010—2010)(2024 年版);

《混凝土结构通用规范》(GB 55008—2021);

《混凝土结构工程施工质量验收规范》(GB 50204—2015);

《混凝土结构耐久性设计标准》(GB/T 50476—2019);

《钢筋焊接及验收规程》(JGJ 18—2012);

《预制混凝土衬砌管片生产工艺技术规程》(JC/T 2030—2010)。

7.2 管片模具验收

钢筋混凝土管片精度是以钢模加工装配和振捣后的精度作保证,因此管片钢模按以下程序进行验收:进场验收、浇捣前的快速检验和钢模定期检验,采取先进、可靠的检测技术进行钢模精度检验。另外钢模出厂时还配备钢模检验样板。

7.2.1 进场前验收

钢模的检验依据:模板图、钢模加工厂家提供钢模出厂合格证书及相关检测资料。

钢模的检查内容和方法:

钢模宽度:使用内径千分尺在钢模两端及中心上下测定钢模的内径尺寸。

厚度尺寸:使用游标卡尺测定钢模侧板两端及中心部厚度。

模具拼装定位线:合拢钢模模板,调整端板侧板,目视端板侧板的角度、拼缝密贴。

钢模端板、侧板孔位检查(目视测定):将模板合拢后,插入所有的芯棒、销子等,确认是否贯通、抽拔顺畅。

整体目测检查(目视测定):检查钢模的整体功能、构造、所有部件、外观以及机械装置等,目视确认钢模结构坚固,检查附件或配件是否齐全、有无缺陷。

钢模运抵现场之前,全数检验,不符合质量标准不得用于生产管片。

进场检验后,将选用钢模的设计图纸、操作说明、精度指标、检验测定方法、档案等资料报监理工程师审核并备案。得到监理工程师批准同意后,才能用于管片的试生产和正式生产。

7.2.2 生产过程中的快速验收

用专用的测量工具对钢模中心宽度和能显示钢模正确合拢的项目进行测试。若超过误差尺寸,则重新整模,直至符合钢模合拢精度要求。

7.2.3 定期维修检查

在常规情况下,每套钢模每制作 100 环管片作为一个系统检验周期。如有特殊情况,缩短其检查周期或作针对性检查,复验合格后继续进行管片制作。

钢模的检查内容同上,项目包括有无作业引起的误差,以及混凝土接触面有无损伤及凹凸。

任意抽取不同套钢模生产的三环管片,水平整环拼装成环精度作为钢模是否合格的最后指标,只有经过试验生产三环水平拼装检测合格后,认定钢模精度合格,方可用于生产管片。

7.3 管片拼装质量控制

7.3.1 管片拼装主要控制要点

(1)严格按规范和设计要求安装管片防水材料:

聚氨酯密封胶、氯丁海绵橡胶、三元乙丙弹性橡胶密封垫必须具备合格的证明材料,经监理工程师检验合格后方可使用;黏结剂涂刷均匀饱满、弹性密封垫和橡胶衬垫粘贴平整牢固,腻子片嵌贴严密稳固,位置准确,不得有起鼓、超长和缺口现象;螺栓衬垫严密,不得有裂隙;嵌缝之前将槽内清理干净,无杂质碎屑,嵌缝材料的种类、规格和质量符合设计和规范要求,并通过监理检验后方可实施。

(2)加强管片运输过程保护

运输前制定切实可行的方案和预案,采用专用运输车运输,确保管片在运输和吊运过程中不受损毁。管片在生产厂的堆放高度不超过3层,管片在施工现场的堆放高度不超过3层,管片在运输途中的堆放高度不超过2层。

(3)规范管片安装程序

①规范管片安装操作:拼装时先安装底部的块位,然后自下而上左右交叉安装,每环相邻管片摆布均匀并控制环面平整度和封口尺寸,最后插入封顶管片。

②严格进行管片螺栓复紧。当后续盾构掘进至每环管片拼装前,对相邻已成环的3环范围内管片螺栓进行全面检查并锁紧。隧道贯通后,进行第三次复紧。

③合理选取同步注浆参数,确保管片受力均匀并尽早稳定。注浆前进行配合比试验,选出最佳配合比,并根据不同地质情况,适时调整配合比;同步注浆速度与掘进速度相匹配;注意调整盾尾间隙,控制推进油缸的伸缩和同步注浆压力,拼装精度控制在设计要求之内,防止管片移位、错台。

7.3.2 管片拼装质量控制措施

(1)管片安装前应对已安装的最后一环管片的前端止水条进行检查,损坏或错位的必须修整、更换。

(2)拼装点位必须严格按值班工程师下达的管片拼装指令上的规定进行安装。

(3)管片安装必须先从底部开始,左右对称拼装。

(4)安装就位后,应及时推出相应区域的油缸将刚拼装的管片顶紧。

(5)封顶块安装困难时,应涂润滑剂,再进行安装,以免损坏止水条。

(6)管片安装过程中注意对管片及管片防水材料的保护,尽量避免造成损坏,一旦发生损坏必须及时进行更换或修复。

(7)拼装作业应由专业操作人员进行,且在管片拼装过程中非拼装作业人员不得进入管片拼装作业区,特别禁止在管片拼装机下方或未成环管片下方停留或作业。

(8)管片安装前,应进一步确认管片安装机的吸盘吸取能力,观察是否漏气,安装过程应轻举轻放,防止碰坏其他管片和损坏止水条。管片拼装过程中应特别注意防水材料的保护。

(9)盾构掘进过程中刀盘旋转产生的扭矩可能导致盾体与管片发生旋转,每次拼装完成后注意记录盾构旋转角不得超过3°,并记录管片相应的旋转情况,通过将大块拼装在旋转的一侧,靠管片自重调整管片位置;通过刀盘正反转调整管片旋转,理论上滚动角为正值时刀盘正转,反之,刀盘反转。

8 安全措施

(1)管片拼装作业人员必须经过专业培训,使作业人员熟练掌握拼装机、吊装机、风动扳手等机械设备的安全操作规程和安全注意细则;电瓶车机司机必须持证上岗。

(2)管片拼装时,非操作人员不得进入管片安装区域,管片安装人员也不得站立在管片拼装机上,管片拼装机操作司机在操作过程中随时留意管片拼装区域内人员情况。

(3)作业中当发现施工机具工作异常情况时应立即停止作业,排除故障后,方可继续作业。

(4)严禁机械在运转过程中检查、维修各部件。

(5)在进行紧固螺栓时,不得移动管片拼装机,避免人员摔跌受伤。

(6)管片拼装施工人员应观察并使管片拼装机移动范围内的管线放到合适的位置,避免造成管线损坏。

(7)操作过程中不得将管片拼装机进行非管片拼装的拉、推、顶操作,避免损坏设备。

(8)管片拼装过程中操作人员使用的工具使用完后立即放到稳妥的位置,避免工具从高处摔下损坏推进油缸等设备或伤人。

(9)对于需要使用大锤敲击的管片螺栓,敲击螺栓下部不得站人或有人员通过。

9　环境保护措施

9.1　大气污染防治

(1)水泥等粉细散装材料,采取室内(或封闭)存放或严密遮盖,卸运时采取有效措施,减少扬尘。

(2)在现场设置搅拌设备时,安设挡尘装置。

9.2　水污染防治

(1)不得将油和废弃材料倒入邻近河中,以免造成污染。

(2)控制施工产生的污水流向,防止蔓延,并在合理的位置设置沉淀池,经沉淀后再排放,防止污染环境。

(3)现场存放油料的库房进行防渗漏处理,储存和使用都采取措施,防止跑、冒、滴、漏,污染水体。

9.3　噪声污染防治

(1)对场地及机械设备进行合理布置,采用低噪声的新型机械设备。施工场地照明灯光布置尽量背离居民区。

(2)不断与周边的机关、居委会等单位进行联系沟通。并与当地居委会做好精神文明共建工作,在力所能及的范围内为当地居民无偿服务。支持并积极参加当地社区公共事业活动。

(3)成立公关协调部门,加强与社区居委会、村委会及公安机关的合作。

(4)对工程可能发生的扰民及纠纷问题承担管理职责,全面负责协调各方面工作。

(5)在施工前,和当地社区政府、村委会(居委会)取得联系,通过邀请周边单位及居民代表定期参加座谈会、新闻发布会等形式,通报工程的概况、性质及建设意义,并积极听取周边单位及居民的意见及建议,尽量采用合理的施工方案减少对周边环境的影响。并就工程影响求得周边单位及居民的支持与谅解。

(6)施工现场遵照《中华人民共和国建筑施工场界噪声限值》制定降噪的相应制度和

措施。对受生产的噪声、强光、灰尘等影响等的单位及居民采取相应的必要的补偿措施。同时采取行之有效的预防措施减少危害，尽可能地保护周边单位及居民的利益。

(7)在项目体制上建立有关处理协调领导小组。文明施工领导小组设专人处理扰民及纠纷问题，做到及时发现问题、解决问题。

(8)如因特殊工艺超过环保规定连续施工和夜间施工，提前24小时提请有关主管部门进行审核批准。并配合当地政府做好当地居民协调工作。

10 效益分析

10.1 经济效益

管片生产所需原料主要依赖于本地资源，这有助于降低运输成本，并且通过本地市场采购原材料，保证了项目实施后的正常生产经营，进一步降低了成本。

10.2 社会效益

10.2.1 环境保护

管片的生产和施工过程注重节能降耗和环境保护，使用本地资源减少了运输过程中的碳排放，符合可持续发展的要求。

10.2.2 技术进步

管片生产线设备技术先进，不仅提高了产品质量，还增加了产品附加值，具有良好的社会效益和经济效益。

10.2.3 管片的应用领域和市场需求

管片主要用于轨道交通、城市建设、水利工程和桥梁隧道等高精度混凝土预制构件，承受外界土层压力、地下水压力以及隧道内的各种动荷载冲击，其质量直接关系隧道整体使用安全。

11 应用实例

11.1 管片智能生产

崇太长江隧道为解决传统盾构隧道管片厂缺点，通过引入智能化生产线并结合信息化技术，打通了信息化与自动化通道，建造了一座智能工厂实现了管片、箱涵自动化生产，并且建成国内第一个箱涵生产流水线，建立了“智能预制生产线+智能化装配+数字化管控”全流程体系用于崇太长江隧道管片厂环管片预制生产。自动化管片生产流水线如图4所示。

图4 崇太长江隧道自动化管片生产流水线

为实现“自动化、少人化”生产目标，配备自动剪切生产线、智能钢筋弯箍机、自动机械手臂、自动阶梯上料传送辊道等自动化智能设备，实现了钢筋自动上料、传输及弯曲弯弧等工序智能化，与传统钢筋生产线相比减人达17人，减人率为55.6%，生产效能提升40%。自动化钢筋生产线布局如图5所示。

搭建了全数字化管片生产线，通过引进智能清模、喷涂、抹面机器人，运用工业传感器实现管片钢筋笼加工、入模，模具清理、喷涂脱模剂，混凝土浇筑、振捣、抹面等全工序自动生产、流程智能流转、过程数智管控，其中无人化工序8道，占比高达67%。人员投入降低了35.7%，流水节拍节约5 min。管片智能化生产流程如图6所示。

图5　崇太长江隧道自动化钢筋生产线

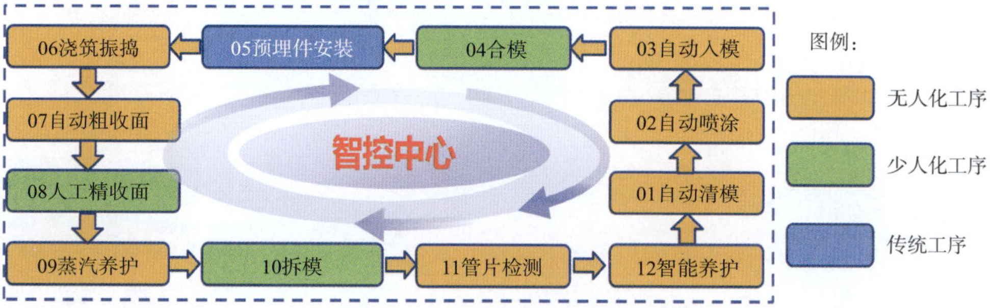

图6　管片智能化生产流程图

11.2　管片智能拼装

管片智能拼装应用工点为崇太长江隧道盾构掘进施工，管片智能辅助拼装系统依托现有拼装机形式，在不改变拼装机结构的基础上，通过搭载终端测量传感器和自动辅助拼装控制程序，基于多源传感器信息融合技术，实现管片类型自动识别、管片自动抓取定位、管片自动拼装定位等关键过程，助力盾构高效智能化推进。管片智能拼装如图7所示。

图7　管片智能拼装示意图

参编单位：中铁隧道局集团有限公司、沪杭铁路客运专线股份有限公司、中铁隧道集团二处有限公司

参编人员：李志军、金武、潘成杰、杨永宏、陈小军、韩浩、许维青、李斌、傅博伟、王燚、郑文宝、黄旭光、马晨梁、黄文虎

评审人员：黄鸿键、马伟斌、吕刚、赵西民、孟庆余

十一、铁路盾构隧道轨下整体箱涵预制生产及洞内安装施工工法

1 概　　述

随着盾构施工技术的持续进步,隧道内部结构的预制拼装设计日趋完善,为满足工程施工进度整体要求,国内研究者们克服了预制箱涵结构尺寸及质量大,隧道内部空间狭小,工作时间长,设备可靠性要求高以及预制构件拼装进度要求高等难题,通过自主研发设备,总结工艺工法,形成了铁路盾构隧道轨下预制箱涵生产及洞内安装施工工法。

2 工 法 特 点

2.1　缩短工期

采用箱涵拼装机器人进行预制箱涵拼装施工,可满足盾构施工与预制箱涵拼装同步进行,且箱涵拼装过程不影响管片运输,缩短内部结构施工工期,加快了工程整体施工进度。

2.2　质量好、效率高

装配式建造,箱涵生产专业化、制度化,质量有保证的同时生产连续性更好,能提高工人熟练度和生产效率,现场拼装采用配套施工设备,机械化、自动化程度高,能快速、精准拼装,箱涵安装效率及精度也有保障。

2.3　节约成本

采用预制构件,现场仅负责使用设备装配,有效减少现场施工人员,人员作业环境得到了改善的同时施工效率有效提升,人工成本有效减少,同时预制构件生产流水线化,在现代化的条件下能集中采用新技术、新工艺,有效降低了混凝土构件的生产成本。

3 适 用 范 围

本工法适用于铁路盾构隧道轨下预制构件——箱涵的生产及洞内安装施工。

4 工 艺 原 理

针对铁路盾构隧道内部空间有限且施工进度要求高的问题,通过在工厂环境条件下使用高精度钢模制作隧道内部结构下部箱涵,实现预制化施工,针对箱涵体积大、质量

重、吊装运输要求高,以及在有限空间内安装精度要求高、施工难度大等挑战,配备吊机或安装机器人进行施工,实现箱涵精准拼装,并与盾构掘进同步高效施工。

5 施工工艺流程及操作要点

5.1 箱涵生产工艺流程及操作要点

5.5.1 箱涵生产工艺流程

箱涵的生产工艺主要包括钢模板检测、钢筋笼安装就位、混凝土浇筑、抹面、蒸养、拆模、养护、堆场存放及外运至需要地。箱涵生产工艺流程如图1所示。

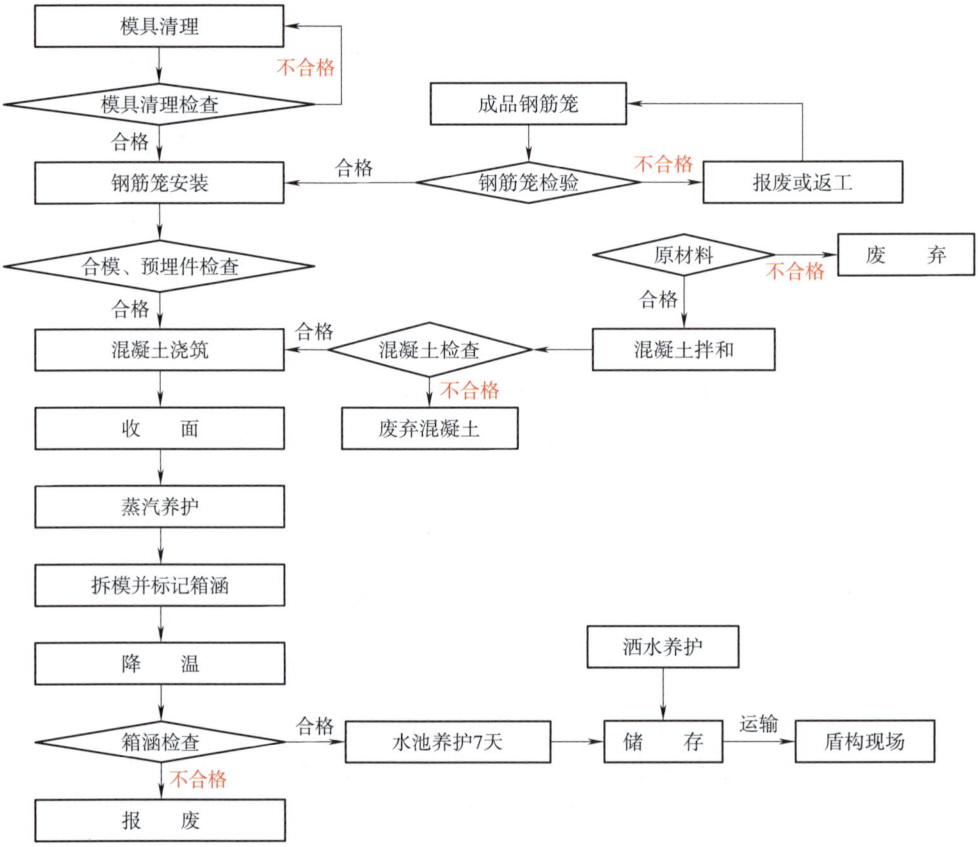

图1 箱涵生产工艺流程图

5.1.2 箱涵的生产工艺操作要点

(1)预制场地建设

箱涵构件应在规划的预制场地上制作,以确保满足集中预制的需求。箱涵预制区应包括钢筋加工区、材料存放区、箱涵浇筑区以及预制构件养护存放区,并设有运输通道。

(2)模板加工制作及拼装

模板应采用工厂加工定型钢模板,确保模板平整、转角光滑、焊缝平顺,并打磨表面以达到光洁度要求。整体安装后应带线调整线形,确保构件几何尺寸准确。模板拼缝应进行特殊处理,用软泡沫止水防漏浆,并保证接缝平整度。模板安装时,板面要平整,接缝严密,不漏浆,并保持结构物外露面美观和线条流畅。部分板缝可采用泡沫剂进行处理。安装后,检查模板平面位置、节点联系及纵横向稳定性。

(3)钢筋骨架加工制作及安装

构件的主要钢筋骨架应全部采用钢筋骨架胎模,骨架半成品的加工应在胎模上直接完成。骨架主筋应采用机械连接,而纵横筋、箍筋、架立筋之间的连接则应采用绑扎连接。

(4)混凝土浇筑

混凝土的运输应采用混凝土罐车,运输能力需与混凝土凝结速度和浇筑速度相适应。混凝土运送到预制现场后,应使用龙门吊将料斗起吊放料进行浇筑作业。浇筑作业前,应检查混凝土的均匀性和坍落度等性能指标。从高处倾倒混凝土时,应采取措施防止混凝土离析。混凝土应按 30 cm 的厚度,顺方向进行分层浇筑。浇筑作业完成后,在冬季施工环境下,需预先制作并安装养护架于构件周围,并用篷布覆盖于养护架上,对构件全覆盖蒸汽养护。养护架与混凝土的距离应不小于 20 cm,以确保短构件在时间内达到拆模所需强度。通常情况下,经过蒸汽养护 12 h,构件即可满足拆模条件。非冬季条件下,可采用自动喷淋方式对构件进行养护。

(5)箱涵养护及存放

侧模应在混凝土抗压强度达到 2.5 MPa 后拆除,并继续采用蒸汽或喷淋方式进行养护,直至混凝土强度达到吊装转运的要求。模板拆除后,应对箱涵进行编号,箱涵信息标识应清晰,以便追踪。根据构件编号信息,将成品构件由吊装龙门吊运至指定构件存放区。箱式成品构件应采用双层堆放,上下两层用木方隔开,构件水平间距 1.5 m。整体预制的构件单体排列,分成两半预制的构件间隔 1.5 m 对面咬合排列。在构件存放区,应对构件继续进行喷淋养护,直至构件强度达到设计强度的 90%,满足构件运输出厂强度的要求。

5.2　箱涵拼装工艺流程及操作要点

5.2.1　箱涵拼装工艺流程

箱涵吊放到位后,按下启动按钮,安装机立即按施工顺序自动安装箱涵。施工顺序分为开始拼装→箱涵微调→安装机复位,安装结束后,安装机退回原位,等待下一个工序。箱涵拼装工艺流程如图 2 所示。

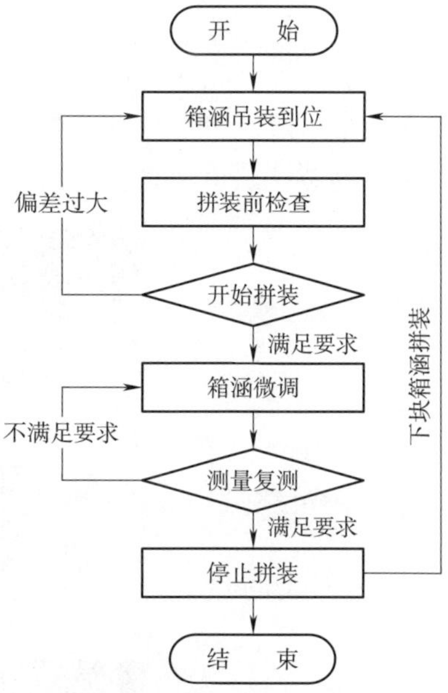

图 2　箱涵拼装工艺流程图

5.2.2　箱涵拼装工艺操作要点

(1)箱涵吊装到位

箱涵吊装下井,运输至安装区后,采用吊机将箱涵吊装从运输车上吊装至待拼装区,吊装前根据成型隧道平面曲线走势以及箱涵拟调整水平趋势,确定箱涵短边方向。箱涵吊装下放时,注意尽量与上块已安装箱涵断面平行,距离保持在 20 cm,减小安装机步进距离。箱涵放置到位后,吊机收回,开始进行安装机拼装。

(2)拼装前检查

箱涵吊装至待拼装位置后,操作员先对待拼装箱涵进行检查,主要检查箱涵吊放端面偏差、距离是否过大,以及箱涵周边、安装机周边是否有障碍物,待拼装区是否有杂物等,全部检查完毕后,人员撤离拼装区,操作员按下启动按钮,开始进行拼装。

(3)开始拼装

拼装人员对拟拼装箱涵检查,具备拼装条件后操作人员按下拼装按钮,开始进行拼装,如图 3 所示。

图 3　箱涵拼装

(4)箱涵微调

保证待安装箱涵与已安装箱涵距离,通过激光测距传感器或其他设备仪器测得箱涵表面 4 个角点及中心点的位置信息,及与理想拼装位置的相对位置关系(位移量),以此为箱涵姿态调整依据,对箱涵横向及纵向进行调整,如图 4、图 5 所示。

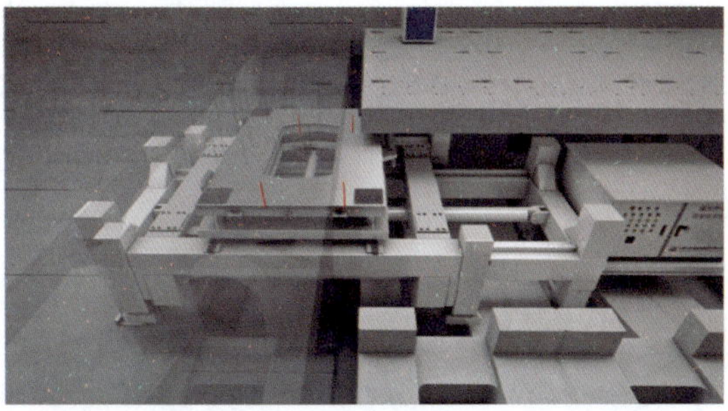

图 4　箱涵微调

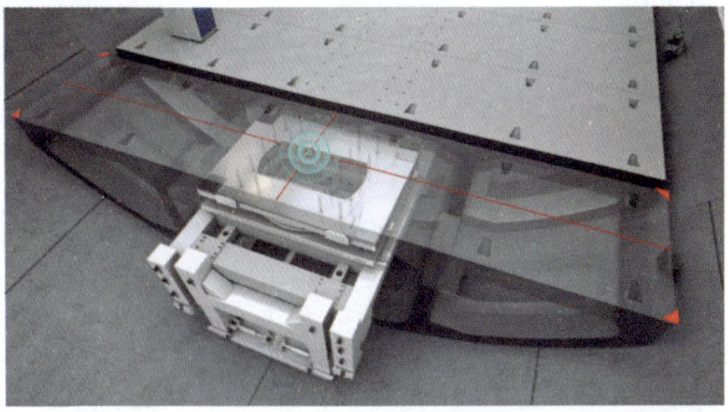

图 5　测量箱涵四角点位数据

(5)安装机复位

箱涵姿态调整完毕后,环向螺栓紧固、底部螺栓支撑、垫块固定等工作完成后,安装机复位(图6),等待下一工序。

图6 安装机复位

6 材料与设备

6.1 材料计划

箱涵生产及拼装所用到的材料主要有箱涵预制钢模、土工布、蒸汽与喷淋养护棚架、预埋件、千斤顶、钢板垫块、丁腈橡胶软木衬垫、氯丁-酚醛胶黏结剂、橡胶锤、箱涵连接螺栓、垫片、螺母、调平螺栓、箱涵预留螺栓孔盖帽等。

6.2 设备配置

设备配置见表1。

表1 设备配置表

序号	设备名称	单 位	数 量	备 注
1	箱涵拼装机	台	1	调整箱涵姿态
2	C型吊机	台	1	吊运箱涵
3	双头运输车	辆	按需配置	运输箱涵
4	门式起重机	台	2	吊运箱涵
5	风动扳手	把	1	紧固螺栓
6	附着式振捣器	套	2	
7	插入式振捣器	套	2	
8	混凝土罐车	辆	按需配置	
9	混凝土拌和机	台	1	
10	叉车	台	2	安装、卸车
11	平板运输车	辆	按需配置	运输构件

7 质量控制

7.1 执行标准

7.1.1 质量控制标准

《地下铁道工程施工质量验收标准》(GB/T 50299—2018);

《混凝土结构工程施工规范》(GB 50666—2011);

《盾构法隧道施工及验收规范》(GB 50446—2017)。

7.1.2 控制项目尺寸允许偏差(表2)

表2 尺寸偏差验收标准

序号	控制项目	允许偏差(mm)	检验方法
1	结构长度(隧道横向)	±5	用钢卷尺或其他可靠工具在结构长度(隧道横向)方向测量2点,测点应均匀布置,精确至1 mm
2	结构宽度(隧道纵向)	±5	用钢卷尺或其他可靠工具在结构宽度(隧道纵向)方向测量3点,测点应均匀布置,精确至1 mm
3	结构高度	±2	用钢卷尺或其他可靠工具在结构高度方向测量2点,测点应均匀布置,精确至1 mm
4	结构壁厚	±2	用游标卡尺或其他可靠工具在结构壁厚处测量4点,测点应均匀布置,精确至0.5 mm
5	表面平整度(浇筑面除外)	1.5	用2 m靠尺、楔形塞尺在表面最大间隙处测量,精确至0.5 mm/m
6	钢筋保护层厚度	−5 +3	用钢筋保护层厚度测定仪进行测量,测量2处,测点应均匀布置,精确至1 mm。有争议时通过凿开混凝土保护层用深度游标卡尺进行
7	预留预埋位置	±1	用钢卷尺或其他可靠工具测量,精确至1 mm
8	预埋件与混凝土表面高差	±1	用钢卷尺或其他可靠工具测量,精确至1 mm

7.2 质量保证措施

7.2.1 箱涵预制质量保证措施

(1)必须对进场的原材料进行严格检查,并增加检测频率以确保砂和碎石具有良好的级配。选用泌水率低的水泥。

(2)根据构件特点和荷载要求进行模板设计,分别进行强度、刚度和稳定性的验算。钢模板面板应采用8 mm厚的钢板。

(3)禁止使用废机油作为脱模剂,应选择便于脱模且有助于混凝土表面修饰的材料。

(4)重视钢筋保护层垫块的材料和质量,推荐使用砂浆垫块。垫块的安装应根据平面和立面的不同位置进行规定布置,并错开安装,重要部位应适当加密。

(5)严格遵守施工规范进行振捣,控制振捣时间,避免过度振捣。

(6)加强混凝土的早期养护。混凝土浇筑后,若气温较低,应立即进行7~8 h的蒸汽养护。拆模后,成品构件应由龙门吊吊装至构件存放区,并定期适当洒水养护,由专人负责。

7.2.2 箱涵运输质量控制措施

只有当预制箱涵混凝土强度达到设计强度的90%时,方可进行运输。运输过程中应采取必要的固定和缓冲措施,并根据吊环位置及时调整运输方式,以避免构件损坏或磕碰,防止对构件造成损伤。

7.2.3 箱涵吊装质量控制措施

(1)吊装前,应现场确定箱涵的放置位置、吊车及其他设备的作业位置、材料及设备的进出路线等。

(2)吊装应按照设计文件和施工计划进行。组装前应进行试拼装,并制定结构稳定和定位调整方案。必要时,可使用支撑杆和钢丝绳辅助稳定。

(3)吊装前,由施工技术人员、吊装指挥员、吊车司机和吊装施工人员等进行现场查看,熟悉吊装环境,确定吊车站位和吊装方法。

(4)吊装应垂直、平稳,底座板应垫平并稳定。检查合格后,方可进行下一预制构件的吊装作业。

(5)为防止吊装过程中构件边角部混凝土破损,应采取橡胶垫块进行保护。

(6)吊装时,应由专人负责指挥,2~4 名工人辅助配合挂钢丝绳、支垫方木等。

7.2.4 箱涵拼装质量控制措施

(1)在拼装前,必须清理垫层顶面,并在两端设置拼装基准节,采用双线施工法进行箱涵拼装。

(2)拼装前,技术人员需复核涵洞构件型号、尺寸、螺栓孔位置的准确性,并测放涵洞中线、边墙外边线以及连接缝、沉降缝的位置线;测量垫层顶标高;检查混凝土垫层顶面的平整度;确保沉降缝、涵长和洞身宽度达到要求或与现场相符。

(3)沉降缝上下必须贯通,嵌缝材料和防水材料应符合设计要求,并按照设计和规范的要求进行施工,确保沉降缝的嵌缝无间断、裂纹、空鼓和漏水现象。

7.2.5 防水质量控制措施

(1)橡胶止水带必须满足设计的各项技术指标要求,正式使用前需进行试验以检验其遇水膨胀性能,并提供检验合格证后方可使用,严禁不合格产品进场。

(2)为确保止水带固定牢固,每隔 1 m 使用高强钢钉进行固定。

(3)止水带与节段接缝界面的粘贴必须紧密,沿接缝方向不得留有断点。

8 安全措施

(1)安排专职安全员,对各项施工工序进行安全监督。值班工程师指导和督促各种措施、技术交底的落实,保证标准化作业。科学组织、合理安排,严格管理,确保安全。

(2)实行奖罚措施,加强作业人员自我管理意识,确保施工安全。

(3)加强施工过程信息反馈,为施工提供及时、准确的信息,及时对指导施工的技术方案进行调整,保证施工安全进行。

(4)禁止违规操作,安全员每日进行巡查,发现违规现象责令停工整改,同时对违规人员进行处罚。加强管理力度,避免事故发生。

(5)施工现场入口处要挂安全生产宣传画、标语、安全危险标牌,提醒工人注意安全。

(6)施工前需进行安全交底,交底内容要有针对性,针对重点问题提出重点可靠的防护措施,并明确责任到人。

(7)任何人进入现场区域必须戴好安全帽,不准穿拖鞋,高跟鞋或赤脚。

(8)加强现场临电管理,经常检查配电设备的安全可靠性,如有损坏,及时更换,除电工之外的任何工种不准私自接改电线,需用时应申请电工完成接线工作。

(9)混凝土操作人员处于湿作业环境中,振捣操作时要戴好绝缘手套,穿好胶鞋。

(10)安装全过程中,安全员必须全程进行安全监控。必须坚守岗位,不得擅离职守。

(11)设置吊装安全禁区,非施工人员未经许可严禁进入安装现场。

(12)运输车辆行驶和停止时必须打开双闪警示灯,安装箱涵期间,附近严禁站人,确保施工安全。

(13)在进行紧固螺栓时,不得移动箱涵吊机,避免人员摔跌受伤。

(14)用电设备安装漏电保护器,防止触电、漏电伤人。

(15)箱涵运输车司机在前进过程中缓慢行驶,车速不超过 10 km/h;注意两侧设施,避免被箱涵刮坏。

(16)构件厂要保持整齐清洁、道路畅通,工具、材料和构件必须在规定地点堆码整齐,各车间的作业要按规定工艺流程和规程施工。

(17)作业人员,尤其是特种作业人员必须先培训后上岗。

9 环境保护措施

(1)坚持定期、不定期检查制度,经常性开展文明施工评比活动。

(2)建立严格的文明施工奖惩制度。

(3)材料分类堆放整齐,并标识清晰。

(4)将洞内隧底积泥、工程废料等废弃物运至指定地点堆弃,对工程施工中产生的有害物质处理后运至当地环保部门所指定的地点进行掩埋。

(5)施工用废弃泥浆排入市政下水道前设置沉淀池和栅栏,并采取必要的净化措施,防止污染道路,堵塞下水道。

(6)生产垃圾要及时清挡、清运,不得随意倾倒,要求每班清挡,每日清运。

(7)箱涵拼装区无积水积渣,运输通道和操作面及时清扫,砂浆、混凝土倒运时必须采用防撒落措施。

(8)施工区域各类材料分别集中堆放整齐,并悬挂标识牌,严禁乱堆乱放,不得占用运输便道,并做好防护隔离。

(9)构件运输、装卸应防止不必要的噪声产生,施工严禁敲打构件、钢管等。

(10)重视环境保护工作,确保文明施工,促进施工顺利进行。

10 效益分析

10.1 经济效益

以上海机场联络线11标项目为例，采用本工法，施工作业人员节约2名，施工工期缩短83 d，考虑人工费及管理成本，可节约成本1 479.8万元，同时预制箱涵与支模现浇对比可节省混凝土用量20%。故本工法与常规方法相比，能有效降低工程成本，极大提高施工效率，经济优势突出。

10.2 社会效益

本工法能够安全、优质、高效地完成工程施工任务，预制箱涵拼装操作简便、安全可靠，可确保工程质量，加快施工进度，节约人工，施工期间合理、充分利用各种资源，降低施工中的风险，优化和改进专业拼装设备，推广应用到相邻标段或类似工程，创造较好的经济、社会效益。

11 应用实例

本工法成功应用于上海轨道交通市域线机场联络线工程JCXSG-11标项目盾构隧道内部结构箱涵预制拼装施工。

11.1 工程概况

上海轨道交通市域线机场联络线11标工程位于上海市浦东新区，工程内容包括一转换井一区间。度假区站凌空路转换井区间全长4 721.099 m，区间隧道采用单洞双线布置形式，采用一台大直径泥水盾构施工，配备隧道内部结构同步拼装系统。隧道管片外径13.6 m，内径12.5 m，管片厚度为0.55 m，环宽2 m。盾构隧道内部结构为全预制结构，共分为五部分，分别为下部结构（箱涵）、中隔墙、横向牛腿、两侧电缆槽、疏散平台。下部结构——箱涵长9.5 m，高2.834 m，宽2 m每节重33.6 t。采用C40混凝土楔形量为50 mm，最底部设4根预埋调平钢套筒。纵向（掘进方向）采用6个8.8级M36螺栓连接，拼装嵌缝要求为10 mm。

11.2 施工情况

该项目通过联合设备制造厂商，对工程施工工况进行详细研究后，自主研发箱涵智能拼装设备，采用预制箱涵生产及洞内安装施工工法，隧道盾构施工自2022年1月11日开始进行施工，弧形箱涵与盾构掘进同步施工，盾构贯通后配套吊装出井后，箱涵拼装同步完成。经统计，箱涵单块拼装时间平均在30 min，管片拼装期间即可完成箱涵拼装。

11.3 施工评价

本工法通过运用预制箱涵生产及洞内安装施工工法，合理规划施工工序，有效解决了掘进与箱涵同步施工及大尺寸预制构件在有限空间内的拼装吊运及拼装精度问题，满足了工程进度整体要求，同时大大降低了施工安全风险，节省劳动力。通过对成型箱涵的测量，工程成型箱涵均满足验收标准。本工法从预制构件质量控制、施工安全控制、工期控制等方面赢得各方单位一致认可，取得了良好的社会效益和经济效益。

11.4 施工现场

施工现场照片如图7～图12所示。

图7 箱涵拼装机实物图

图8 箱涵实物图

图9 箱涵吊装下井与实物运输图

图10 箱涵吊装图

图 11　箱涵拼装图

图 12　箱涵成型图

参编单位：中铁隧道局集团有限公司、中铁隧道股份有限公司、上海申铁投资有限公司、中铁第四勘察设计院集团有限公司、中铁上海设计院集团有限公司

参编人员：孙振川、王玉祥、王振飞、范韬、杜峰、王洋、吴涛、雷磊、赵小龙、陈全、陈杨勋、张文龙、赵志国、李超、王明宇、朱贵生、赵自力、闫鹏、吕卓斐、王志坤、张小海、王登峰

评审人员：黄鸿键、马伟斌、吕刚、赵西民、孟庆余

十二、铁路盾构隧道同步注双液浆施工工法

1 概 述

目前国内外盾构施工中采用的同步注浆类型主要有单液砂浆、水泥-水玻璃双液浆、惰性浆液等,调研目前国内已施及在施大直径泥水盾构,其中70%采用单液浆液,但近期在建工程盾构机均配置同步注双浆系统,主要原因为:

(1)传统单液浆存在填充率低、地层扰动大等问题,同时传统水泥-水玻璃双液浆初凝时间过短,容易发生堵管现象不能满足泵送性要求等充填性和浆液注入时的泵送性这一对矛盾,通过对传统双液浆注浆系统进行升级,可极大改善管片上浮情况。

(2)盾构机通过搭载水泥-水玻璃双液注浆泵和同步注浆系统,使得A液(水泥浆)、B液(水玻璃浆液)在盾尾集成的同步双液注浆管处充分混合,然后进入到开挖直径和管片外径之间的环形间隙中进行填充,达到防止地面沉降和隧道上浮的目的。

该技术的核心在于动态匹配地层响应速度,从根源上控制变形。A、B液的配比以及A、B液的注浆流量可以通过调节软管泵的转速进行实时连续调整,并通过注浆同步监测系统监测其压力及流量的变化。

目前双浆液注浆方式为:在盾构掘进过程中采取不损失流动性、仅在限定范围内同步注双液浆方式。即在双液(特别是水玻璃类)浆液中添加短凝和可塑性成分,使限定范围内注入成为现实。该注浆方式具有以下特性:

(1)充填性好,浆液不流窜到限定范围以外的其他地域(不漏失到掘削面及围岩土体中去);

(2)浆液流动性好、离析少,浆液具备不受地下水稀释的特性;

(3)材料分离少,能长距离压送;

(4)早期强度与原状土的强度相当;

(5)浆液硬化后的渗透系数小。

2 工 法 特 点

2.1 施工速度快

在盾构正常掘进过程中,可以同步对刚脱出盾尾的管片进行注浆操作,不会影响盾构掘进工作。盾构掘进完成,注浆也同步完成。

2.2 凝结速度快

同步注浆(双液浆)在实验室结合地表渗透系数、理论填充方量及相应系数,根据每

次进场原材料(水玻璃和水泥浆)进行配比,使其凝结时间保持在 15 ~20 s,可满足现场施工质量控制的要求。

2.3 对土层扰动小

同步注浆(双液浆)凝结时间快,在盾构掘进过程中可以及时填充管片与土体之间的空隙,使其管片与周边土体稳固,达到对土层扰动小的效果。

2.4 提高隧道整体稳定和抗渗性

同步注浆(双液浆)凝结时间快,在盾构掘进过程中可以及时填充管片与土体之间的空隙,可以有效地控制管片上浮趋势,从而提高隧道的整体稳定性,双液浆可以快速凝结隔绝外部水层,可以有效地提高隧道整体的抗渗性能。

3 适用范围

本工法适用于穿越风险建筑多、浅覆土埋深的大型铁路、公路、市政盾构法隧道施工,特别适用于城市密集区、跨水域、跨道路等高风险场景施工。

4 工艺原理

盾构掘进过程中同步注浆采取水泥-水玻璃双液浆方式(采用不损失流动性、仅在限定范围内注浆)。主要在盾构始发前通过对水泥-水玻璃双液浆配合比的不断优化及多次现场实际模拟,准确确定出超浅覆土细颗粒地质条件下大直径泥水盾构同步注浆配合比,通过设计出一套完整的同步双液浆注浆系统,集泵送、监测、注浆、清洗于一体,可及时填充管片及地层之间的空隙,组成双液浆固结体与管片、围岩形成协同受力体系,降低管片错台、渗漏风险,提高盾构施工安全性。

5 施工工艺流程及操作要点

以通苏嘉甬高速铁路汾湖盾构隧道为例介绍工艺流程及操作要点。

5.1 工艺流程

施工工艺流程如图 1 所示,其中主要工序为浆液配合比、浆液制备、浆液运输、双液浆注入及管路清理、注浆效果检查及二次注浆。

5.2 浆液配合比

目前该项目已经对浆液配合比经过多次实验,得出双液浆施工配合比见表 1,双液浆试验效果图如图 2 所示。

表 1 双液浆配合比

A 液						B 液	胶凝时间(s)
序号	体积比	水(kg/m^3)	稳定剂(kg/m^3)	膨润土(kg/m^3)	水泥(kg/m^3)	水玻璃(L)	
1	975:25	876.26	3	35	250	25	7.65

续上表

		A 液				B 液	
序号	体积比	水 (kg/m³)	稳定剂 (kg/m³)	膨润土 (kg/m³)	水泥 (kg/m³)	水玻璃 (L)	胶凝时间 (s)
2	965:35	866.26	3	35	250	35	10.58
3	950:50	851.26	3	35	250	50	17.82
4	940:60	841.26	3	35	250	60	21.36
5	930:70	831.26	3	35	250	70	26.15

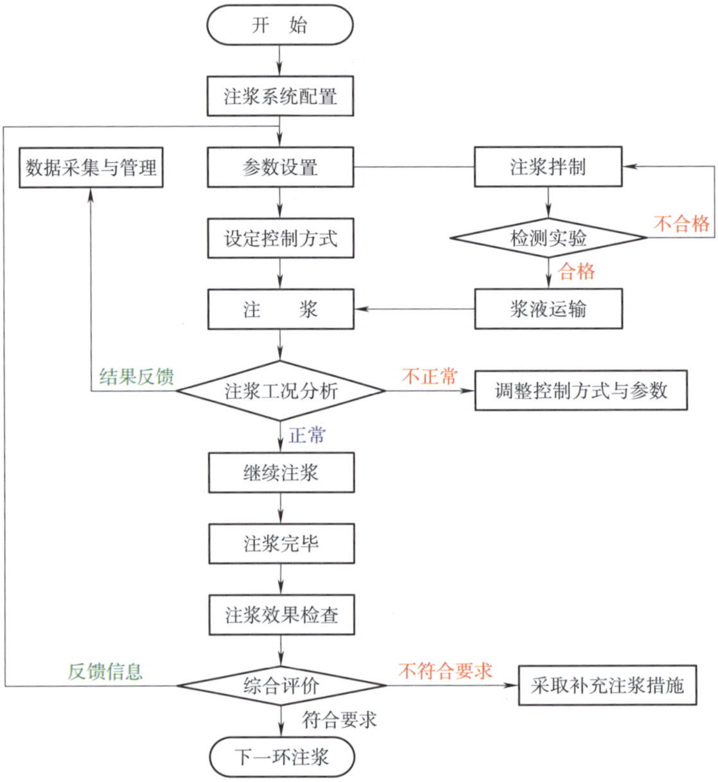

图 1 同步注浆工艺流程图

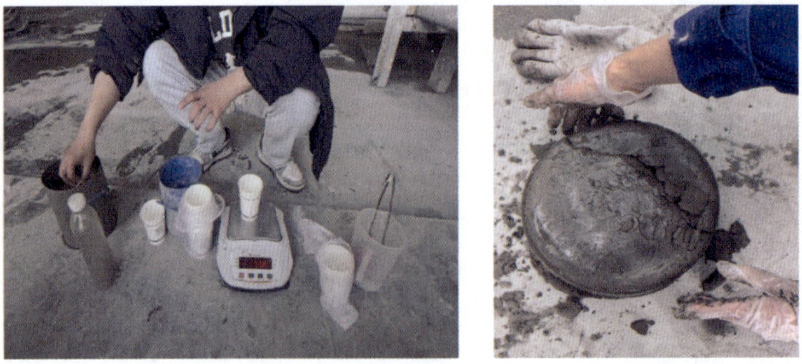

图 2 双液浆凝固后效果

5.3　浆液的制备

双液浆拌制主要为 A 液浆拌制，在双液浆拌和站内搅拌制作，浆液拌制主要分三步，具体如下：

第一步：首先根据配合比将膨润土和水泵送至膨润土制浆机进行搅拌，用搅拌机搅拌 3 min，然后检查膨润土是否已均匀地分散开，如果仍有未搅拌开的膨润土颗粒继续搅拌 30 s～1 min，直到膨润土完全均匀散开为止。

第二步：根据配合比将水泥和水输送到 A 液混凝制浆机，用搅拌机搅拌均匀，向溶液中加入稳定剂，搅拌 30 s。

第三步：将拌制好的膨润土浆液泵送到水泥浆液中继续搅拌均匀，A 液制备完成。

A 液浆拌制如图 3～图 4 所示。

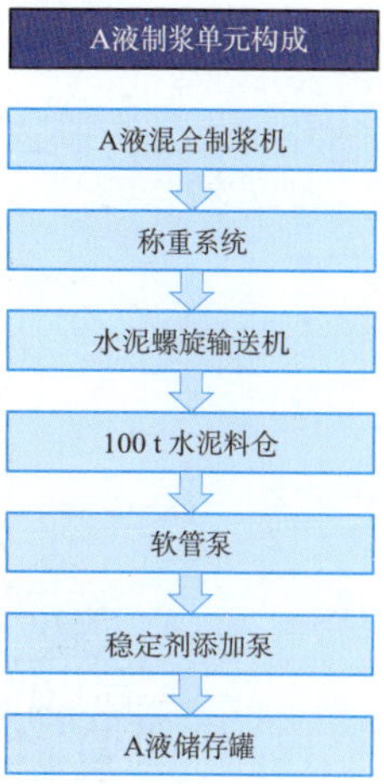

图 3　A 液浆拌制

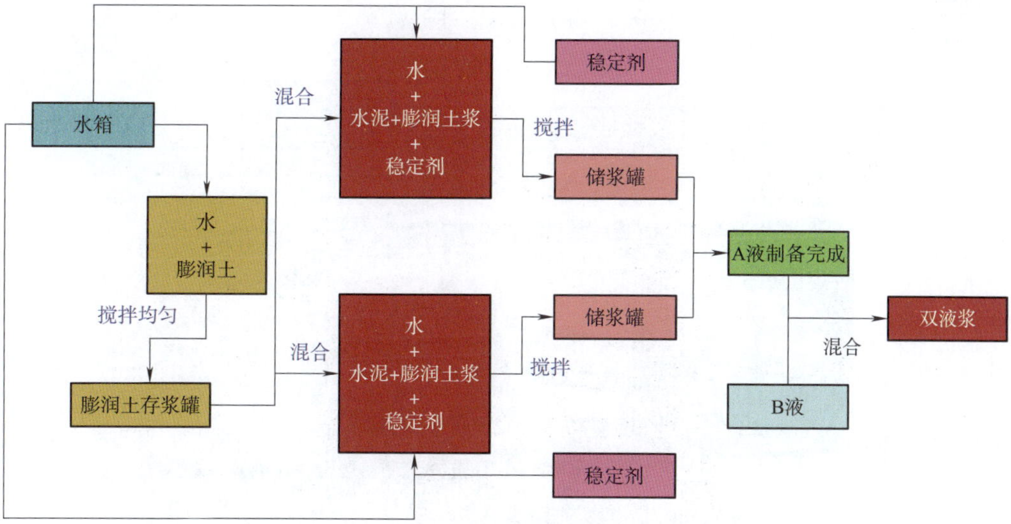

图 4　同步注浆工艺及管理程序图

5.4　浆液的运输

所需浆液首先在地面双液浆搅拌站内搅拌完成后储存在储浆罐中，随后通过埋置泵送管道将拌制好的 A 液浆液直接泵送至井下运输车内，并运输至洞内盾构机同步注浆储浆罐内，如图 5 所示。

5.5　双液浆的注入

盾构机掘进开始时，A 液通过中控装置控制注入注浆管道备用。盾构机掘进一定距离后，启动注浆系统，A 液以适当的速度注入盾尾间隙，同时 B 液同步注入。A、B 液在注浆管管口混合后注入盾尾间隙，防止地面沉降和隧道上浮。完成注浆后，首先停止 B 液再停止 A 液，及时利用注浆阀组对注浆管路进行冲洗。双液浆管道布置如图 6 所示。

同步双液浆注入在 15～25 s 内处于胶结状态，30 min 维持塑性状态（初凝），30 min 强度逐渐提高（≥0.1 MPa），胶结时间、初凝时间、终凝时间需根据具体地层确定。盾构在始发掘进期间，根据不同地层调整注浆胶结状态。

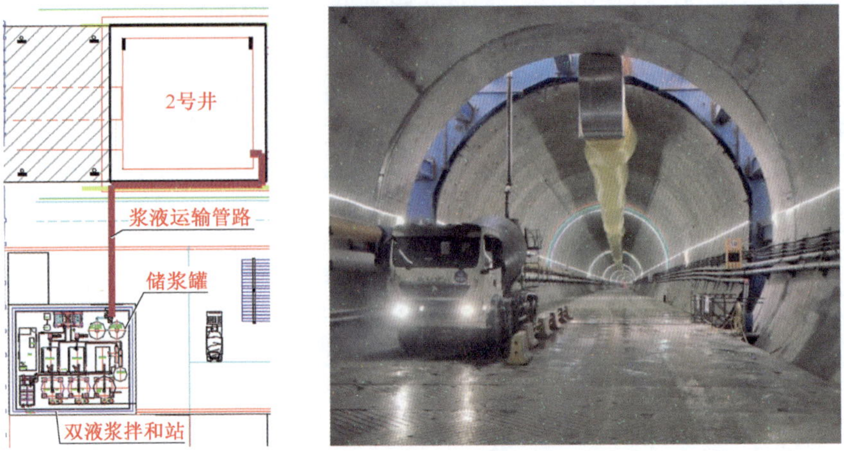

图5　浆液泵送至井下罐车

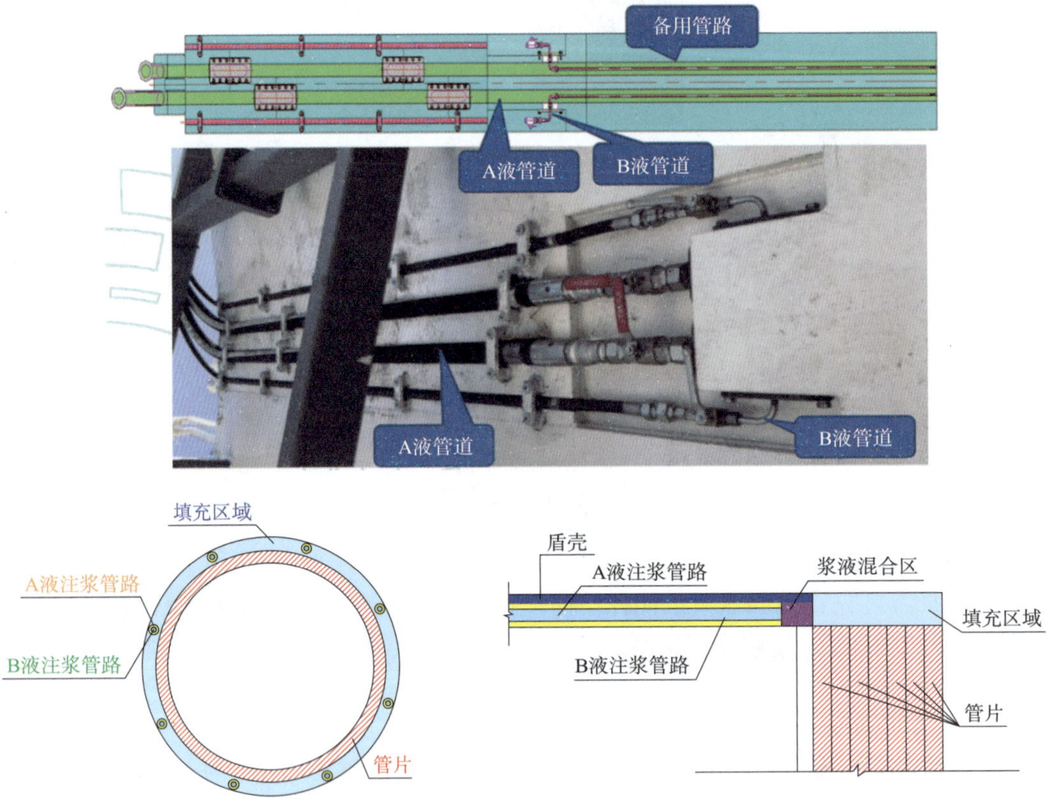

双液浆注浆管路示意图　　双液浆注浆路径示意图

图6　双液浆管道布置图

盾构机后配套台车配置有双液浆的A液泵、B液泵和A液罐、B液罐，双液浆的螺杆泵和双液浆罐有能力可满足最大45 mm/min掘进速度管片壁后间隙填充系数的要求。

浆液的运输通过罐车运输至布置在台车后部的输送管路可以将地面制浆站的浆液输送至储存罐,如图7所示。

图7 浆液泵送至盾构机储浆罐

5.6 同步注浆操作要点

5.6.1 注浆系统准备

地面系统准备:双液浆拌和站/单液浆拌和站拌制完成,地面罐车已到位,放浆管路操作无异常,B液材料准备完成。

洞内系统准备:洞内罐车已经就位,地泵检查无堵塞,A、B液/单液浆罐装载完成,注浆泵头、管路无堵塞。

5.6.2 参数设定

实验室结合每次进场材料进行双液浆配比,使其浆液凝结时间保持在15~25 s/2~3 h,值班技术人员按照实验室提供比例在洞内重新取样A、B液罐内材料复核实验配比,结果一致,则在盾构注浆系统模块进行比例设置。

5.6.3 设置控制参数

在盾构设备注浆模块中调整至双液自动模式,根据双液浆施工配合比,设定A、B液注入比例、注浆流速和自动冲洗时间。注浆系统界面如图8所示。

图8 注浆系统界面

5.7 同步注浆效果检查

5.7.1 同步注浆及工况分析

结合掘进速度观察同步注浆冲程数量,及时调整注浆流速,注浆压力应大于泥水仓压力 2 bar 范围,其波动范围在 0~4 bar,当注浆压力大于设计压力时,需及时进行管路冲洗。

5.7.2 注浆效果检查及综合评价

注浆效果可观察管片上浮情况及错台情况,在管片脱出盾尾后,在管片上粘贴沉降检测棱镜持续观察管片上浮情况,控制值 0~2 cm 为注浆效果良好。管片沉降棱镜、监测系统如图 9 所示。

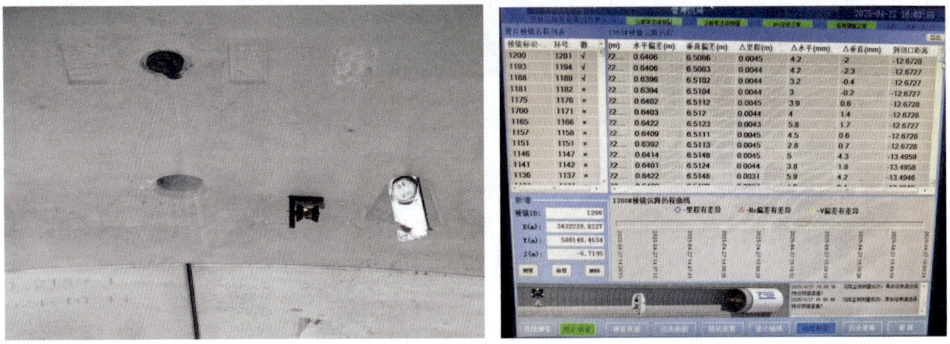

图 9　管片沉降棱镜、监测系统

管片掘进完成后保管路期间,观察注浆系统压力情况(注浆压力应大于泥水仓压力 2 bar 范围,其波动范围在 0~+4 bar),若压力维持在注浆停止前压力,可证实注浆密实。管片填充要求见表 2,注浆管路布置情况及填充区域如图 10 所示。

表 2　管片填充要求

序号	管片填充位置	填充合格率	备　注
1	管片下部区域	100%	每两路注浆管路负责标记填充区域,保证管片填充率达到 100%
2	管片左侧区域	100%	
3	管片右侧区域	100%	
4	管片上部区域	100%	

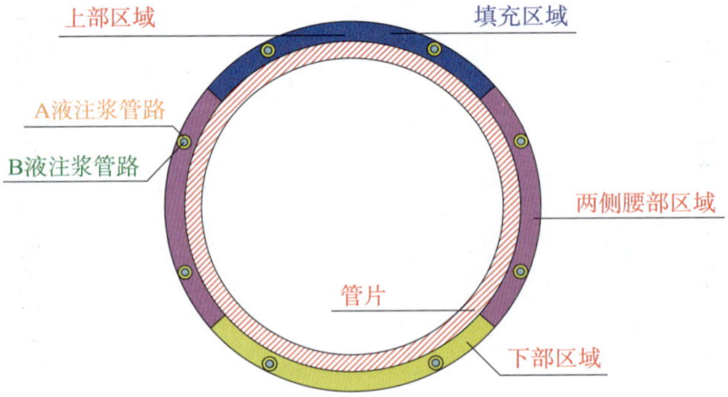

图 10　注浆管路布置情况及填充区域

5.8　二次注浆概况

同步注浆使盾尾建筑空隙得到及时填充,地层变形及地表沉降得到控制,在浆液凝固后,强度得到提高,但可能有局部不够均匀或因浆液固结收缩产生空隙,因此为提高背衬注浆层的防水性及密实度,必要时再补充二次注浆,进一步填充空隙并形成密实的防水层,同时也达到加强隧道衬砌的效果。

二次注浆一般在管片与岩壁间的空隙充填密实性差而致使地表沉降得不到有效控制或管片衬砌出现较严重渗漏的情况下才实施。施工时采用地表沉降监测信息反馈,结合洞内超声波探测管片衬砌背后有无空洞的方法,综合判断是否需要进行二次注浆。

5.8.1　二次注浆工艺流程(图11)

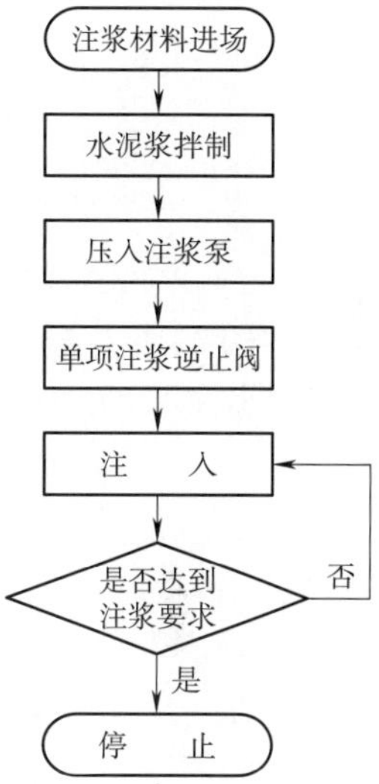

图11　二次注浆工艺流程

5.8.2　二次注浆作业步骤:

(1)首先进行水泥浆的拌制,调整水玻璃波美度,调试水泥-水玻璃胶凝时间。

(2)在管片预留注浆孔处安装逆浆阀,用冲击钻打通注浆孔,若有喷气现象须先放气,然后关闭逆浆阀门。

(3)将阀门与注浆管连接好,然后打开逆浆阀门,将两种浆液通过注浆泵压注,经注浆孔处的混合器混合注入管片壁后。

(4)浆液注完成后,关闭逆浆阀门并对管路放气卸压,最后拆除连接注浆管并用水清洗管路。

5.9　二次注浆操作要点

(1)在每次二次注浆前,应检查注浆设备和压力表是否运转正常,不允许超压注浆。

(2)注浆压力控制:一般情况下,二次注浆出浆口压力较同等深度地层压力大0.2~0.3 bar,若注浆后,止水效果不佳,可适当增加注浆压力,不能大于同等深度地层压力0.5 bar。严格控制双液注浆压力,双液注浆方向由专人操作,当压力突然上升或从孔壁、地面溢浆及跑浆时,立即停止双液注浆。

(3)注浆是盾构施工作业的一道重要工序,施工中指派专人负责,应对注浆位置、压入量、压力值做好详细记录,并根据地层变形监测信息及时调整,确保压浆工序的施工质量。

(4)浆液压注完毕后,一定要对注浆管路先进行放气卸压,待卸压完成后才可进行拆卸工作。

(5)每次作业结束后须将压浆泵机以及注浆管等所有注浆设备用水循环泵洗、清空,防止浆液硬化结块,并清除拌浆桶和过滤桶内所有垃圾和水泥浆硬块。

二次注浆如图12所示。

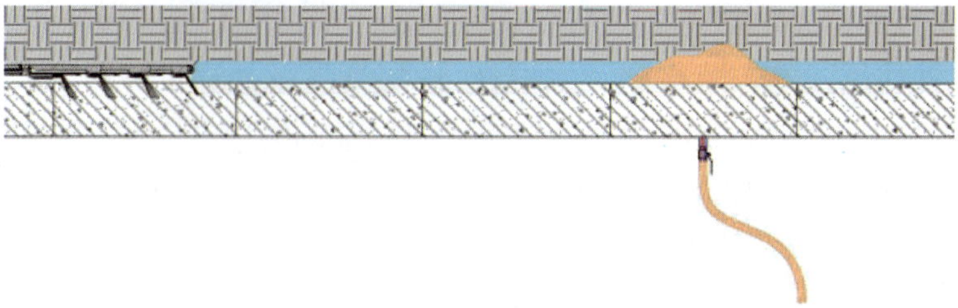

图 12　二次注浆示意图

6　材料与设备

6.1　同步注浆材料

同步注浆(双液浆)主要材料表见表 3。

表 3　同步注浆(双液浆)材料表

序号	材　　料	规　　格
1	水泥	P · O42.5(散装)
2	膨润土	钠基
3	稳定剂	粉状
4	水玻璃	38.5 波美度

6.2　同步注浆设备

同步注浆(双液浆)所需设备见表 4。

表 4　同步注浆(双液浆)设备表

序号	材　　料	规　　格	备　　注
1	双液浆搅拌设备	SYZJ-24/I	双液浆拌和站
2	水泥储存罐	—	
3	膨润土储存罐	—	
4	稳定剂罐	—	
5	水箱	—	
6	水泥浆搅拌储存罐	—	
7	空压机	—	
8	水玻璃罐	—	
9	双头车	—	洞内运输
10	水泥浆运输车	—	
11	地泵	—	
12	水泥浆储浆罐	存储方量(15 m^3)	盾构注浆设备
13	水玻璃储存桶	存储方量(5 m^3)	
14	双活塞注浆泵		

7 质量控制

7.1 质量控制措施

（1）加强盾构施工人员的培训工作，提高盾构注浆手、技术员的操作水平。

（2）在盾构掘进中根据不同土质和覆土厚度，结合监测信息，合理调整注浆质量，并按推力、推进速度和进排泥量的相互关系，合理控制掘进速度。

（3）严格按照设计和施工规范组织掘进，提高盾构掘进质量。

（4）制订详细的注浆施工设计和工艺流程及注浆质量控制程序，严格按要求实施注浆、检查、记录、分析，及时做出 P（注浆压力）-Q（注浆量）-t（时间）曲线，分析注浆速度与掘进速度的关系，评价注浆效果，反馈指导下次注浆。制定详细的注浆作业指导书，并进行详细的浆材配比试验，选定合适的注浆材料。

（5）成立专业注浆作业班组，由富有经验的注浆工程师负责现场注浆技术和管理工作。

（6）根据洞内管片衬砌变形监测，及时进行信息反馈，修正注浆参数设计和施工方法，发现情况及时解决。

（7）做好注浆设备的维修保养，注浆材料供应，定时对注浆管路及设备进行清洗，保证注浆作业连续不间断进行。

（8）环形间隙充填不够、结构与地层变形不能得到有效控制或变形危及地面安全时，或存在地下水渗漏区段，在必要时通过吊装孔对管片背后进行补充注浆。

（9）提高信息化管理水平，及时反馈质量信息，分析处理，指导现场施工。

7.2 二次注浆质量控制措施

（1）水泥浆拌制拌浆桶为圆筒形，体积较好控制，能够根据水的体积，水泥包数，合理确定每拌水泥浆的合理配制，为控制水泥浆配比的达标，还应采用比重计对水泥浆进行比重检测，按 1∶1 配制的水泥浆比重为 1.5 左右，比重不足的情况下适量增加水泥量。

（2）注浆过程采用管径相同的注浆管，分别放入水泥浆拌桶和水玻璃桶内，然后开启注浆泵开始双液浆注浆作业。

（3）当二次注浆注浆泵上压力表压力值达到 0.5 MPa 时，停止对该孔位进行二次注浆操作。如果注浆量不足 1.2 m^3 时，停止注浆 10 min 左右，再次进行注浆，如此反复几次直到压力值或浆量达标。如果浆液无法足量注入，则减少注浆量。

（4）对注浆过程中发现管片出现裂缝的，立即停止该部位注浆操作，并堵好注浆孔。双液注浆方向并由专人操作，当压力突然上升或从孔壁、地面溢浆以及跑浆时，立即停止双液注浆。

8 安全措施

8.1 同步注浆安全保证措施

（1）施工现场专职注浆人员应满足现场施工生产需要。

(2)同步注浆浆液运输过程及泵送过程由信号工统一指挥,泵送前提醒现场其他作业人员进行避让。

(3)同步注浆施工前对浆液质量进行测量实验,保证所使用的浆液符合要求。

(4)每天对同步注浆泵进行保养清洗及维护,保证泵管清洁,防止泵管堵塞发生爆管事件。

(5)管路堵塞后清理过程中要佩戴防护装置,佩戴护目镜等,管路带压时,采用长翘杆进行管路拆除,管路孔口不得对准其他作业人员。

(6)同步注浆罐上料口设置过滤网,过滤粒径较大粗骨料及其他杂物等,防止施工过程发生堵塞或伤人事件。

8.2 二次注浆安全保证措施

(1)压浆泵应由专业人员负责操作。

(2)压浆泵及管道内的压力未降至零时,不得拆卸管路或松开管路接头,以免浆液喷出伤人。

(3)在拆除管路及压浆泵时,操作人员应戴防护眼镜,以免浆液溅入眼内。

(4)施工时,及时清理作业区的地面积水,做好防滑、防摔措施。

8.3 水平运输浆液安全保证措施

(1)双头车、罐车司机必须经过培训,考试合格后方可上岗作业。

(2)做好对双头车、罐车司机安全教育,并做好安全交底工作,防止电瓶车、罐车发生事故,严格控制双头车、罐车速度。

(3)井下双头车、罐车司机兼职挂钩,同样必须经考核合格后持证上岗。

(4)严格执行双头车、罐车安全操作规程,加强对双头车部位检查。

(5)督促双头车、罐车司机做好交接班及运行情况记录工作。

(6)双头车、罐车运行过程中严禁搭乘双头车,做好检查、监督工作。

(7)做好每日巡视检查工作,检查双头车、罐车运行速度。

(8)双头车、罐车的警铃和信号必须齐全,进入同步施工区域必须鸣(响)信号,警告施工人员;双头车、罐车上的运输材料必须堆放整齐并固定牢靠,以防在运输过程中滑移,伤害施工人员。

(9)不准倒转刹车,不准用其他金属物代替机车保险丝。

(10)电瓶车、罐车经过隧道中坡度较大、接近弯道、工人较多等地点时必须减速行驶,并在 40 m 外鸣喇叭,做好刹车准备。

(11)机车鸣喇叭后方可启动,机车行驶时,司机要时刻注视前方信号、障碍物等情况,若有行人必须鸣喇叭并做好刹车准备。

(12)洞门处钉挂“限速”“注意电瓶车”等警示标志。

8.4 施工用电安全保证措施

(1)施工现场的临时用电,必须严格按照《建筑与市政工程施工现场临时用电安全技术标准》(JGJ/T 46)的有关规定执行。施工前临时用电负责人编制施工现场临时用电组织设计。

(2)临时用电线路的安装、维修、拆除,均由经过培训并取得上岗证的专业电工完成,非电工不得进行电工作业。

(3)所有施工人员掌握安全用电的基本知识和所用设备的性能,用电人员各自保护好设备的负荷线、接地线和开关,发现问题及时找电工解决,严禁非专业电气操作人员乱动电器设备。

(4)高压线引至施工现场设置的变电所,所内须通风及排水良好,门向外开,上锁并由专人负责,人员不得随便进入。变压器安设位置,接地电极符合规范要求即接地电阻不得大于4 Ω。室外变压器设置围栏,设门锁,专人管理,并悬挂“高压危险,切勿靠近”的安全警示牌。

(5)配电系统分级配电,配电箱、开关箱外观完整、牢固、防雨防尘,外涂安全色,统一编号,其安装形式符合有关规定。箱内电器可靠、完好、造型、定值符合规定,并标明用途。

(6)现场内支搭架空线路的线杆底部坚实,不倾斜下沉,采用绝缘导线,不成束架空,并采取有效保护措施。不得悬挂于钢筋模板和脚手架上。

(7)所有电器设备及其金属外壳或构架均应按规定设置可靠的接地保护。

(8)施工现场所有用电设备,按规定设置漏电保护装置,禁止私自拉线或拆装用电设备,定期检查,发现问题及时处理解决。

(9)现场内各用电设备,尤其是电动工具,其安装使用符合规范要求,维修保管由专人负责。

(10)施工中照明采用安全电压:一般场所照明采用36 V安全电压,在潮湿的沟槽照明灯采用12 V电压。

(11)移动的电气设备的供电线路使用橡胶电缆,穿过场内行车道时,穿管埋地敷设,破损电缆不得使用。

(12)电线线路应采用“三相五线”接线方式,电气设备和电气线路必须绝缘良好,场内的电力线路其悬挂高度和线间距必须符合安全规定,并架在专用电杆上。严禁用其他金属丝代替熔断丝。

(13)自备发电机电源与外电线路电源相互联锁,杜绝并列运行。发电机电源的接地接零系统独立设置,与外电线路隔离。

9 环境保护措施

9.1 大气污染

(1)水泥等粉细散装材料,采取室内(或封闭)存放或严密遮盖,卸运时采取有效措施,减少扬尘。

(2)在现场设置搅拌设备时,安设挡尘装置。

9.2 水污染

(1)不得将水玻璃和废弃材料倒入邻近河中,以免造成污染。

(2)控制施工产生的污水流向,防止蔓延,并在合理的位置设置沉淀池,经沉淀后再排放,防止污染环境。

(3)现场存放水玻璃、水泥浆的拌和站需进行防渗漏处理,储存和使用都采取措施,防止跑、冒、滴、漏,污染水体。

10 效益分析

10.1 经济效益

(1)施工效率:双液浆能够快速凝固,可及时填充盾构机掘进后形成的环形间隙,减少后续专门注浆作业的时间,使盾构施工能更连续、高效地进行,加快了整体工程进度,缩短了项目建设周期,从而降低了人工、设备租赁等各项成本。

(2)降低材料损耗:与单液浆相比,双液浆的凝胶时间可以精确控制,能更好地适应不同地质条件和施工要求,减少了浆液的流失和浪费,提高了浆液的利用率,降低了材料成本。

(3)减少维修费用:在同级别 15 m 级盾构中,双液浆填充均匀度可达 90% 以上,显著优于单液浆的 70%~80%,避免了管片接缝渗漏水和地面沉降超标造成的后期处理,提高了工程质量。

10.2 社会效益

通过深入研究管片破损、错台、渗漏等因注浆压力缺陷产生的原因及预防和处理措施,通过施工总结出同步注浆方式及压力控制措施,加强盾构掘进过程同步注浆控制,逐渐减少了管片破损产生的频率,能有预防免盾构施工过程中经常出现的质量问题。同步注双液浆,凝结时间快、施工质量高,可以对管片上浮进行很好地控制,很大程度上加强了成形隧道的质量。

(1)长期监测表明,同步注双液浆,凝结时间快,注浆区隧道收敛变形量较单液浆降低约 50% 以上(管片错台情况由 4~5 mm 可降低至 1~2 mm),可以对管片上浮进行很好的控制。

(2)可以快速填充管片脱出盾尾后与周边土层空隙,并且达到一定强度,有效控制地表沉降及隆起,确保了地表既有建构筑物的安全。

11 工程实例

11.1 工程概况

铁路盾构隧道同步注双液浆施工工法已经在新建南通至宁波高速铁路汾湖隧道中成功应用。汾湖隧道位于嘉兴市嘉善县和苏州市吴江区,跨越浙江和江苏两省省界,隧道全长 3 732 m,其中隧道明挖段长 1 312 m(含盾构井),盾构段长 2 420 m,隧道平面如图 13 所示。隧道设计为单洞双线隧道,隧洞开挖直径 14.82 m,隧道管片外径 14.3 m,内径 13.1 m,管片厚度 0.6 m,环宽 2 m。管片采用“7+2+1”分块模式,错缝拼装,管片设计见表 5。

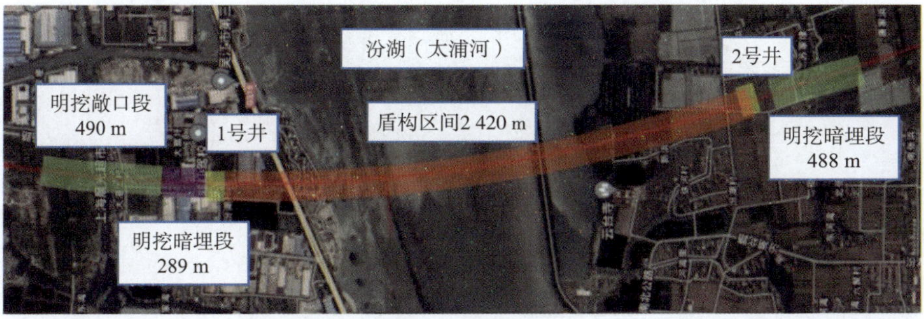

图 13 汾湖隧道平面示意图

表 5 管片设计

部位	项 目	参 数
管片	内径	13.1 m
	外径	14.3 m
	宽度	2 m
	混凝土强度	C60
	抗渗等级	P12
	分块模式	9 +1
	拼装方式	错缝拼装
	衬砌环类型	通用楔形环
	连接方式	直螺栓连接
	螺栓	M36 10.9 级

11.2 应用情况

新建南通至宁波高速铁路汾湖隧道通过对同步注浆及二次注浆技术的不断分析和总结,形成了一套完整的大直径泥水盾构同步注双液浆及二次注浆施工技术。其中盾构始发前通过对水泥-水玻璃双液浆配合比的不断优化及多次现场实际模拟,准确确定出超浅覆土细颗粒地质条件下大直径泥水盾构同步注浆配合比,通过盾构机搭载同步注浆系统及时填充管片及地层之间的空隙,组成了双液浆固结体与管片、围岩形成协同受力体系,降低了管片错台、渗漏风险,提高盾构施工安全性。长期监测表明,双液浆注浆区隧道收敛变形量较单液浆降低约 50% 以上,同时在 15 m 级盾构中,双液浆填充均匀度可达 90% 以上,显著优于单液浆的 70%~80%,在同步注浆填充不密实区域通过后期二次注浆进行补强,可有效提高盾构隧道防水性能,解决了在浅覆土掘进过程中管片上浮量、错台量过大的问题,实现汾湖隧道区间在近 80% 埋深小于 1.5 倍洞径情况下超大直径管片上浮量毫米级控制,同时在 7.26 m 超浅覆土下精准接收。对其他大直径泥水盾构在超浅覆土甚至于极浅覆土情况下超大直径盾构隧道成形质量控制提供了宝贵经验,为我国大直径泥水盾构的发展起到很好的推动作用,具有良好的社会效益和环境效益。管片上浮控制情况如图 14 所示,汾湖隧道成形质量效果如图 15 所示。

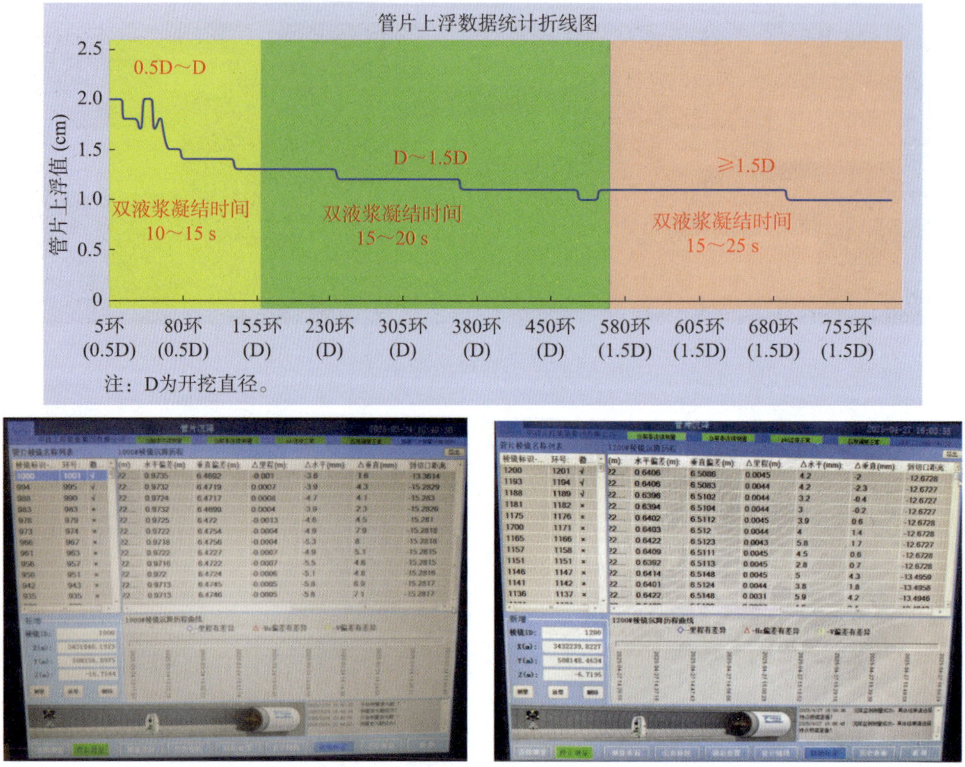

图 14　管片上浮控制情况

图 15　汾湖隧道成形质量效果

参编单位:中铁隧道局集团有限公司、沪杭铁路客运专线股份有限公司、中铁隧道集团二处有限公司

参编人员:李志军、花楠、苏清贵、金武、李义华、赵小龙、杨永宏、雷明星、周兆勇、陈小军、张华、韩浩、邵寅旭、安斌、王朝磊、李俊跃、马跃、任嘉伟、蒋亚、庞伟、刘瑞廷、张小平

评审人员:黄鸿键、马伟斌、吕刚、赵西民、孟庆余

十三、铁路盾构隧道常压换刀施工工法

1 概　　述

目前，随着高速铁路建设的日益发展，盾构隧道施工技术也在快速发展并日趋成熟，采用盾构法穿越大江大河、市政道路等复合地层案例愈发常见，大直径盾构施工项目相继出现，应用的盾构机大部分均具备在常压状态下更换刀具的功能。常压下更换刀具具有操作方便、安全风险小的优点，同时随着盾构单次掘进长度不断增加、覆土埋深和开挖直径不断加大，刀具作为易损件，其磨损速率和损坏程度相应大幅升高，因而刀具更换方式及效率成为影响整个盾构隧道施工进度的关键因素。为提高大直径盾构刀具更换的安全性和经济性，结合实际效果对常压更换刀具更换程序进行总结优化，为后续大直径盾构常压更换刀具的进一步发展提供借鉴。

2 工 法 特 点

2.1　风险小、安全性高

针对换刀频次多、水土压力大等工程特点，刀具更换在盾构保压、作业常压环境下进行，作业人员可通过刀盘中心锥进入中空的刀盘辐条臂内，不需在高压环境中进行换刀作业，降低了高压水条件下更换刀具的风险，施工安全系数高、作业条件好。

2.2　速度快、周期短

常规大气压条件下更换刀具，排除了带压换刀时加压进仓、减压出仓等工序时间，减小了长时间作业下的不利影响，人员施工效率更高，更换一把刀具时间平均为 2 h，每次停机换刀只需 1 ~ 2 个工作班。

2.3　成本低

常压换刀操作复杂性低，适应性强，通过其在复合地层的有效应用，可缩短施工工期，从而减少频繁更换刀具的额外成本和总体成本。

2.4　适用范围广

适用于多种地层条件，包括稳定性较强的地层和上软下硬土体自稳性及抗渗性差、保压效果不理想、基岩裂隙发育及承压水丰富的地层。

3 适 用 范 围

本工法适用于大直径泥水平衡盾构——常压换刀施工。

4 工艺原理

大直径泥水平衡盾构常压换刀技术,是盾构在常压环境下更换安装在刀盘臂上刀具的技术。盾构正常掘进时,刀具伸出刀盘面板进行破岩、切削掌子面土体,当进行计划性或临时性刀具更换时,作业人员与泥水仓内高压区隔离,在常压环境下进行刀具更换。首先旋转刀盘将待更换刀具所在臂置于刀盘中心6点钟位置,作业人员通过刀具配套工装将整个刀筒整体缩回至闸门后部,关闭闸门与泥水仓高压区域隔离后,再将刀筒整个取出,在常压下进行刀具的检查处理工作。

5 施工工艺流程及操作要点

5.1 施工工艺流程

5.1.1 刀具检查与更换

(1)定期检查:基于地质数据及刀具磨损统计,按掘进环数间隔实施常压检查,测算延米磨损量预判更换节点。

(2)动态监测:实时分析推力、扭矩等参数变化,结合刀具监测系统数据,突发异常时对中心、正面、周边刀具实施紧急更换。

5.1.2 换刀准备

(1)洗仓处理:伸缩刀盘配合泥水循环清仓,排净底部渣土预防闸门卡阻。

(2)刀具运输:采用双头运输车→物料吊机→摆臂吊机→直梁吊机→中心锥运刀小车→刀盘吊机四级接力运输至作业位。

5.1.3 刀具拆除

(1)液压系统处理:关闭检测管路球阀泄压,拆除传感器保留信号发射装置。

(2)压力平衡:安装冲刷三通进行高压清渣(高于掌子面压力3～5 bar),检测支撑压力。

(3)油缸操作:安装拖拉油缸并分级回缩刀筒(第一级冲刷回缩→第二级销轴调节),同步实施闸门冲刷润滑→压力检测→安全螺栓紧固。

(4)刀筒处理:分两级回缩后泄压,经手动、吊机、运刀小车三级移出。

5.1.4 刀具安装

逆向实施拆除流程,重点控制油缸涂抹黄油润滑、高压水冲洗闸阀后开闸、精准定位后紧固螺栓、全程压力平衡监控。

常压换刀施工工艺流程如图1所示。

5.2 施工操作要点

5.2.1 检查更换计划

(1)定期检查及更换

根据地质情况及每次换刀相关数据统计,选择合适位置,及时对刀具进行常压检查与更换,科学分析每把刀延米长的磨损量,预估刀具磨损量,每掘进一定环数检查一次。

图1　常压换刀施工工艺流程图

(2)不定期检查及更换

盾构掘进过程中,刀具磨损会导致掘进速度逐步下降,推进力、扭矩呈上升趋势或突然升高,需根据盾构推力、速度、扭矩等参数变化情况,结合刀具状态实时监测系统内转速、磨损量和温度参数,分析异常原因,综合研判后考虑对中心刀具、正面刀具或周边刀具进行临时性检查更换,避免刀具出现过度磨损后带伤作业。

5.2.2　洗仓处理

准备换刀前通过刀盘伸缩系统移动刀盘,并进行泥水循环洗仓处理,尽可能排出泥水仓底部渣土,避免石块进入闸门内部造成刀筒表面损坏、影响闸门关闭。

5.2.3　刀具运输(图2)

(1)采用双头运输车沿中间箱涵水平运输通道将刀具运至管片吊机前部的物料吊机抓取位置。

(2)物料吊机抓取刀具后提升转运至一号拖车尾部运刀平台上。

(3)摆臂吊机抓取刀具后通过直梁吊机将刀具转运至中心锥运刀小车上。

（4）刀盘吊机抓取刀具，吊运刀具到指定位置。

图2　刀具运输（直梁吊机、运刀小车）

5.2.4　刀具拆除

（1）拆卸磨损、旋转传感器和信号发生器

关闭该刀筒所在主梁对应的磨损检测液压管路球阀，断开相应液压管路，释放压力、排放液压油，用桶装运排出来的液压油；拆除刀筒后盖处的传感器出线块，承压连接器保留在刀筒后盖上，无需拆除发射器。

（2）掌子面支撑压力测量

在刀筒盖冲刷点处安装连接冲刷三通、压力表和球阀。打开前端和后端球阀，冲水清除刀筒中的渣土，水压比预期掌子面支撑压力高 3 ~ 5 bar；关闭后端球阀以停止冲刷，通过压力表检测掌子面支撑压力。

（3）拖拉油缸安装

通过刀盘吊机降低拖拉油缸，调整油缸焊接座中心与拖拉油缸位置；将拖拉油缸用卡扣安装在油缸焊接座上，通过吊机保持油缸位置不变。

（4）拖拉油缸固定

①缓慢伸出油缸，直至拖拉油缸前端卡盖到达拖拉油缸支撑座的第一级位置时停止，将油缸卡盖与拖拉油缸支撑座第一级位置相连接。

②拔出滚刀用换刀销轴，用弹簧环锁住；伸出油缸后顶紧端盖，平衡刀筒所受掌子面压力后拆除刀筒防退丝杆，安装安全丝杆，如图 3 所示。

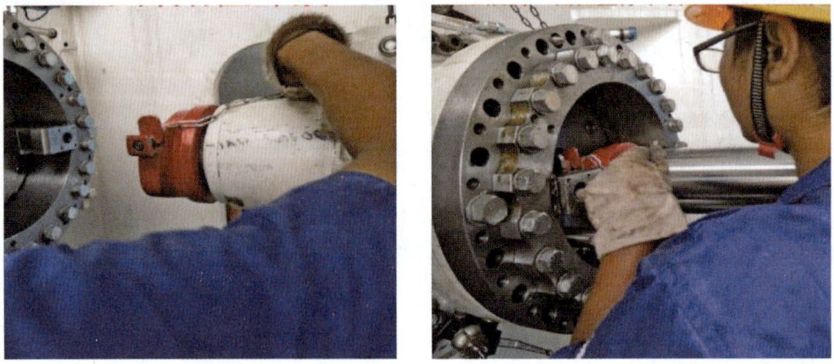

图3　油缸缓慢伸出并顶紧端盖（滚刀）

(5)松开刀筒上的螺栓

松开下密封座外环处刀筒的螺栓。

(6)第一级位置处刀筒回缩

连接下密封座刀筒冲刷管路,设置冲刷水压力比掌子面大 3 ~5 bar;缓慢收缩油缸至指定距离后打开已连接的两个冲刷管路球阀进行冲刷,回缩期间连续冲刷;继续缓慢收缩油缸,行程至刚好顶到对应丝杆螺母位置,刀筒拔出到指定位置后,关闭所有球阀并拆卸冲刷管路。

(7)关闭闸门

测量两个闸门连接座与密封座开口距离,移除闸门油缸活塞杆保护套,清洗和润滑闸门油缸活塞杆,清洗和润滑闸门的外表面,用黄油枪向四个黄油嘴打黄油,直到黄油溢出。

将两根冲刷水管连接至下密封座根部的两个闸门冲刷点,冲水清除渣土,闸门关闭期间连续冲水。

关闭闸门后,在端盖处安装三通降低后腔压力约 1 ~2 bar,检测闸门后腔压力 10 min 是否增加,如果增加,则重复关闭闸门流程,直至压力没有增加为止。

闸门完全关闭后,用手动扳手安装安全螺栓以紧固闸门,检查和确认闸门是否完全关闭、安全螺栓是否安装和紧固。

移除保护套、安装安全螺栓(滚刀)如图 4 所示。

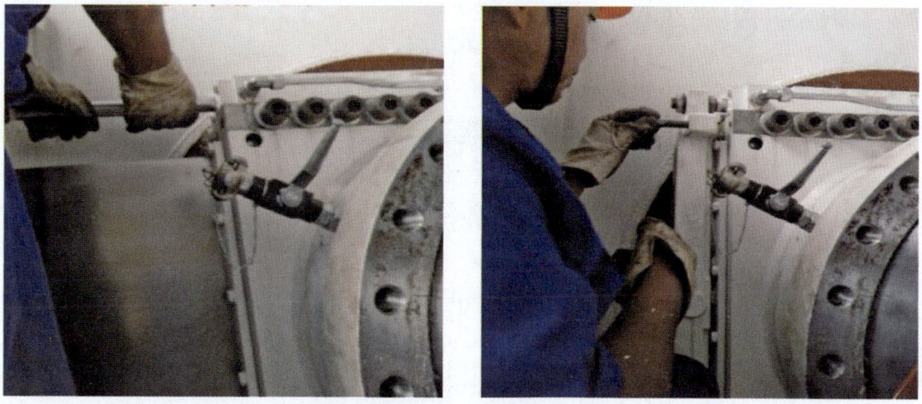

图 4　移除保护套、安装安全螺栓(滚刀)

(8)安装刀筒工装

使用刀筒固定螺栓锁紧刀筒支撑块,拆除安全丝杆后安装滚刀刀筒换刀工装,检查刀筒工装的安装及对齐情况。

(9)刀筒内的压力平衡

打开下密封座最低位置的闸门冲刷球阀,释放刀筒内部压力,排完水后,开启球阀与大气相通,如图 5 所示。

(10)第二级位置处刀筒回缩

松开拖拉油缸的弹簧环,缩回换刀销轴,拆卸拖拉油缸支撑座第一级位置,缓慢伸出油缸，直至拖拉油缸前端卡盖到达拖拉油缸支撑座第二级位置时停止。

抽出滚刀用换刀销轴，用弹簧环锁住，缓慢、完全地缩回油缸及刀筒，如图6所示。

图5　安装滚刀刀筒工装、释放刀筒内部压力

图6　滚刀刀筒回缩

（11）移出拖拉油缸

松开拖拉油缸的弹簧环，缩回换刀销轴，拆卸拖拉油缸，释放油缸的液压压力，断开液压阀块和管路，松开拖拉油缸用卡扣，用吊机移出油缸。

（12）移出刀筒

先后通过手动、吊机、运刀小车运出刀筒。

5.2.5　刀具安装

刀具安装前在油缸上均匀涂抹黄油，将刀头缓慢推进至闸阀前，先开启高压水冲洗闸阀，再开闸门，然后将整个刀体准确推至原位，紧固好刀体固定后座螺栓，刀具安装按照刀具拆除的相反顺序进行。

5.3　劳动力组织

劳动力组织见表1。

表1　劳动力组织情况表

序号	工　　种	人　　数	职　　责
1	总体负责人	1	负责全面工作
2	现场负责人	1	洞内、洞外施工组织、协调
3	技术负责人	1	负责提供技术指导
4	盾构主司机	2	设定并确保盾构机各项参数正常
5	刀具工程师	1	负责提供技术指导
6	班组长	1	现场施工管理、人员协调、劳动力安排
7	安全员	1	负责换刀时的各项安全工作
8	门吊司机	1	刀具转运期间门吊操作
9	叉车司机	1	刀具转运期间叉车操作
10	司索工	1	下达转运吊卸指令
11	换刀人员	4	负责安装、拆除刀具
12	维保	2	相关设施维修保养
13	电工	2	相关设施电气维修
合计		19	

6　材料与设备

6.1　材料配置

本工法主要施工材料配备见表2。

表2　主要施工材料配备表

序　　号	材料名称	单　　位	数　　量
1	液压油桶	个	2
2	冲刷三通	个	2
3	冲刷水管	根	3
4	钢卷尺	把	2
5	黄油枪	把	2
6	安全丝杆	根	若干
7	橡胶密封圈	套	若干
8	黄油脂	公斤	若干

6.2　设备配置

本工法主要施工设备配备见表3。

表3 主要施工设备配备表

序　　号	机械设备名称	单　　位	数　　量
1	管片吊机	套	1
2	双头运输车	台	1
3	门式起重机	台	1
4	叉车	台	1
5	手动扳手	个	2
6	气动扭矩扳手	个	2
7	液压扭矩扳手	个	2
8	链式葫芦	个	2
9	液压阀块	个	2
10	液压管路	套	2
11	滚刀刀筒工装	套	3
12	拖拉油缸及卡扣	套	3

7 质量控制

(1)检查滚刀上磁铁的磁性强弱,保证磁性强度达标,否则更换。

(2)提前对常压更换刀具系统进行耐压测试,确保在工程条件下密封性能满足要求。

(3)为确保换刀顺利进行,应先对仓内渣土充分出渣,以泥水分离平台不再分离出渣土为准。

(4)洗仓完成后将刀盘与掌子面之间留出10 cm的距离,方便刀筒安拆。

(5)换刀工作前对相关辅助系统及工装进行复核,过程定期检查校核,确保正常。

(6)实行领导带班制度,配置专业指令员监督,严格按照指令进行,并形成滚刀更换记录。

(7)刀具运输采用专用吊具进行,刀具安拆时严禁强行作业,同时对闸门油缸长度进行复核。

(8)换刀过程中,确保清水注入,防止闸门被泥沙卡阻,关闭不严。

(9)每次换刀时,应更换所有O形圈和耐磨支撑环。

(10)刀筒推入时,需测量刀筒的倾斜程度,避免刀筒倾斜卡死。

8 安全措施

(1)安全工作做到班班交底,分工分岗明确。做好上岗记录,包括上岗人员劳防用品的完好和正确使用情况,施工区域周围工作环境是否安全,各种机械设备的安全保险装置是否完好有效，各类安全技术措施的落实情况，主要工具完好。

（2）作业前必须检查控制仪器、仪表及其他装置，确认处于安全状态。施工前必须与盾构操作司机等有关人员联系，确认安全后方可进行。

（3）重视个人自我防护，必须戴安全帽、系安全带、穿防滑鞋。正确使用特殊防护用品，防止发生人身安全事故。

（4）安装过程中，指令员必须全程进行安全监控，坚守岗位，不得擅离职守。

（5）换刀作业必须严格遵守劳动纪律，严禁作业前饮酒，作业时相互戏耍、打闹。

（6）采用气动机具前必须检查管路接头，不得出现松动等安全隐患，拆卸管线时应先泄压，使用电动工具作业时，应由经过专业培训的人员配备专用设备。

（7）刀盘旋转到位后，做好中心锥内通风及照明工作，打开刀盘中心锥仓门通风换气，安装从盾构机到作业位置的照明线路等，对中心锥内气体进行监测。

（8）刀盘吊机在使用过程中注意观察周边情况，避免出现与刀盘内部结构干涉现象，使用完成后，及时回收到零位，避免转动刀盘时与吊机干涉。刀筒起吊过程中须保证角度正确，吊运过程中不出现大的摆动，确保施工人员人身安全。

（9）刀具更换期间保持通信畅通、无关人员严禁进入工作面，盾构机进行其他操作时提前向仓内人员传递信息，人员撤离至安全地点后方可进行。

（10）刀具更换完成后所有人员和部件从中心锥中离开，并确认刀盘中心锥仓门已关闭。

9　环境保护措施

（1）保持机械及隧道内整洁，工作结束后必须对设备清洗保养，并清理周围环境。

（2）对使用的工程机械和运输车辆加强维修保养，降低噪声。

（3）隧道施工中加强通风排气，洞内有害气体和粉尘含量不超标，确保作业环境良好。

（4）刀具更换过程中注意防止油污和其他污染物的泄漏，确保所有工具和设备在使用前进行彻底清洁，避免将污染物带入施工区域。

（5）更换后的旧刀具及废弃物进行妥善处理，可以回收再利用的尽量回收，不能回收的按照环保要求进行处置，避免对环境造成污染。

（6）在刀具更换过程中可能会产生较大的噪声，如螺栓紧固时产生的噪声，需要采取措施减少噪声对周围环境的影响。

（7）加强环境保护宣传教育，学习环境管理体系文件、地方政府环保法规及有关规定，使广大干部员工认识到环境保护的重要性和必要性，增强环境保护的自觉性，提高全员环保意识。

（8）制定严格的奖惩条例，各级管理人员和施工作业人员责任明确，奖罚分明，使加强环境保护的有关措施得到有效实施。

10　效益分析

10.1　经济效益

采用本工法,可在常规大气压条件下实现部分刀具的常压检查和更换,减小了长时间作业下的不利影响,人员施工效率更高,排除了带压换刀时加压进仓、减压出仓等工序时间,施工企业能够根据实际情况,进行合理高效的施工安排,避免人、材、机资源浪费,提升施工进度及整体经济效益。

10.2　社会效益

本工法具有较高的施工效率,过程中保障了人员的作业安全,能够大幅提升盾构隧道施工速度,降低因换刀作业可能引起安全隐患,通过对大直径泥水盾构常压换刀工法的研发和应用,促进了盾构技术的进步和创新。

本工法通过定期在常压下检查、更换刀具,过程严格执行相关指令,顺利地通过了软弱地层、上软下硬地层、破碎带以及近 1 km 硬岩地层,避免了长时间停机及带压进仓作业的施工风险。

11　应用实例

11.1　工程概况

本工法成功应用于深江铁路 SJSG-2 标项目大直径泥水盾构常压换刀施工。新建深江铁路 SJSG-2 标,设计里程 DK44 + 420 ~ DK53 + 595。盾构段(里程 DK49 + 910 ~ DK52 + 840)从万顷沙侧始发,向东穿越珠江及凫洲大桥后,在江底矿山段到达(扩大段改拆解洞室)。盾构施工长度 2 930 m,隧道最大水压 0.88 MPa,盾构设计为单洞双线,隧道内径 11.7 m,其中有效净空为 74.05 m^2。盾构段隧道主要掘进地层为淤泥、砂层、全风化片岩层以及强、弱、微风化花岗岩,最大埋深 88.5 m,最大水压达 0.88 MPa。隧道洞身范围岩石强度 50 ~ 70 MPa,局部达到 157 ~ 202 MPa。根据地勘报告显示,全风化片岩渗透系数为 0.1 m/d,属弱透水层;弱、微风化花岗岩渗透系数为 0.01 ~ 0.05 m/d,属弱透水层。

11.2　刀盘刀具概况

刀盘采用常压换刀刀盘,结构设计为 6 个中空主梁 + 6 个辅梁,主梁上部分刮刀和全部滚刀可在常压环境下更换,同时刀盘内集成设计了刀具更换油缸固定装置、刀具运输系统、冲刷管路、爬梯、可拆卸作业平台等,保证了主梁内常压更换刀具的安全和快捷性。

刀盘开挖直径 ϕ13 320 mm,开口率 24%,总共分 7 块,分别为中心块1 块、边块 6 块。刀盘一共设计有 70 个滚刀刀具轨迹,最外轨迹有 2 个刃,刀盘共有 71 个刃,中心滚刀刀间距为 120 mm,正面滚刀刀间距以 90、100 mm 为主,保证了滚刀的破岩能力。刀具主要参数见表 4。

表4　刀具主要参数表

刀具主要参数	数量(把)	重量(kg)	刀高(mm)
中心滚刀(双轴双刃、常压可更换)	12	约107	225
非中心滚刀(双联、常压可更换)	28(56刃)	约370	225
单刃滚刀(单刃、常压可更换)	3	186	225
常压可更换刮刀	36	约60	175
刮刀(带压可更换)	72	约38	175
边刮刀(带压可更换)	36	约60	185

11.3　施工情况

施工中从换刀计划、准备工作、操作流程和过程控制要点等方面做出相应管控措施及优化办法，加快施工组织工序转换，平稳高效地完成刀具更换工作，能够有效地在复杂盾构隧道环境下实现快速施工的要求，提高了换刀作业的安全性，缩短了施工工期。

(1)刀具拆除现场如图7～图9所示。

图7　传感器拆除、伸缩油缸安装、油缸与刀筒固定

图8　刀筒螺栓拆除、刀筒回缩、安装刀筒支撑

图9　刀箱闸门关闭、刀筒再次回缩、移除刀筒

(2)刀具安装现场如图 10 ~ 图 12 所示。

图 10　刀筒吊运到位、刀筒缓慢推进、伸缩油缸安装

图 11　刀筒注水加压、打开刀箱闸门、刀筒逐步顶进

图 12　刀筒插入到位、螺栓紧固、传感器安装

参编单位:中铁隧道局集团有限公司、中铁隧道股份有限公司、厦深铁路广东有限公司

参编人员:李政、许斌斌、任朋静、任宗清、张万曙、赵小龙、高存成、薛松、高卫君、王培林、张振兴、杨见文、杨济申、李闯、刘鹏、罗沛成

评审人员:黄鸿键、马伟斌、吕刚、赵西民、孟庆余

十四、铁路盾构隧道带压进仓换刀施工工法

1 概　　述

盾构技术因在施工过程中的安全性及快速、高效，在铁路、城市地铁、市政公用管路等各类地下工程建设中得到越来越广泛的应用。在施工过程中，盾构机需穿越复杂及软弱地层、穿江过河或密集建筑群等。盾构上承担掘进功能的刀盘刀具是损耗件，在施工中需定期检查、维修保养和更换。在硬岩或自稳能力较强的地段掘进时，因地层本身有自稳能力，不需要在开挖仓蓄压以提供额外支撑压力，因此可在无压下直接进入刀盘作业。当盾构在软岩、富水地段掘进时，由于地层自稳能力差，必须利用盾构自身及配套设备来提供使地层稳定的支撑压力（EPB），在这种情况下，必须采用带压进仓模式，并按照完整的作业程序来进行压力仓或工作仓内的各项工作。

为了确保带压进仓检查刀盘及换刀作业的顺利进行，保障带压进仓工作人员的安全，保证刀盘检查及换刀作业顺利进行，需要通过有规律地检查刀盘，掌握刀盘及刀具在不同地层中的使用状况，使换刀作业规范化，避免刀具及刀盘的非正常损坏，需要一个完整的作业程序来实现。

通过大量铁路盾构隧道工程施工经验的积累和科学研究，总结形成本工法。

2 工法特点

（1）通过完善的自动保压系统和严格的操作规程规范作业，使带压条件下作业的人、机安全有保障。

（2）为盾构需长距离穿越江河湖海、下穿密集建筑物群等盾构无法实施敞开式作业的特殊情况施工提供了一种有效途径，完善了盾构施工技术，拓展了盾构适用范围。

（3）可实现带压进仓进行刀盘、刀具的检查和更换，进行有规律地检查刀盘、刀具，掌握刀盘及刀具在不同地层中的使用情况，使换刀作业规律化，避免刀具及刀盘的非正常损坏，保证设备完好率。

3 适用范围

（1）盾构穿越江河湖海或下穿密集建筑物群等无法实施敞开式作业的特殊情况下的复杂地质隧道工程。

(2)刀盘前方周围地层能保证不发生大的气体泄漏或该地层经加固处理后达到带压作业需要的气密性要求。

(3)刀盘前方没有股状水出露或经加固后刀盘前方没有股状水。

4 工艺原理

对刀盘前方地层加固处理或通过浓泥浆注入建立泥膜后,在保证刀盘前方周围地层和开挖仓满足气密性要求的条件下,通过在开挖仓建立合理的气压来平衡刀盘前方水、土压力,达到稳定掌子面和防止地下水渗入的条件后,在开挖仓内安全地进行检查、维修保养和刀具更换等过程作业。带压作业原理如图1所示。

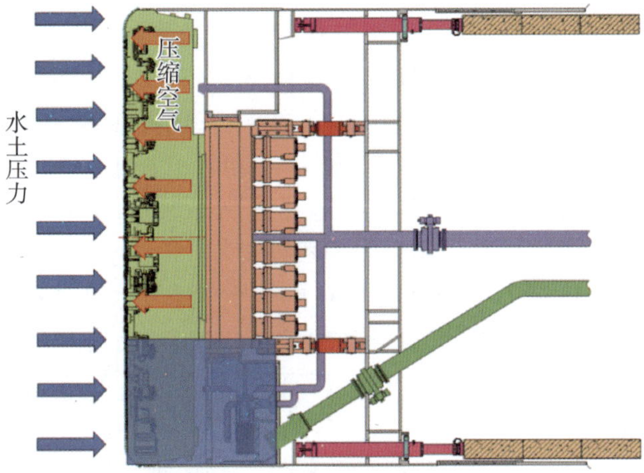

图1 带压作业原理示意图

5 施工工艺流程及操作要点

5.1 施工工艺流程

带压作业施工工艺流程如图2所示。

5.2 作业准备

(1)制订施工计划。刀具工程师及土木工程师根据总体规划,结合近期盾构机的掘进参数,初步提出刀具的更换方案,并提前做好设备、材料的准备,在项目层面确定开仓地点和时间。

(2)开仓技术准备及审批。开仓前应有经过各级审批和专家论证的带压进仓施工方案,依据施工方案编制具体的施工技术交底及安全技术交底,向参与带压进仓换刀作业的管理及施工人员进行培训。

(3)开仓工具、技术培训、安全措施等落实后,由项目总工、安全总监、项目经理审批通过后,向上级单位申请进行施工前条件验收,条件验收通过后方可进行开仓作业。

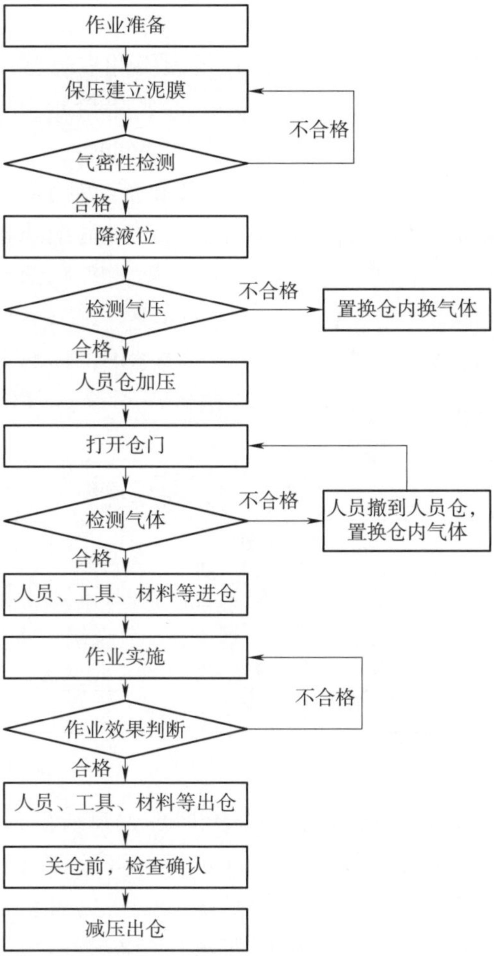

图2　带压进仓换刀作业工艺流程图

5.3　保压建立泥膜

(1)泥水平衡盾构。根据要求确定高黏度泥浆配比、方量,高黏度泥浆配置完成后,通过注浆泵注入至开挖仓,同步对开挖仓内的浆液进行置换。

(2)土压平衡盾构。将配置好的膨润土通过注浆泵注入至开挖仓内,同步对开挖仓内的渣土进行置换。

(3)完成泥浆或膨润土置换后,应缓慢转动刀盘进行搅拌,静置泥浆并适当提高开挖仓压力使浆液均匀渗透掌子面形成泥膜。达到保压时间后,根据要求降低开挖仓内渣土或泥浆高度。根据仓内压力、补气量和气垫仓内液位变化情况初步评估泥膜质量。高黏度泥浆、膨润土配比应控制黏度在90～100 s,比重为1.5,泥浆置换后刀盘仓的泥水黏度不应小于40 s,比重控制在1.15～1.20。中盾尾盾注入的高浓度泥浆要求泥浆比重控制在1.3以上。

对于高渗透性地层,为提高泥浆气密效果,可在置换膨润土泥浆中加入锯木粉或稻谷壳、珍珠岩等物料提高黏滞度。

(4)止水环施作。

一般情况下,降低土仓渣位或泥水仓液位,可能引起后方同步注浆浆液流失、管片背部填充不饱满,重新加填液位后,可能造成管片上浮和错台超限。所以开仓前,对盾尾后3环的管片进行整环二次注浆,施作止水环是很有必要的。

二次注浆浆液采用水泥-水玻璃双液浆,水泥浆重量配比为水泥:水=1:1,水玻璃波美度35°Bé,掺入体积比为水泥浆:水玻璃=1:1。注入顺序由顶部逐渐向下逐点注入,注浆压力不宜高于0.8 MPa。

5.4 检测气体

开仓前应对仓内气体成分进行检测,如CO、CO_2、CH_4、H_2S等有害气体含量超标,应继续进行通风置换直至合格,进仓过程中也应按频次对仓内气体进行检测,具体气体要求见表1。

表1 带压进仓气体检测要求表

序 号	环境气体	含 量	检测频次	备 注
1	一氧化碳	<30 mg/m^3	3次/仓	检测时间分别为每次进仓人员进仓前、进仓后及进仓过程中抽检
2	二氧化碳	<28 mg/m^3	3次/仓	
3	可燃气体	$<25\%$ LEL	3次/仓	
4	氧气	19.5%~23%(vol)	3次/仓	

5.5 人员、工具等进仓

(1)人员进入压力仓前,首先进行人仓气密性试验,将所需材料、机具放入人仓内,关闭仓门、压力升至设定值,保持一段时间(不小于10 min),观察人仓是否有气体泄漏,再降至常压。作业人员进入人仓,检查所有材料、机具是否仍可正常使用。确认后,关闭仓门,开始人仓加压。

(2)专业操仓人员慢慢打开门阀,保持恒定升压速度(非长期从事带压作业人员升压速度一般控制在0.5 bar/min左右,长期从事带压作业的专业人员升压速度可达到0.7~1 bar/min),达到设定压力后,操仓人员通知仓内人员打开人仓与气仓的连接仓门,进入气仓。

(3)在升压过程中,作业人员应尽量保持身体舒展,医务人员应持续监控仓内人员健康状况。若仓内人员感到不适,应立即通知停止加压,并使用培训方法缓解不适。若身体恢复,通知继续升压。若身体持续不适,则启用减压、出仓程序。

(4)开仓门前应先打开仓室之间的平衡阀,待压力平衡后,开启仓门。拆卸、紧固螺栓应采取对称方式,开启过程中注意保护仓门密封。

(5)加压操作完成后,作业人员开仓进入作业面。当作业人员进入工作状态后,应打开人仓外的卸压球阀确保通风,并调节空气中的氧气、一氧化碳、二氧化碳含量,改善空气质量。同时应加强隧道通风,提升空气质量。需注意不同压力下人体对气体含量的要求,正确使用主仓进气阀和排气阀,监测气体参数,确保安全。

(6)如盾构设置有材料闸,压气作业的设备器材均应通过材料闸递送。如盾构未设置材料闸，设备或材料必须通过人闸递送时，操仓员需注意避免以下情形：

①通过人闸递送的任何设备或材料在加压后不得阻碍人闸内所有人员的视线；

②操仓员知道或认为会对某人或某些人构成危险的任何设备或材料都不得加压；

③有些特殊的设备材料应进行单独加压递送入仓。

(7)任何盾构系统发生故障或出现紧急情况，直接影响隧道安全时，不得进行任何常规加压程序(经过授权进行抢救或医疗护送的情况除外)。

(8)加压终止。任何希望终止加压的员工都应根据操仓员的决定返回常压，同时确保全体员工的安全不受影响。

5.6 作业实施

5.6.1 开仓前安全条件确认

仓门打开前，作业人员应对打开及关闭仓门的工具，仓门关闭的卡扣、仓门轴销等进行确认，确保发生异常情况时可以立即关闭仓门。

5.6.2 掌子面稳定情况判定

仓门打开后，由检查人员对掌子面稳定情况、泥膜质量进行检查和评定，如有异常情况应关闭仓门，人员出仓后重新建立泥膜，直至泥膜合格，作业人员方能进仓作业。作业实施过程中，作业人员应实时对掌子面稳定情况进行监控。

5.6.3 刀盘及配套设备检修

(1)仓内作业采取各组负责制，每个组3~4人，轮班进入仓内施工，每组须设立1位临时组长，负责查看掌子面情况，协调组内检修工作及与外部值班人员进行联系，便于值班人员及时了解仓内情况，确保作业过程中工具的及时供给与作业安全。

(2)转动刀盘时进仓人员全部撤离至气垫仓平台安全处，刀盘转动定位完成后方可进入泥水仓。

(3)刀盘、刀具检查的工作内容有：检测各种刀具及刀盘面板的磨损量，拍摄细部照片等，并根据检查结果制定下一步工作方案。

(4)刀具工程师及其作业人员依据检查的项目对刀盘及配套设备进行检修，做好记录；并由机械总工进行审核确认，制定具体的作业方案，并结合土木工程师提供的工程地质情况以"保证安全"为原则，力求处理方案的可行性和安全保障性。

(5)刀具更换前，转动刀盘至换刀平台位置，清理刀具周边并使用工具和工装对刀具进行拆除。安装新刀具前，检查和清洁刀箱，紧固螺栓。换刀后应及时将刀具、螺栓等转运至仓外。

刀具更换的原则是先易后难，使用风动扳手拆除螺栓，扭力扳手紧固，确保安装质量。断螺栓处理：断口在螺孔之外，则直接拆除；若断口在螺孔里面，则要用风动手钻打孔，用取丝器取出断螺栓，严禁采用电动工具。

5.6.4 各仓室状态

常规盾构压气作业期间，人闸主仓保持与气垫仓同等压力。禁止将物资、材料、工具跨门放置，人员作业时与人闸连接的门必须保持开启，确保意外情况时人员可快速撤入人闸主仓并快速关闭仓门，隔离气垫仓与人闸主仓，确保安全。过渡闸仓通常应保持常压状态，以确保紧急援助可以进入主仓室，并由主仓进入气垫仓和开挖仓。

5.7 减压出仓

5.7.1 仓门关闭确认

当组作业完毕后，对工作仓及刀盘前方进行全面的检查，清点材料、机具，核查完毕后关闭仓门。

5.7.2 减压程序

(1)操仓员在压气作业结束前10 min提醒压气作业班组，班长应组织完成维修后准备工作，包括整理检修工具、物资材料，收起或拆除临时作业平台等，确保工作顺利交接。同时关闭并固定工作仓检修门，利用剩余时间准备个人准备工作，包括清洁皮肤、更换衣物。完成这些步骤后，班组人员进入人闸并实施减压程序。

(2)减压人员全部进入人闸内，关闭人闸与气垫仓的密封门。

(3)操仓员与作业班长保持通信和视觉联系。

(4)减压过程必须严格按照减压方案及《盾构法开仓及气压作业技术规范》(CJJ 217—2014)执行。

(5)人闸内减压人员按照操仓员的指令呼吸氧气。

(6)操仓员需定期询问人闸内人员的身体状况和异常情况，人闸内人员亦须定期向操仓员报告身体状况，操仓员需将获悉的人员异常情况及处理结果载入压气作业日志。

6 材料与设备

常规带压进仓作业主要设备配置及要求详见表2。

表2 带压进仓作业主要设备配置表

序号	名 称	参考规格	单位	数量	要 求
1	内燃空压机	55 kW	台	1	性能良好
2	内燃发电机	—	台	1	性能良好
3	高压清洗机	350 bar	台	2	性能良好
4	电焊机	400 A、500 A	台	4	直流电焊机和CO_2保护焊，焊性能良好
5	污水泵	7.5 kW	台	2	性能良好
6	潜水泵	3 kW	台	2	性能良好
7	储气罐	3 m^3 以上	个	1	性能良好
8	开关箱	—	个	若干	根据一机一闸需要配置，性能完好
9	液压扳手	3 600 N·m	套	1	根据螺栓紧固参数进行配置
10	气动扳手	3 600 N·m	把	2	根据螺栓紧固参数进行配置
11	套筒扳手	16 ~ 40 mm	套	1	性能良好
12	扳手	16 ~ 40 mm	套	1	性能良好
13	数码相机	1 600 万像素	台	1	根据要求配置
14	对讲机	摩托罗拉 GP328	部	4	满足通信要求
15	气体检测仪	便携式	台	2	能够检测易燃易爆，有毒有害气体

续上表

序号	名　称	参考规格	单位	数量	要　求
16	风镐	G10	把	1	性能良好
17	千斤顶	5 t	台	2	性能良好
18	医疗仓	—	套	1	额定压力满足治疗方案中压力需求，可容纳2～3人，用于减压病的治疗，医疗仓配置足够的呼吸氧气

常规带压进仓作业主要材料配置及要求详见表3。

表3　带压进仓作业主要材料配置表

序号	名　称	参考规格	单位	数量	要　求
1	刀箱、刀具		把	若干	合格
2	氧气	40 L、15 MPa	瓶	若干	合格
3	乙炔	40 L、3 MPa	瓶	若干	合格
4	油料	液压油、柴油	升	若干	合格
5	管路	风、水、气、油	米	若干	合格
6	普通焊条	ϕ4.0 mm	箱	若干	合格
7	Fe-Cr-Mo-B 堆焊焊条	30 mm×60 mm×3 mm	箱	若干	合格
8	防爆灯	24 V	盏	4	满足防爆要求
9	钢丝绳	ϕ12 mm×1.2 m	根	3	合格
10	撬棒	长，短	根	2	性能良好
11	套筒扳手	16～40 mm	套	1	性能良好
12	扳手	16～40 mm	套	1	性能良好
13	医用氧气		瓶	若干	合格
14	医疗急救用品		套	1	满足急救要求
15	应急手电		把	若干	性能良好
16	呼吸面罩		套	4	合格
17	防毒面罩		个	若干	合格
18	焊接面罩		个	若干	合格
19	焊工专用工作服		套	若干	满足焊接、防火要求
20	手套		双	若干	合格
21	吊耳		套	若干	合格
22	工装模具		套	若干	满足使用要求
23	钢材、耐磨板		块	若干	制作质量合格

7 质量控制

7.1 各项准备工作

由于带压进仓作业的特殊性,要求施工前的各种准备工作必须充分,并经过技术部门的严格检查、确认。

7.1.1 各种设备的试运行

技术人员及操作工人对盾构机上的自带设备进行检查、试运行;备用设备运至盾构机拖车附近,正确连接后进行试运行。

7.1.2 作业人员的身体检查、培训

该项工作应委托有经验的专业单位完成;按照规范严格对进仓人员进行筛选;对进仓人员进行带压作业注意事项的交底培训。

7.2 注浆封水、加固

在带压作业前,首先要在盾构掘进过程中通过试验测定预定停机位置处地层的涌水量大小,并据此判断土仓与盾壳周围岩层、管片背后岩层的连通程度,从而确定注浆封水的工作量。注浆封水一般在两个部位进行,均采用水泥浆+水玻璃双液浆。

7.2.1 管片背后封水

对邻近盾尾的3~5环管片,利用二次注浆孔进行周圈定压定量注浆,以封堵管片背后岩层中的裂隙水。

7.2.2 切口环部位封水

必要情况下利用盾构机前体上的超前注浆孔进行注浆,以封堵盾壳周围岩层中的水。

7.3 过程工作

(1)项目领导现场24小时值班,并在值班过程中督促做好带压进仓作业的各种记录。

(2)掌子面处理严格按照制定的方案进行,并做好土仓压气试验和渗水性试验。

(3)刀具更换机具使用要按照相关机具操作规程进行,螺栓安装要达到规定扭矩。

(4)在带压作业过程中,为确保作业人员安全,仓内压力要随时保持基本恒定,其波动值要控制在0.05 bar以内。

(5)换刀工作完成后,作业人员要将土仓内所有的铁制工具拿出仓外,严格按照清单清点,确认无误后才可关闭土仓门。

(6)人员仓管理员必须认真履行带压作业人员的减压程序,并做好时间记录,坚决杜绝减少减压时间的现象与跳期减压的现象。

8 安全措施

因带压作业属特种作业,在每次带压作业实施前所有进仓人员必须经过有丰富专业经验的单位严格的体检,只有体检合格的人员方可进行带压作业。

8.1 升压和带压作业过程中的安全注意事项

(1)患有感冒或流感的人不能进入空气仓,否则可能有耳膜破裂的危险;进仓时要带些干燥的衣物,以备减压时穿,防止感冒。

(2)不要将可能膨胀的饮品或食物带入空气仓。

(3)当人员仓室在压力下工作时由于安全原因准备仓一般是没有压力的,准备仓的两个门都是关闭的;为了空气仓内人员的健康必须逐渐升高空气仓的压力,将压力缓慢上升到操作压力值。

(4)定期检查流速计以确保人员仓通风;随时监测空气仓人员的健康状况;一旦空气仓人员出现任何不适现象时,要立即中断压缩空气并降压让不适人员离开空气仓。

(5)因在升压和带压作业过程中,压力仓/土仓内温度较高,因此在此期间要多饮水;否则,脱水会立即导致压缩空气病症,但加压前/加压期间禁止饮用二氧化碳饮料。

(6)仓内禁止存放可燃气体和氧气瓶。

(7)由于压力越高人体吸入的气体越多,尤其是氮气首先就会在人体液体内溶解,然后溶解在人体组织中,其饱和程度取决于压力、维持的时间以及人体组织吸收氮气的能力,肥胖的人体组织特别容易吸收,因此,肥胖人员一般不允许在有压下进仓。

(8)在带压作业过程中,为确保作业人员安全,仓内压力要随时保持基本恒定,其波动值要控制在 0.05 bar 以内。

(9)在带压作业过程中,体能消耗要远远高于常压下作业,因此用力要适度,并注意做好自身的身体防护,尽量避免碰伤皮肤或发生身体扭伤现象。

(10)由于在需带压作业地段,地层稳定性较差,虽然采取了一系列封堵加固措施和通过压缩空气来平衡掌子面的水土压力,但仍存在许多不定因素,当界面条件发生变化时,掌子面仍存在有部分失稳或出现涌、漏水的可能,所以在检查刀盘和带压作业时仍具有一定的危险性,因此在这一过程中必须一直密切关注掌子面的稳定情况和涌水量的变化;出现异常情况时,应立即停止带压作业。

8.2 减压病预防措施

减压期间必须释放溶解在体内的气体。减压期间必须按照减压方案减压,确保气体就会通过血液循环和肺正常排出。快速减压可能导致气泡形成,引发气体栓塞,这是带压作业后常见的组织病症。快速释放气体还可能导致组织损伤。应注意以下事项:减压时需释放体内气体,遵循减压方案以确保气体通过血液循环和肺部正常排出。压力骤降可引起压缩空气病症,症状包括肌肉关节痛、皮肤瘙痒、神经系统紊乱等。减压时应留意以下事项:

(1)人员仓管理员必须认真履行带压作业人员的减压程序,并做好时间记录,坚决杜绝减少减压时间的现象与跳期减压的现象。

(2)为保证仓内作业人员的安全,减压过程中确保仓内通风量。

(3)减压期间应注意:在减压期间仓内工作人员必须穿上干燥衣服,避免因冷感冒或者发抖,避免浅/轻呼吸,禁止非自然姿势;定期站立,移动胳膊/腿关节;如果有人出现压缩空气病症,或其他病症,必须立即停止减压,维持目前的压力状况,直到病症消失。几分钟以后,如果病症没有消失,就要将仓内压力升至原来的位置,同时人仓管理员必须立即通知值班医生,并仔细对病人减压。

(4)出仓后注意事项:工作人员减压后应禁止剧烈运动,注意多休息;禁止长时间热水浴;多饮水;加压后至少24小时后(完全没有压力了)才能乘坐飞机;带压作业后应随身携带应急工作卡,如果出现关节痛及其他突发病症时要及时按照应急卡片联系负责医生,及时医治。

9 环境保护措施

本工法实施过程中避免了地表加固等辅助工艺,对环境和外界干扰小,有利于环境保护。

10 效益分析

在盾构施工过程中,尤其是在复合地层中,运用带压进仓工艺具有显著的经济效益和社会效益。

(1)减少工程投资:应用本工法,在进行选线设计时,可减少线路的平纵面设计受特殊地层因素的限制,可大大减少工程投资,经济效益和社会效益显著。

(2)为盾构施工在复杂环境条件下的应用难题提供了成功、有效的解决途径:在盾构施工过程中,应用本工法可成功处理施工过程中当遇到无法采用常规方式进行刀盘检查或需进行刀具更换等作业时的施工难题,提高了盾构机对复杂地层的适应性。

(3)安全性高。采用本工法,在盾构机进行穿江过海或在复杂地表环境条件下施工中,可有效规避当采用常规方法施工时或采用常规方法处理盾构施工问题时易发生涌泥、突水、冒顶等施工风险,人、机施工安全有保障。

11 应用实例

新建珠三角城际穗莞深城际琶洲支线大学城隧道琶洲站—贝岗公园明挖段区间盾构隧道,设计里程DK0+000~DK4+355。线路位于广州市东南部,起始于琶洲站南端,沿会展四路下方向南前行,在下穿黄埔涌后向东南方向延伸,途经科韵路路口、环城高速、万亩果园、官洲河后到达贝岗湿地公园明挖段,全长4 366 m。

区间采用一台开挖直径13.61 m的气垫式泥水平衡盾构机进行施工,整机长136 m。主机长度13.5 m(含刀盘),主机重量约2 061 t,后备套拖车重量约1 212 t,主驱动总功率4 900 kW,整机总功率10 220 kW,最大掘进速度40 mm/min,最大推力约22 432 t,额定扭矩23 289 kN·m,最大进浆流量2 700 m^3/h,最大排浆流量2 900 m^3/h,泥浆管为DN500。

盾构始发后穿越255 m长的全、强、中风化花岗岩地层,局部中风化岩层凸起,侵入隧道范围内,长度约72 m。该段地层隧顶以上覆土厚约18.0~19.3 m,全风化花岗岩厚约1~4 m,全风化花岗岩以上为中砂层和流塑状淤泥,敏感度较高,富水性和渗透性高,与河水有一定的水力联系。在此地层中刀具损耗较快,且不具备常压进仓条件。

设备设计有人仓及物料仓,布置于前盾体的顶部,人仓压力等级满足工程的水土压力要求,为高效、安全地进行刀具检查和更换提供保障。人仓内部配置有必要的压力元器件,可以实现主、副仓各自的加减压操作,同时可根据需要实现换气。进、排气口处设置有消音器,以减低内外环境的噪声。人仓内安装有声能电话,在带压条件下也能正常工作通话,并设置有应急照明装置,保证施工安全。

盾构机在掘进期间共进行了带压进仓 12 次,用时 93 d。

在施工过程中,现场技术人员针对工程实际,依据相关规范和专项施工方案,多次成功实施了带压进仓作业,取得了良好效果,并通过不断实践、总结,将带压作业程序化、标准化、规范化,成功全面掌握了此项技术,为后续盾构带压进仓施工提供了可供参考的施工实例。

参编单位:中铁隧道局集团有限公司、中铁隧道股份有限公司、广东珠三角城际轨道交通有限公司

参编人员:孙振川、李逢魁、党彪、文锋、马庆坤、潘毅、沈世洲、史清华、李国庆、刘鹤山、邹赓俊、刘立勤、李阳、袁亚洲、李瑞鹏

评审人员:黄鸿键、马伟斌、吕刚、赵西民、孟庆余

十五、铁路盾构隧道洞内超前地质预报施工工法

1 概　　述

深江铁路工程采用超大直径泥水盾构机，管片内径11.7 m，外径12.9 m，盾构开挖直径13.42 m。基岩为燕山晚期花岗岩，受地质构造影响严重，发育断裂破碎带，带内岩体受挤压构造作用明显，岩芯为泥质胶结的构造角砾岩、构造角砾夹泥，局部夹弱微风化花岗岩，其岩质硬~极硬，地下水主要赋存于基岩的风化裂隙和构造裂隙，具有承压性。

为了保证盾构机施工安全顺利进行，开展有效的超前地质预报工作，对掌子面前方围岩地质情况进行预测预报，加快施工进度，控制盾构机施工风险，具有十分重要的意义。HSP法+TST法综合超前地质预报适用于盾构机施工复杂地质长大隧道。结合本项目盾构机施工和空间特点，开展铁路盾构隧道HSP法+TST法综合超前地质预报技术研究，以此工程为背景形成本工法。

2 工法特点

选择正确的隧道施工期地质预报方法是预报成功的关键。由于隧道工程面临的施工地质问题的复杂性，往往靠单一的某种地质预报方法是难以把握的，因此需要一种或多种地质预报方法的结合。

HSP技术特点：(1)有牢固的理论基础；(2)不占或很少占用掌子面施工时间，每次探测长度大于70 m，并对正常施工工序的干扰小，现场探测时间小于30 min；(3)适用性强，能够适合于多种围岩地质条件，对施工环境无特殊要求，能够排除隧道内的台架、金属、高压电等对仪器系统的影响；(4)操作简便；(5)能适应隧道工程施工的需要，尤其是预报长度满足施工进度的需要；(6)道施工所面临的地质问题具有针对性。

TST技术特点：(1)利用地震波传播过程中在波阻抗界面发生反射和散射的特点，对围岩前方的地质异常体进行预报，其最大的特点是能够区分不同方向的回波，避免虚报误报；(2)扫描确定掌子面前方围岩的波速分布并提供地质界面和围岩波速分布图像；(3)不占或很少占用掌子面施工时间；(4)操作简便。

通过HSP法+TST法综合超前地质预报，能够及时地了解掌子面前方的地质情况，为隧道施工和及时调整支护参数提供依据，有效地控制地质灾害的发生，降低施工成本，提高隧道掘进的速度和效率。

3 适用范围

本工法适用于铁路盾构隧道。

4 工艺原理

HSP 系统是建立在弹性波理论的基础上,传播过程遵循惠更斯-菲涅耳原理和费马原理。在任意介质中传播的声波,当其传播到该介质与另一介质的分界面时,一部分产生反射,另一部分穿过界面折射继续在另一介质中传播,如图 1 所示。

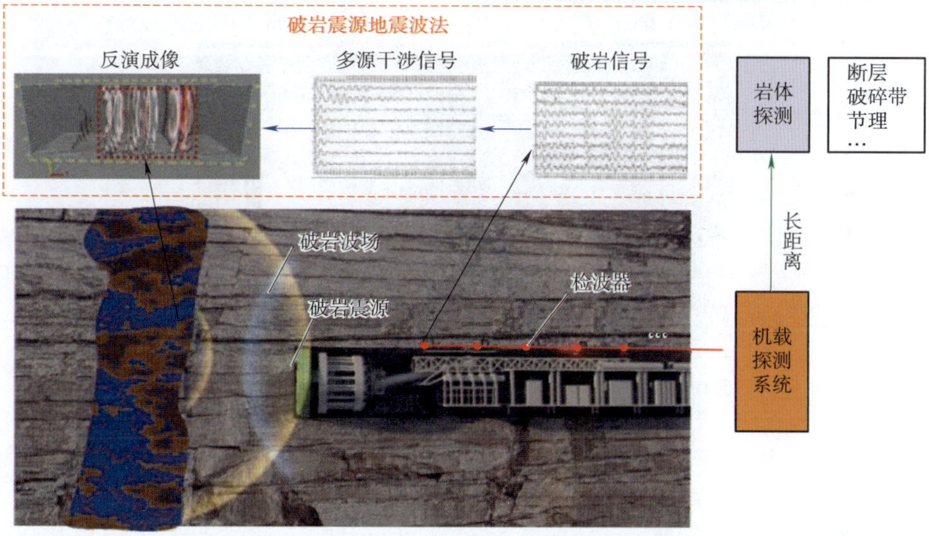

图 1 HSP 法原理图

反射系数可以表示为

$$R_{12} = \frac{W_2 - W_1}{W_2 + W_1} \tag{1}$$

式中 R_{12}——反射系数;

W_1——介质 1 波阻抗;

W_2——介质 2 波阻抗。

因此波阻抗变化越大,反射越明显,预报辨识准确度越高。

岩体中的不良地质体——断层、溶洞等与岩体相比,波阻抗差异较大,一般要比岩体小很多,因此不良地质体界面的反射系数一般比较大,其反射波易于识别。

仪器设备由采集主机、检波器、连接电缆等组成,适于盾构施工隧道地质预报系统。系统分为常规便捷式 HSP 地质预报仪[图 2(a)]和搭载式超前地质预报系统两种[图 2(b)]。采集模块集成在盾构主机中,将 HSP 仪器与盾构设备融为一体,实现与盾构设备的实时探测技术结合,如图 2(c)所示。仪器具有 24 bit A/D 转换精度,采样速度多挡可调,支持 8/16/24 通道,通道记录长度 1 ~ 32 kB,量程 1 mV ~ 10 V,多挡可调,仪器自带主控及显示功能，支持多种参数设置和智能化操作，具有抗干扰能力强，防振和防潮。

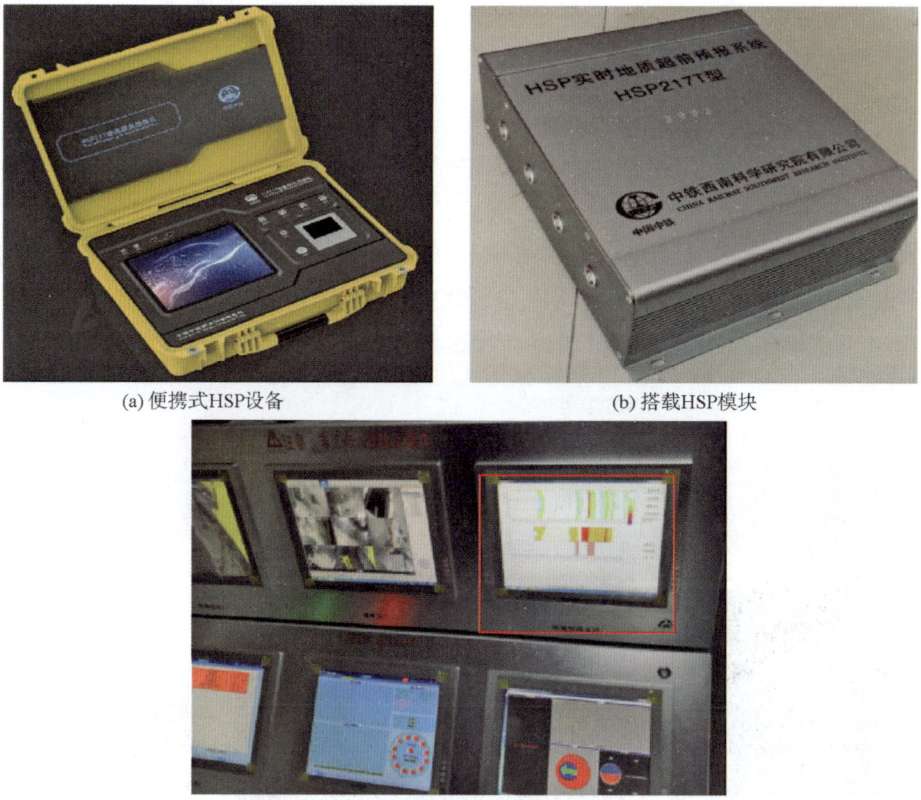

(a) 便携式HSP设备　　(b) 搭载HSP模块

(c) 搭载成型效果

图 2　适于盾构施工 HSP 地质预报仪设备

隧道散射地震层析成像技术(tunnel seismic tomography，TST)是弹性波(地震波)超前地质预报方法中的一种。其观测模型是建立在散射地震模型之上，相对于建立在反射地震模型上的传统地震波方法，对孤立异常体(孤石、岩溶等)的探测更为突出。其逆散射反演方程如下式所示。物探异常体尺度越大，地震回波能量越强。

$$\alpha(r) = \sum_{n} \frac{u_{\mathrm{s}}[r_0, r_{\mathrm{s}}, t = (|r_0 - r| + |r_{\mathrm{s}} - r|)/v]}{g_0 g_{\mathrm{s}}} \tag{2}$$

式中　$\alpha(r)$——异常体的散射强度；

u_{s}——位移；

g_0, g_{s}——入射和散射能量的补偿函数；

r_0, r_{s}——检波器和炮点到异常体的距离；

t——传播时间；

v——偏移速度。

当地震波遇到岩石波阻抗差异界面(如断层、破碎带和岩性变化等)时，一部分地震信号反射回来，一部分信号透射进入前方介质。反射的地震信号将被高灵敏度的地震检波器接收。数据通过地震波软件处理，便可了解隧洞工作面前方不良地质体的性质(软弱带、破碎带、断层、含水等）和位置及规模等信息。TST 原理如图 3 所示。

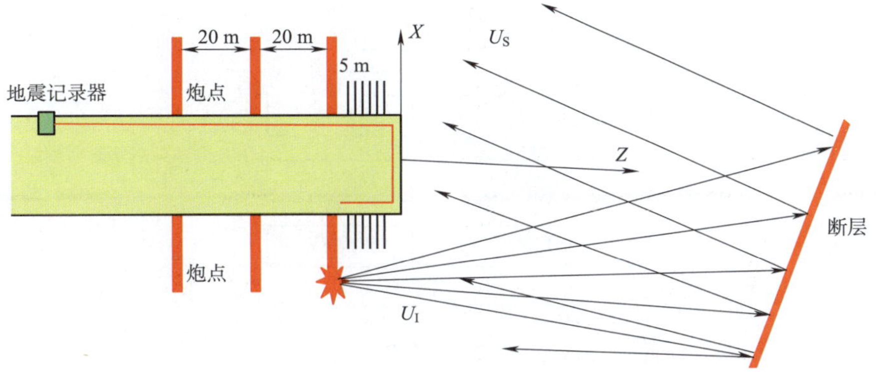

图 3　TST 原理图

TST 系统主要由地震信号分离器、地震信号记录器、检波器及连接线缆、震源等几部分组成（图 4）。地震信号记录器 24 通道，24 位 A/D 转换，最大采样频率 156 kHz，最大采样长度 100 kB。检波器为内置 IC 放大器的压电晶体带阻尼，频带 0.5 ~5 000 Hz。

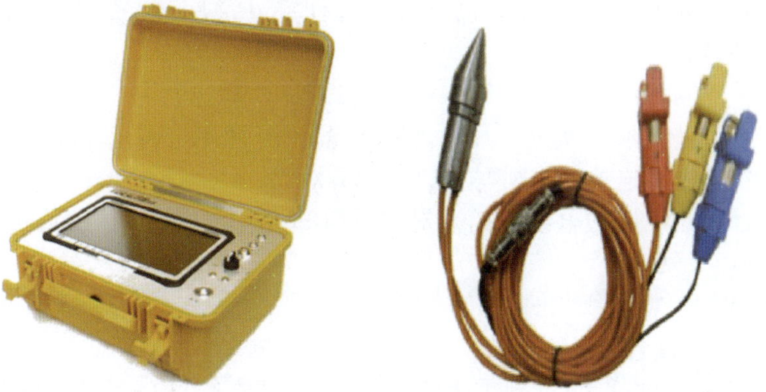

图 4　适于盾构施工 TST 地质预报仪设备

5　施工工艺流程及操作要点

5.1　施工工艺流程

HSP 法和 TST 法综合超前地质预报施工工艺流程如图 5 所示。

5.2　操作要点

5.2.1　HSP 法

（1）施工准备

①确保仪器的配件齐全；

②确保仪器的可用性，电源电量充足。

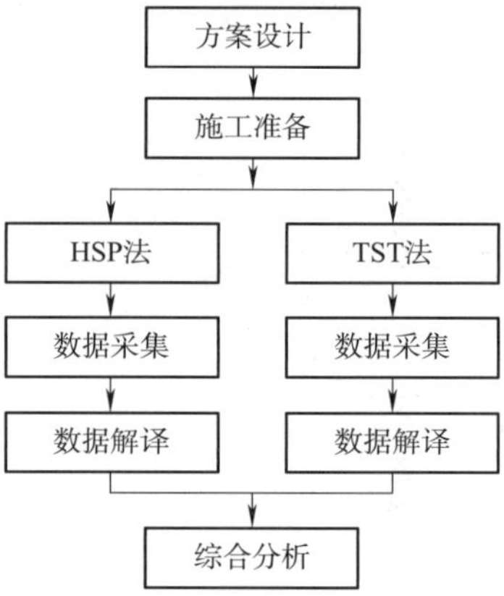

图5　HSP 法和 TST 法综合超前地质预报施工工艺流程图

(2)仪器的布置与连接

检波器应与围岩有良好的耦合或其通过介质耦合(耦合介质因具有良好的地震波传导性能)。不同支护形式方式不同:

①锚喷支护:可直接布设于隧道初支或裸露围岩上。

②管片支护+充填豆粒+注浆:需通过耦合杆穿过管片与围岩耦合,通常通过注浆孔或定位孔处穿过管片。

③管片支护+同步注浆+二次补强:可以在管片内侧进行布设(水泥浆液是良好的传导体),但应在同步注浆密实处管片的内侧布设,避开管片与岩土体间有间隙的区域。

检波器连接电缆线连接时卡槽与接口必须大对大,小对小。

左侧边墙检波器连接的电缆线插孔对应主机 Sensor1,右侧对应 Sensor2,触发器(锤头)对应 Sensor3 或 Sensor4。

电源线接 DC 12 V。

(3)测试参数的设置与数据采集

①点开 HSP 采集软件,选择数据采集;点开噪声调查键,检查各检波器情况;点开设置键,设置。

②选择自动保存模式,待盾构完全进入掘进状态时,点击开始键,采集数据,连续采集数据,其中硬岩段采集数据量不少于 100 个,软岩段采集数据量不少于 400 个。

5.2.2　TST 法

(1)施工准备

①确保仪器的配件齐全。

②确保仪器的可用性,电源电量充足。

(2)仪器的布置与连接

检波器的安装关乎地震波接收的质量,按如下步骤进行:

①在隧道侧壁围岩内按设计选定检波器安装位置和炮点位置,统一做好定位;

②使用直径 6 cm 的钻杆,以下倾 3°~5°的角度钻进深度 2 m;

③准备好炮泥,做成直径 5 cm,长 20~30 cm 的柱体,用送料杆,送入钻孔底部并砸

实;用检波器专用安装杆将检波器送入钻孔底部炮泥中,轻微用力压入泥中 10 cm;

④将安装杆方向指示一侧对准掌子面一侧,保证检波器正向朝前;退出安装杆,并将钻孔口用 6 cm 直径的炮泥柱封好,隔绝声波干扰。

TST 的观测布置在隧道两侧壁,每侧 6 个检波器,3 个炮点,钻孔深 2 m,检波器靠近掌子面,炮点靠外。检波器和炮点布置在一个平面内,具有不同的横向偏移距,既满足速度分析的要求,也满足波场分离的要求,预报距离可达 150 ~ 250 m,预报误差小于 10%。

(3)测试参数的设置与数据采集

TST 数据采集是根据预报距离、地震波速估计进行设定。一般预报距离 150 ~ 200 m,留有余量,采集长度为预报距离的 1.5 倍,即深度 300 m;围岩波速一般在 1.5 ~ 4.0 km/s 一般保守取 2.0 km/s;计算得到往返时间 300 ms;采样率选 0.05 ms 时,采样长度应为 6 kB 样点。

现场设备连接完成并设置好参数后,要进行系统工作状态的检查。该项工作要调用“噪声监测”功能:通过监测各道噪声水平,了解各信道是否联通。如果一切正常调用“采集”功能,进入采集等待状态,等待触发,触发后自动完成采集。切记两点:一是用单次采集,不能用叠加:二是注意保存数据,提前设置好存储地址。

6 材料与设备

6.1 主要材料

本工法涉及的卷尺、喷漆、锚固剂等均为常规材料。

6.2 主要设备

本工法主要钻孔设备为风钻、探测设备为 HSP 超前地质预报系统和 TST 超前地质预报系统设备。主要机具设备配置见表 1。

表 1 主要机具设备表

序 号	机 械	数 量	备 注
1	风钻	1	用于钻孔
2	卷尺	1	用于测量激发孔
3	TST 超前地质预报系统	1	用于数据采集和分析
4	HSP 超前地质预报系统	1	用于数据采集和分析
5	铝制耦合杆	6	用于耦合

7 质量控制

(1)HSP 检波点尽可能地靠近掌子面,且符合检波点与点之间大于 1.5 m。

(2)HSP 其中 1 个检波器布设在盾构机身上,用以接收机身自振噪声与同步记录时刻。

(3)HSP 检波器布设依据支护形式进行调整。

(4)TST 检波器孔采用泡泥封孔,隔绝声波干扰。

(5)检波器埋设在围岩中,达到耦合效果。

(6)预报过程随时对系统进行检查与校正,消除人为因素或仪器系统误差影响而使预报结果失真。

(7)定期对预报设备进行必要的维护与保养,以保证预报设备性能优良、稳定及检测结果的真实、客观。

(8)根据开挖验证结果,动态调整后续预报方案,提高预报精度。

(9)将 HSP 法和 TST 法的预报结果进行对比分析,验证两者的一致性。

8 安全措施

(1)探测人员遵守隧道施工有关安全制度,进洞前进行安全教育,提高和强化安全意识。

(2)洞内做好通风、瓦斯检测和灭火等安全措施。

(3)预报人员穿戴好安全帽和水鞋。

(4)设立安全警示区域,在预报作业区域设置明显的警示标志,禁止无关人员进入。

(5)操作人员需经过专业培训,严格按照操作规程进行作业,避免误操作导致设备损坏或数据误差。

(6)在数据采集过程中,实时监控隧道围岩状态,发现异常立即停止作业并撤离人员。

9 环境保护措施

(1)施作前必须对各设备进行检查,保持设备整洁,确保文明生产。

(2)加强作业人员环保教育,宣传相关环保政策,强化环保意识。

10 效益分析

10.1 经济效益

本工法数据采集时,对现场干扰小,停工时间短,施工进度影响小。本工法主要材料可重复使用,大大节约了施作成本。在保证施工安全的同时,大大加快了施工进度、降低了工程成本,具有显著的经济效益。

10.2 社会效益

在盾构机独特的空间结构条件特点下,相较于成熟的、传统的预报手段实施困难的情况来看,HSP 法 + TST 法综合超前地质预报具有探测距离远、报告工期短的优点。采用本工法可提前对隧道掌子面前方围岩地质情况进行预测预报,降低了盾构机的施工风险。依据预报结果,及时调整支护参数,确保施工安全,同时可及时要求业主和设计单位进行相应变更,缩短变更时间,减少由变更带来的进度影响,具有显著的社会效益。

11 应用实例

11.1 工程概况

深江铁路工程采用超大直径泥水盾构机,管片内径 11.7 m,外径 12.9 m,盾构开挖直径 13.42 m。DK43 +470-DK43 +790 段基岩为燕山晚期花岗岩,受地质构造影响严重,发育断裂破碎带,带内岩体受挤压构造作用明显,岩芯为泥质胶结的构造角砾岩、构造角砾夹泥,局部夹弱微风化花岗岩,其岩质硬~极硬,地下水主要赋存于基岩的风化裂隙和构造裂隙,具有承压性。

11.2 数据采集与解译

盾构掘进至 DK43 +478 时,同时开展 HSP 法和 TST 法超前地质预报探测。本次地震波法观测系统采用三维阵列式观测,分作上下两排,分别布置在 7 m 和 2 m 高度上。其中首排震源点距最近检波点的偏移距为 2 m(1 环管片宽度),震源点之间的炮间距为 8 m(4 环管片宽度)。检波点位于 7 m 高度平面上,道间距为 2 m(1 环管片宽度)。

对采集得到的地震数据按流程进行处理,得到三维偏移图像(图 6、图 7),图中以掘进面中心点为零点,纵轴(X)为相对掘进面距离,以掘进方向为正方向;横轴(Y)为水平距离;垂轴(Z)为高度。

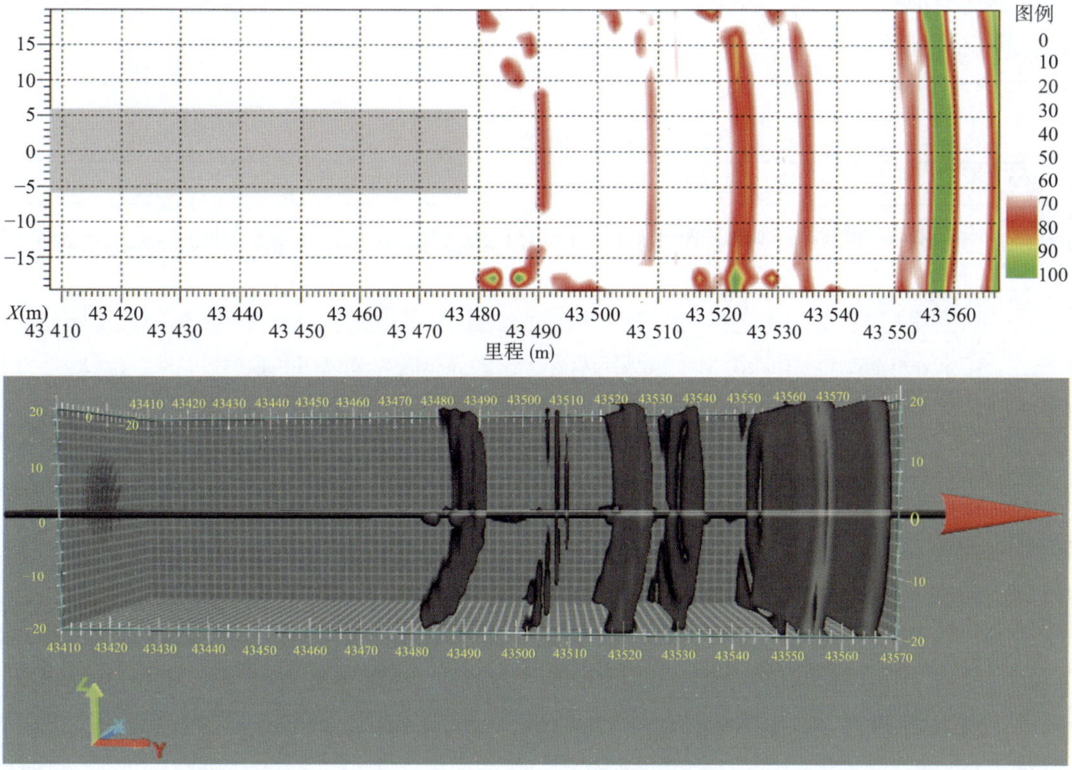

图 6 HSP 法二维、三维成果图像

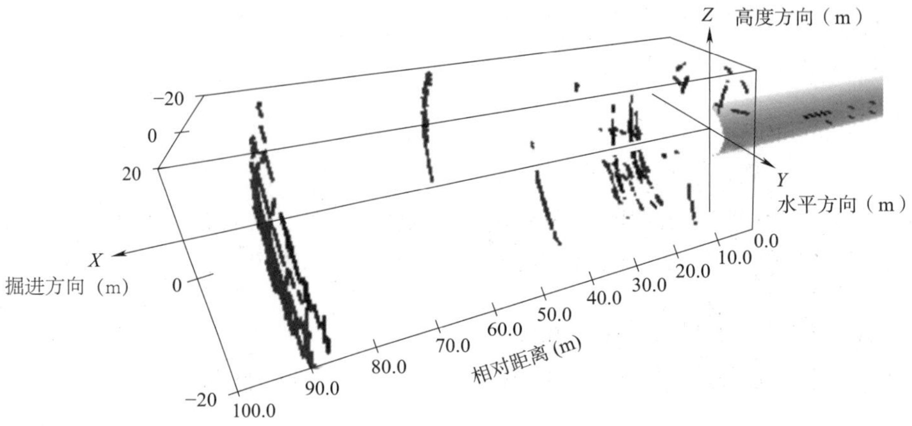

图7　TST法三维成果图像

HSP法解译结果:掘进面前方70 m范围内发育节理裂隙破碎带。三维偏移图像中该处反射面较多且能量较强,但尺度不大呈局部包裹态势,且该处围岩波速较低;掘进面前方80～90 m范围内发育断层破碎带,三维偏移图像中反射面较多且集中,整体尺度较大,呈层状,该处围岩波速降低。

TST法解译结果:掘进面前方10～70 m范围内发育节理裂隙破碎带。三维偏移图像中该处反射面较多且能量较强;掘进面前方85～90 m范围内发育断层破碎带,三维偏移图像中反射面能量强。

11.3　对比分析(表2)

表2　HSP法和TST法对比分析表

序号	HSP法探测结果	TST法探测结果	对比分析
1	0～70 m范围内三维偏移图像中该处反射面较多且能量较强,但尺度不大呈局部包裹态势	10～70 m范围内反射面较多且能量较强	基本一致
2	80～90 m范围内三维偏移图像中反射面较多且集中,整体尺度较大,呈层状	85～90 m范围内三维偏移图像中反射面能量强	基本一致

通过对比分析得出,HSP法和TTST法预测结果基本相符。

11.4　开挖验证

为深入分析对比,研究预测结果的准确性,综合分析预报里程段的盾构掘进参数和出渣情况。盾构推进速度与总推力,虽然受盾构司机控制,但在一定程度上也可以反映刀盘前方围岩软硬情况。区间盾构掘进渣样,如图8所示,掘进参数在DK43+478～DK43+550段和DK43+550～DK43+570段,出现异常变化。刀盘推力降低但掘进速度显著加快,说明刀盘前方围岩较软,反映该段地质条件较差,岩体破碎与预报相符。

(a) DK43+478.0~DK43+548.0段

(b) DK43+550.0~DK43+570.0段

图8　掘进渣样

参编单位：中铁隧道局集团有限公司、中铁隧道勘察设计研究院有限公司、中铁二院工程集团有限公司、中铁西南科学研究院有限公司、中铁二院成都工程检测有限公司、北京同度工程物探技术有限公司

参编人员：曹贵才、王华、陈海军、高存成、吴新全、马文德、卢松、蒋辉、田洪义、王百泉、赵小龙、农凯平、凌佳、李星、宋妍、李星、宋振东

评审人员：黄鸿键、马伟斌、吕刚、赵西民、孟庆余

十六、铁路盾构隧道洞内外监控量测施工工法

1 概 述

铁路盾构施工会对隧道沿线地层造成不同程度的扰动，致使地层中的应力扰动区延伸扩散，有可能引起地表、附近重要或高大建筑物产生沉降、隆起或倾斜。铁路盾构隧道监控量测就是在盾构机掘进过程中，对隧道洞内结构及洞外沿线周边影响范围内重要的地下、地面建(构)筑物、重要管线、地面道路的变形实施监测，提供及时、可靠的监测数据，确保施工安全并会做对环境的影响，监测数据有助于及时发现潜在风险并采取预防措施，同时为调整施工技术参数提供准确的参考信息，进一步可进行设计优化，确保隧道建设的优质、安全和经济性。

铁路盾构隧道洞内外监控量测通常包括仪器监测和现场巡查。仪器监测参照相关规范要求，分为必测项目和选测项目；必测项目是为了确保围岩的稳定，并指导施工，包括管片结构竖向位移、管片结构水平位移、管片结构净空收敛、地表沉降、周边建(构)筑物变形监测等；选测项目针对特定区段，主要有管片结构应力、土体深层水平位移、土体分层竖向位移、管片围岩压力、孔隙水压力等，现场巡视是对仪器量测的一种补充和印证，主要内容有：

(1)施工工况的巡视，如盾构机掘进位置(环号)，盾构停机、开仓等的时间和位置；

(2)工程主体的巡视，如盾构始发端或接收端土体加固情况，管片破损、开裂、错台、渗漏水情况等；

(3)对周边环境的巡视，如周边地表和建(构)筑物有无产生裂缝、开裂、沉陷或其他异常情况等；

(4)监测点测巡视，主要包括监测基准点、监测点和检测原件的完好及保护情况等。

2 工法特点

2.1 针对性

铁路盾构隧道监控量测实施方案需要根据具体的施工项目、施工工艺和监测对象进行定制编制，采取针对性监测，以保证盾构施工及周边环境的安全。如要针对盾构接收井和始发井等具有一定风险的分部分项工程进行监测、针对盾构穿越重要建(构)筑物和既有线工程的监测等。

2.2 及时性

监控量测的成果需要及时向各参建单位反馈，以便及时调整施工方案，确保施工安全和质量。

2.3 准确性

监控量测在实施过程中，往往会受到众多因素的影响，如气压、温度、湿度、灰尘、振动等因素会对仪器观测成果造成不同程度的影响；不同的观测人员观测结果会存在差异，而监测仪器和不同的监测方法也会存在一定的系统误差，因此，监控量测需要通过科学、先进的监测仪器和方法，保证监测成果的准确性和真实性。

2.4 高精度

随着施工工艺技术的发展和广泛应用，对监控量测的技术指标也越来越高，一般盾构隧道管片的变形应控制在30 mm以内，盾构隧道上方的地表沉降应控制在－30～＋10 mm以内，盾构施工影响范围内的建筑物和管线需控制在权属单位要求的范围内或＋20 mm以内。因此，盾构隧道监控量测需采用高精度的仪器设备、成熟先进的技术实施手段，来获取高精度的监测数据。

2.5 自动化

盾构隧道相对稳定的监测环境，使得隧道监控量测可以选择实时性更强、精度更高的自动化监测方式，特别是在建隧道穿越既有隧道或有特殊监测要求的盾构隧道施工场景时，采用自动化监测方式，可以弥补人工监测无法实施、实时性低的短板。

监控量测是一项系统工程，除以上主要特点外，还需要完善的组织保证和应急预案，涉及监测单位、施工、监理、设计、业主等多方共同完成。随着科技的进步和应用的广泛推广，监控量测技术未来的发展趋势将更加的智能，会呈现自动化、智能化、集成一体化的特点。

3 适用范围

本工法适用于各种类型的铁路盾构隧道施工。

4 工艺原理

监控量测通过对盾构隧道洞内的管片结构和洞外的地表及其他周边环境，按照一定的间距布设监测点，通过各类高精度监测仪器对监测点进行经常性量测，并辅以现场巡视，来获取隧道管片结构、周边地表及其他环境随时间和施工进度发生的变形数据，进而反馈和判断隧道管片结构、周边地表及其他环境的安全状态，并及时发现不稳定性因素，采取有效管控措施，保证施工和周边环境安全。

5 施工工艺流程及操作要点

5.1 工艺流程

监控量测一般包括以下五个流程：前期准备、方案编制审查阶段、测点埋设和初始值采集阶段、监测实施及信息反馈阶段、成果验收及归档。

5.2 前期准备

(1)现场勘察,对拟监测的盾构隧道沿线进行现场勘察,了解线路走向,并对沿线周边的建(构)筑物和管线进行勘察,并拍照留证、形成文字记录。

(2)获取和熟悉施工设计图纸。

(3)拟定投入人员及组织架构,并进行人员培训。

(4)设备物资准备,如拟实施监测工程所需要的各种仪器设备、监测材料和元器件的选型和采购,监测办公场所及办公用品的筹备等。

5.3 监测方案编制审查

根据工程设计图纸、地质勘察报告和工程的施工特点,在分析研究工程风险及影响工程安全的关键部位和关键工序的基础上,编制有针对性的监测方案。监测方案应包含且不限于以下内容:规范依据、工程概况、水文地质情况、隧道沿线受施工影响范围内的周边管线及建(构)筑物调查及与隧道的影响关系、监测安全等级、监测项目内容和重难点、监测控制基准网的布设、监测点的布设保护及监测方法、监测频率、监测控制值、数据处理及反馈、平台上传、项目组织架构及投入仪器设备台账、预警管理、应急预案、安全质量保证等;在建隧道沿线毗邻既有线,或在建隧道有特殊要求时,方案中还应体现自动化监测新技术。

方案编制完成后,需报送施工总包部或主管部门进行内审,并根据工程建设部门的具体管理要求向外部单位报审监测方案,如监理单位、第三方监测单位、设计单位、业主单位等。另外,根据盾构隧道的不同程度监测等级,或者项目管理单位要求,监测方案还需要组织专家进行评审论证。

5.4 测点埋设和监测实施

5.4.1 监测基准点的布设和校核

(1)监测基准点的布设

监测基准点根据监测项目类型分为高程(沉降)基准点和平面基准点。

高程基准点宜以国家高程系统为基准建立,起始并附合于铁路线路施工控制网二等精密水准点上。控制点由基准点和工作基点组成,根据盾构区间待监测结构物的具体位置分布及道路地表等监测对象分布情况,控制网分段布设成局部的独立网,同观测点一起布设成闭合环网、附合网或附合线路等形式。同一工点的高程基准点不宜少于3个。高程基准点应定期进行检核,以确保其稳定性和准确性,一般建网初期基准网校核宜为1月1次,3个月后宜为每3个月一次。当监测数据异常可能与控制点有关时,需立刻校核基准网。

基准点和工作基点应在施工影响前埋设,并应考虑地质条件的影响和地层岩性软硬情况,非硬土的基点埋深应考虑到风化的岩土层中,确定其稳定后方可使用。洞外基准点可埋设在变形影响范围以外的基岩露头上、密实的砂卵石层或原状土中(图1、图2),也可埋设在稳固建筑的墙或柱上(图3、图4)。受条件限制时,也可在变形区内钻孔埋设深埋钢管基准点(图5、图6),金属管底应在变形影响深度以下。洞内高程基准点宜设置在车站稳定结构处,盾构隧道内可采用在管片上钻孔埋设沉降标设立高程工作基点。监测期间，应定期联测基准点和工作基点的稳定性，并采取有效措施保护基准点和工作基点的稳定性。

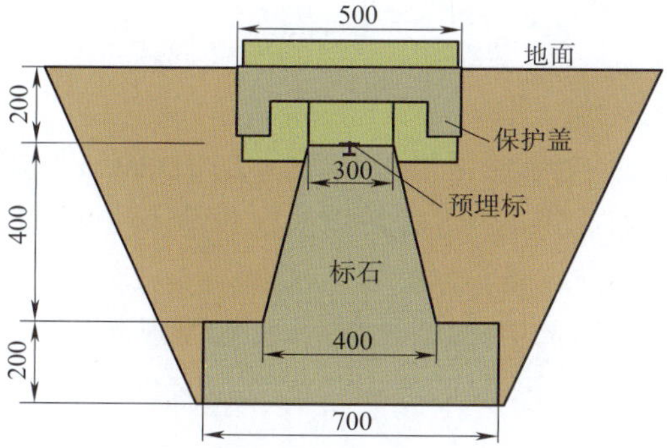

图 1　普通水准基准点标志埋设形式图(单位:mm)

图 2　普通水准基准点标志现场效果图

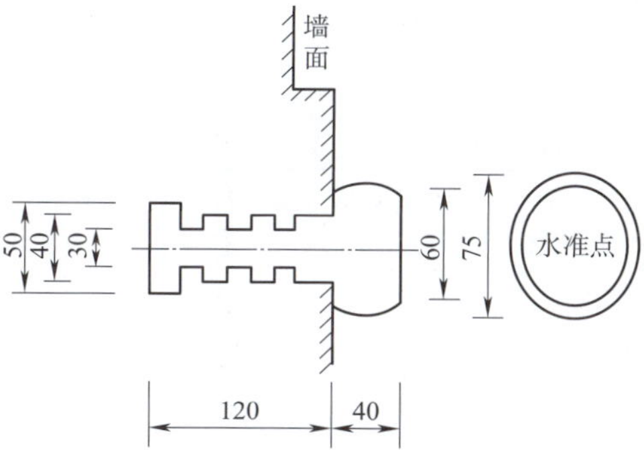

图 3　墙上水准基准点标志埋设形式图（单位:mm)

图 4　墙上水准基准点标志现场效果图

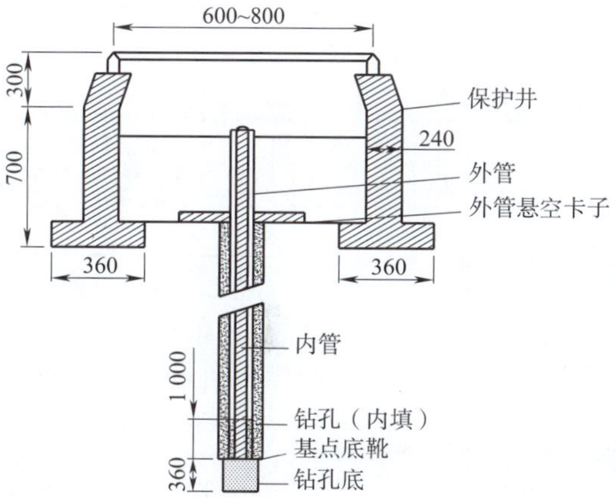

图 5　深埋钢管水准基准点标志埋设形式图(单位:mm)

图 6　深埋钢管水准基准点标志现场效果图

隧道内平面及高程基准点布设应结合隧道姿态测量控制点进行基准点布设，控制点布设间距应在每 300 m 布设一组基准点平面基准点，采用钻孔埋设大棱镜的形式布设在远离盾尾部 200 m 外的位置，避免盾构机施工影响控制点的稳定。

(2)监测基准点的校核

①高程基准点的校核

受地质条件差、周边施工土体扰动影响可能会导致区域性地表不均匀沉降，可能出现监测控制网点产生竖向位移，为确保每次监测成果的可靠，必须及时发现其位移，并通过与施工控制点的联测修正控制网点的成果。

竖向位移基准网测量及检核采用几何水准测量方法，使用精密水准仪观测(其精度指标为:0.3 mm/km)，采用电子水准仪自带记录程序，记录外业观测数据文件，按二等水准的技术要求进行测量。

在每次沉降监测工作开始时，对控制该测区的沉降监测控制点与该点前后两个控制点按二等水准要求进行相互关系检测，若相互关系满足表 1 要求，则说明该高程控制点相对稳定，可以作为起算点进行待测沉降点测量，若相互关系超限，则需进行与施工控制点局部或全线联测，对超限高程基准点进行成果修正，再进行复测检核，直至该高程基准点成果处于稳定状态后，方可作为水准测量起算点使用。

表 1　基准点观测主要技术指标

等　　级	每千米水准测量偶然中误差 M_{Δ}	每千米水准测量全中误差 M_w	检测已测段高差之差(mm)	往返测不符值(mm)	附合线路或环线闭合差(mm)
二等水准	2.0	4.0	$\pm 8\sqrt{L}$	$\pm 8\sqrt{L}$	$\pm 8\sqrt{L}$

注:表中 L 为往测段、附合或环线的水准路线长度，单位 km。

②平面基准点的校核

由于平面基准点(工作基点)设置在监测影响区范围之内，所以每次监测开始前，须采用三等导线测量的方法对平面基准点进行水平位移检测，平面基准点检核满足表 2 要求后方可判定为稳定、可使用状态，否则应对超限基准点进行坐标检核纠正。

导线测量的主要技术要求见表 2。

表 2　导线测量的主要技术要求

控制级	闭合环或附合导线平均长度(km)	平均边长(m)	每边测距中误差(mm)	测角中误差(″)	方位角闭合差(″)	全长相对闭合差	相邻点的相对点位中误差(mm)
三等	3	350	±3	±2.5	$\pm 5\sqrt{n}$	1/35 000	±8

注:表中 n 为导线的角度个数。

5.4.2　地面沉降监测点的埋设和监测实施

(1)地面沉降测点布置原则

根据盾构区间的周边环境等级和监测实施可操作性综合考虑:

盾构始发段、接收段 100 m 范围内，沿隧道中轴线纵向每 5 m 设一个监测点，其余 10 m 一个测点，联络通道处至少布设一个测点。每隔 30～50 m 设垂直于隧道轴向的横向监测大断面，在始发段、接收段和联络通道部位应设监测大断面。测点横向间距在主要影响区为 3 ~ 5 m,在次要影响区为 5 ~ 10 m,如图 7 所示。

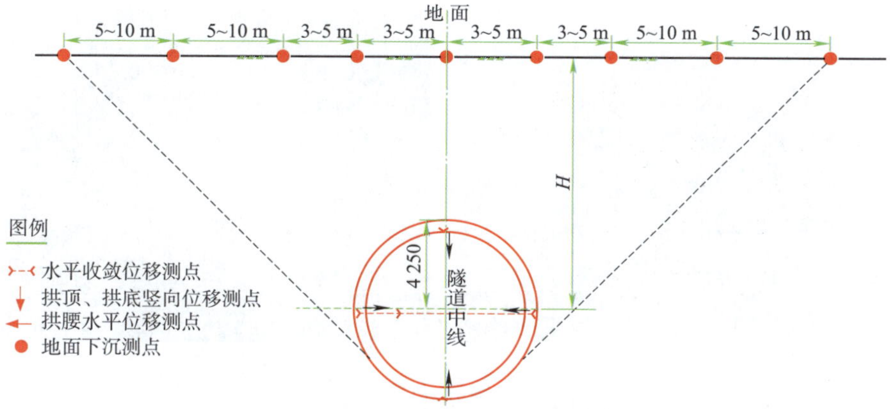

图 7　盾构区间大断面地表监测点布设示意图

(2)地表沉降测点布设方法

地面沉降监测点宜采用钻孔方式埋设,钻孔直径大于 130 mm,钻孔应钻透硬化路面层至原状土层以下,如图 8 所示。监测点采用直径不小于 16 mm 半圆头螺纹钢制成,钢筋长度不小于 80 cm,钢筋入土深度应在 10 cm 以上;埋设钢筋后,钻孔采用细砂回填,回填要密实,埋设现场如图 9 所示。

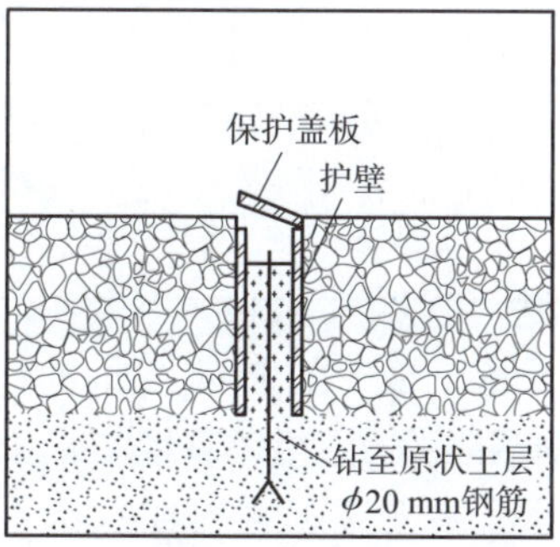

图 8　地表沉降监测点埋设示意图

图 9　地表沉降监测点埋设现场图

地表沉降监测点埋设好后,现场做好清晰标记,在测点孔口用专业保护盖进行保护,测点遭到破坏后在原处重新布设,测点保护如图 10 所示。

(3)地表沉降监测数据采集及观测方法

地表沉降监测以稳定高程基准点作为起算点,采用高精度电子水准仪按变形监测二等水准观测技术要求依次对待测点进行闭合或附合水准观测,外业观测指标符合要求后进行平差计算处理。测点在埋设完成且达到稳定状态后连续独立进行 3 次观测,取稳定值的平均值作为测点初始值。高程基准点高程已知,监测时通过水准测量测得各测点与高程基准点的高程差,通过计算可得到各监测点的高程值,然后与各点初始高程进行比较,差值即为该测点的沉降值。需注意,地面沉降监测点的布设及初值采集必须在盾构掌子面到达之前完成。

(a)　　(b)

图 10　地表沉降监测点保护图

(4)地面沉降监测数据处理及分析

外业采集的数据采用电子水准仪自动记录,外业监测结束后,将监测数据通过数据线及传输软件传输至计算机内形成原始记录表格,经检查合格后,按照二等水准数据处理要求,生成测段间高差记录表,进行初步概算、改正,将高差及距离录入到平差软件进行精密平差处理。通过变形观测点各期测值计算不同阶段变化量、阶段变形速率、累计变化量等数据。

根据电子水准仪的记录格式和相关计算要求,对二等水准计算取位规定见表 3。

表 3　二等水准计算取位要求

等级	往返测距离总和(km)	测段距离中数(km)	各测站高差(mm)	往返测高差总和(mm)	测段高差中数(mm)	高程(mm)
二等	0.01	0.1	0.1	0.1	0.1	0.01

监测稳定性分析原则如下:①观测点的稳定性分析基于稳定的基准点而进行的平差计算成果;②相邻两期观测点的变动分析通过比较相邻两期的最大变形量与最大测量误差(取两倍中误差)来进行,当变形量小于最大误差时,可认为该观测点在这两个周期内没有变动或变动不显著;③对多期变形观测成果,当相邻周期变形量小,但多期呈现出明显的变化趋势时,应视为有变动。

监测点预警判断分析原则如下:①将阶段变形速率及累计变形量与控制标准进行比较,判断警戒状态情况;②如数据显示达到警戒标准时,应结合巡视信息,综合分析施工进度、施工措施情况,查看附近支护围护结构稳定性、地表表观变化情况,进行综合判断;③当分析确认有异常情况时,应立即通知有关各方采取措施。

5.4.3　管片结构水平位移(净空收敛)监测点的埋设和监测实施

(1)布设原则

盾构隧道洞内管片结构竖向位移(包含拱顶下沉、拱底沉降)监测点布设遵循以下原则:盾构区间洞内测点应当按照从洞门 0 环处开始布设监测点,后按设计图纸要求间距布设监测断面;距离联络通道左右两侧的盾构隧道内按 2 环、3 环、5 环间距布设断面,联络通道开始施工时开始监测。联络通道监测断面:联络通道内部布设3个断面,每个断面一条收敛测线。管片结构水平位移(净空收敛)监测点的埋设跟随盾构机机车进行。

(2)测点布设方法

管片结构水平位移(净空收敛)点采用监测小棱镜或反射片形式布设。监测小棱镜使用全站仪进行观测,具有通视条件好、精度高、便于查找、可拆卸重复利用等优点,其缺点为:造价成本相对高、钻孔时可能破坏管片结构等。反射片相对成本较低,且易于安装埋设,观测速度快,对管片结构不会造成影响,使用全站仪进行观测。原则上推荐使用监测小棱镜作为管片结构水平位移(净空收敛)点,特别是在浅埋段盾构隧道或对精度要求较高的盾构隧道施工场景中。管片结构变形监测点示意及现场如图11、图12所示。

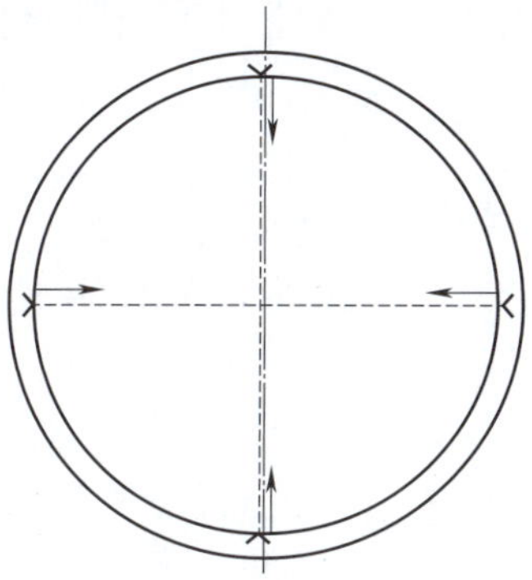

图11　管片结构变形监测点示意图

图12　管片结构变形监测点现场图

(3)管片水平位移(净空收敛)监测数据采集及观测方法

盾构隧道水平位移(净空收敛)可采用全站仪进行监测。

采用全站仪进行水平位移(净空收敛)监测时,采用自由设站非接触量测方法进行测量。如图13所示,s为设站点,JKJ1、JKJ2为两个监测断面,A、B为JKL1断面上的收敛监测点。将全站仪三维自由设站于隧道中合适位置,测定监测点A、B的在任意坐标系下的三维空间坐标X_a、Y_a、Z_a和X_b、Y_b、Z_b。

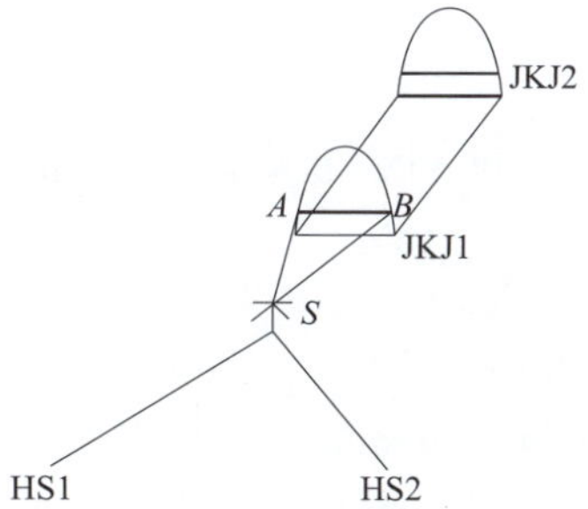

图13　全站仪法收敛监测示意图

根据监测点A、B的三维坐标,通过下式计算A、B测线长度S_{AB},通过比较不同周期同一测线长度的变化,可反映隧道净空收敛变化情况。

$$S_{AB}=\sqrt{(X_b-X_a)^2+(Y_b-Y_a)^2+(Z_b-Z_a)^2} \quad (1)$$

(4) 数据处理及分析

管片结构水平位移(净空收敛)数据处理及分析原理同地表沉降监测点。

5.4.4 管片结构沉降监测点的埋设和监测实施

(1)布设原则

管片结构竖向位移的布设原则同结构水平位移(净空收敛)。

(2)测点布设方法

管片底部沉降点设在隧道环片较低部位,用冲击钻打孔,捣入水泥浆,将水准钉固定,作为沉降测点。

拱顶下沉点采用布设小棱镜的方式;测点布设应跟随台车掘进进度,利用台车高度在尾部向隧道顶部布设拱顶沉降监测点。

(3)管片沉降监测数据采集及观测方法

管片底部沉降采用水准测量方式采集数据,观测方法同地表沉降监测点。

拱顶下沉采用全站仪自由设站非接触监控量测方法进行测量。如图 14 所示,s 为设站点,i 为稳定的高程控制点(基准点或工作基点),JKJ1、JKJ2 为两个监测断面,C 为 JKL1 断面上的拱顶监测点。高程控制点 i 的高程 H_i 由洞外高等级水准点通过二等水准的要求进行定期高程联测。将全站仪自由设站于隧道中合适位置,分别观测高程控制点 i 和拱顶沉降点 C,通过仪器观测直接获得两点间的高差 h。拱顶沉降点 C 的高程 $H_c=H_i+h$,通过比较不同周期 C 点高程的变化,可反映初期支护结构拱顶沉降变化情况。

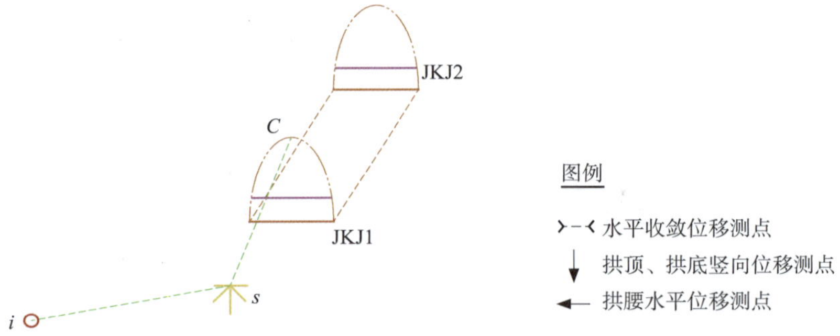

图 14　拱顶沉降监测示意图

(4)数据处理及分析

管片竖向位移水准测量数据处理及分析同地表沉降监测,三角高程数据处理同管片结构水平位移(净空收敛)全站仪监测方法。

5.4.5 建(构)筑物沉降监测点的埋设和监测实施

(1)测点布置原则

建(构)筑物测点在受施工影响的建(构)筑物上设置,布置原则为:

①监测点应布设在外墙或承重柱上,位于强烈影响区时监测点沿外墙间距宜为 10 ~ 15 m,或每隔 2 根承重柱布设 1 个监测点;位于显著影响区时监测点沿外墙间距宜为

15～30 m,或每隔2～3根承重柱布设1个监测点;在外墙转角处应有监测点控制;②在高低悬殊或新旧建(构)筑物连接、建(构)筑物变形缝、不同结构分界、不同基础形式和不同基础埋深等部位的两侧应布设监测点;③对烟囱、水塔、高压电塔等高耸构筑物,应在其基础轴线上对称布设监测点,每栋构筑物监测点布设数量不应少于3个;④风险等级较高的建(构)筑物应适当增加监测点数量。

(2)测点埋设及技术要求

建(构)筑物测点标志根据不同监测对象采用不同的埋点形式。框架、砖混结构对象采用钻孔埋入标志测点(图15),钢结构对象采用焊接式测点,特殊装修较好的对象采用隐蔽式测点形式。当建(构)筑物现场条件不能采用钻孔埋入测点时,可在建(构)筑物外墙处采用特定水准条码贴作为监测点(图16)。

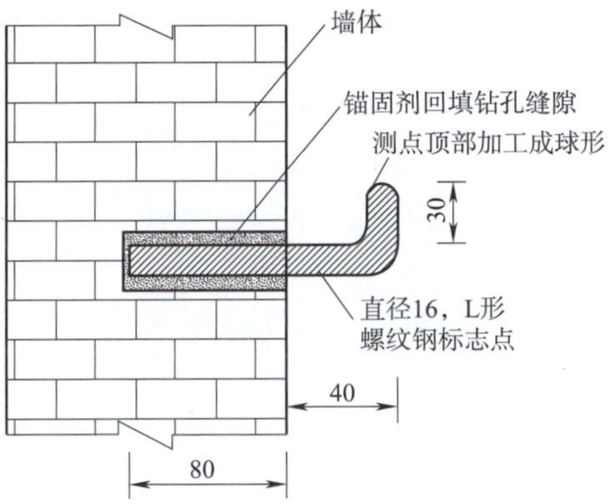

图15　埋入式建筑物监测点(单位:mm)

图16　条码式建筑物测点

(3)建(筑)物沉降监测方法、数据采集及数据分析处理

建(筑)物沉降监测方法、数据采集及数据分析处理同地面沉降监测内容。

5.4.6　建(构)筑物倾斜监测点的埋设和监测实施

(1)测点布置原则

盾构施工将会导致周围建(构)筑物的不均匀沉降而引发建(构)筑物的倾斜,对建(构)筑物的倾斜观测可为业主、监理、施工等有关单位提供准确的数据,对可能发生危及建(构)筑物安全的隐患提供及时、准确的预报,为及时处理隐患提供依据,避免建(构)筑物损坏、倒塌事故的发生。

倾斜监测主要采用差异沉降法、全站仪投点法,针对3层以上建筑物应采用投点法进行倾斜监测,3层以下建筑物宜采用差异沉降法进行倾斜监测。条件允许时可采用倾斜仪自动化监测建筑倾斜。

(2)差异沉降法倾斜监测

差异沉降监测方式,是采集建筑物基础的沉降量和基础的水平距离,根据基础的沉降差,求取建筑主体的倾斜率。计算公式如下:

$$i = \frac{\Delta}{h} = \frac{\Delta h}{D} \tag{2}$$

式中 i——主体的倾斜率；

Δ——主体倾斜值(m)；

h——建筑物高度(m)

Δh——基础两端点的差异沉降量(mm)；

D——基础两端点的水平距离(m)。

差异沉降计算方法如图 17 所示。

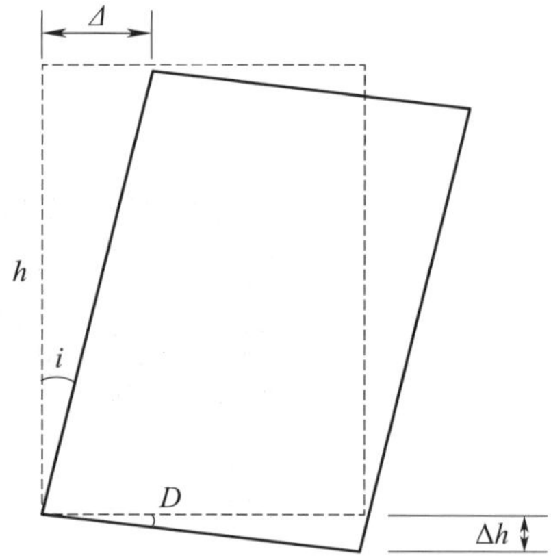

图 17　差异沉降法倾斜监测原理示意图

(3)全站仪投点法倾斜监测

①全站仪投点法倾斜监测点的布设方法

监测点布置在建筑角点、变形缝两侧的承重柱或墙上；测点沿主体顶部、底部上下对应布设，上、下监测点应布置在同一竖直线上。

倾斜监测点点位的标志设置：建筑顶部和墙体上的监测点标志根据现场条件采用埋入式照准标志或反光片标志。不便埋设标志的塔形、圆形建筑以及竖直构件，以照准视线所切同高边缘确定的位置或用高度角控制的位置作为观测点位。

②全站仪投点法倾斜的监测方法

如图 18 所示，$ABCD$ 为一建(构)筑物底部，$A'B'C'D'$为其顶部，为了观测 AA'的倾斜，在 A'处设置明显标志，并测定其高度 h，分别在 BA、DA 的延长线上距 A 点(1.5 ~ 2)h 的地方设置测站 M、N。同时在测站 M、N 安置全站仪，用正倒镜取中法将 A'投影到地面得 A''，量取倾斜量 K，并在两个互为垂直的方向上分别量取 Δx，Δy。于是倾斜方向：$\alpha = \arctan\dfrac{\Delta y}{\Delta x}$，倾斜度：$i = \arctan\dfrac{K}{h}$，倾斜变化量：$\Delta = K_n - K_0$，式中 K_n 为当前测量倾斜量，K_0 为初始值。

投影前应检校仪器，尤其是照准部水准管的检验与校正。投影时全站仪要在固定的测站上仔细对中，并严格整平，对中整平之后，应检查竖轴的垂直情况。方法是：旋转照准部，使长水准管与任意两个脚螺旋的连线平行，此时水准气泡应精确居中，然后将照准部旋转 180°，此时的水准气泡偏移量不得大于 0.5 格。

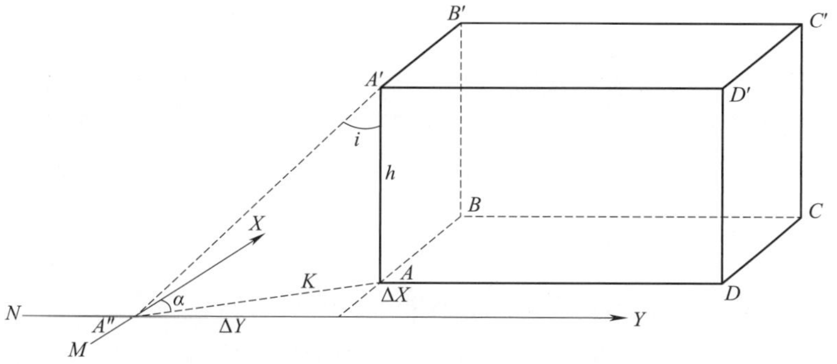

图 18　投点法倾斜监测原理示意图

5.4.7　周边管线沉降监测点的埋设和监测实施

（1）测点布置原则

①应根据管线年份、类型、材料、尺寸及现状等情况确定监测点设置。

②监测点宜布置在管线的节点、转角点和变形曲率较大的部位，监测点平面间距宜为 15～25 m，并宜延伸至基坑边缘以外 1～3 倍基坑开挖深度范围内的管线。

③供水、燃气、暖气等压力管线宜设置直接监测点。

④有检查井的管线应打开井盖直接将监测点布设到管线上或承载体上。

⑤无检查井但有开挖条件的管线应开挖至管线表面，将监测点固定于管线的顶部并引至地表，周围用砖砌筑成保护井。

⑥对于埋深较浅的煤气管道，则采用抱箍法，即根据管道的外径，特制两个对开的箍，环抱管道，用测点引出地面。

⑦无检查井也无开挖条件的管线可在对应的地表埋设间接监测点。

管线沉降观测布点如图 19 所示。

（2）管线沉降监测方法、数据采集及数据分析处理

管线沉降监测方法、数据采集及数据分析处理同地表沉降监测内容。

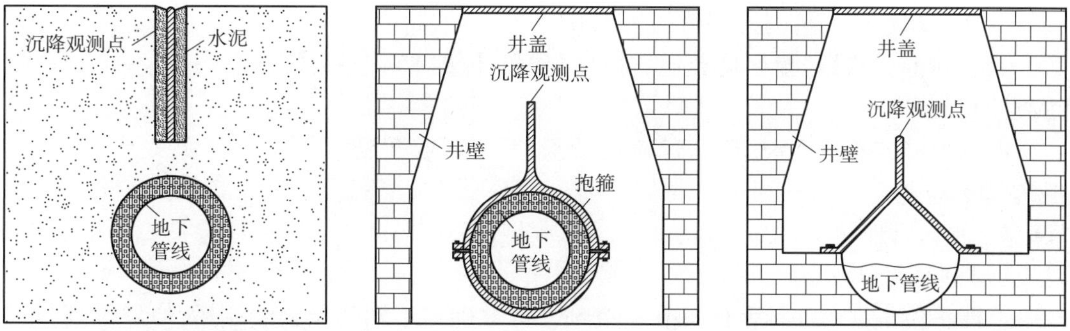

(a) 管线沉降监测间接布点法　(b) 管线沉降监测抱箍式布点法　(c) 管线沉降监测直接布点法

图 19　管线沉降观测布点示意图

5.5 监测数据的分析、处理与监测报告

5.5.1 数据处理和分析

根据变形观测数据,求得监测时间、变形量(包括应力、应变)、施工状态(阶段)、荷载等参数,绘制变形过程曲线,简单、直观而有效地反映出监测对象不同时间的变化情况,根据变形量和变化趋势,预测可能出现的最大变形值,由此判断是否处于安全状态。

5.5.2 监测报告

监测工作应分阶段、分工序对量测结果进行总结和分析,并汇总形成监测成果报表。监测报告可分为日报、监测周报、监测月报和总结报告。监测报告应采用文字、表格、图形、照片等形式,表达直观、明确。

5.5.3 监测信息反馈

每日现场监测工作结束后完成当日监测报表的编制、内审工作,确保数据无误后及时上传各监测平台,并将电子文档报送施工项目部、监理单位和建设单位;同时在 2 个工作日内将纸质文档报送监理单位和建设单位业主代表。

除正式的电子版与纸质版监测报表外,当监测数据超限达到预警状态时应及时向各参建单位反馈预警情况,可通过手机短信、电话、QQ、微信、微信群等反馈渠道汇报预警情况,根据不同的预警等级由监理单位或业主单位组织预警分析会,以分析预警原因,并制定下一步应对和控制措施。

5.6 预警及消警管理

5.6.1 监测控制值

根据工程设计图纸,参照相关规范,制定工程监测项目控制值及预警值。监测控制基准和预警值一般采用监测变量累计值和变化速率两项指标共同控制。

5.6.2 监测预警等级

一般情况,监测预警等级可分为三级,分别是黄色、橙色、红色。监测未发生预警值宜用绿色表示。

黄色预警:“双控”指标(变化量、变化速率)均超过监控量测控制值的 70% 时,或双控指标之一超过监控量测控制值的 85% 时。

橙色预警:“双控”指标均超过监控量测控制值的 85% 时,或双控指标之一超过监控量测控制值时。

红色预警:“双控”指标均超过监控量测控制值,或实测变化速率连续三天超过控制值的 80%。

5.6.3 预警管理

(1)预警信息发布

监测单位根据监测预警标准和巡查预警标准确定不同的预警级别后,应立即通过电话、短信或电子邮件等快捷方式上报监理单位、设计单位和建设单位,并及时报送纸质版预警工作联系单。

橙色监测预警、橙色巡查预警 12 h 内报送纸质版的预警工作联系单,红色监测预警、红色巡查预警 4 h 内报送纸质版的预警工作联系单。

(2)预警响应

黄色预警:上报至施工单位,由施工单位组织实施会议制定的预警处置方案,消除安全隐患;加强对预警部位的监测和巡查。

橙色监测、巡查预警:上报至监理单位,由监理单位组织召开预警分析会议,并立即组织实施会议制定的预警处置方案,消除安全隐患;加强对预警部位的监测和巡查。

红色监测、巡查预警:上报至建设单位,由建设单位组织召开预警分析会议,并立即组织实施会议制定的预警处置方案,消除安全隐患;加强对预警部位的监测和巡查。

5.6.4 消警管理

在工程安全风险处理结束后,至少具备以下条件之一时,即达到消警标准:

(1)预警期间没有发生工程自身事故或环境风险事故,且没有次生灾害发生,监测数据变化已不影响施工安全、隧道结构安全和周边环境安全,且已不存在后期大的受力转换和监测数据变化可能。

(2)监测预警发生范围内主体结构工程已经完成,不存在后期大的受力转换和监测数据变化可能。

(3)发生了工程自身事故或环境风险事故并已进行了处理,监测数据变化已不影响施工安全、隧道结构安全和周边环境安全,且已不存在后期大的受力转换和监测数据变化可能。

由施工单位提交书面监测(巡查)预警消警申请表(主要包括预警响应及处理情况、监测数据稳定性分析、现场巡查状况及安全评价等),并根据预警级别的不同报不同单位审核批准。

①橙色预警:由施工单位填写消警申请表,经监理单位和第三方监测单位审批后进行消警,并抄报建设单位。

②红色预警:由施工单位填写消警申请表,经监理单位和第三方监测单位审核,报建设单位相关部门负责人审批后进行消警。

6 材料与设备

6.1 主要材料

本工法涉及的材料有监测棱镜、反射片、沉降标志、喷漆、PVC标识牌等。

6.2 主要设备

本工法根据不同的监测项目采用不同的监测仪器设备,见表4。

表4 主要仪器设备表

序 号	监测项目	监测仪器	精度指标(mm)
1	地面沉降监测	电子水准仪	1.0
2	洞内拱顶下沉	全站仪	1.0

续上表

序　号	监测项目	监测仪器	精度指标(mm)
3	管片净空收敛/水平位移	收敛仪/全站仪	1.0
4	建筑物沉降/倾斜	电子水准仪/全站仪	1.0
5	管线沉降	电子水准仪	1.0

注:项目所有使用仪器设备均需在有效检定/校准时间内;为保证监测在仪器送检期间正常进行,需根据实际仪器需求数量额外配备一套设备。

7　质量控制

7.1　执行标准

(1)《铁路隧道监控量测技术规程》(Q/CR 9218—2024);

(2)《城市轨道交通工程监测技术规范》(GB 50911—2013);

(3)《建筑基坑工程监测技术标准》(GB 50497—2019);

(4)《建筑变形测量规范》(JGJ 8—2016);

(5)《工程测量标准》(GB 50026—2020);

(6)《国家一、二等水准测量规范》(GB/T 12897—2006)。

7.2　质量保证措施

项目工区应建立严格的质量保证体系,坚持质量第一的方针,从制度上保证每项工作的质量。项目实施过程中要严格按照质量手册、程序文件及作业指导书的有关程序进行操作,保证监测成果的准确性和可靠性。

项目工区针对监控量测专业应任命有丰富盾构监测经验的技术人员担任项目负责人;由项目负责人、组长成立质量监控小组,对监测质量进行控制。质量监控小组成员对各个环节进行定期检查和不定期的抽查,召开质量分析会,发现问题及时解决,及时改正。建立质量奖惩制度,奖优罚劣,对造成事故的责任人处以重罚。

根据铁路盾构监测的施工特点和监测项目合理优化配置专业人员,保证施工的正常进行;所有监测人员保证文明施工,与建设单位、监理单位、施工单位以及监测对象的产权单位的相关人员保持友好的协调和沟通,保证监测信息及时反馈。在每次野外作业时必须如实记录现场情况、详细记录工作日志,如监测点的完好情况、施工进度情况以及是否存在影响测量质量等不利因素。在每次野外作业及室内分析工作阶段如发现不合格,如闭合差超限,前后视距差超限等,经检查、校对确认后必须在第一时间内进行返工,并作出记录。

根据工程需要投入满足工程需要的监测仪器设备,所有仪器设备在正式开展投入监测之前均经过国家相关检定机构进行计量和标定并确保其在有效期内使用,保证所有仪器设备性能良好、可靠;所有监测人员严格按照计量要求以及仪器说明书规定对监测仪器进行日常保养、维护和管理;配足易损设备的数量,保证生产的需求;在每次监测前后,均应对监测仪器设备性能进行检查,严禁因仪器设备问题影响下一道监测工序;如果所使用仪器在监测过程中发生故障,则优先采用相同型号和规格的仪器替代,其次选用较高精度的仪器,严禁选用低于原来仪器精度的设备代测。

8 安全措施

针对工程特点和实际情况,制定确保安全监测的措施,明确各工种在生产活动中应负的安全责任:

(1)在项目监测全过程中,认真贯彻落实安全生产方针、政策、法规和各项规章制度,结合项目特点,提出有针对性的安全管理要求。

(2)由组长负责安全制度的落实检查。

(3)野外工作开始前,召开由有关人员参加生产安全会议,强化有关人员的安全意识。

(4)定期组织安全生产检查,定期研究分析工程中存在的不安全生产问题,并加以落实解决。

(5)对施工现场的高压电线电缆、煤气、水、通信光缆等进行了解,确定钻机塔架和高压线保持足够的安全距离。

(6)组织工人学习安全操作规程,教育工人不违章作业。

(7)设立兼职安全员,每次监测前做好每日安全交底并全程跟踪,做到安全生产。

9 环境保护措施

9.1 了解环境法规和标准

测量工程师首先应该熟悉所在地区的环境保护法规和标准,包括空气质量、水质要求、噪声限制等。只有遵守相关法规和标准,测量结果才能得到承认和认可。

9.2 选用环保测量设备

要求测量工程师选择符合环保要求的测量设备。例如,使用低能耗、低碳排放的测量仪器,并确保其符合国际或地方标准。同时,注意设备的维护和保养,避免无谓的能源浪费和环境污染。

9.3 控制噪声和振动

测量工程师在现场进行工作时,应尽可能减少产生噪声和振动的活动。这可以通过选择低噪声设备、采取隔声措施和振动吸收材料等方式来实现。控制噪声和振动对周围居民和环境都是至关重要的。

9.4 管理废弃物

测量工程师需要妥善处理与测量任务相关的废弃物。在现场工作中,确保将废弃物分类和收集,采用合适的处理方法,如回收、再利用或正确处置废弃物。这有助于减少对环境的负面影响。

9.5 防止土地、水源和空气污染

在进行测量工作时,测量工程师需要采取一系列措施来防止对土地、水源和空气的污染。要确保使用环保材料,正确处理化学品和有害物质,以及遵守土壤和水源保护的

规定,以减少对环境的破坏。

9.6 推动可持续发展

测量工程师应积极推动可持续发展的理念和实践。在工作中,应提倡节约能源、减少浪费、推广可再生能源等环保行为。同时,与相关部门和机构合作,参与环境保护项目,为建设绿色环境贡献自己的力量。

9.7 不断提升环保意识

测量工程师应不断提升自身的环保意识,并将其融入日常工作中。通过参加环保培训、学习最新的环境保护技术和方法,不断提升自己的环境保护能力和水平。同时,积极传播环保知识,引导他人关注环境问题。

10 效益分析

为保证铁路盾构隧道施工及结构安全,本工法建立了一套严密、科学的监控量测体系,对隧道围护结构和周围土体,全过程追踪周边的变形情况,分析、判断、预测施工中可能出现的情况,消除各种隐患,并将施工对周围环境的影响降到最低程度。其主要的监测目的可归纳为以下几点:

(1)落实铁路工程质量安全检查要求,促进铁路盾构隧道建设安全风险管理工作的系统化、规范化和信息化,最大限度地规避风险,避免人员伤亡和环境损害,降低工程经济和工期损失,为铁路工程建设提供安全保障服务。

(2)在盾构施工过程中对周边环境和工程自身关键部位实施独立、公正的监测,基本掌握盾构掘进、盾构管片和周边环境的动态变化和安全状态,验证施工方的监测数据,为建设、监理、设计和施工单位提供参考依据。

(3)为建设管理单位对铁路工程建设风险管理提供支持,通过安全监测、安全巡视和安全状态预警,较全面地掌握各工点的施工安全控制程度,为信息管理平台提供基础数据,对施工过程实施全面监控和有效控制管理。

(4)作为独立的监测方,其监测数据和相关分析资料可成为处理风险事故和工程安全事故的重要参考依据。

(5)收集资料并积累经验,为铁路工程今后的建设和同类工程设计提供参考依据。

11 应用实例

广珠(澳)高铁盾构隧道工程位于广州市白云国际机场,采用盾构法施工,区间隧道为单洞双线隧道,隧道顶埋深在9.2~16.0 m之间,该区间最小曲线半径900 m,最大纵坡6.56‰,区间主要下穿:<3-2-2>粗砂、<4N-3-2>硬塑状粉质黏土、<4-4>含砾粉质黏土。广珠(澳)高铁隧道区间自2023年8月12日盾构始发,至2024年9月5日隧道贯通,项目工区全程按本工法对该盾构隧道进行了监控量测,监测项目主要有:周边地面沉降监测、周边建(构)筑沉降监测、地下管线沉降监测、管片拱顶沉降监测、管片拱底沉降监测、洞内管片水平收敛监测等。

监测实施过程中严格按照施工监测方案进行控制网布设、监测点的埋设验收和数据采集、日常监测实施及监测反馈，整个盾构隧道施工过程共对周边地面沉降完成 872 次监测、对周边建(构)筑物和管线进行了 208 次监测、对隧道内管片结构沉降及收敛进行了 363 次监测，广珠(澳)高铁盾构区间最终监测数据成果如下：

(1)区间周边地面最大累计沉降 -17.19 mm，设计控制值为 $^{+10}_{-30}$ mm。

(2) 区间周边建筑物(FBO 基地服务类)最大累计沉降 -1.95 mm，设计控制值为 ±30 mm。

(3)区间周边管线最大累计沉降 -5.03 mm，设计控制值为 ±20 mm。

(4)区间洞内管片拱顶沉降最大累计沉降 -5.0 mm，设计控制值为 ±20 mm。

(5)区间洞内管片拱底最大累计沉降 -5.38 mm，设计控制值为 ±20 mm。

(6)区间洞内管片水平收敛最大累计变化 -3.5 mm，设计控制值为 ±28 mm。

通过本工法监控量测的实施，使各参建单位及时掌握了广珠(澳)高铁盾构隧道施工产生的管片结构和周边环境的变化情况；并根据监测数据，及时通报了施工过程中诸如因注浆不及时、不到位等引起的地面沉降等问题，促使施工项目部采取相应的应对措施，减少了施工的盲目性；通过监控量测信息反馈指导施工，降低了施工中可能发生的经济损失，确保了盾构隧道施工及周围环境的安全稳定。

参编单位：中铁隧道局集团有限公司

参编人员：杜志刚、杨栋、赵建、张宗锋、郝全超、万俊林、恒正坤、张伟东、王伟伟、刘杏北、李世豪、李航航、赵小龙、杜闯东、罗斌智、高存成、周阳、孙运通

评审人员：黄鸿键、马伟斌、吕刚、赵西民、孟庆余

十七、铁路盾构隧道侧穿建(构)筑物隔离桩防护施工工法

1 概 述

盾构掘进侧穿建(构)筑物,结合高水位、软土地层、大直径盾构、小净距并行等不利因素于一身,属于工程上的重点难题之一。普通的盾构掘进方法,对于盾构本身的地层沉降和高铁线路的变形控制困难。

2 工法特点

(1)采用了大范围隔离桩技术,可有效控制盾构掘进引起的地层变形,并有效阻断盾构掘进对附近建(构)筑物的局部沉降和不均匀沉降。

(2)本工法安全系数高,盾构掘进全程位于隔离桩内部,即使盾构出现意外情况,也可在保证开挖面稳定的前提下,对附近建(构)筑物不会产生较大影响。

(3)施工周期短,节约人力物力,监测内容简洁但完善。

(4)受季节影响较小,可在高水位条件下正常施工,基本不受地下水位影响。

3 适用范围

本工法适用于采用盾构技术穿越建(构)筑物的类似工程,本工法的应用也可扩大到盾构小净距侧穿或并行类似敏感建(构)筑物的类似工程。

4 工艺原理

铁路盾构隧道穿越建(构)筑物掘进,两侧各设置一排超长距离高密度隔离桩,同排隔离桩桩顶由混凝土冠梁连接,将同侧隔离桩连为整体;同时,两侧隔离桩之间在地表处由多根连系梁等间距连接;及时采用同步浆液填充盾尾整合间隙,达到严格控制地层变形的目的;结合现场具有针对性的、高频率的现场监测方案,实时监测盾构掘进对于地层和小净距并行高铁桥梁的影响,为施工单位提供有效的监测信息,保障工程的安全进行。

5 施工工艺流程及操作要点

以上海轨道交通市域线机场联络线工程(西段)JCXSG-2 标项目盾构隧道为例介绍本工法施工工艺流程及操作要点。

5.1 施工工艺流程

钻孔灌注桩施工流程如图 1 所示。

5.2 施工操作要点

5.2.1 钻孔灌注桩安装

(1)测量放线

根据设计图纸提供的坐标计算出桩体坐标,经复核无误后,使用全站仪放样。

(2)开挖及护筒埋设

施工准备工作就绪后,首先按测设桩位人工开挖孔口,探孔深度一般挖到原状土为宜,以确认管线情况。探孔开挖完成后安装钢护筒,钢护筒直径为 1 m,护筒四周用黏土填塞紧密,并保证钢护筒的垂直度与中心位置,护筒高度高出地面约 0.2 m,以防止浇筑混凝土时泥浆回流。

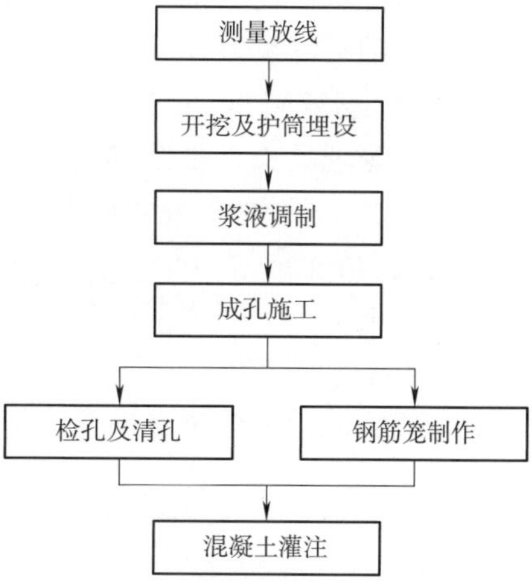

图 1 钻孔灌注桩施工流程图

护筒施工的技术要求:

①护筒埋设应准确、稳定,护筒中心与桩位中心的偏差不得大于 30 mm。

②护筒一般用 4 ~ 8 mm 钢板制作,其内径应大于钻头直径 100 mm,其上部宜开设 1 ~ 2个溢浆孔。

③护筒的埋设深度:在黏性土中不宜小于 1.0 m;砂土中不宜小于 1.5 m;其高度受水位涨落影响或水下施工的钻孔灌注桩,护筒应加高加深,必要时应打入不透水层。

(3)浆调制

采用钻孔泥浆护壁,以保持孔壁在钻进过程中不坍塌。泥浆池布置在桩位附近,在一个区段内共用。选用优质黏土或高岭土,制作悬浮泥浆作为钻孔泥浆护壁。先将黏土加水浸透,然后加水以搅拌机拌制,现场试验检测泥浆指标,达到要求方可使用。

(4)成孔施工

钻孔采用回旋钻机。成孔设备就位后,必须平正、稳固,确保在施工中不发生倾斜、移动,钻机开钻前,检查各种机具、设备是否处于良好状态,泥浆制备是否充足,以及水、电管路的畅通情况,确保正常。

开始钻进时,控制好进尺速度及钻压,采用“低压慢进”措施,待钻至护筒下 1 m 后,再以正常速度钻进。钻进过程中,随时补充损耗、漏失泥浆,保证钻孔中的泥浆稠度及水头,防止发生坍孔、缩孔等质量事故。钻至设计桩底标高 1 m 时,注意控制钻进速度和深度,防止超钻,并核实地质资料,判定是否进入要求的地层及是否符合设计要求。

钻进过程中如发生斜孔、塌孔和护筒周围冒浆时,应停钻,并会同监理分析原因,待采取相应措施后再行钻进。

(5)检孔及清孔

钻孔至设计标高后，使用长度和外径符合施工技术规范要求，用Ⅱ级钢筋制作的检孔器吊入孔内，检查孔径大小及垂直度等，得到监理工程师同意后采用换浆法清孔，清孔后，以开口铁盒检查泥浆，孔内沉淀指标应达到标准要求。清孔时，保持孔内水位在地下水位或河流水位以上 1.0 ~ 1.5 m 防止坍孔。灌注桩的孔底沉渣厚度必须小于 100 mm，并在此基础上尽量减少沉渣厚度，以降低桩基的沉降。

(6)钢筋笼制作

钢筋笼现场加工制作，加工尺寸严格按设计图纸及规范要求进行控制。因市场上钢筋单根长度一般为 12 m、9 m、6 m，为加快施工速度，应尽量减少钢筋笼分节数。

(7)混凝土灌注

混凝土浇筑采用水下混凝土浇筑方法，具体方法同地连墙混凝土浇筑。

(8)隔离桩验收

隔离桩质量检验标准应符合表 1、表 2 的规定。

表 1　隔离桩主控项目质量检验标准

序号	项　目	允许偏差	检查数量	检验方法
1	承载力	不小于设计值	根据设计要求	静载试验
2	孔深	$^{+300}_{0}$ mm	每根桩检查 1 点	用测绳或井径仪测量
3	桩身完整性	—	根据设计要求	钻芯法、低应变法、声波透射法
4	混凝土强度	不小于设计值	每根	28 d 试块强度或钻芯法

表 2　隔离桩一般项目质量检验标准

序号	项　目		允许偏差	检查数量	检验方法
1	垂直度		≤1/100	每根桩检查 1 点	用超声波或井径仪测量
2	孔径		$^{+50}_{0}$ mm	每根桩检查 1 点	
3	桩位	D < 1 000 mm	≤70 + 0.01H	每根桩检查 1 点	全站仪或用钢尺量开挖前量护筒，开挖后量桩中心
		D ≥ 1 000 mm	≤100 + 0.01H		
4	泥浆指标	比重(黏土或砂性土)	1.05 ~ 1.25	每根桩检查 1 点	用比重计测，清孔后在距孔底 500 mm 处取样
		含砂率	≤7%	每根桩检查 1 点	洗砂瓶
		黏度	18 ~ 28 s	每根桩检查 1 点	黏度计
5	泥浆面标高(高于地下水位)		0.5 ~ 1 m	每根桩检查 1 点	目测法
6	钢筋笼质量	主筋间距	±10 mm	每根桩检查 3 次	用钢尺量
		长度	±100 mm	每根桩检查 1 点	

续上表

序号	项目		允许偏差	检查数量	检验方法
6	钢筋笼质量	钢筋材料检验	设计要求	≤60 t 检查 1 次	抽样送检
		箍筋间距	±20 mm	每根桩检查 3 次	用钢尺量
		笼直径	±10 mm	每根桩检查 3 次	
7	沉渣厚度	端承桩	≤50 mm	每根桩检查 1 次	用沉渣仪或重锤测
		摩擦桩	≤100 mm	每根桩检查 1 次	
8	混凝土坍落度		180～220 mm	每根桩检查 2 次	坍落度仪
9	钢筋笼安装深度		$^{+100}_{0}$ mm	每根桩检查 1 次	用钢尺量
10	混凝土充盈系数		≥1.0	每根桩检查 1 次	实际灌注量与计算灌注量的比
11	桩顶标高		$^{+30}_{-50}$ mm	每根桩检查 1 次	水准测量,需扣除桩顶浮浆层及劣质桩身
12	后注浆	注浆终止条件	注浆量不小于设计要求	每根桩检查 1 次	查看流量表
			注浆量不小于设计要求 80%,且注浆压力达到设计值	每根桩检查 1 次	查看流量表,检查压力表读数
		水胶比	设计值	每台班检查 3 次	实际用水量与水泥等胶凝材料的重量比
13	扩底桩	扩底直径	不小于设计值	每根桩检查 1 次	井径仪测量
		扩底高度	不小于设计值	每根桩检查 1 次	

注:H 为桩基施工面至设计桩顶的距离(mm)。

5.2.2 冠梁

(1)测量放线。定出冠梁的中心线和边线,根据测量放样进行冠梁基槽开挖,开挖至桩顶位置时及时清除墙顶杂土并用风镐破除多余桩头。

(2)钢筋施工。隔离桩顶混凝土破除后,调直桩顶锚固钢筋。冠梁钢筋预先在钢筋加工场按设计尺寸加工成半成品,并分类、分型号堆放整齐。施工前再次对照设计图纸进行检查,检验无误后运至施工现场。钢筋现场绑扎,主筋接长采用单面搭接焊。焊缝长度单面不小于 $10d$ 双面不小于 $5d$(d 为钢筋直径),同一断面接头不得超过 50%。每段冠梁钢筋为下段冠梁施工预留出搭接长度,并错开不小于 1 m。

(3)模板施工。冠梁侧模采用组合钢模板,外龙骨采用两道 50 mm×100 mm 方木,之间用铁丝连接、固定,斜撑使用带伸缩撑头的 ϕ48 mm 钢管。模板在安装前除锈并涂刷脱模剂。

(4)混凝土浇筑及养护。冠梁混凝土采用商品混凝土,按混凝土施工工艺进行浇筑作业,并及时进行养护,养护期为 14 d。

5.2.3 盾构掘进控制

(1)掘进管理

盾构机在完成前200 m的试掘进后,根据试掘进段的施工参数的分析总结,确定正常掘进施工参数选取。为保证工程施工的顺利进行,加强盾构在正常段的掘进管理,主要内容包括:

①根据地质条件、覆土厚度和试掘进过程中的经验结果进一步优化掘进参数。

②推进过程中,严格控制好推进方向,将施工测量结果不断地与计算的三维坐标相校核,及时调整。

③盾构操作人员应根据当班工程师指令设定的参数推进,推进与管片背后注浆同步进行。不断完善施工工艺,控制施工后地表最大变形量在-30~+10 mm之内。

④盾构掘进过程中,坡度不能突变,隧道轴线和折角变化不能超过0.4%。

⑤盾构掘进施工全过程须严格受控,工程技术人员根据地质变化、隧道埋深、地面荷载、地表沉降、盾构机姿态、刀盘扭矩、千斤顶推力等各种勘察、测量数据信息,正确下达每班掘进指令,并及时跟踪调整。盾构机操作人员须严格执行指令,谨慎操作,对初始出现的小偏差应及时纠正,应尽量避免盾构机走"蛇"形,盾构机一次纠偏量不超过4 mm/环,以减少对地层的扰动。

⑥做好施工记录:盾构推进压力、盾构掘进速度、刀盘转速、泥水仓压力、泥浆流量、注脂压力、注浆压力、盾构竖直及水平偏差及盾构机各设备运行状态等。

(2)泥水管理

①泥水管理流程如图2所示。

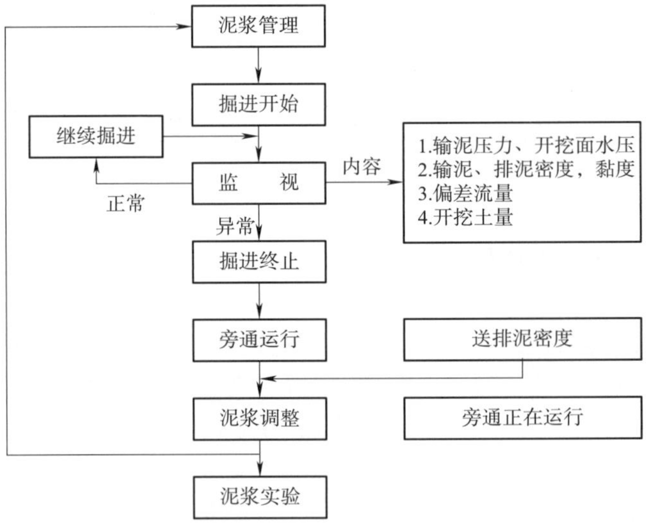

图2 泥水管理流程图

②泥水指标控制

根据不同的土体,泥水管理的要求和方法也不同。根据需要调节比重、黏度等参数,使其成为一种可塑流体,泥水气平衡盾构使用泥水的目的也就是用泥水在开挖面形成密实泥膜以谋求开挖面稳定,在防止塌方的同时,将切削下来的土体混入泥水并被输送到地面。

a. 密度

泥水的密度是一个主要控制指标。掘进中进浆比重不宜过高或过低,过高将影响泥水的输送能力,降低掘进速度;过低则不利于开挖面的稳定。

泥水密度的范围应为 1.15 ~ 1.30 g/cm^3,下限为 1.15 g/cm^3,上限根据施工的特殊要求而定,在以黏土及粉土为主的地层中施工及在保护地面建筑物、盾构穿越轨道交通等情况下施工时,对于进浆黏度及密度要求较高,由于黏土及粉土粒径微小,难以通过泥水分离设备彻底筛分,故在施工时宜采用黏度在 20 s 以上,密度 1.2 g/cm^3 浆液,以保证开挖掌子面稳定及泥浆泵泵送压力。通过设置在送排泥管处的差压式密度计和 γ 射线密度计自动测量循环泥浆密度,泥浆试验中使用泥浆天平测量。

b. 黏度

泥水的黏度是另一个主要控制指标。从土颗粒的悬浮性要求及泥水处理系统的配套来讲,要求泥水的胶凝强度(静切力)适中;从流动性考虑,运动黏度不宜过高。考虑到泥水处理系统的自造浆能力,随着在黏土层中推进环数的增加,泥浆越来越浓,比重也呈直线上升,其相应的漏斗黏度也会表现上升,但并非说明泥浆的质量越来越高。若在砂性土中施工,黏度甚至会下降,因此,泥水黏度的范围应保持在 20 ~ 35 s。此外,考虑到开挖面的泥膜形成特性,要有适当的宾汉姆屈服值。

考虑到黏度的调整有一个过程,故在泥浆黏度为 22 s 时(调整槽黏度),即可逐渐增加 CMC,添加量的多少视黏度下降的趋势而定。

泥浆的黏度可以用黏度自动连续测量装置测定,如图 3 所示。

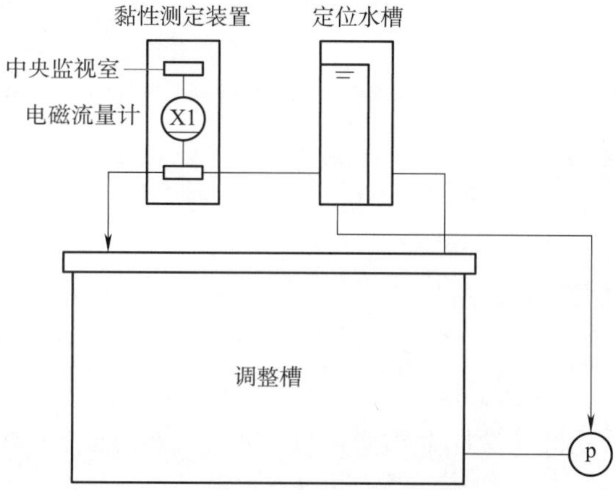

图 3　黏性自动连续测量装置

c. 屈服值(YV)

YV 是流体处于流动状态对保持流动所必需的剪切力的测定值,流动阻抗是由泥水中所含土粒间的牵引力而产生,是维持泥水良好状态的一项重要指标。用与 YV 有一定相关性的漏斗黏性测定代替。

d. 含砂率

透水系数大的岩土体,泥浆中的砂粒对岩土体孔隙有堵塞作用,故泥膜形成与泥浆中砂的粒径及含量有很大关系。含砂量可用筛分装置测定,也可用砂量仪代测。

泥水处理的目的是保留有用的黏土颗粒,去除 74 μm 以上的大部分砂颗粒及 45 μm 以上的部分粉土颗粒。这样可形成适当的固相颗粒级配,有利于开挖面形成泥膜。因此,工作泥浆中的含砂量控制在泥水处理中,同样是一个重要指标。

e. 析水量和 pH 值

析水量和 pH 值是泥水管理中的一项综合指标,它们在更大程度上与泥水的黏度有关,悬浮性好的泥浆就意味着析水量小,反之就大。

泥水的析水量须小于 5%,pH 值须呈碱性,降低含砂量、提高泥浆的黏度、在析浆槽中添加纯碱,是保证析水量合格的主要手段。

在砂性、粉砂性土中掘进时,由于工作泥浆不断地被劣化,就需要不断地调整泥水的各项参数,添加黏土、膨润土、CMC;在黏土、淤泥质黏土中掘进时,由于黏性颗粒不断增加,使排放的泥浆浓度越来越高,采用高速离心机分离细颗粒与添加清水进行稀释则成为主要手段。

f. API 失水量

该指标是衡量泥浆性能的主要指标,应低于 30 mL/30 min,如不够则添加降失水剂。

(3)同步注浆

盾构施工引起的地层损失和盾构隧道周围受扰动或受剪切破坏的重塑土的再固结以及地下水的渗透,是导致地表、建筑物以及管线沉降的重要原因。为了减少和防止沉降,在盾构掘进过程中,要尽快在脱出盾尾的衬砌管片背后同步注入足量的浆液材料充填盾尾环形建筑空隙。

①注浆目的

管片衬砌背后注浆是盾构施工中的十分重要的工序,其目的主要有以下三个方面:

a. 及时填充盾尾建筑空隙,支撑管片周围岩体,有效地控制地表沉降;

b. 凝结的浆液将作为盾构施工隧道的第一道防水屏障,增强隧道的防水能力;

c. 为管片提供早期的稳定并使管片与周围岩体一体化,有利于盾构掘进方向的控制,并能确保盾构隧道的最终稳定。

②注浆方式

a. 通过盾尾注浆管在掘进的同时进行注浆的同步注浆;

b. 管片脱出盾尾后,通过管片上预留的注浆孔进行补强的二次注浆。

③同步注浆过程

同步注浆(图 4)采用盾构机自带的 4 台双活塞注浆泵在盾尾分 8 路同时注入,及时填充管片与地层间环形空隙以控制地层变形、稳定管片结构、控制盾构掘进方向,加强隧道结构自防水能力。对建筑空隙采用盾尾内置的注浆管进行同步注浆。

④注浆配比

根据以往的施工经验,同步注浆采用水泥砂浆,在试掘进段监控地面沉降情况,根据地面沉降值进一步调整将夜配比,使其达到最佳效果。

⑤浆液主要性能指标

胶凝时间:一般为 3 ~ 10 h,根据地层条件和掘进速度,通过现场试验加入促凝剂及变更配比来调整胶凝时间。

固结体强度:一天不小于 0. 2 MPa(相当于软质岩层无侧限抗压强度),28 d 不小于 2. 5 MPa(略大于强风化岩天然抗压强度)。

浆液结石率:>95%,即固结收缩率 <5%。

浆液稠度:8 ~ 12 cm。

浆液稳定性:倾析率(静置沉淀后上浮水体积与总体积之比)小于 5%。

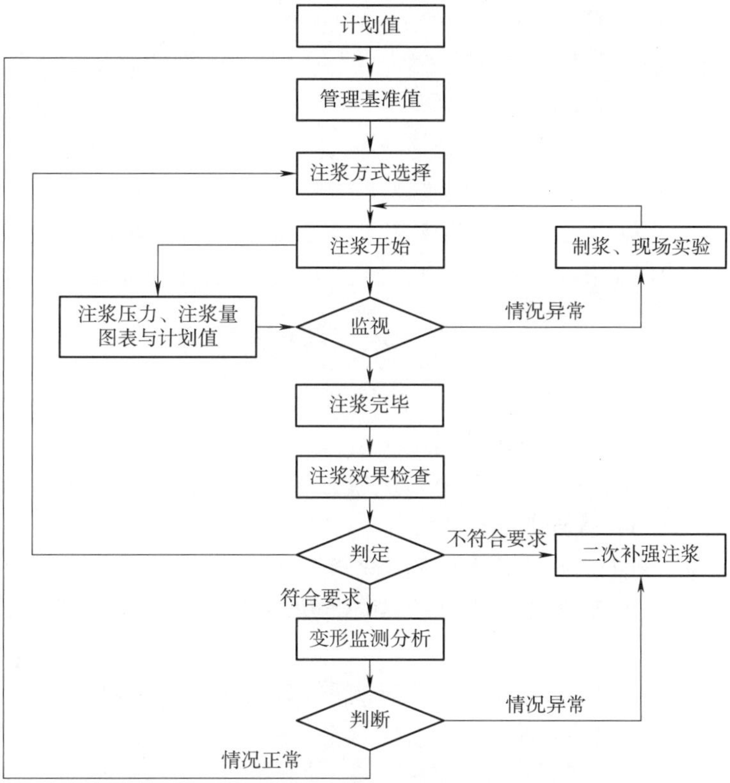

图 4　注浆工艺流程图

⑥注浆模式

注浆可根据需要采用自动控制或手动控制方式,自动控制方式即预先设定注浆压力,由控制程序自动调整注浆速度,当注浆压力达到设定值时,自行停止注浆。手动控制方式则由人工根据掘进情况随时调整注浆流量,以防注浆速度过快,而影响注浆效果。一般不从预留注浆孔注浆,以大大降低从管片渗漏水的可能。

⑦注浆设备配置

搅拌站:在洞外施工场地配置自行设计建造的砂浆搅拌站一座,搅拌能力 30 m^3/h。

同步注浆系统:配备 KSP20 液压注浆泵 4 台,注浆能力 4×20 m^3/h,8 个盾尾注入管口及其配套管路,并预留 8 个盾尾注入管。

运输系统:特制的砂浆运输车,带有自搅拌功能和砂浆输送泵。

(4)二次注浆

同步注浆后使管片背后环形空隙得到填充,多数地段的地层变形沉降得到控制。在局部地段,同步浆液凝固过程中,可能存在局部不均匀、浆液的凝固收缩和浆液的稀释流失。为提高背衬注浆层的防水性及密实度,并有效填充管片后的环形间隙,根据检测结果,必要时进行二次补强注浆。施工时采用地表沉降监测信息反馈,结合洞内超声波探测背衬后有无空洞的方法,综合判断是否需要进行二次补强注浆。

二次补强注浆材料以水泥、粉煤灰和水玻璃等材料为主,二次补强注浆采用 KBY-50/70 注浆泵。二次补强注浆管路自制,能够实现快速接卸以及密封不漏浆的功能,并配有止浆阀。二次补强注浆的注浆压力选定 0.5 ~ 0.7 MPa。注浆量根据探测到的空隙和监控量测的结果确定。注浆时以注浆压力控制为主。

进行详细的浆液配比试验,选定合适的注浆材料、添加剂及浆液配比,保证所选浆材配比、强度、耐久性等物理力学指标满足设计的工程要求。

制定详细的注浆施工设计和工艺流程及注浆质量控制程序,严格按要求实施注浆、检查、记录、分析,及时做出 P(注浆压力)-Q(注浆量)-t(时间)曲线,分析注浆效果,反馈指导下次注浆,并及时报告业主和现场工程师。

成立专业注浆作业班组,由富有经验的注浆工程师和技术工人负责注浆技术工作。

根据洞内管片衬砌变形和地面及周围构筑物变形监测结果,及时进行信息反馈,修正注浆参数和施工方法,发现情况及时解决。

做好注浆设备的维修保养、注浆材料供应,以保证注浆作业顺利连续不中断进行。

做好注浆孔的密封,保证其不渗漏水。

5.2.4 邻近营业线施工的安全技术措施、监测

邻近营业线施工的安全技术措施应满足《铁路工程基本作业施工安全技术规程》(TB 10301—2020)相关要求。

邻近营业线施工的监测范围及内容应满足《邻近铁路营业线施工安全监测技术规程》(TB 10314—2021)相关要求。

5.3 劳动力组织

根据现场实际情况,为加强施工领导,确保施工安全,各参建单位分别成立施工领导协调小组,并根据各自施工内容配备劳务人员。人员配置情况见表 3。

表 3 人员配置情况表

序号	名　称	人　数	任务安排
井下掘进及机修人员配置			
1	班长兼拼装手	2	管片拼装
2	副拼装手	2	管片拼装
3	辅助拼装	8	管片拼装
4	注浆手	10	同步注浆

续上表

序号	名　称	人　数	任务安排
井下掘进及机修人员配置			
5	管片吊司机	2	管片吊装
6	喂片机司机	2	喂片机运行
7	换管工人	12	泥浆管、水管更换
8	井口司索	4	指挥下料
9	电瓶车司机	4	驾驶运输车辆
10	机修工	10	维修机械设备
11	机修班长	2	维修机械设备
12	井下电工	2	接电
13	电焊工	2	焊接
地面掘进人员及机修人员配置			
1	地面班长	2	统筹协调地面物资调配
2	龙门吊司机	3	—
3	叉车司机	2	—
4	司索挂钩	10	—
5	贴管片	8	粘贴管片防水衬垫
6	泥水厂掘进工	14	—
7	泥水厂机修工	4	—
8	砂浆拌和站	6	—
9	铲车司机	2	—
10	地面机修工	4	—
11	地面电工	3	—
12	电瓶充电工	2	—
13	挖机司机	1	—
14	渣土车冲洗	1	—
加工车间			
1	焊工班长	1	—
2	跟班焊工	2	加工盾构所需配件
3	车间焊工	4	加工盾构所需配件
4	车间喷漆工	1	配件喷漆加工

6　材料与设备

主要材料及机械设备配置见表4。

表 4　主要材料及机械设备配置表

序号	名　称	单　位	数　量
1	管片	环	根据区间长度配备
2	弧形件	块	
3	管片防水材料	—	
4	管片螺栓	根	
5	弧形件螺栓	根	
6	龙门吊	台	2
7	叉车	辆	2
8	电焊机	台	若干
9	钢板	t	若干

7　质量控制

7.1　质量控制标准

本工法采用质量控制标准为《盾构法隧道施工及验收规范》(GB 50446—2017)、《地下工程防水技术规范》(GB 50108—2008),以及设计图纸要求。

7.2　质量控制措施

7.2.1　隔离桩质量控制措施

(1)护壁采用内齿式阶梯形形式,一般土层中每节高度取 1 000 mm,在松散、特殊地质情况下取 500 mm。

(2)护壁模板紧固可靠,护壁混凝土采用敲击模板和用钢筋等反复插捣,使护壁混凝土振捣均匀。

(3)下放钢筋笼前应进行检查验收,钢筋笼加工质量及尺寸不合要求不准入孔;记录人员要根据桩号按设计要求选定钢筋笼,并做好记录;起吊钢筋笼时应首先检查吊点的牢固程度及笼上的附属物。

(4)用吊车下放钢筋笼人孔时轻放慢下,入孔后不得强行左右旋转,严禁高起猛落、碰撞和强压下放。

(5)为缩短下笼时间,应由 3~4 名落笼操作工人同时作业,保证钢筋笼平稳下放。

(6)钢筋笼入孔后应检查钢筋顶标高。

(7)商品混凝土运至现场首先设专人检测混凝土出罐坍落度、入模温度是否符合技术要求。

(8)挖孔桩桩身混凝土浇灌时连续分层灌注,采用插入式捣固器的方法振捣,分层厚度约 1 m,以保证混凝土的密实性。

7.2.2　盾构掘进质量控制措施

(1)正确使用盾构机所装备的高度现代化的自动实时监控测量指引系统。

(2)在盾构隧道施工之前,要严格按要求建立起严密的人工测量和自动测量控制系统,根据自动测量的精度和工程的精度要求决定人工控制测量和复核的内容及频率。

(3)认真做好盾构机的操作控制,按“勤纠偏、小纠偏”的原则,通过严格的计算,合理选择和控制各千斤顶的行程量,从而使盾构和隧道轴线在容许偏差范围内,切不可纠偏幅度过大,以控制隧道平面与高程偏差引起的隧道轴线折角变化不超过0.4%。

(4)合理使用超挖刀和铰接千斤顶来控制盾构机的轴线,从而实现对隧道轴线的线形控制。

7.2.3 注浆施工质量控制措施

(1)在开工前制定详细的注浆作业指导书,并进行详细的浆材配比试验,选定合适的注浆材料及浆液配比。

(2)制订详细的注浆施工设计和工艺流程及注浆质量控制程序,严格按要求实施注浆、检查、记录、分析,及时做出P(注浆压力)-Q(注浆量)-t(时间)曲线,分析注浆速度与掘进速度的关系,评价注浆效果,反馈信息指导下次注浆。

(3)注浆作业由富有经验的土木工程师负责现场注浆技术和管理工作,并由熟练工人进行操作。

(4)根据洞内管片衬砌变形和地面及周围建筑物变形监测结果,及时进行信息反馈,修正注浆参数设计和施工方法,发现情况及时解决。

(5)环形间隙充填不够、结构与地层变形不能得到有效控制或变形危及高铁安全时,或在地下水渗漏区段,通过吊装孔对管片背后进行补充注浆。

(6)注浆同时,要观测盾尾密封效果,不能使浆液从盾构机与管片之间渗漏出来。若出现该问题,一方面加大盾尾油脂泵压力,另一方面查看注浆压力是否过大。

8 安全措施

8.1 安全控制标准

本工法采用的安全控制标准是《地铁工程监控量测技术规程》(DB 11/490—2007)、《建筑与市政工程施工现场临时用电安全技术标准》(JGJ/T 46—2024)及设计图纸要求。

8.2 安全控制措施

8.2.1 刚性隔离桩安全控制措施

各种施工、操作人员须经安全培训,各种作业人员应佩戴相应的安全防护用具和劳保用品。严禁操作人员违章作业,管理人员违章指挥。

在孔内施工时,必须设置月牙板,放置在孔壁内齿壁上,防止上部落物伤人。

在任何情况下严禁提升设备超载运行,上下班前对提升架及绳索应进行检查,工作时发现异常情况应立即停止工作,找出原因,认真检修,不准带病运转。

一般土层中每节开挖高度取1 000 mm,在松散、特殊地质情况下取500 mm,施工过程中严格控制每节开挖高度,严禁超挖。

挖孔过程中,若遇水立刻停止,采取降水等措施处置稳妥后方可继续施工。

8.2.2 盾构掘进安全控制措施

做好地下勘探工作,防止推进过程中意外情况发生。在穿越施工前,请专业地下勘探部门对穿越地段地下做详尽细致的地下勘探,彻底摸清地下障碍物的分布情况,做好充分准备,排除意外因素。

使用加强型管片。考虑到铁路列车运行时的冲击荷载,在穿越铁路段采用加强型管片。

加强设备维修。在进入铁路区域前 50 m 进行刀盘、注浆系统、密封系统、推进千斤顶及监控系统等设备的检修,确保穿越过程中设备无故障,连续施工。

加强盾构推进时同步注浆和二次注浆的操作。盾尾脱出形成的建筑空隙是造成地面沉降的主要原因,因而必须加强、细化盾构推进时同步注浆和二次补压浆的技术措施,并严格操作。

8.3 施工用电安全措施

(1)施工现场用电应采用三相四线制供电系统,且工作接地电阻值不得大于 4 Ω;电动机具、各种电器操作人员必须持证上岗,穿戴劳保用品。

(2)施工用电设备应实行一机一闸一漏(漏电保护器)一箱(配电箱);漏电保护装置应与设备相匹配。不得用一个开关直接控制两台及以上用电设备。操作人员严格执行要电送电制度。

(3)发电机组应设置短路保护和过负荷保护装置;发电机的额定功率应满足施工用电的需要,严禁超负荷运行。

8.4 人身安全保证措施

8.4.1 人身安全措施

在开工前对全体施工人员进行全面的施工安全教育,增强全员安全意识。各施工人员必须熟知相关作业项目的安全技术操作规程,熟悉施工要求和作业环境,认真执行安全技术交底,对没有安全技术交底的生产任务,有权拒绝接受,有权抵制违章指令。

合同工、劳务工要由正式职工带领,且不得担任安全防护员、带班人员。

施工人员必须熟悉所使用工具的性能、操作方法,作业前和作业中进行检查,发现问题及时报告,严格按照岗位技术要求及操作规程处理问题。

施工人员进入施工现场后,必须戴安全帽,高处作业挂好安全带,使用手持和移动电动工具要穿绝缘鞋,戴绝缘手套。当安全措施没有做到位时,有权利不进行工作,也应提醒别人不去进行危险的工作,做到自己不伤害自己,自己不伤害别人,不被别人伤害。

特种作业人员必须持证上岗。严禁酒后操作机械,严禁机械带病运转或超负荷运转。使用钢丝绳的机械,在运转中严禁用手套或其他物件接触钢丝绳,使用钢丝绳拖、拉机械或重物时,人员要远离钢丝绳。

生产、生活区域及易燃物品堆放处,按规定配备消防器材,并设置标识,专项专用,专人保管。

机动车驾驶员应严格遵守交通法规,严禁疲劳驾驶和酒后驾驶。

8.4.2 防止物体打击

进入作业区,必须按规定使用好安全帽等劳动保护用品。

8.4.3 防止机具伤害

使用的机具必须通过产品认证,未经认证的不得上道使用。

机具使用前应进行安全检查,使用时必须执行相应的安全操作规程。

多人共同作业时,应统一指挥,相互之间应保持一定的安全距离,防止工具碰撞伤人。

8.4.4 防止车辆伤害

邻近营业线施工时现场必须按规定设置现场防护员,防护员必须按规定携带防护备品,施工人员必须穿好带反光标识的防护服。

接到防护员的来车信号时,要停止作业。

8.4.5 防高空坠落措施

距离地面2 m以上的高处作业,作业人员应戴安全帽、系安全带。

对于高处临边处所应设置围栏、安全网,钢塔架外侧采用脚手架搭设作业平台,并做好临边防护措施。

9 环境保护措施

9.1 环保控制标准

本工法采用的环保控制标准是《建筑与市政工程绿色施工评价标准》(GB/T 50640—2023)及设计图纸要求。

9.2 环保控制措施

9.2.1 施工噪声控制

施工场界噪声符合《建筑施工场界环境噪声排放标准》(GB 12523—2011)的要求。主要噪声源和钻机、卷扬机、空压机等噪声比较大的机械均设置消声装置,采用有效的吸声、隔声材料做封闭隔声屏,控制施工噪声,确保离开施工作业区边界30 m处噪声小于70 dB,撞击噪声最大不超过90 dB。同时尽可能避免夜间施工。

9.2.2 污水处理

废水排入城市下水道,悬浮物执行《污水综合排放标准》(GB 8978—1996)中的三级标准(400 mg/L)。

在工程开工前完成工地排水和废水处理设施的建设,并保证工程的排水和废水处理设施在整个施工过程的有效性,做到现场无积水,排水不外溢、不堵塞,水质达标。

油料的储存、使用、保管由专人负责,防止油料跑、冒、滴、漏污染土壤及水体。

9.2.3 固体废弃物的处理

合理调配土方,减少回填土的堆放时间和堆放量,堆土场周围加护墙、护板,表面用盖布苫盖。

盾构弃土按当地要求统一排放到指定弃渣场,选择对环境影响小的出土口、运输路线和运输时间。

施工现场内无废弃砂浆和混凝土,运输道路和操作面落地料及时清运,砂浆、混凝土倒运时应采取防撒落措施。

10 效益分析

10.1 经济效益

实践证明,盾构在高水位软土典型地层中可以做到安全、小扰动掘进,为以后类似的盾构侧穿建(构)筑物提供了技术储备。随着时代发展和社会进步,城市地下空间不断被开发,导致盾构工程选线被迫出现存在邻近建筑物或构筑物的情况。本工法的实施,对于后续类似工程的施工具有非常重要的指导意义。

与人工暗挖法相比,盾构工法优势明显。采用本工法的实际工程,工期缩短 60 d,节省费用 80 万元。

与不进行隔离桩工法处理,隔离桩效果显著。采用本工法的实际工程,工期缩短 60 d,节省费用 60 万元。

10.2 社会效益

本工法成功应用于新建南通至宁波高速铁路站前Ⅰ标,标段内成功下穿京沪高铁,效果显著。通过控制地层变形,满足了地层沉降要求以及高铁线路的严格沉降要求,在保证了盾构施工安全进行的同时,也满足了不影响并行高铁线路的运行安全,社会效益显著。

11 工程实例

11.1 工程概况

新建南通至宁波高速铁路站前Ⅰ标项目位于苏州工业园区和吴中区,隧道起点里程 DK53 +095,终点里程 DK66 +121,长 13 026 m。隧道盾构管片外径 14.3 m,内径 13.1 m,环宽 2.0 m,设计为单洞双线隧道,纵向整体呈“W”形纵坡,隧道最大埋深 58 m,最大纵坡 ±256‰,主要穿越地层为粉质黏土、粉土、粉砂层。

盾构隧道自西北向东南方向于京沪高铁 3891 号和 3892 号墩之间穿越,平面交叉角度为 35°,盾构隧道埋深为 19.7~22.7 m。盾构隧道距离高铁西侧桥桩较近,DK54 +369 处隧道与西侧桥桩间最小净距为 10.84 m,DK54 +452 处隧道与东侧桥桩间最小净距为 10.89 m。

邻近京沪高铁桥墩的隧道两侧设置 ϕ1 000 mm 钢筋混凝土钻孔灌注桩@1 600 mm 进行隔离防护,并施作冠梁和连系横梁形成门型受力结构,为防止地下水流失及泥浆对既有桥桩影响,靠近桥桩侧采用 ϕ1 000 mm 素混凝土钻孔灌注桩@1 600 mm 与钢筋混凝土桩咬合 200 mm 设置,洞顶 5 m 范围内的砂层采用地面注浆加固,防止泥水压力过大地面窜浆,增大门形防护桩间地层刚度。

11.2 效果分析

在采取一系列智能化施工与地层控制措施的基础上,地层沉降与周边建筑或构筑物的变形得到了良好的控制。具体如下:

盾构下穿既有铁路线,在不影响既有铁路线及既有铁路线附属设备的基础上,现场采用隔离桩防护工法,让既有铁路线在盾构渐进掘进时受盾构影响较小,下穿既有铁路线累计最大沉降 1 mm。由此可见,加固措施的实施能够显著控制铁路路基的竖向变形,保障盾构工程等正常推进和既有铁路线的日常运营。

11.3 推广应用前景

随着地下空间的不断开发,盾构线路的选择不得不出现下穿既有建(构)筑物的情况。在这种趋势不断增加的情况下,保障盾构掘进安全以及对邻近既有建(构)筑物变形控制的要求不断提高。

本工法研究的盾构侧穿建(构)筑物隔离桩掘进施工技术,满足了盾构下穿建(构)筑物对于地层变形的严格要求,对类似条件下的施工有极强的借鉴与指导意义,具有广阔的推广应用前景。

参编单位:中铁十四局集团有限公司、沪杭铁路客运专线股份有限公司

参编人员:葛照国、陈辰、杜亚南、舒计城、李庆民、翟艳峰、皇龙威、金武、潘成杰、杨永宏、陈小军、韩浩、蒋亚

评审人员:黄鸿键、马伟斌、吕刚、赵西民、孟庆余

十八、铁路盾构隧道下穿高铁路基注浆加固防护施工工法

1 概　　述

随着我国城市地下交通工程快速发展，铁路盾构隧道下穿高铁路基的需求日益增多。因盾构隧道施工会破坏地层原有平衡，诱发地层损失和土体固结沉降，会对运营铁路路基基础产生扰动。铁路路基对沉降变形敏感且修复难度较大，若防护措施管控不当，易导致既有轨道变形，加剧轨道不平顺，严重威胁铁路运行的稳定与安全，甚至致使铁路停运，造成巨大损失。为保证铁路安全运营，盾构下穿期间的铁路路基沉降和变形控制要求愈加严格。因此，采取可靠的路基加固保护措施、控制因沉降导致的变形至关重要。

注浆能填充地层空隙并固化土体，使应力分布更均匀，减少局部沉降差异，增强其强度和稳定性，同时形成防水帷幕防止地下水流失，有效减少地层损失，保障施工安全。有关盾构下穿既有铁路路基的注浆加固方法多采用旋喷加固、深层搅拌加固、管幕注浆等方式，这些方法大多适用于浅中层土体的加固，而有关富水深埋软土地层的注浆加固方法研究较少，尚不成熟。袖阀管注浆可实现深层分层分段注浆加固，但由于富水深埋软土加固区域承受水压较高，施工时机械设备需要克服更大的阻力，并且注浆参数控制难度较大，若控制不当，会增加铁路路基变形风险。在地下水位较高或地下水流动性较强的地层中，注浆材料容易被稀释或流失，降低浆液的凝结速度和加固体强度。如何科学、有效地提高富水深埋软土地层的注浆效果，成为亟待解决的关键技术难题。

苏州东隧道是我国里程最长的高铁城市隧道，在富水软弱地层区间下穿沪宁城际铁路，并且周边环境复杂。为安全高效完成穿越，中铁十四局集团采用地表定向控域深孔注浆加固技术对沪宁城际铁路路基进行加固防护，有效提高了土体强度和承载性能，实现注浆过程中对周围环境的微扰动，保证了盾构穿越期间既有高铁的安全运营。在总结以上成果的基础上，形成本工法。本工法通过地质勘探、前期试验、注浆防护、变形监测及效果评价，解决了软弱富水地质条件下深埋盾构隧道下穿铁路路基注浆加固区精准注浆的技术难题，形成了下穿铁路路基影响区地面精准注浆加固成套技术，实现了盾构隧道下穿铁路路基的低影响施工，保障了铁路运营安全。

2 工法特点

2.1 对运营线路及周边环境影响小

本工法所采用的钻孔分区、跳孔施工及控压控域注浆工艺，显著降低了注浆施工过程中产生的环境扰动。加固防护工法有效避免了地表坍塌、路基损伤等风险，实现了盾构下穿铁路路基时的低影响施工，为复杂环境下盾构下穿既有铁路提供了经验参考。

2.2 实现大埋深广域精准注浆加固

本工法结合现场环境条件，对沪宁城际铁路路基下方 50 m、盾构顶部10 m（竖向）×40 m（垂直沪宁城际方向）×100 m（沿沪宁城际方向）的软弱地层进行单侧地表定向控域深孔注浆加固，注浆角度为 43°～83°。考虑高水压深埋软土地层注浆环境，选用 ϕ146 mm 钢套管钻孔跟进，保证导向并维持孔壁稳定，选用的套壳料具有脆性高、收缩性小、力学强度适宜等特点，能够有效防止浆液流窜，并兼顾开环作用。采用注浆管后退式控域控压注浆，实现了盾构隧道下穿铁路路基影响区任意范围内的地表精准注浆。

2.3 深孔注浆加固体承载力显著提升

基于普通硅酸盐水泥单浆液和水泥水玻璃双液浆，结合早强型注浆外加剂，开展现场工艺性注浆加固试验，确定注浆材料的最优配比。加固区边界选用双液浆，内侧选用单液浆，综合注浆期间现场监测、工后钻孔取芯和力学测试、弹性波 CT 扫描结果，钻孔芯样取样完整、均匀，抗压强度较原地层提高 4.2 倍，达到预期强度。注浆加固范围内土层密实、加固体质量均匀。保障了铁路路基安全运营，缩短了施工周期，降低了施工成本。

3 适用范围

本工法适用于富水软土地层盾构隧道下穿既有铁路路基注浆加固防护工程。

4 工艺原理

针对大直径盾构隧道下穿沪宁城际铁路面临的地质条件复杂、地下水位高、变形控制要求严等问题，采用理论计算和现场工艺性深孔注浆加固试验，确定注浆浆液配比、注浆压力、注浆量、凝结时间等合理参数。依据设计图纸，确定后续施工的注浆点位、倾角和顺序，分区、分序开展地表定向控域深孔注浆加固。考虑高水压深孔注浆环境，选用钢套管护壁跟进，填充套壳料，并采用袖阀管后退式分段间隔注浆，实现钻孔精准定向、孔壁稳定和特定区域精准加固。定向深孔注浆过程中，通过双液浆对加固区边界封注形成帷幕，以隔离加固区外侧土层，再选用掺加早强剂的水泥基浆液对加固区里侧注浆加固，达到注浆效果。注浆初期，浆液主要以充填扩散的方式填充地层中的较大空洞，中期的浆液以挤压方式填充地层中的较小空隙，后期的浆液主要以挤压—劈裂—再挤压的方式使地层中浆液饱和，结构致密。最终形成盾构隧道顶部 10 m（竖向）×40 m（垂直沪宁城际方向）×100 m（沿沪宁城际方向）的加固区域，实现铁路盾构隧道的低影响下穿，保障铁路路基和周边环境的安全和稳定。

5 施工工艺流程及操作要点

5.1 施工工艺流程

地表定向控域深孔注浆工艺流程如图 1 所示。

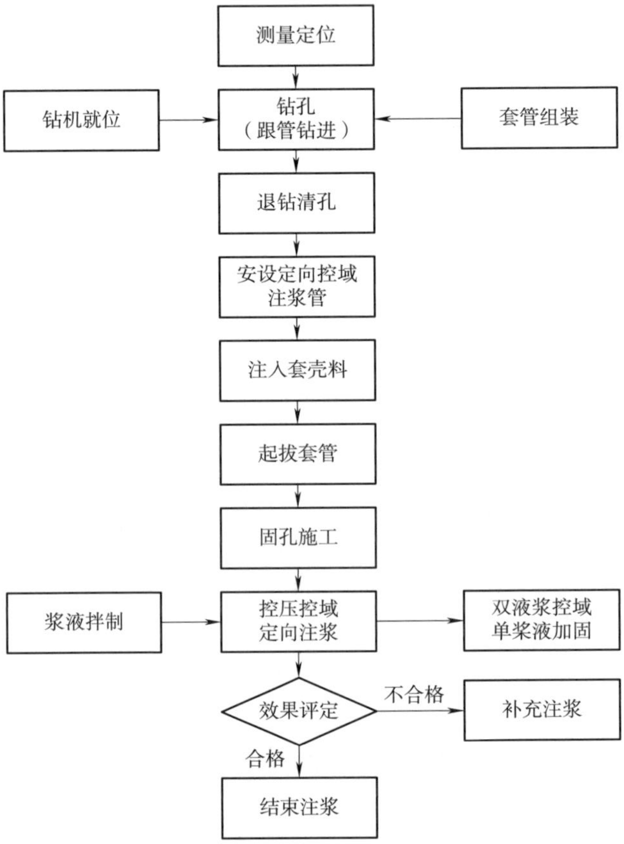

图 1 地表定向控域深孔注浆工艺实施流程图

5.2 操作要点

5.2.1 前期准备

（1）平整场地

注浆钻孔设备进场前，对施工作业范围内既有管线和植被等进行迁移，并使用挖机等设备对场地进行平整铺垫和反复碾压，根据现场施工需求增设泥浆箱。

（2）做好进场原材料的试验和检验，确保原材料合格后方可应用到工程中。

(3)做好技术交底工作,详细阐述施工图纸、施工顺序和施工工艺标准的控制要点,确保施工人员熟悉技术规范。

5.2.2 测量定位

(1)测量放线

工程测量人员根据设计图纸和施工方案进行施工放线。验收合格后,方可进行施工。

(2)确定孔位

在施工轴线上确定孔位,编上桩号、孔号、序号,依据基准点测量各孔口地面高程。桩位应严格按照设计图纸布设,横向布孔间距 1.6 m,1~28 各排排距 0.4 m(1~15 排与 16~28 排间隔 3.3 m),孔位偏差不得大于 50 mm。孔位及开孔布置如图 2、图 3 所示。

5.2.3 高水压深埋软弱地层钻孔工艺

(1)钻孔分区原则

施工场地加固区域共配置 5 台 KR805 多功能地质钻机,作业区域沿线路总长为 100 m,每台钻机分配 20 m 固定区域进行作业,对钻机与钻孔区域进行编号,1 号钻机对应钻孔①区、2 号钻机对应②区…,以此类推进行对应的分区。施工现场规划布置如图 4 所示。

(2)钻孔顺序与跳孔原则

第一步,对周边四条边线上的孔进行钻孔,即:1-1、2-1…28-1、29-1,29-2、29-3、…、29-62、29-63,28-63、27-63…2-63、1-63,1-62、1-61、…、1-3、1-2,通过双液浆进行封注形成帷幕。

第二步,依次进行单序排孔的钻孔,范围为第 3~27 排(奇数排),再进行双序排孔的钻进,范围为第 2~28 排(偶数排)。

跳孔原则:在第二步跳排原则的基础上,每排孔应间隔不少于 4.8 m 的距离进行跳孔钻孔,以第①区钻孔区域为例,如钻 3-2→3-5→3-8→3-11…间隔钻孔;其他区域依据此方法在每天钻孔作业前进行当日可钻孔的计划排布。

记录汇总:为防止遗漏或重复钻孔,现场配置专业记录员对钻孔完成情况进行记录汇总,并建立档案进行图纸上的标注或涂描。

(3)钻孔方法

采用多功能钻机按标出的孔位以设计斜角在地面进行钻孔,钻孔采用 ϕ146 mm 套管跟进钻孔。孔位水平允许偏差 ±2 cm,同时应将钻机夹持器前端抵紧地面以防止钻孔倾斜角的波动。在钻孔过程中,做好详细的钻孔记录,对钻孔进行地质描述,经过同原设计地质图相比较,指导下一步的注浆施工作业。钻孔完成后进行退钻清孔操作。

5.2.4 地表控域深孔注浆加固工艺

(1)安设定向控域注浆管

钻孔达到成孔深度时,退钻杆后开始安装 ϕ76 mm、壁厚 5 mm 的 PVC 袖阀管及 ϕ20 mm PE 管(注套壳料用)。下入前应提前检查管内壁光滑,管内无杂物以及袖阀管胶皮位置的密封性是否完好。袖阀管连接时接口处涂抹 PVC 胶水,同时使用胶布缠绕牢固。注浆深孔布置如图 5 所示。

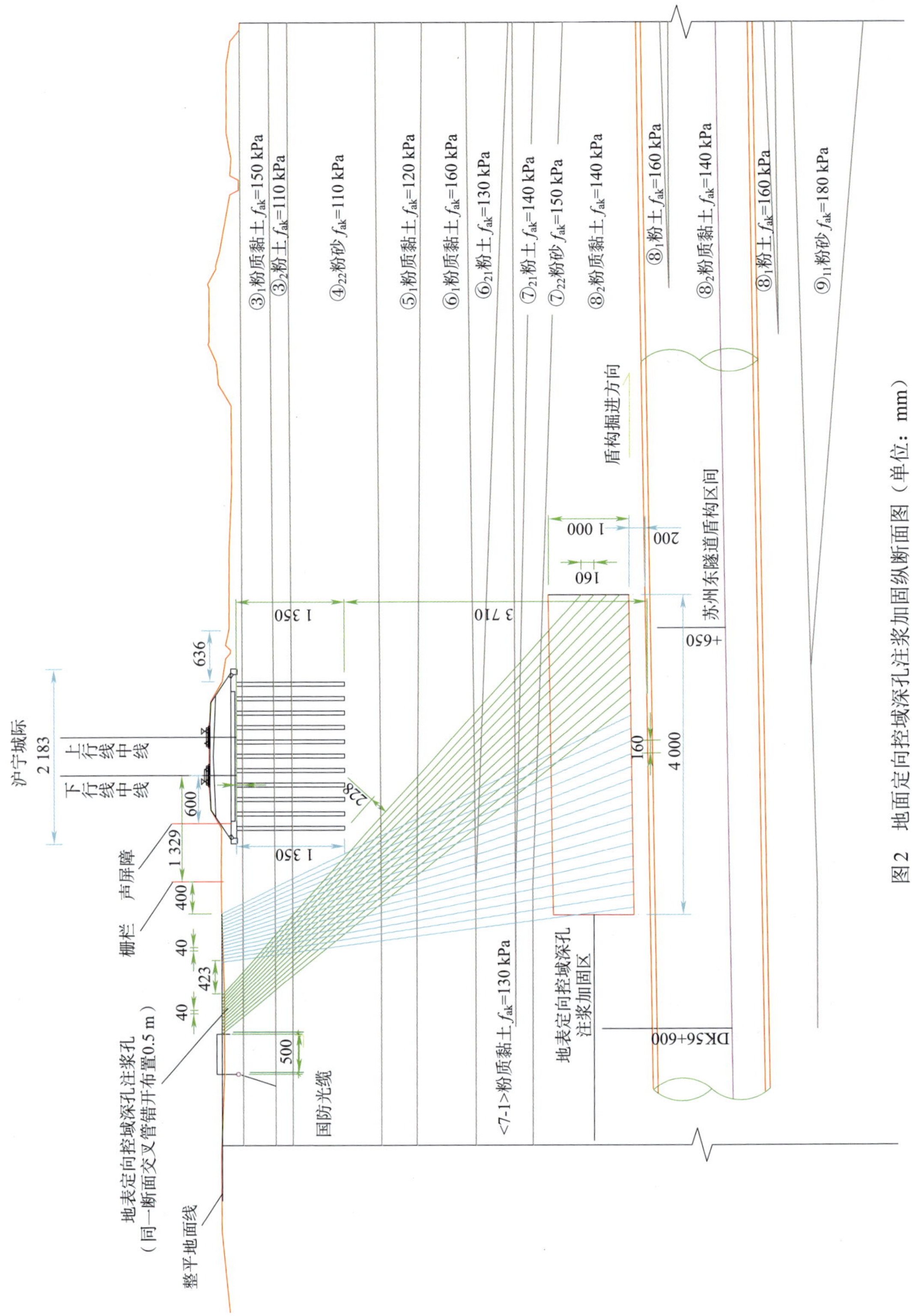

图2　地面定向控域深孔注浆加固纵断面图（单位：mm）

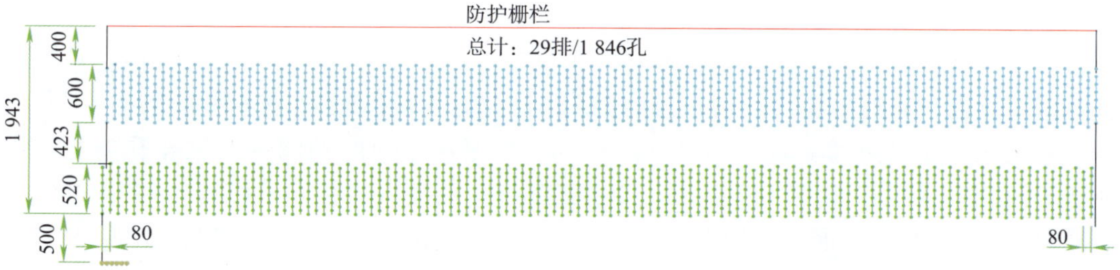

图 3　地表定向控域深孔注浆开孔布置图(单位:mm)

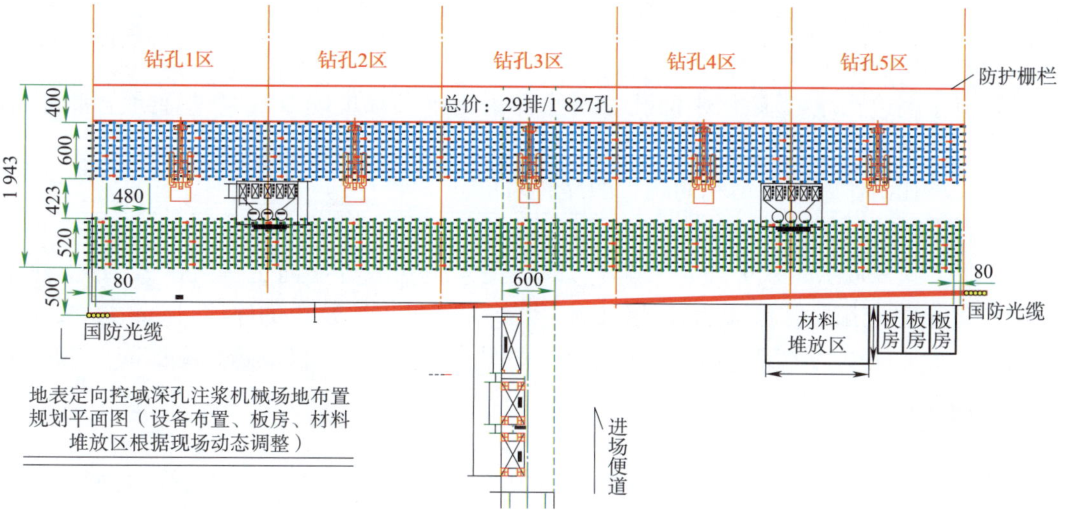

图 4　施工现场规划布置图(单位:mm)

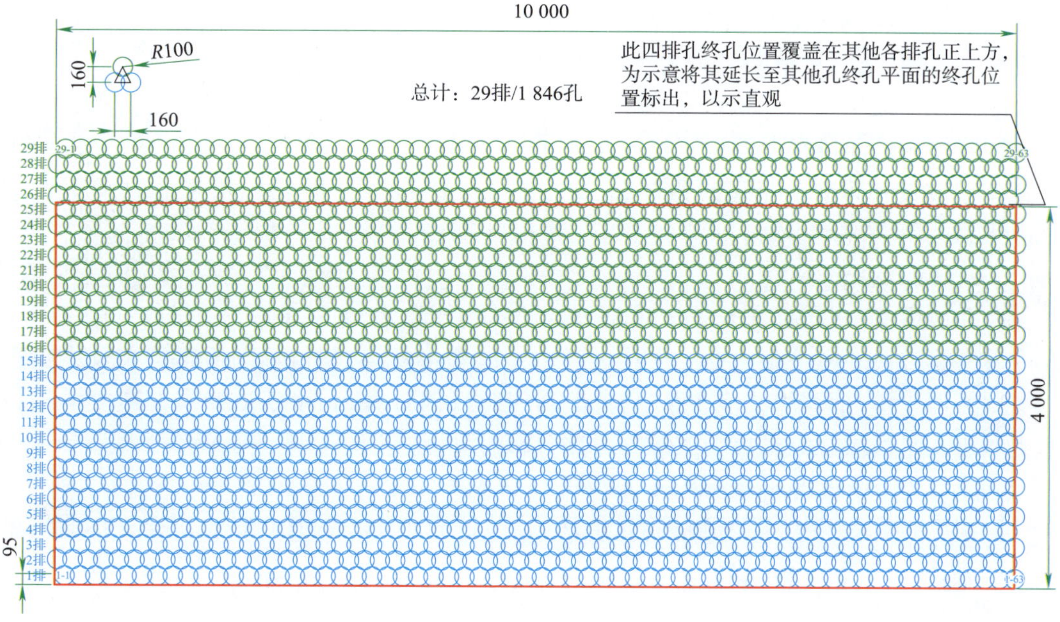

图 5　地表定向控域深孔注浆终孔布置图(单位:mm)

(2)注入套壳料

袖阀管下入孔内后,通过 ϕ20 mm PE 管及时注入套壳料,直至泥浆通过钻孔孔口位置返出即可停止。然后拔出套管,若钢套管拔出后泥浆液面下降,应补注套壳料。

套壳料一般以膨润土为主,水泥为辅组成,主要用于封闭袖阀管与钻孔孔壁之间的环状空间,防止注浆时浆液到处流窜,在橡胶套和止浆塞的作用下,迫使在注浆段范围内挤破套壳料(即开环)而进入地层。套壳料浇筑的好坏是保证注浆成功与否的关键,它要求既能在一定的压力下,压开填料进行横向注浆,又能在高压注浆时,阻止浆液沿孔壁或管壁流出地表。根据工程特点,套壳料需要具有脆性高、收缩性小及力学强度适宜的特点,既要防止串浆又要兼顾开环。

(3)注浆加固施工

先施作周边孔,然后施作中间孔。周边孔采用水泥水玻璃双液浆进行封注加固,中间孔采用普通水泥单液浆掺入水泥质量的15%的HPC外加剂进行加固。

注浆跳孔施作顺序与钻孔的跳孔顺序相对应。

(4)后退式分段注浆

注浆方式采取后退式分段注浆工艺,即在注浆由孔底开始向上进行注浆,每次注浆段长1.0 m,注完第一注浆段后,后退注浆芯管,进行第二注浆段的注浆,以此类推,直至完成各注浆加固段。注浆过程中应做好详细的注浆记录,并对浆液进行凝胶时间和强度的测定,确保注浆效果。

(5)封孔

注浆结束后,袖阀管不再使用,用水灰比0.6∶1的水泥砂浆封闭注浆孔,缓慢注入孔内,防止堵塞出现空段。

(6)注浆效果评定

注浆完成后,采用检查孔取芯法、跨孔CT法、注浆 P-Q-t 曲线分析法进行注浆效果综合评定。

①检查孔取芯法

注浆加固后通过在设置位置按一定数量(沪宁城际100 m加固范围,可按10 m范围设置一个检查孔设置)进行钻孔取芯,取芯段设在注浆加固体内,岩芯采取率不低于75%,取样岩芯需完整、均匀。

②跨孔CT法

跨孔地震CT成像系统作为一种精细探测的物探技术,通过地震波的透射,在第一个孔内发射器发射地震波到达第二个孔内后被检波器接收,数据传输到地震记录仪中保存以做后处理分析,把地震波传播路径叠加、再经过反演计算后,可获得介质的速度结构成像。通过注浆前后数据采集与成像的对比分析,判断注浆效果。

③注浆 P-Q-t 曲线分析

注浆 P-Q-t 曲线应满足:达到设计终压,注浆速度小于5~10 L/min,并且 P-t 曲线呈上升趋势,Q-t 曲线呈下降趋势。

5.3 劳动力组织

本工法进行施工队伍安排、任务划分和劳动力组织,见表1。

表 1　任务划分及主要施工队伍安排计划

序号	岗　　位	劳动力(人)	施工任务
1	现场技术员	8	现场技术监管,确定位置及监督质量
2	施工工长	4	管理及带班
3	钻机操作工	20	操作钻机
4	袖阀管注浆工	32	负责注浆具体操作
5	机械操作工	15	辅助机械操作
6	现场防护员	12	铁路沿线安全施工防护
7	测量工	4	现场放样量测
8	电工	2	电力安全保障
9	司机	4	施工材料及设备运输

6　材料与设备

6.1　主要材料

本工法主要材料,见表 2。

表 2　主要材料使用表

序　号	名　　称	规　　格
1	钢套管	ϕ146 mm、壁厚 9 mm
2	PVC 袖阀管	ϕ76 mm、壁厚 5 mm
3	水泥	P·O 42.5
4	膨润土	钠基
5	水玻璃	35 ~ 40 °Bé
6	HPC 外加剂	早高强

6.2　主要施工机械设备

本工法主要施工机械设备,见表 3 所示。

表 3　主要施工机械、设备

序号	设备名称	型号规格	单位	数量
1	装载机	ZLM-30	台	1
2	袖阀管注浆设备	SJ-20、SJ-25、XY-1 等同类型或相似性能的设备	套	5
3	挖掘机	PC260、卡特 220 等同类或相似性能的设备	台	1
4	自动化注浆泵站	瑞威智造	套	2
5	多功能地质钻机	德国宝峨 KR805	台	5
6	发电机	300 kW/160 kW	台	1
7	汽车吊	25 t	台	1
8	注浆泵	KBY-90/16-22	套	15

续上表

序号	设备名称	型号规格	单位	数量
9	制浆机	JB3000L/ZJ100L	套	2
10	钢尺	50 m	个	1
11	全站仪	TC702	套	1
12	水准仪	SZ-2/苏光	套	1

7 质量控制

7.1 工程质量保证体系

7.1.1 成立质量管理组织

根据质量管理和职业健康管理体系要求，项目经理部成立以项目经理为第一责任人的质量管理领导小组，项目经理任组长，副组长由项目总工程师担任，组员由各职能部(室)负责人组成。按照纵向到底、横向到边、全员参与的要求成立质量管理机构。项目经理部质量管理领导小组办公室设在质量管理部，主任由项目部质检部部长担任。

各施工队成立相应的质量管理领导小组，并设专职质检工程师，定期对施工质量检查和指导。业务上服从项目经理部质量管理领导小组的领导。

7.1.2 建立质量管理体系

以健全质量管理体系，落实质量责任制为质量管理的主要保证手段，强化预防措施和施工过程控制，按照“百年大计，质量第一”的思想抓好工程施工质量。

项目经理部根据质量管理模式和职业健康管理体系相关要求，建立项目经理部、工程队、工班三级质量管理体系。从组织保证、思想保证、制度保证、施工质量保证、质量检查保证、经济保证、质量信息诸方面建立完善质量保证体系。

以施工工序质量保工程质量，以工作质量保工序质量，开展多层次、多渠道、多形式的质量管理活动，以“三全”(全员、全过程、全面质量)为内容的全面质量管理，确保本工程的工程质量。

按有关质量管理方面的法律法规和技术标准，建立健全质量管理制度，定期检查质量和召开质量工作会议，发现问题及时解决。

制定好工程创优规划，搞好质量宣传教育，消除质量通病。

各施工队按程序管理质量。

7.2 工程质量控制措施

7.2.1 施工前质量控制

施工前对地下障碍情况统一排查，以保证钻孔注浆达到设计要求。

检查机械设备是否正常，在施工前应对钻机、注浆泵、空压机等作试机运行，同时确保钻杆、钻头及喷嘴畅通无阻，施工前检查压力表、流量表的精度和灵敏度。

7.2.2 施工中质量控制

(1)对施工放线孔位、钻杆的垂直度、钻机的稳固性进行检查控制，对拌制的浆液的质量及掺和比例按设计要求进行控制。

(2)钻机进行引孔作业时,必须使钻头对准桩位,允许偏差为 ±50 mm,应轻压慢转,经常校准钻杆的角度。钻机引孔完成后,利用测斜仪测量钻孔的孔斜率,控制在 1%以内。

(3)严格按照预定的技术参数进行操作。施工中如实记录各项参数,包括浆液的用量、异常情况和处理情况等。

(4)注浆前、注浆过程中及注浆后必须做好对周边环境的实时自动化监测工作,以防对周边环境产生不利影响。

(5)注浆过程中,当出现压力突降或骤增、孔口回浆浓度过低或不回浆等异常情况时,应查明原因,及时处理。

(6)冒浆控制

对孔口冒浆可采用重新回填黏土或在黏土中掺入少量水泥的方法,封堵套管外壁与孔壁之间间隙。对孔口以外部分的冒浆,可采用限流、限压及嵌缝的方法处理,如该法处理无效,则应停注待凝 24 h 后再行复注。

(7)串浆控制

在注浆过程中,若出现相邻两孔或隔孔冒浆,说明地基已劈裂,串浆两孔之间浆脉已经串通,处理方法:其一,将冒浆孔用止浆塞堵上,然后在注浆孔再继续注浆;其二,将注浆孔与冒浆孔并联,同时进行灌浆。

(8)隆起控制

注浆期间地层隆起,一是由于注浆时产生水平劈裂,在注浆压力作用下,对地层产生抬升。在这种情况下,应在水平方向采取限压、限流的方法或保持注浆压力的前提下,控制注入率;二是由于注浆压力作用,对湿陷性大的土体产生挤压变形,因而造成局部隆起,此种情况则应降低注浆压力或调整施工方案。

(9)吸浆量过大

在注浆土体过于疏松时,在注浆压力作用下,伴随着出现较大的土体压缩变形,使裂缝加宽,吸浆量增大,应继续灌注到压力上升至设计压力或反复灌浆到地层不吸浆为止,另一种情况是地层存在空洞,灌注到空洞填满为止。

7.2.3 施工后效果验证

采用检查孔取芯法、跨孔 CT 法、注浆 P-Q-t 曲线分析法等方法综合验证加固效果。

8 安全措施

8.1 落实安全教育培训制度

8.1.1 营业线培训

组织施工人员学习邻近营业线施工、电气化作业安全知识,经考核合格,方能参加该项工程施工。

安全员、防护员、作业带班人员、工班长等按建设单位要求进行培训取证后,方可从事施工管理与现场作业。

8.1.2 安全教育培训

新进场人员做好三级安全教育，经考试合格后方可进入现场施工。

施工过程中，定期开展安全教育活动，通过安全讲座、案例分析等形式，增强全体施工人员的安全意识。

8.1.3 技术交底

当项目部接到设计图纸后，项目经理必须组织项目全部人员对图纸进行认真学习，并督促建设单位组织设计交底会。

施工组织设计编制完毕并送审确认后，组织全体人员认真学习施工方案，并进行技术、质量、安全书面交底，列出控制部位及监控要点。

本着"谁负责施工谁负责质量、安全"的原则，各工种分管负责人在安排施工任务的同时，必须对施工班组进行书面技术、质量、安全交底，必须做到"交底不明确不上岗、不签证不上岗"。

8.2 注浆施工安全保证措施

(1)施工前详细核实各种地表(地下)管线分布情况，管线迁改完成或采取相应措施保护后，方可进行施工。

(2)注浆加固过程中沪宁城际限速 120 km/h。

(3)严格落实大型机械"一人一机"防护制度，确保作业过程中绝对安全。

(4)严格按照试验参数进行施工控制，并作好记录。

(5)安排当日"工完料清"的施工措施，安排专人巡查场地，及时清理场地内的软硬轻飘物。

(6)严格执行每班作业开始前的班前点名和班组日计划制度，讲解作业流程、作业标准、安全注意事项等。

(7)日常注浆管路检查，后台空压机、用电等日常检查。

(8)严格控制加固区施工质量，保证盾构穿越时铁路安全。

(9)制定针对性强的应急预案，严格按照应急预案配备、管理应急物资。

8.3 邻近营业线施工安全措施

(1)营业线及邻近营业线施工应考虑的主要危险源、危险因素：无计划施工、无调度命令、超范围施工、施工侵限、安全防护措施不当等。

(2)营业线及邻近营业线施工前，有关单位应共同核实作业范围内地下管线的分布情况，并制定相应的防护措施。

(3)营业线及邻近营业线施工应编制专项施工方案，人员应经培训取得相应资格。

(4)参建单位应按有关规定与设备管理和行车组织等单位签订有关安全协议，现场带班人员应是经培训合格的正式职工。

(5)驻站联络员应按规定时间提前到达车站行车室，进行驻站登记，按规定要求与现场防护员联系，准确传递来车信息。

(6)邻近铁路营业线监测项目：

①路基段必测项目：轨道竖向位移、轨道水平位移、路基竖向位移、路基水平位移、接触网支柱竖向位移、接触网支柱倾斜。

②隧道段必测项目：轨道竖向位移、轨道水平位移、隧道结构竖向位移、隧道结构水

平位移。

③路基段选测项目:挡墙墙顶水平位移、挡墙墙顶竖向位移、结构裂缝。

④隧道段选测项目:结构变形缝差异变形、结构裂缝。

(7)邻近施工影响区。

①主要影响区:横向为隧道正上方至(1.0~2.0)×($H+D$)范围内,纵向为距离隧道施工面(2.0~3.0)×($H+D$)范围内。

②一般影响区:横向为距隧道正上方(1.0~2.0)×($H+D$)至3.0($H+D$)范围内,纵向为距离隧道施工面(2.0~3.0)×($H+D$)至4.0($H+D$)范围内。

③轻微影响区:横向为距离隧道正上方至3.0($H+D$)至4.0($H+D$)范围内,纵向为距离隧道施工面4.0($H+D$)至5.0($H+D$)范围内。

④在主要影响区和一般影响区内,重点监测区的监测对象实施一等监测,轻微影响区内实施二等监测;在三类影响区内,一般监测区的监测对象实施三等监测。

(8)测点断面布置应能反映铁路运营设备设施的状态变化趋势,并宜与邻近施工的测点断面布置一致。

(9)监测点应标识清晰、编号统一。监测点布置后应与相关铁路运输企业交底,防止线上作业造成损坏。

9　环境保护措施

9.1　文明施工保证措施

(1)施工现场的用电线路、设施的安装和使用必须符合安装规范和安全操作规程,并按施工组织设计进行架设,严禁任意拉线接电。施工现场设置保证施工安全要求的电压和工地照明。

(2)施工机械、车辆应当按照施工总平面布置图规定的位置和线路行驶,不得任意侵占场内道路。各种施工机械进场需经过安全检查,经检查合格的方能使用。施工机械操作人员建立机组责任制,并按规定持证上岗,禁止无证人员操作。

(3)施工人员必须佩戴工作卡,管理人员和作业人员以颜色区分。进入施工现场的人员一律要戴安全帽。

(4)工序作业完成后,须做到工完场地清。

9.2　环境保护措施

在施工过程中采取一切合理措施在合同实施中保护施工现场及附近的环境,以避免因施工引起的污染、噪声和其他因素对公众或公众财产造成伤害或妨碍,避免施工污水对附近区域水质造成污染,同时注意保护城市资源。采取一切措施,对噪声、振动、废水、废气和固体废弃物进行全面控制。不明管线应先探明,后施工,妥善保护各类地下管线,确保城市公共设施的安全,提前做好相应的抢险措施。

(1)开展周边建(构)筑物保全工作,确定建筑物初始状态。在施工前,与各建(构)筑物管理单位一同进行现场确认和交底,并保留既有裂缝宽度、建筑物高程等初始记录。确定地下管线位置,并采用人工开挖探沟的方式对地下管线位置进行复测、探明后现场标识。对影响施工的铁路设备、管线进行迁改，在施工范围内进行保护，此过程需要设备单位进行安全监督。

(2)建立健全文明施工的各项规章制度，设文明施工专职负责人对全体工地人员进行定期的文明施工教育及文明施工交底，开展争创文明工地竞赛活动。

(3)作业现场保持清洁整齐，严格落实国家、地方大气污染防治措施。

(4)现场渣土进行集中堆放，运输和卸运时防止遗洒尘扬。

(5)作业人员统一着装，现场管理人员着统一制服。

(6)做到现场道路畅通，场地干净平整，材料堆码整齐，标识清晰，机械设备运作良好，停放有序；施工作业有条不紊，取弃有序，"三废"达标排放。

(7)现场工程材料、制品构件堆放整齐，机具设备机容整洁，标识清楚。

(8)加强运土车辆的管理，上路前在洗车槽中冲洗干净后方可上路，并尽可能用棚布遮盖。

(9)员工操作要求标准化、规范化，施工现场坚持工完料清，无垃圾杂物。

9.3 注浆材料回收措施

施工过程中会用到成分复杂的各种注浆材料，在贯彻落实国家、地方有关的安全法规基础上，应采取更为严格的材料回收措施。钻机成孔和注浆过程中，将废弃的加固料以及冒浆回收处理，防止环境污染。

10 效益分析

10.1 经济效益

本工法的应用，对苏州东隧道盾构下穿沪宁城际铁路路基下方 50 m 的$⑧_2$粉质黏土层进行单侧地表定向控域深孔注浆加固，有效克服了高水压、大埋深等不利条件下精准注浆加固的技术难题。有效减少了施工人员和机械设备投入量，缩短施工工期 20 d，减少 30% 的劳动力，节约了材料设备费150 万元以上，显著减少了工程投资，为企业和社会创造了良好的经济效益。

10.2 社会效益

该工法的应用，成功应用于通甬高铁苏州东隧道工程，确保了注浆加固期间和盾构下穿期间既有铁路的安全运营，受到了建设单位的高度认可，以及社会媒体的广泛报道和宣传，对推动该领域安全高效发展具有重要意义。

11 应用实例

11.1 工程概况

苏州东隧道位于苏州工业园区和吴中区。隧道由京沪高铁桥梁段北侧入地后下穿沪宁城际铁路，隧道采用盾构法施工，管片外径 14.3 m，管片内径 13.1 m，隧道衬砌采用 C60 钢筋混凝土管片，衬砌环宽 2 m，衬砌环采用 10 分块(7 个标准块 +2 个邻接块 +1 个 K 块)。盾构隧道自北向南交叉下穿沪宁城际铁路，隧道轴线与沪宁城际中心线交角约为 83°。隧道埋深约为 53.1~54.0 m，地下水位埋深 2.1~2.3 m，开挖断面位于$⑧_2$粉质黏土层，断面上方存在深厚的软塑性粉质黏土、稍饱和粉土、粉砂层，具有含水量大、压密性差及透水性好等特点。沪宁城际铁路为本工程施工期间下穿的重大风险源，考虑现场环境条件，实施单侧地表定向控域注浆加固工法。

11.2 工法应用

盾构掘进前于沪宁城际铁路路基北侧、铁路栅栏外 4 m 进行地表斜向注浆加固，单侧注浆范围为盾构隧道顶部 10 m（竖向）×40 m（垂直沪宁城际方向）×100 m（沿沪宁城际方向），注浆加固区位于⑧$_2$粉质黏土层，加固底部距盾构顶 2 m，距沪宁城际 CFG 桩底 27.3 m，最大孔深 71 m，钻孔水平倾角度为 42°~83°。钻孔采用 ϕ146 mm、壁厚 9 mm 的钢套管跟进，灌注套壳料，并采用 ϕ76 mm、壁厚 5 mm 的 PVC 袖阀管后退式分段间隔注浆。注浆孔地面开孔横向间距 1.6 m，纵向间距 1.6 m，注浆扩散半径按 1.0 m 考虑，注浆压力 2~3 MPa，实施过程中根据注浆试验适当调整注浆参数。加固区周边孔通过双液浆进行封注形成帷幕，加固区内侧范围选用掺加早强剂的水泥基浆液。

11.3 注浆效果评价与现场监测

采用本工法后，通过 *P-Q-t* 曲线法、钻孔取芯法、弹性波 CT 法等方式对注浆加固应用效果进行验收与评价。注浆施工中，*P-t* 曲线应呈上升趋势，*Q-t* 曲线应呈下降趋势，注浆结束时，注浆压力应达到设计终压，注浆速度达到设计速度。取芯检测时，两侧岩芯应连续、完整，呈柱状，均匀性良好，采取率应满足规范要求，强度满足设计强度 0.50 MPa。注浆后，目标区域的地震波波速应较注浆前整体提升，且注浆范围内波速整体波动应较小。

现场取样、室内测试、现场弹性波 CT 扫描等一系列检测结果表明，注浆后土体密实度得到改善，岩土体内浆液填充较均匀，承载力得到提升，达到了设计要求与加固目的，实现了下穿铁路路基影响区任意倾角范围内的地面精准注浆。现场监测结果表明，在注浆加固期间，既有铁路路基最大沉降为 0.55 mm，最大横向位移和顺向位移分别为 0.52 mm 和 0.50 mm，盾构下穿既有铁路路基期间的最大沉降为 0.75 mm。该工法的使用有效解决了盾构下穿铁路路基注浆加固区埋深大、范围广、精准注浆难的技术难题。

地表深孔注浆作业现场如图 6 所示，部分钻孔芯样试件的检测结果见表 4，典型注浆孔 *P-Q-t* 曲线如图 7 所示，注浆加固及盾构施工对铁路路基影响结果和变形控制统计见表 5，注浆前后地震波反演波速色谱对比图如图 8 所示。

(a) 钻孔分区

(b) 钻孔施工

(c) 安设袖阀管

(d) 注浆作业

(e) 钻孔取芯

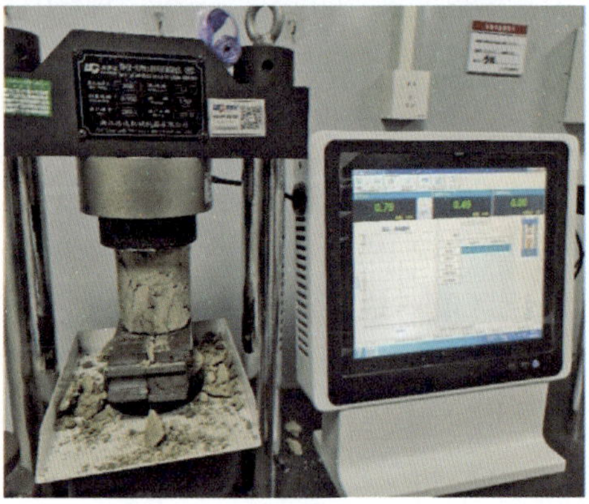

(f) 室内测试

图 6　地表深孔注浆作业现场图

表 4　部分钻孔芯样试件的检测结果表

试件编号	芯样尺寸(mm)		破坏荷载(kN)	芯样试件抗压强度(MPa)
	实际尺寸	设定尺寸		
1	99.6	99	4.36	0.56
2	98.9	97	4.84	0.63
3	99.1	99	4.01	0.52
4	98.7	98	4.74	0.62
5	99.3	99	4.64	0.60
6	98.7	98	3.90	0.51
7	99.1	99	4.78	0.62
8	98.9	98	4.99	0.65
9	99.1	98	4.55	0.59

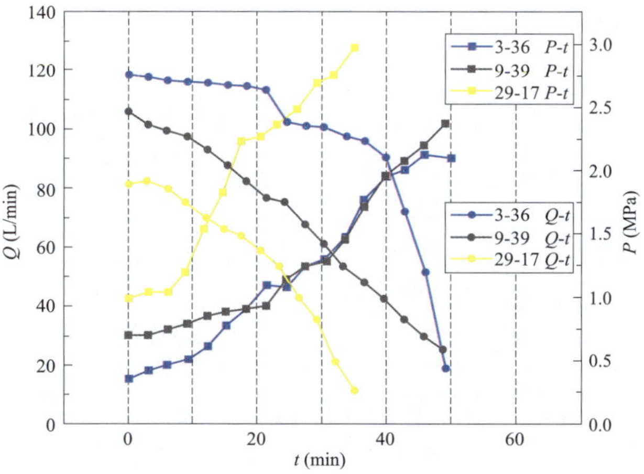

图 7　典型注浆孔 P-Q-t 曲线图

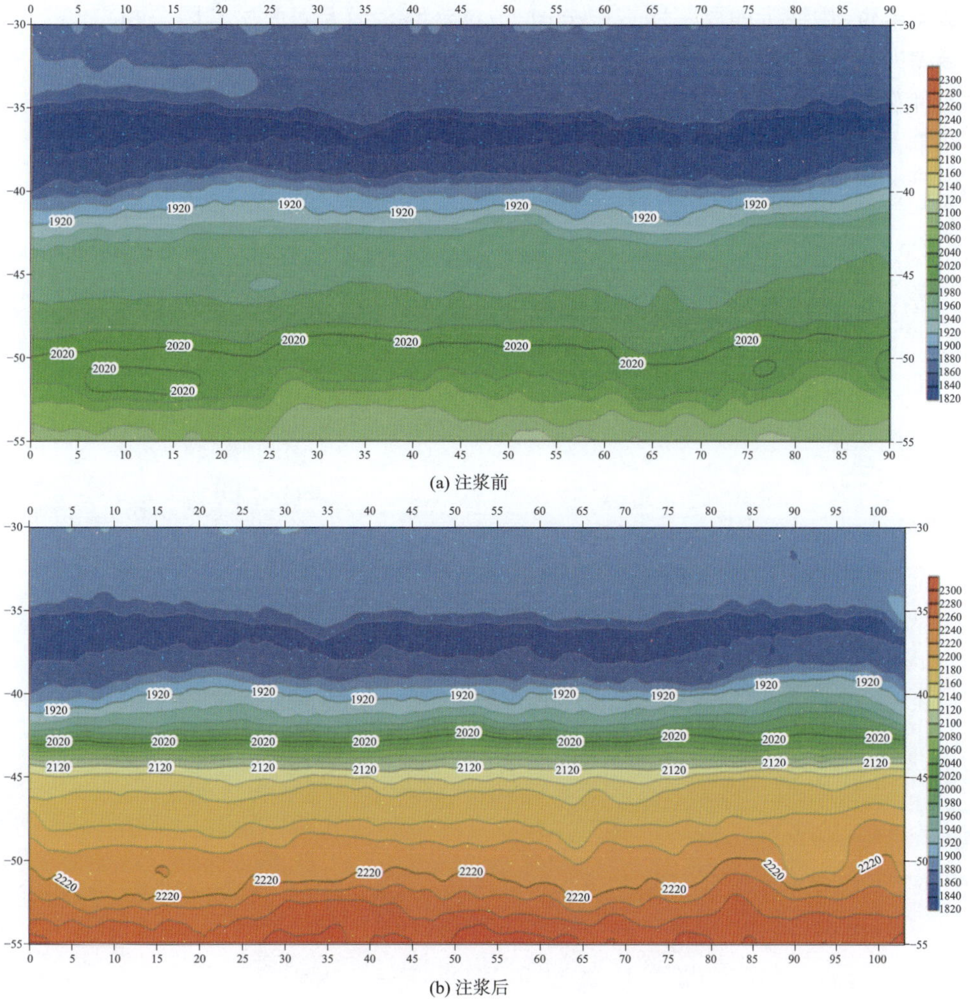

图 8　注浆前后地震波反演波速色谱对比图

表5　注浆加固及盾构施工对铁路路基影响结果和变形控制统计表

施工工况	监测内容	累计最大变形(mm)	控制标准	
			报警值(mm)	控制值(mm)
注浆加固	横向位移	0.52	±1.6	±2.0
	顺向位移	0.50	±1.6	±2.0
	竖向位移	-0.55	±4.8	±6.0
盾构下穿	横向位移	0.46	±1.6	±2.0
	顺向位移	0.45	±1.6	±2.0
	竖向位移	0.75	±4.8	±6.0

注:横向"+"值为向上行侧偏移,反之"-"值为向下行侧偏移。顺向"+"值为向大里程偏移,反之"-"值为向小里程偏移。"+"为隆起,反之"-"为下沉。

参编单位:中铁十四局集团有限公司、沪杭铁路客运专线股份有限公司

参编人员:孙丰彪、吴奎、屈克军、舒计城、刘成德、李红红、邵泳翔、金武、潘成杰、杨永宏、何建林、陈小军

评审人员:黄鸿键、马伟斌、吕刚、赵西民、孟庆余